U0563069

民族教育蓝皮书
BLUE BOOK OF
ETHNIC EDUCATION

中国民族教育发展报告（2017）
内蒙古卷

REPORT ON THE DEVELOPMENT OF ETHNIC EDUCATION IN CHINA (2017)
The Inner Mongolia Autonomous Region

主　编／陈中永
副主编／苏德毕力格　乌日陶克套胡
　　　　七十三　　　杨惠良
　　　　闫　艳　　　武海燕

社会科学文献出版社
SOCIAL SCIENCES ACADEMIC PRESS (CHINA)

图书在版编目（CIP）数据

中国民族教育发展报告 . 2017. 内蒙古卷／陈中永
主编 . -- 北京：社会科学文献出版社，2017.12
（民族教育蓝皮书）
ISBN 978 - 7 - 5201 - 1761 - 6

Ⅰ.①中… Ⅱ.①陈… Ⅲ.①少数民族教育 - 发展 -
研究报告 - 中国 - 2017 Ⅳ.①G759.2

中国版本图书馆 CIP 数据核字（2017）第 273330 号

民族教育蓝皮书
中国民族教育发展报告（2017）
——内蒙古卷

主　　编／陈中永
副 主 编／苏德毕力格　乌日陶克套胡　七十三　杨惠良　闫　艳　武海燕

出 版 人／谢寿光
项目统筹／刘　荣
责任编辑／单远举　陈红玉　周柔江

出　　版／社会科学文献出版社·独立编辑工作室（010）59367011
　　　　　地址：北京市北三环中路甲 29 号院华龙大厦　邮编：100029
　　　　　网址：www. ssap. com. cn
发　　行／市场营销中心（010）59367081　59367018
印　　装／三河市东方印刷有限公司

规　　格／开本：787mm × 1092mm　1/16
　　　　　印张：31.25　字数：473 千字
版　　次／2017 年 12 月第 1 版　2017 年 12 月第 1 次印刷
书　　号／ISBN 978 - 7 - 5201 - 1761 - 6
定　　价／198.00 元

皮书序列号／PSN B - 2017 - 669 - 1/1

谨以此书献给

内蒙古自治区成立 70 周年

编撰人员 （以文章先后为序）

陈中永	杨惠良	孟根其其格
吉日嘎拉图	金志远	特力更
斯日古楞	周玉树	郗志杰
苏德毕力格	袁 梅	陈子冰
张金钟	汪子云	胡春梅
雷旭平	吴海山	包 兰
德·青格乐图	乌云特娜	刘玉杰
成丽宁	龚 宇	韩 猛
娜 敏	乌日汗	色音乌力吉
董 波	包呼格吉乐图	朱晓红
桑志坚	周立权	常 柱
王贵和	张 伟	乌仁图亚
特木尔巴根	额尔敦巴雅尔	宋丽霞
张志刚	周全胜	高海霞
七十三	闫 艳	王风雷
刘额尔敦吐	张 昆	金 良
高 娃		

英文翻译 （以文章先后为序）

武海燕	乌云高娃	姜鸿玉
柴 慧	陈 晶	韩瑞芳
那日苏	徐雅婧	苏日娜
任富楠	洪 颖	

摘　要

　　2016 年 2 月，内蒙古自治区人民政府印发了《关于加快发展民族教育的意见》，提出了加强新时期民族教育工作的 27 条政策措施。9 月，《内蒙古自治区民族教育条例》经自治区十二届人大常委会第 26 次会议审议通过，于 11 月 1 日起正式颁布实施。这是自治区教育事业发展进程中的一件大事。随着上述意见和条例的贯彻实施，自治区民族教育事业必将得到更快更好的发展。

　　2017 年适逢内蒙古自治区成立 70 周年，作为关于内蒙古自治区民族教育的第一本蓝皮书，本书试图通过梳理、总结内蒙古自治区的民族教育事业，审视内蒙古自治区 70 年民族教育事业的发展历程，提炼内蒙古自治区民族教育发展的成功经验，剖析民族教育工作中存在的问题，谋划民族教育发展的新蓝图，以期为民族教育工作者、研究者和政策制定者提供可资借鉴的依据，力争推动民族教育事业和民族教育研究的新发展。

　　本蓝皮书主体部分由总报告、分报告、专题篇、"三少民族"教育篇、特色教育篇、案例篇、附录这 7 个部分组成。总报告把内蒙古自治区民族教育事业的发展放在一个相对长的时间内，一方面厘清其发展脉络，表明尊重与传承的重要性，另一方面追寻其前行轨迹，证明实践探索与政策引领的巨大作用。具体内容如下：梳理出 1947 年内蒙古自治区成立至 2016 年民族教育的四个主要发展阶段，概括出内蒙古民族教育发展的四点主要成绩，总结出内蒙古民族教育事业取得成绩的四点基本经验，即一是坚持继承发展与改革创新相结合，二是坚持从实际出发与适应新形势要求相统一，三是坚持民族教育与普通教育协调发展，四是坚持科学谋划与精密施策并重，并从国家和自治区两个层面提出政策建议。分报告由 6 篇文章组成，分别从内蒙古少

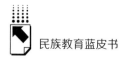

数民族学前教育、内蒙古中小学蒙古语授课教师队伍建设、内蒙古民族职业教育、内蒙古民办民族教育、内蒙古双语教育、内蒙古高校少数民族预科教育等方面深入探讨，多角度呈现内蒙古自治区民族教育事业发展的基本进程。专题篇从内蒙古少数民族大学生就业现状及政策制定，内蒙古少数民族高层次人才培养工作及发展建议，开展蒙古学研究与人才培养，建设内蒙古民族教育研究智库的意义与措施，坚持科学正确的民族教育观等方面展开阐述和研究；"三少民族"教育篇对内蒙古自治区达斡尔族、鄂温克族和鄂伦春族的民族教育进行分析；特色教育篇则按照"历史、现状与发展前景"的体例，全面阐述内蒙古美术教育、音乐舞蹈教育和体育教育的成绩、经验、问题与展望；案例篇选择了具有代表性的民族幼儿园、民族小学、民族中学、民族职业学校和留学生教育学校，以实证案例和个案分析方法，展现了自治区民族教育事业取得的成绩；附录部分以大事记形式，记录了1947～2016年内蒙古自治区民族教育工作的重要事项。

本蓝皮书认为，民族教育是中国特色解决民族问题正确道路在少数民族聚居地区尤其是各层级自治地方的重要事业之一，是统一的多民族国家现代教育体系的重要组成部分。民族教育是我国教育事业与民族团结进步事业的交汇点和接合部。内蒙古自治区作为民族团结进步、经济社会发展"模范自治区"的标志之一，就是民族教育事业的蓬勃发展。在党的民族理论与民族政策的照耀下，经过各民族教育工作者70年的不懈努力，内蒙古自治区的民族教育事业取得了长足发展，为自治区各项事业的健康发展做出了不可磨灭的贡献。

序　一

在内蒙古自治区 70 华诞之际，由内蒙古师范大学编写的《民族教育蓝皮书·内蒙古卷》与广大读者见面了。这是国内第一部关于中国民族教育的蓝皮书。该书全面回顾了内蒙古自治区民族教育的发展历程，客观分析了内蒙古自治区民族教育的现状，提出了进一步发展民族教育的建议，对于我们制定完善民族教育改革发展政策具有重要参考价值。

教育是民族振兴、社会进步的基石。作为我国民族区域自治制度的发祥地，也是我国成立的第一个少数民族自治区，内蒙古自治区成立伊始，就把发展民族教育放在重要位置，确立和坚持"优先重点发展"的民族教育方针，在国家的大力支持下，陆续建立了包括内蒙古师范大学在内的多所民族学校，制定了《内蒙古自治区民族教育条例》《内蒙古自治区人民政府关于加快发展民族教育的意见》等一系列保障民族教育发展的政策法规。经过70 年的发展，内蒙古民族教育从无到有、从弱到强，逐步形成了涵盖学前教育、义务教育、中等教育、高等教育、职业教育、继续教育、特殊教育的现代教育体系，所培养的大批优秀人才，活跃在经济、科技、教育、文化、医疗等各个领域、各条战线，成为推动自治区不断发展进步的重要力量。

习近平总书记指出："当今世界的综合国力竞争，说到底是人才竞争，人才越来越成为推动经济社会发展的战略性资源，教育的基础性、先导性、全局性地位和作用更加突显。"全面建成小康社会，实现中华民族伟大复兴中国梦，教育是基础，人才是关键。我们要进一步推动民族教育改革发展，保障少数民族和民族地区群众受教育的权利，让每个孩子享有受教育的机会，接受更好更公平的教育，以教育公平促进社会公平正义，使每个人都有人生出彩的机会。

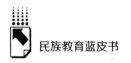
民族教育，作为民族工作的重要内容，一定要立足于民族地区实际，注重少数民族语言、文字、文化传承。注重民族团结教育，引导各族群众牢固树立正确的祖国观、历史观、民族观，增进对伟大祖国、中华民族、中华文化、中国共产党、中国特色社会主义的认同。民族教育必须为社会主义现代化建设服务，同时，自身也要实现现代化，登高望远，吸收国内外优秀的教育思想和方法，发展具有中国特色、世界水平的现代教育。

德国哲学家黑格尔曾经说过："一个民族有一群仰望星空的人，这个民族才有希望。"教育之为教育，不仅给人知识，更给人智慧和思想，让人心怀梦想，富有探索精神。教育还承载着传承文明、培育新人的历史责任，是促进人类社会进步发展的最为重要的社会事业。民族教育必然是传承中华优秀文化的教育，必然是促进人的全面发展的教育，必然是服务国家和民族发展的教育，也必然是推动人类文明进步的教育。

习近平总书记指出："教育决定着人类的今天，也决定着人类的未来。"时代愈是向前，知识和人才的重要性就愈发突出，教育的地位和作用就愈发凸显。民族教育要站在时代前沿，承担时代使命，面向现代化、面向世界、面向未来，为"建设亮丽内蒙古，共圆伟大中国梦"提供人才支持和智力支撑。

布小林

内蒙古自治区主席

2017 年 9 月

序 二

教育，是中华文明延绵不断、中华文化传承不懈的内在机制，渗透于家庭、社会、民族和国家的自觉之中。自孟子说"得天下英才而教育之"，中国历朝各代无不重视社会教育，至元朝"教育人才，为根本计"的醒世恒言和"大建学舍以广教育"的社会实践，以及清朝"涵濡教育，风尚于以一变"的认知，无不体现了中国文化传统的社会教育观。而元、清两代，是中国历史上少数民族建立的领土面积最大的中央王朝。这些王朝在继承和发展中国教育观、传承和丰富中华文化等方面，为统一的多民族国家发展做出了重要贡献。正如习近平总书记在2014年中央民族工作会议上的重要讲话中所指出的：中国历史上，无论哪个民族建鼎称尊，建立的都是多民族国家；无论哪个民族入主中原，都把自己建立的王朝视为统一的多民族国家的正统。这是立足中国历史演进脉络的马克思主义唯物史观，也是立足中华民族多元一体形成和发展的中国特色民族观。

中国共产党领导全国各民族人民，通过艰苦卓绝的革命斗争，推翻了压在中国各民族人民头上的"三座大山"，实现了中华民族的自决，建立了中华人民共和国。在国家建设中，现代国家教育体系的形成和发展，是经济社会建设、国民素质提高乃至支撑国家各领域发展进步的人才培养之基，也是实现中华民族伟大复兴中国梦的精神动力之源。自2003年中国第一部教育蓝皮书出版以来，中国教育事业的发展现状、成就和问题开始以多视角、多专题逐年刊布，在国内外产生了重要影响。不过，有关中国民族教育这一领域的发展状况，虽然从2008年开始在该系列蓝皮书中有所反映，并在后来一些年份的报告中有所涉及，但就民族教育事业这一广泛而独特的系统而言，可谓尚付阙如。

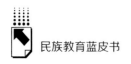

民族教育，是中国特色解决民族问题正确道路在少数民族聚居地区尤其是各层级自治地方的重要事业之一，是统一的多民族国家现代教育体系的重要组成部分。中华人民共和国成立以来，在党和国家的高度重视下，主要以少数民族为对象的民族教育事业蓬勃发展，形成了学前、小学、初中、高中、大学和职业教育等构成的完整系统，对少数民族的语言、文字、文化传承和发展发挥了无可替代的作用，在少数民族学习和掌握国家通用语言文字方面做出了不可或缺的贡献，民族教育是培育少数民族各类人才尤其是双语人才的重要依托。可以说，没有中国特色的民族教育事业发展，就不可能巩固和发展平等、团结、互助、和谐的社会主义民族关系，诚如报告中所示：民族教育是我国教育事业与民族团结进步事业的交汇点和接合部。内蒙古自治区作为民族团结进步、经济社会发展"模范自治区"的标志之一，就是民族教育事业的蓬勃发展。

因此，在内蒙古师范大学建立民族学人类学高等研究院时，民族教育蓝皮书顺理成章成为研究院科研工作之一：一则内蒙古师范大学在推进高等民族教育方面取得的成就令人感佩；二则 2017 年是内蒙古自治区成立 70 周年，民族教育事业在自治区 70 年历程中取得的成就理应得到展示。内蒙古作为早于中华人民共和国诞生而成立的第一个省级自治区，不仅为中华人民共和国的国家基本政治制度——民族区域自治奠定了基石，而且为中华人民共和国成立后在全国范围推行这一制度提供了多方面的经验，其中包括发展民族教育事业的政策实践。所以，以内蒙古自治区民族教育事业的发展脉络、现实成就和成功经验作为民族教育蓝皮书的开篇之作，可谓生逢其时、责无旁贷。

习近平总书记在 2014 年中央民族工作会议上强调指出"全党要牢记我国是统一的多民族国家这一基本国情"，并对这一国情做出了"家底"的盘点，即资源丰富、水系源头、生态屏障、文化多样、边疆、贫困地区，由此强调了民族工作的重要性和艰巨性。民族教育，作为民族工作的重要内容，不仅直接关系到中国文化多样性传承发展的问题，而且科学利用资源、保护水系、维护生态、巩固边疆、消除贫困都离不开少数民族地区文化教育水平的提升，离不开少数民族文化中传统知识的传承和升华，离不开少数民族各类人才的培养和成长，而民族教育正是体现尊重差异、包容多样、以人为本理念的重要载体。因此，全面系统反映中国特色民族教育事业的发展历程、现实成就，使民族教育事业在全面建成小康社会和实现中华民族伟大复兴进程中更好地发挥文化传承、人才培养、社会涵濡的功能，对深入认识和把握国情、做好民族工作以及对外"讲好中国故事"都具有重要的支撑作用。

中国的民族教育具有覆盖区域广大、民族特色鲜明的特点，5 个自治区、30 个自治州、120 个自治县（旗）的行政区划面积占全国国土面积的64%，55 个少数民族的语言多达 129 种（含台湾地区少数民族语言），少数民族文字的典籍文献丰富多样，少数民族非物质文化遗产多姿多彩，这都是中华文化的宝贵财富，都需要通过民族教育的传承和认知实现现代性的发展，进而实现民族的、地方的、国家的升华，融入中华文化之大成。从这个意义上说，习近平总书记关于以社会主义核心价值观为引领、构建各民族共有精神家园的论述中指出的"要注重从少数民族文化中汲取营养"，是对民族教育事业努力实现创造性转化和创新性发展的时代要求。

回顾和展示我国民族教育事业的历史与现状，目的是推进民族教育事业适应中国当下和未来的发展。习近平总书记在中央民族工作会议上的重要讲话中包含许多给人以深刻启示的思想，诸如：认同本民族文化与认同中华文化并行不悖；把汉文化等同于中华文化、忽略少数民族文化，把本民族文化自外于中华文化、对中华文化缺乏认同，都是不对的，都要坚决克服；各民族都要培养孩子们树立自己是中华民族一员的意识，不要让孩子们只知道自己是哪个民族的人，首先要知道自己是中华民族的子孙；对本民族历史坚持正确的观点；在一些民族地区推行双语教育，既要求少数民族学习国家通用语言，也要鼓励在民族地区生活的汉族群众学习少数民族语言；等等。这些对民族工作提出的新要求，对民族教育的创新发展及其社会化影响的扩大具有重要指导意义。

少数民族地区大都属于西部地区，且大多地处陆路边疆。但是，在"一带一路"建设布局中，边疆地区成为拓展支撑国家发展新空间的前沿地

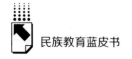

带，这一新的地缘定位不仅对边疆地区是个大利好，而且为民族教育事业的繁荣发展创造了新契机。在"一带一路"的互联互通建设中，民心相通是社会根基，民心相通在于文化和社会生活的相知相容，这是边疆少数民族地区对外开放发展的民间优势。发挥这一优势的重要动力，就是进一步加快边疆地区民族教育事业的发展。尤其要结合国家《兴边富民行动"十三五"规划》对"优先发展边境地区教育事业"的政策要求，在国家"着力实施强基固边、民生安边、产业兴边、开放睦边、生态护边、团结稳边"的边境建设中，发挥民族教育在边疆文化和人才建设中的新作用。

总之，《民族教育蓝皮书·内蒙古卷》的付梓，为全面反映中国现代教育体系的发展提供了民族教育事业的一个面向。本报告及其包含的三个人口较少民族自治旗的区域性和典型性，为其他民族自治地方因地制宜编撰民族教育事业发展报告提供了借鉴。中国教育体系中的民族院校，以及内地的西藏班、新疆班等多样化教育形式所构成的民族教育内容，都为这部民族教育蓝皮书可持续的编撰、出版提供了丰富资源和社会期待。

值此内蒙古自治区成立 70 周年大庆之际，《民族教育蓝皮书·内蒙古卷》的出版，为自治区 70 年光辉历程的全景展示增添了一份亮丽的色彩，体现了习近平总书记在内蒙古视察时阐释"守望相助"中"守好内蒙古少数民族美好的精神家园"的精神内涵，值得喝彩！

是为序。

郝时远

中国社会科学院学部委员

2017 年 6 月 7 日于北京

序　三

经过近两年的努力，《民族教育蓝皮书·内蒙古卷》终于与读者见面了，这是内蒙古师范大学民族教育发展中的一件大喜事，更是内蒙古自治区教育发展史尤其是内蒙古民族教育发展史上具有里程碑意义的一件大事。

内蒙古师范大学成立于 1952 年，是中华人民共和国在边疆少数民族地区最早创办的高等学校之一，也是内蒙古自治区历史上第一所高等学校。学校建校伊始就以发展少数民族高等教育、培养少数民族专门人才为崇高使命。目前，学校有 30 个本科专业招收蒙古语授课学生，分布在 10 个学科门类；所有博士、硕士学位点都招收蒙古语授课学生和留学生；能够用蒙古语授课的教师有 350 余人；主编（译）蒙古语教材近千部，为内蒙古自治区及辽宁、吉林、河北等 8 个省区提供各类教材，部分教材也被蒙古国、俄罗斯布里亚特和卡尔梅克等共和国采用。

建校 65 年来，学校蒙汉双语专业教育已经形成本科教育和研究生教育、学历教育和非学历教育、培养与培训一体化的格局，是全国蒙汉双语授课本科专业最全、少数民族在校生规模最大的高等学校之一，已累计为社会培养和输送了 4 万余名蒙汉双语兼通人才。学校独特的办学模式和教育体系在国家发展繁荣民族教育事业中具有开拓性意义，影响深远，培养蒙汉双语兼通的少数民族复合型人才已经积淀为学校鲜明的办学特色。可以说，今天的内蒙古师范大学是一所名副其实的不带"民族"二字的民族教育高校，被全国人大常委会原副委员长布赫赞誉为"民族教育的摇篮"。

近年来，学校充分发挥办学特色和资源优势，积极践行"融入社会、服务社会、引领社会"的理念，主动对接国家、区域经济发展战略和社会发展需求，取得了显著的发展成果。特别是在国家推动地方高等院校转型发展的大背景下，学校立足实际、抢抓机遇，在强化教师教育特色方面进行了积极的探索。目前，学校作为自治区首家"免费定向培养师资计划"的试点高校，通过成立内蒙古师范大学教师教育研究中心、学前教育研究院、学前教育管理公司、自治区教师教育协同创新联盟等组织和机构，积极引入国内外优秀的教师教育成果和资源，力求促进学校教师教育实现新发展。此外，在原有师大附中和盛乐实验学校两所附属学校的基础上，我校与地方政府合作建立了附属第二中学和第三中学，同时协助内蒙古自治区人民政府在蒙古国乌兰巴托推动建设一所基础学校，并在呼和浩特再建一所国际性学校。这些基础教育学校的建设，既为社会提供优质教育服务，同时也打造了学校教师教育人才培养的实践基地。通过这一系列举措的实施，学校的教师教育体系得到进一步完善，服务自治区教育事业特别是民族教育事业持续发展的能力进一步增强。

开放办学、与社会融合是高校发展的必然。学校积极开展同各级政府、国内外高校及科研院所的合作，打造协同创新平台。自2013年开始，我们与中国社会科学院多个研究所在充分沟通协商的基础上逐步进行深度合作，在民族学人类学研究、佛学文化研究、非物质文化遗产研究和中国少数民族经济研究等方面，搭建了一批高水平的协同创新中心，并通过协同创新的方式，引入由学部委员领衔、由高端资深的专家学者组成的研究团队，集中精力和力量针对一批具有前瞻性、全局性和引领性的课题进行研究，为国家和自治区提供决策咨询和智力支撑，积极打造相关领域的高端智库。

2015年初，我校与中国社会科学院民族学与人类学研究所合作共建了高水平协同创新平台——内蒙古师范大学民族学人类学高等研究院，有幸邀请到中国社会科学院学部委员郝时远先生担任研究院院长兼学术委员会主任，并组建了由国内知名专家学者组成的学术委员会。在第一次学术委员会会议上，我介绍了学校的民族学及民族教育情况和特色后，大家认为我校在民族学和民族教育方面基础好、有特色、实力雄厚、体系建设完整，在全国很有代表性，一致建议应该由高等研究院牵头编写民族教育蓝皮书，对国家民族教育工作进行全面系统的梳理和总结，结合国家和地区的重大战略部署，对民族教育的发展趋势和发展规律进行前瞻性分析，把握发展方向，勾画发展蓝图，为国家提供多维度的建议。

教育蓝皮书起始于2003年，是反映中国教育状况的年度性报告，但该书涉及民族教育的内容较少。中国是一个统一的多民族国家，各民族分布较广且教育发展水平不一。要全面了解和掌握中国各民族教育发展情况十分不易，即使从一个地区入手，如编写《民族教育蓝皮书·内蒙古卷》也是一件难度很大的事。

为推动此项工作的开展，我用了半年多的时间进行调研，积极走访各级政府、高校和研究院所的专家、学者，得到了他们的支持与鼓励。在此期间，我多次与郝时远先生商谈，确定写作定位和写作大纲，先后与中国社会科学院民族学与人类学研究所王延中所长及色音研究员、教育部民教司郭岩副司长、国家民委民族研究中心副主任李红杰研究员、中央民族大学苏德教授等专家、进行沟通，研究写作方案和写作思路，最终确定在民族教育蓝皮书的框架下先行启动内蒙古卷的编写。随后，我们又联系了自治区内和校内相关专家学者，组建写作团队，最终决定邀请内蒙古师范大学陈中永教授作为首席专家开展此项工作，聘请了区内外相关部门、高校、职业学院、中学、小学和幼儿园的30余名专家学者参与编写。同时，学校又组织专家对该项目进行立项论证，拨付专项资金予以支持。

经过一年多的努力，编写组将近60万字的初稿雕琢到目前的40余万字，并翻译成蒙古文、英文，以中文、蒙古文、英文三个版本出版。其间，学校与编写组多次召开会议研讨并广泛调研，做了大量的工作，经过大家的不懈努力，终于完成，并得到相关专家学者的认可。可以说，《民族教育蓝皮书·内蒙古卷》的编写具有重要的开创性和示范性意义。

本书系统梳理了内蒙古自治区民族教育70年的发展历程，总结归纳了自治区民族教育的成功经验，反映了当前自治区民族教育的现状，展望了自治区民族教育未来发展的新蓝图，阐述了党的民族政策的辉煌成就。目前，书稿已全部完成，即将付梓，也算是作为一份厚礼献给成立70周年的内蒙古自治区和建校65周年的内蒙古师范大学。

　　在此，我代表内蒙古师范大学，向《民族教育蓝皮书·内蒙古卷》从策划、编写到出版过程中给予大力支持和帮助的各位专家、学者、同人及朋友们表示最衷心的感谢！

　　今天，我们抛砖引玉，以《民族教育蓝皮书·内蒙古卷》的编撰出版为起点，期待更多卷的民族教育蓝皮书早日问世。

云国宏

内蒙古师范大学校长

2017 年 7 月 8 日于呼和浩特

前　言

少数民族教育事业是中华人民共和国教育事业的重要组成部分，是党和国家在少数民族地区，通过民族教育政策及其具体措施，高度重视并"优先、重点"发展的事业。少数民族教育事业对提升少数民族整体素质、促进各民族团结、维护民族地区的社会稳定和边疆安定起到了不可磨灭的作用。

内蒙古自治区在建立之初就高度重视民族教育工作，1947年就成立了蒙古文小学课本编译处，开展蒙古文各科教材的编写工作。在党的民族理论与民族政策的照耀下，经过各民族教育工作者70年的不懈努力，内蒙古自治区的民族教育事业取得了长足发展，从当初的极端落后状况，发展到今天的涵盖学前教育、小学教育、初中教育、高中教育、高等教育（包括研究生教育）、职业技术教育、成人教育、民办教育等门类齐全、层次完整的民族教育体系。70年来，内蒙古自治区民族教育为国家尤其是内蒙古自治区及其周边八省区输送了各行各业需要的生产劳动者、忠诚的党政干部、杰出的教育工作者、卓有成就的科学家以及勇于创业、善于开拓的企业家等诸多人才，为自治区各项事业的健康发展奠定了坚实的人才和智力基础。

当今我国政治、经济、军事、科技、文化、教育等各个领域均处于机遇与挑战并存的时期。民族教育事业也面临新的挑战和机遇。为此，我们需要在审视内蒙古自治区70年民族教育事业发展的基础上，提炼内蒙古自治区民族教育发展的成功经验，剖析民族教育事业的现状，谋划民族教育发展的新蓝图，使内蒙古自治区少数民族教育事业不断取得新的成就。

本书主体部分由总报告、分报告、专题篇、"三少民族"教育篇、特色教育篇、案例篇、附录等7个部分组成。总报告全面梳理了内蒙古自治区民

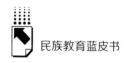

族教育事业发展的历程和现状，展示了民族教育事业取得的重大成就，指出了发展中存在的问题及今后努力方向；分报告从多角度深入探讨民族教育事业的多个侧面，力争凝练内蒙古自治区民族教育的成功经验，内容涉及学前教育、中小学蒙古语授课教师队伍建设、民族职业教育、民办民族教育、双语教育、预科教育等；专题篇主要从内蒙古自治区少数民族大学生就业、高层次人才培养、蒙古学研究及人才培养、民族教育研究的智库建设、民族教育观等方面进行深入阐述和研究；"三少民族"教育篇对内蒙古自治区达斡尔族、鄂温克族和鄂伦春族的民族教育进行分析总结；特色教育篇着重阐述内蒙古美术教育、音乐舞蹈教育和体育教育的发展历程、现状和发展前景；案例篇选择了具有代表性的民族幼儿园、民族小学、民族中学、民族职业学校和留学生教育学校，进行深入调查研究，以实证案例和个案分析方法，展现了自治区民族教育事业取得的成绩；附录部分以大事记形式，记录了1947~2016 年内蒙古自治区民族教育工作的重要事项，以此呈现在党的民族区域自治制度下内蒙古自治区民族教育事业的光辉发展历程。

这是关于内蒙古自治区民族教育的第一本蓝皮书，也是民族教育蓝皮书撰写的第一次尝试。我们希望，通过本书的出版，为民族教育工作者、研究者和政策制定者提供可资借鉴的依据，力争推动民族教育事业和民族教育研究的新发展。

本书在中国社会科学院学部委员郝时远先生建议下启动，具体任务由内蒙古民族教育研究中心和内蒙古师范大学民族学人类学高等研究院承担完成。从 2015 年开始，内蒙古师范大学校长云国宏教授高度重视，将本书的编撰作为一项重要工作部署并建议将其列为学校 2016 年重大科研项目予以立项资助。主编陈中永教授全面主持蓝皮书的编撰工作，设计了蓝皮书的框架，审阅和修改了全书内容。副主编苏德毕力格、乌日陶克套胡、七十三、杨惠良、闫艳、武海燕等分别承担了全书的组稿、撰稿、统稿、翻译等工作。郝时远先生为本书的编写做了大量工作，对初稿进行了审定并提出了修改意见。本书是集体智慧的结晶，凝聚了几十位来自高校、职业学院、中学、小学、幼儿园和教育行政管理部门的领导、教师的共同努力。本蓝皮书以中文、蒙古文和英文三种文字出版，并以摘要的形式，向相关部门提供民族教育发展咨询报告。

　　这本蓝皮书的编撰是一个起点，今后我们将把民族教育蓝皮书的编撰作为一项事业，长期坚持下去。由于编撰内容多、时间跨度长、编写时间紧、缺乏编写蓝皮书经验等原因，书中难免出现内容缺漏、研究不深、文笔欠精练等问题，希望得到读者的批评指正，我们将在今后的连续编撰中不断改进。

陈中永

内蒙古师范大学教授、博士生导师

中国心理学学会民族心理学专业委员会主任

2017 年 7 月 6 日于呼和浩特

目 录

Ⅰ 总报告

Ⅱ 分报告

Ⅲ 专题篇

Ⅳ　"三少民族"教育篇

Ⅴ　特色教育篇

Ⅵ　案例篇

Ⅶ　附录

皮书数据库阅读 **使用指南**

总 报 告

General Report

B.1

坚持走质量效益特色
相统一的科学发展之路

——内蒙古自治区民族教育发展报告

杨惠良*

摘　要：　内蒙古的民族教育工作经过近70年的创新发展，取得了巨大成
　　　　　绩，积累了许多宝贵经验。这些经验包括：要推动民族教育事业
　　　　　健康、快速发展，必须坚持科学谋划与精密施策并重，坚持从实
　　　　　际出发与适应新形势要求相统一，坚持民族教育与普通教育协调
　　　　　发展，坚持继承发展与改革创新相结合。今后，应加强国家层面
　　　　　和自治区层面联动，以问题为导向，精准发力，集中解决民族教
　　　　　育发展中的突出问题，推动民族教育事业又好又快发展。

关键词：　内蒙古　民族教育　教育条例　教育立法

* 杨惠良，内蒙古自治区教育厅民族教育处处长。

2016 年，内蒙古自治区的民族教育已经迈出新的发展步伐，站上了新的历史起点。

这是"十三五"规划开局之年，经过 69 年的创新发展，内蒙古自治区的民族教育在党中央、国务院的亲切关怀和教育部、国家民委等有关部门的大力支持下，在自治区党委、政府的正确领导和全区各方面的共同努力下，坚持"优先重点"的发展方针，推行"两主一公"办学模式，强抓双语教育工作，重视人才培养质量，形成了从学前教育到高等教育、从普通教育到职业教育，层次结构合理，具有鲜明民族特色和时代特征的完整的办学体系，走上了质量、效益、特色相统一的科学发展之路，为内蒙古的经济社会发展和民族团结进步事业做出了积极贡献。

本报告力求把 2016 年全区民族教育的工作盘点、经验总结放在一个相对长的时间内，由远及近、由点到面，远近交织、点面结合，一方面看清楚发展脉络，表明尊重与传承的重要性；另一方面追寻前行轨迹，证明实践探索与政策引领的巨大作用。同时，可以充分说明内蒙古自治区的民族教育发展历程既是党的民族区域自治制度的忠诚实践，也是认真贯彻落实党中央、国务院和自治区党委、政府一系列民族教育方针政策的成功范例；既能够在继承中推动本地区民族教育事业的加快发展，又能够在相互学习中成为其他地区民族教育工作的有益借鉴。

一 发展历程

内蒙古自治区成立于 1947 年 5 月 1 日，地处祖国正北方。

这里有着 118.3 万平方公里的广袤热土，有着 4200 多公里绵长的边境线。辽阔的草原、茂密的森林、丰沛的河川、富饶的农田，孕育了独特的自然和人文风貌。这里生活着 450 多万蒙古族同胞、90 多万"三少民族"同胞和其他 50 个少数民族兄弟，与 1900 多万汉族同胞共同组成了和睦大家庭，形成了相互尊重风俗习惯、重视民族文化传承、崇尚科学文化知识、维护民族团结的社会品格。这有力促进了民族语言文字的学习使用和民族优秀传统文化的繁荣发展，进而更加坚定了自治区党委、政府和广大各民族群众加快发展民族教育的信心。

历程之一：内蒙古自治区成立之初，全区只有民族小学377所，在校少数民族学生仅2.26万人；有民族中学4所，在校少数民族学生仅524人。到1949年，全区民族小学发展到757所（含教学点），在校少数民族学生达4.9万人；民族中学发展到10所，在校少数民族学生达905人。正是基于这种情况，当时的自治政府优先在文教部下设蒙文小学课本编译处，这是全区最早建立的蒙古文教材建设机构。在1949年、1954年两届全区教育工作会议上，明确提出发展少数民族语言文字和少数民族学校要使用本民族语言文字授课以及蒙汉中小学实行分校分班办学的指导方针。1951年1月发出了纠正轻视蒙古文教育的指示。1964年颁发了《全日制蒙古族及其他少数民族中小学暂行工作补充条例》。在1978年全区教育工作会议上，拨乱反正，充分肯定了过去形成的民族教育方针政策及其所取得的巨大成绩，研究制定了加快民族教育事业发展，培养少数民族干部和少数民族人才的一系列政策。在1981年自治区五届人大常委会上，作出了《关于自治区教育工作的决议》，强调对民族教育采取"积极恢复、稳步发展"和"优先发展、重点扶持"的方针，要求牧区办学逐步做到"集中为主、公办为主、寄宿制为主和全日制为主"，之后形成了举办"寄宿制为主、助学金为主的公办民族中小学"的"两主一公"办学模式，并在1984年被写进《中华人民共和国民族区域自治法》。从此，全区民族教育有法可依，逐步走向抓常规、重管理、提质量、促发展的新阶段。

历程之二：进入21世纪，特别是贯彻落实《国务院关于深化改革加快发展民族教育的决定》（国发〔2002〕14号）和第五次全国民族教育工作会议精神的过程中，自治区党委、政府适时调整安排了中央和自治区一系列教育工程的组织实施和相关工作，向民族教育倾斜。尤其是"十五"时期的中小学布局调整、改善办学条件，"十一五"时期的"两基"达标、改造薄弱学校，"十二五"时期的学校标准化建设、均衡发展等重点工作。这期间，自治区坚持问题导向，针对集中办学后民族中小学校家庭经济困难学生

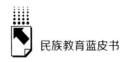

比例较大的实际问题，在以往设立助学金的基础上，从 2003 年起多次调整助学金标准，并实行了"两免一补"政策。针对蒙古语授课学校在城镇化进程中生源减少、蒙古语授课大学毕业生就业困难、少数民族语言文字工作有所削弱以及社会层面对民族教育的地位和作用认识不到位等问题，自治区十届人大常委会于 2005 年组织开展了民族教育法律法规执法检查，颁布了《内蒙古自治区蒙古语言文字工作条例》，决定研究制定《内蒙古自治区民族教育条例》。针对民族教育长期以来存在的一些亟待解决的特殊困难和突出问题，自治区党委、政府认真贯彻中央民族工作会议精神，于 2005 年 10 月印发了《关于进一步加强民族工作加快我区经济社会发展的决定》（内党发〔2005〕20 号），对率先普及少数民族义务教育和高中阶段教育、各级财政设立民族教育专项补助资金、加强双语教育、培养蒙汉兼通双语人才等提出了具体要求并明确了一系列优惠政策。之后，自治区人民政府决定自2006 年起在"十一五"时期组织实施"民族教育发展工程"；2007 年 10 月印发《关于进一步加强民族教育工作的意见》（内政发〔2007〕103 号），明确了民族教育的重要地位和作用，重申了优先重点发展民族教育的一系列政策措施；自 2011 年起在"十二五"时期继续组织实施"民族教育发展水平提升工程"，2011～2020 年组织实施国家立项的"民族教育人才培养模式改革试点工作"。又于 2013 年初分别印发了《关于进一步做好普通高等学校毕业生就业工作的意见》（内政发〔2013〕4 号）和《关于进一步加强高等学校专业结构调整的意见》（内政发〔2013〕25 号）。2014 年 12 月，自治区党委、政府出台《关于加强和改进新形势下民族工作的实施意见》（内党发〔2014〕28 号），全方位地对自治区民族教育事业发展做出了新的规划和部署。

历程之三：自治区在完善民族教育法规政策建设等方面做了大量卓有成效的工作，也在推进民族教育业务工作发展等方面研究制定了符合实际的措施与办法。一方面，更加明确目标任务和工作规程，通过文件和重要会议加强指导。1952 年初正式颁行了《内蒙古自治区民族教育五年计划纲要（1953—1957 年）》，提出适当加快牧区小学发展速度的主张和全面规划加强领导的方针；1954 年 11 月召开了全区第一届民族教育会议，通过了规范民族学校设置、加强教学工作、提高人才培养质量等方面的三个文件草案；1960 年 4 月批准成立了内蒙古教育出版社，负责编辑出版蒙汉文教材和教育图书；1962 年初召开全区民族语文、民族教育工作会议，提出从实际出发发展民族语文和民族教育的 8 项具体措施；1962 年颁发了《内蒙古自治区牧区小学人民助学金暂行办法》；1963 年印发了《蒙族中小学蒙汉语文升级升学考试办法（草案）》和《关于从 1964 年起蒙古旗中学和高等学校招生考试加试蒙古语文的通知》；1999 年 9 月印发《内蒙古自治区人民政府关于在全区民族中学开设外语课有关问题的通知》；2000 年 4 月印发了《内蒙古自治区人民政府批转自治区教育厅关于〈内蒙古自治区高考实行 "3 + X"后蒙古语授课（加授蒙古语文）和朝鲜语授课考生的考试科目及记分办法〉的通知》；2007 年 11 月印发了《内蒙古自治区实施中国少数民族汉语水平等级考试办法》；2007 年印发了《内蒙古自治区人民政府办公厅关于印发〈内蒙古自治区蒙古语授课（加授蒙古语文）和朝鲜语授课考生高考科目及记分办法〉的通知》；2010 年 3 月印发并于 2014 年 5 月修订印发了《内蒙古自治区少数民族高层次骨干人才计划管理办法》；2013 年 12 月印发了《内蒙古自治区教育厅关于做好 "内蒙古基础教育资源网（蒙古文版）"教学应用工作的通知》；2014 年 9 月印发了《内蒙古自治区教育厅关于启用"全区民族中小学教育管理与教学质量评估体系"网络工作平台的通知》；2014 年 7 月印发了《内蒙古自治区教育厅关于成立内蒙古自治区蒙古文教材建设领导小组的通知》；2015 年 7 月印发了《内蒙古自治区教育厅关于开展全区中小学蒙古文教材通审修订工作的通知》；等等。另一方面，认真研究部署业务领域相关工作，通过专项会议及活动抓好落实。1965 年 8 月在昭乌达盟克什克腾旗召开了全区牧读小学现场会；1973 年 11 月在乌兰察布盟达尔罕茂明安联合旗召开了全区民族教育会议；1979 年 12 月在呼和浩特市召开了全区民族学校教学工作会议；1986 年 4 月在伊克昭盟乌审旗召开了全区牧区小学管理经验交流会；1987 年 4 月在锡林郭勒盟东乌珠穆沁旗召开了全区苏木中心校 "两主一公"现场会；1988 年 6 月在昭乌达盟阿鲁

科尔沁旗召开了全区民族职业技术教育经验交流会；1996年12月在呼和浩特市召开了全区民族教育改革理论研讨暨经验交流会；2000年8月在兴安盟乌兰浩特市召开了全区民族教育现场工作会议；2002年在呼和浩特市召开了全区民族基础教育研讨会；2010年11月在赤峰市翁牛特旗召开了全区蒙古语授课中小学基础教育课程改革经验交流会；自1976年起每隔1~3年召开一次八省区蒙古语文协作或教材建设会议；分别于1984年10月、1990年10月、1995年10月隆重召开了全区民族教育表彰大会；等等。这一切，充分展示了民族教育工作内容的丰富多彩和事业发展大有可为的美好前景。

历程之四：2015年是"十二五"规划的收官之年，是一个不平凡的年份。这一年8月11日国务院印发《关于加快发展民族教育的决定》（国发〔2015〕46号），8月18日，经国务院批准，教育部和国家民委在北京联合召开了第六次全国民族教育工作会议。自治区党委、政府高度重视，于9月2日召开自治区党委第127次常委会议，传达学习第六次全国民族教育工作会议和国务院《关于加快发展民族教育的决定》精神，研究自治区贯彻落实意见，对召开全区民族教育工作会议作出部署。自治区十二届人大常委会第19次会议一审通过了《内蒙古自治区民族教育条例（草案）》。自治区人民政府于12月1日批转印发了内蒙古自治区教育厅、人力资源和社会保障厅《关于进一步做好高等学校蒙古语授课学生培养和创业就业工作的实施意见》（内政办发〔2015〕128号），于12月3日在锡林郭勒盟锡林浩特市隆重召开了全区民族教育工作会议。此期间自治区政府多次召开专题会议研究讨论将要印发的《内蒙古自治区人民政府关于加快发展民族教育的意见》。这一年，全区民族教育在追求质量、效益、特色相统一的科学发展之路上，迈出的步伐是坚实的。从办学质量上看，全区民族中小学、幼儿园的办学条件均达到了当地同级同类中小学校、幼儿园的优质水平，学校吸引力逐步增强；各办学层次中，蒙古族在校学生所占比例均超出了其人口所占比例，幼儿园占23.33%、小学占25.85%、初中占24.52%、普通高中占26.65%、职业高中占24.39%、普通高校占22.68%，表明了蒙古族学生受教育年限在稳步增长；各办学层次中，蒙古族学生接受蒙汉双语教育的人数逐年增加，幼儿园占 37.41%、小学占 36.51%、初中占 33.71%、普通高中占 32.61%、普通高校占 42.54%，反映了政策导向的巨大作用。从办学效益上看，全区蒙古语授课中小学、幼儿园的校均规模达到或接近全区平均水平，幼儿园为 163 人、小学为 435 人、初中为 480 人、普通高中为 805 人。从办学特色上看，全区民族中小学、幼儿园均开设了具有本民族特点和地方特色的校本课程，在丰富多彩的寓教于乐活动中，增强了各民族学生中华民族共同体思想意识、民族团结意识、遵纪守法意识、公民意识，为培养造就德智体美全面发展的社会主义合格建设者和可靠接班人奠定了坚实基础。

这一年，全区民族教育系统认真分析总结"十二五"时期的发展成就及工作不足，在狠抓落实方面进行深刻反思。重点于 9 月至 12 月期间，根据自治区党委、政府领导批示精神，由自治区教育厅牵头，结合国家各项教育工程督导检查、均衡发展评估指导，自治区"十个全覆盖"工程推进情况检查、"民族教育发展水平提升工程"评估验收前期指导等工作，详细了解各地区传达学习、贯彻落实中央决策部署情况以及存在的困难和问题，为研究制定自治区实施意见做好前期准备。由自治区民委牵头，深入部分盟市和高校，就新形势下民族工作发展趋势和特点、民族地区经济社会发展状况及存在问题、少数民族干部群众特别是高等学校少数民族人才队伍思想动态和诉求等方面开展了广泛深入调研。由自治区人社厅牵头，就少数民族特别是蒙汉双语授课大学毕业生创业就业、蒙汉兼通双语人才培养与使用等方面进行专题调研。及时发现了一些亟待解决的问题，如个别地方截留、拖欠甚至挪用民族教育专项经费，仅通辽市科左后旗 2015 年底前就拖欠该旗蒙古族高级中学 9000 多万元；个别地方领导庸政懒政，不作为、乱作为，致使当地部分寄宿制民族学校仍存在"大通铺"现象，部分苏木（乡镇）民族学校办学条件仍然十分简陋，部分民族学校教育工程立项难、施工难；个别地方领导好大喜功，只愿行"锦上添花"之举，不愿做"雪中送炭"之事，对蒙古语授课大学毕业生回乡创业就业、对当地民族中小学和幼儿园教师严重缺编等问题漠不关心；个别民族高校办学条件长期达不到国家设置标准，虽有解决方案，但推进迟缓；个别高校蒙古语授课专业教师出现"断层"，

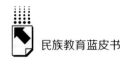

影响到教育教学工作，却未能引起有关方面足够重视；个别高校领导对蒙古语授课专业学生的教育质量问题分析研究和关爱少、盲目指责抱怨多，挫伤了教师教书和学生学习积极性；等等。这些问题已经引起了自治区党委、政府领导的高度重视，正在列入有关部门和地区的整改清单。总之，自治区坚持问题导向，勇于直面困难，敢于亮"丑"揭"短"，绝不让损害民族教育事业发展的言行有立锥之地和藏身之处，赢得了广大人民群众的欢迎。

2016年是"十三五"规划实施的第一个年份，是在新的历史起点上扬帆起航的发力之年。这一年，亮点工作纷呈。一是在2月6日印发《内蒙古自治区人民政府关于加快发展民族教育的意见》（内政发〔2016〕23号），从五个方面提出了加强新时期民族教育工作的27条政策措施。二是自治区人民政府正式确定40所民族学校的标准化建设工程为自治区成立70周年献礼项目，总建筑面积为17.9万平方米，投资5亿多元。三是各项业务工作紧锣密鼓地展开：启动实施"蒙汉双语授课义务教育阶段学校理科教学质量提升计划"；安排1600万元专项资金为首批80所民族中小学建设科技活动室；全面完成了现行491种中小学蒙古文教材教辅的通审修订工作；安排部署开发拓展蒙古文教学资源内容、推进民族中小学"三通两平台"建设和"同频互动课堂"建设与应用；进一步完善"全区民族中小学教育管理与教学质量评估体系网络工作平台"使用与管理；研究制定并印发了《内蒙古自治区民族教育发展水平提升工程评估验收指标体系》，指导盟市认真开展自查工作。四是民族教育协作交流活动与教师培训工作有序开展：组织召开了"全区蒙古族小学校长培训暨教学研讨会议"和"八省区蒙古族小学校长第2届年会"、"全区蒙古语授课中学校长培训暨教学研讨会议"和"八省区蒙古族中学教育协会第28届年会"以及"八省区蒙古族幼儿园第10届协作会议"；举办了全区第14届蒙古语授课高中生"尹湛纳希杯"文科竞赛和"明安图杯"理科竞赛，54名参赛选手向全区蒙古语授课高中生发出了"在党的民族政策光辉照耀下，感恩社会，发奋学习，掌握本领，报效祖国"的倡议书；全年安排专项经费2400多万元，组织实施了9300多人次的自治区级和盟市级民族中小学、幼儿园校（园）长和各学科骨干教师免费培训，其中赴浙江、江苏、福建参加高端培训的骨干教师达 600 多人。五是研究制定了《关于推进蒙汉双语教学高考学生公平接受优质高等教育的工作方案》，已报请教育部批准后执行。

这一年，最大的工作成就是：《内蒙古自治区民族教育条例》（以下简称《条例》）于 9 月 29 日经自治区十二届人大常委会第 26 次会议审议通过，于 11 月 1 日起正式颁布实施。这是自治区法制建设的一件大事，更是自治区民族教育事业发展进程中的大事、喜事。《条例》自 2005 年底开始研制，历时 11 年，易稿 16 次，凝结了研制工作者的心血，凝聚了全区民族教育工作者和关心支持民族教育事业发展的社会各界有识之士的智慧。《条例》将自治区长期以来行之有效的民族教育政策措施，特别是进入 21 世纪以来自治区党委、政府在有关文件中所明确的关于民族教育的方针政策以法规形式予以确认，是贯彻落实党的民族区域自治制度和中央民族工作会议精神的重要举措，对于依法促进我区民族教育健康发展，实现民族教育发展目标，保障各民族平等、团结和共同繁荣具有重大意义。这部《条例》共 8 章 50 条。最大的亮点，一是在第二条对民族教育这一概念进行了科学规范的界定，明确了适用范围、教育（办学）形式、受教育对象、教育目标任务、教学要求和重点以及教育内容等，与自治区民族教育实际是相符合的，也解决了国内理论界长期争论的焦点问题，在实践中具有一定的指导意义。二是在第四条规定了民族教育优先重点发展政策，在第七条规定了自治区对民族教育实行财政优先保障制度。三是在第二章的相应条款中，对民族中小学、幼儿园的布局、设立、变更和终止，对民族中小学、幼儿园名称和校（园）长的任用作出了规定。四是在第三章的相应条款中，对民族教育的重点内容（即双语教育）提出了具体要求。五是分别明确了少数民族学生的升学优惠政策、助学优惠政策、就业优惠政策等，明确了民族学校的条件保障、经费投入等方面的优惠政策。六是指导性、可操作性强。《条例》的颁布实施，在全区引起了极大反响，在西部地区特别是全国民族地区得到了高度赞誉。《条例》必将为自治区民族教育的加快发展以及自治区民族教育在西部地区特别是全国民族地区保持先进水平发挥其重要作用。总之，通过各

级政府和广大民族教育工作者的辛勤努力，这两年的民族教育工作达到了
"十二五"圆满收官和"十三五"顺利开局的良好预期。

二 工作成绩

这是一片神奇的土地。这里不仅物产丰饶，还以经济发展、社会和谐、
文化繁荣、边疆稳定享誉国内外。在这里生活的 2500 多万各族儿女，勤劳
睿智、淳朴善良，正在用自己的聪明才智谱写着振兴中华民族教育文化事业
的优美诗篇。

成绩之一：进一步明确了民族教育深化改革创新发展的工作思路和努力
方向。在长达 69 年的不同历史时期的工作实践中，自治区党委、政府深刻
认识到，民族教育是中国特色社会主义教育体系的重要组成部分，是民族工
作的重要方面，是教育事业与民族团结进步事业的交汇点和接合部。民族教
育不仅仅是为少数民族群众传授科学文化知识，更重要的是培养发展少数民
族优秀传统文化、弘扬中华民族灿烂文化和古老文明的一代新人，培养热爱
家乡、建设边疆、报效祖国、建功立业的可靠接班人。因此，科学界定了民
族教育的内涵，即民族教育是指对自治区行政区域内的蒙古族及其他少数民
族公民所实施的，以学校教育为主，以使用本民族语言文字和国家通用语言
文字教学为重点，以科学文化知识传授和本民族优秀传统文化传承发展为基
本内容的各级各类教育。双语教育工作的指导思想和工作原则得到明确，即
认真贯彻执行党和国家的教育方针政策，把大力推进民族语言文字繁荣发展
作为重要任务，把学习掌握母语作为基本要求，把学习运用汉语作为必备素
质，把学习使用外语作为一项发展能力。坚持因地制宜、分类指导原则，尊
重学生意愿，加强宣传引导，努力培养适应国家和自治区经济社会发展需要
的民汉兼通的双语型高素质人才。更加坚定了从理论到实践方面的自信，即
内蒙古自治区长期坚持双语教学一、二类模式并以一类模式为主的重要原因
之一是，蒙古语言文字完全具备了符合人类文明和中华文化发展要求，能够
适应当今世界社会科学领域和自然科学领域各个学科知识发展需要的编译、

吸收和创新生存能力，也区分了少数民族教育与少数民族地区教育的共性与个性差异，厘清了双语教育、双语教学模式等一些基本概念和蒙汉兼通双语人才的科学评价标准。这一切，充分体现出了《中华人民共和国宪法》《中华人民共和国民族区域自治法》《中华人民共和国教育法》中的各民族一律平等、各民族都有使用和发展自己的语言文字的自由、尊重和保障少数民族使用本民族语言文字接受教育的权利、推广全国通用的普通话和规范字、国家采取措施为以少数民族学生为主的学校及其他教育机构实施双语教育提供条件和支持等意志。

成绩之二：适时研究制定了一系列加强民族教育工作的法律法规和政策措施。在党的民族教育政策和国家有关法律法规的指引下，自治区党委、政府坚持从实际出发，在各个不同的历史阶段，英明决策，认真施策，注重实效，狠抓落实。因而在发展民族教育问题上，摆脱了干扰，把稳了方向。面对社会上不断出现的轻视少数民族语言文字工作的思想苗头和观念行为，自治区人大常委会于2005年颁布施行了《内蒙古自治区蒙古语言文字工作条例》，自治区人民政府正在抓紧制定实施细则，实行法制化管理；面对民族教育发展进程中不断出现的新情况、新问题，自治区人大常委会于2016年11月1日正式颁布施行《内蒙古自治区民族教育条例》，把民族教育纳入法制化轨道。从内党发〔2005〕20号、内政发〔2007〕103号、内党发〔2014〕28号、内政办发〔2015〕128号、内政发〔2016〕23号等一系列文件的制定印发，到各地区相继出台的贯彻落实方案，对少数民族学生资助、民族学校办学条件改善、师资队伍培养培训、民族文字教材建设、考试招生制度改革、学校管理、教育教学质量提高、少数民族高素质人才培养等都作出了明确系统的规定，为自治区民族教育事业在将来健康快速发展提供了法律和政策保障。

成绩之三：有效建立了民族教育完善的政策经费支持体系和工作运行机制。内蒙古的民族教育已经形成了从学前三年教育、义务教育到普通高中教育、中等职业教育，再到成人教育、高等教育的完整的办学体系，同时形成了对各层次、各类民族教育给予有力支持的政策经费保障体系和工作机制。从2003年起，除每年拨付正常经费外，自治区财政每年划拨民族教育专项

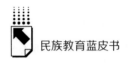

资金 200 万元，到 2007 年增至每年 2000 万元，自 2013 年起增至每年 6000 万元。与此同时，各盟市、旗县财政也按要求划拨了 30 万 ~ 400 万元不等的民族教育专项资金，每年投入接近 5000 万元。在实行减免学费、补助生活费政策等方面，自 2000 年起，对考入区内高校的蒙古语授课学生实行减收 20% 学费政策；自 2007 年起加大了对蒙汉双语教学义务教育学校寄宿制学生的生活费补助力度，小学生和初中生每人每学年分别为 1080 元和 1350 元；2012 年起又扩大了补助范围，面向全区蒙（朝）汉双语教学寄宿制中小学生，小学生、初中生和高中生的补助标准分别提高到每人每学年 1350 元、1620 元和 1890 元。自 2011 年春季开学起，全区率先对蒙（朝）汉双语教学中小学生实行 12 年免费教育；多数盟市还对蒙汉双语教育学前幼儿实行了免收保育费、补助生活费政策。自治区各级财政克服财力困难，支持民族教育事业发展投入的专项资金由“十五”时期的近 1 亿元、“十一五”时期的近 12 亿元，提高到“十二五”时期的近 20 亿元。在实现办学条件标准化、信息化和均衡发展等方面，自治区始终采取重点支持和倾斜政策，使各级各类民族学校走在了当地同级同类学校的前列。同时，各级政府分别建立了工作联席会议制度或统筹管理分工协作工作机制，强化党的领导，明确政府责任，开展督导检查，把民族教育纳入各级党政领导的工作业绩考核体系之中，形成了真抓实干、关心支持民族教育事业加快发展的社会风尚。

成绩之四：逐步形成了发展民族教育求真务实的工作作风和勇创一流的进取精神。民族教育是一项功在当代、利在千秋的事业。全区各盟市、各高等学校和有关部门认真贯彻落实国家和自治区有关民族教育的一系列方针政策，结合自身实际，大胆探索实践，取得了一项项改革成果和耀眼的阶段性工作业绩。呼和浩特市努力打造民族教育首府形象，率先于 2000 年颁布实施《呼和浩特市民族教育条例》，又于 2013 年进行了第二次修订，进一步加大民族教育投入，实行蒙古语授课学生 15 年免费教育，完善少数民族学生升学和进城务工人员子女就学等方面优惠政策，积极推进双语教育二类模式教学工作，拓宽双语师资补充渠道，加强民族学校“5A”级管理制度建设，提升了办学水平。包头市认真执行 2001 年颁布实施的《包头市民族教育条例》，探索了工业化城市发展民族教育的成功经验。呼伦贝尔市在大力办好牧区和城区蒙古族教育的基础上，积极推进鄂伦春、达斡尔、鄂温克和俄罗斯等人口较少民族教育事业的发展，展示了民族教育多姿多彩的风貌。兴安盟、通辽市、赤峰市克服地方财力困难，面对少数民族人口集中和民族教育工作比重大的现状，找准突破口，狠抓教育教学质量提高、民族优秀传统文化传承、特色学校建设、学生个性化发展等方面工作，形成了与普通教育比学赶超、各显千秋的生动局面。锡林郭勒盟在顺利完成民族教育布局调整和集中办学的基础上，率先实现蒙古语授课学生15年免费教育，学前三年入园率、义务教育入学率和高中阶段教育入学率分别达到91.5%、100%和95.5%，均高于全区平均水平。特别是实施"精品学校"创建工程和"名师""名校长"培养工程，激发了民族教育办学活力。鄂尔多斯市重视教育系统民族团结进步工作和民族学校科技创新活动的深入开展，阿拉善盟在民族学校加强地域文化基地建设，乌兰察布市实行校（园）长全员聘任制和课程改革督导机制，巴彦淖尔市推进民族教育信息化和教学质量监测工作，乌海市坚持不懈地努力把民族学校做优做强等，进一步增强了民族教育吸引力。自治区高等学校立足本校实际，充分发挥学科优势，积极拓展培养少数民族高素质人才的新途径、新领域。内蒙古大学充分发挥"211"高校的示范引领作用，内蒙古师范大学坚守信念服务民族基础教育，内蒙古民族大学、内蒙古医科大学做强做大蒙医蒙药学专业，内蒙古财经大学着力培养高素质少数民族财经类人才，锡林郭勒职业学院倾力提升民族职业教育办学水平，其他高校各展特色支持地方经济社会发展。自治区有关部门各司其职，形成合力，在争取国家建设项目和专项资金方面，在促进少数民族学生特别是蒙汉兼通大学毕业生创业就业方面，在为民族中小学排忧解难等方面发挥了重要作用。总之，内蒙古自治区的民族教育发展正在成为祖国北疆的一道亮丽风景。

三　基本经验

这是一个创造奇迹的年代。这里的民族教育实践旅途中，几代人洒下了

汗水；这里的民族教育探索征程中，几代人付出了心血。几十年一路走来，后继者们步伐坚定，信心满怀，更加渴望为中华民族的教育百花园装点多彩春色。

经验之一：坚持继承发展与改革创新相结合。内蒙古的民族教育已经确立了符合自治区实际的指导方针和工作原则。一是贯彻落实"优先重点"发展方针。做到在研究教育政策时，事业发展规划优先谋划民族教育，财政资金投入优先保障民族教育，公共资源配置优先满足民族教育。二是坚持推行"两主一公"办学模式。在民族中小学实行寄宿制为主和助学金为主的公办体制，确保了少数民族学生在办学条件有保障的民族学校里学习好、生活好、德智体美等各方面得到健康全面发展。三是全面加强双语教育工作。要求实行双语教学一、二类模式的幼儿园和中小学，加强民族语言文字和国家通用语言文字教学，并适时开设外国语课程，使完成基础教育学业的毕业生达到蒙汉兼通。要求双语教育高中毕业生考入区内高校后，无论选择以蒙古语授课为主的专业，还是选择以汉语授课为主的专业，必须加强蒙汉两种语言文字学习，毕业后能够熟练应用蒙汉两种语言文字，增强社会适应能力。同时坚持推行"中国少数民族汉语水平等级考试"和"内蒙古自治区蒙古语文应用水平等级考试"制度。四是全方位、多形式、重实效地在各级各类学校长期开展民族团结教育活动，使"五个认同""三个离不开"的思想意识和党的民族理论、民族政策以及培育社会主义新型民族关系的相关知识进教材、进课堂、进头脑，深入人心、融入血脉，为维护祖国统一，保持边疆地区长期稳定，促进经济社会和谐发展发挥了重要作用。

经验之二：坚持从实际出发与适应新形势要求相统一。一是重视双语教师队伍和蒙古语言文字教材建设工作。"十一五"期间平均每年免费培训民族中小学、幼儿园校（园）长和各学科双语教师3000多人次，"十二五"期间达到4000多人次；每年编译、审查、出版各类大中小学蒙古文教材及教辅用书220多种；完成了蒙古文版本中小学、幼儿园各学科教学资源的开发建设任务，总容量超过300GB，总时长近1300小时，目前内容还在扩展。

二是少数民族高层次人才培养工作成效显著。截至 2016 年，区内高校在读的少数民族本专科学生达 11 万多人，其中接受双语教育的近 6 万人；通过预科教育在国家部属高校和内地高校就读的少数民族本科生达 1 万多人；已攻读"少数民族高层次骨干人才计划"的硕士研究生 4637 人，博士研究生 1007 人。三是努力培育民族普通高中的多样化和特色化发展，提升了教育管理水平和办学品质。四是突出民族职业教育的办学特色，加强适应学生个性发展和农牧业生产需要，促进民族文化艺术、民族工艺、民族生产生活用品繁荣发展等类别的专业建设，赢得了学生和家长的欢迎。

经验之三：坚持民族教育与普通教育协调发展。内蒙古作为以蒙古族为主体、汉族居多数的少数民族自治区，高度重视民族教育与普通教育的协调同步、适度超前发展工作，研究制定了一系列保障政策和措施。一是充分认识民族教育与普通教育发展中的差距，树立学习先进、敢于追求卓越的信心。二是发挥自身优势，形成办学特色，如加强与蒙古语文协作省区的协作交流，以及与周边国家和地区的学习交流等。三是把握政策导向，增强自我发展能力。目前全区各学段少数民族在校学生所占比例均超出了其人口所占比例，各项教育指标均处于全区平均水平以上。特别是在全区中小学在校学生逐年减少的情况下，民族中小学在校学生呈逐年增加趋势。与 2015 年相比，全区接受蒙汉双语教学的在校中小学生和在园幼儿增加了近 2000 人。四是更加注重内涵发展。全区各级各类民族学校牢固树立了以质量求生存、以特色求发展的办学理念。大力推进新课程改革，积极开展教育科研活动，加强校园文化建设，提高素质教育水平，极大地增强了自治区民族教育的影响力。五是研究制定"全区蒙汉双语授课义务教育阶段学校理科教学质量提升计划"实施方案，培养学生崇尚科学精神。六是加强"全区民族中小学教育管理与教学质量评估体系"网络工作平台应用与管理，提高了民族教育现代化、科学化管理水平。

经验之四：坚持科学谋划与精密施策并重。一是坚定政治信念，树立大局意识。充分发挥民族教育在发展民族团结进步事业中的特殊作用，坚持立德树人，开展社会主义核心价值观教育，弘扬以爱国主义为核心的民族精

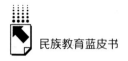
神，筑牢中华民族共同体思想基础。让各民族学生在人际交往、感情交流、文化交融和谐的社会环境中茁壮成长。二是坚持问题导向，深化综合改革。民族教育改革发展的最终目标是提高少数民族人才培养质量。要从增强思想政治教育的针对性与实效性、建立民族团结教育常态化机制、创新少数民族人才培养模式、改革考试招生制度、拓宽蒙汉双语教学各学段学生升学就业渠道等方面入手，结合中小学、幼儿园各阶段教育特点，加强学习研究，开拓办学思路，更新教育理念，提升管理水平。三是把充分调动教师工作积极性作为重点任务。锻造一支专业素质高、教书育人能力强的教师队伍是民族教育当前及今后发展的迫切要求。因此必须有效解决民族学校教师待遇偏低、老龄化现象凸显、编制结构性短缺矛盾突出、职业倦怠与交流轮岗不畅等一系列问题。四是把提高教育教学质量作为学校教育的永恒主题，细化课程改革方案，优化教学方式方法，运用现代化教学手段，利用蒙古文教学资源库内容，以课件制作、微课设计、同频互动课堂教学等多种形式，丰富教学内容，提升学生学习兴趣。更要以"名师"为引领，发挥课堂最佳效应；积极发现学生潜质，因材施教，促进学生个性化发展、全面提高、快乐成长。五是加强民族教育各个工作领域的科学规范管理。工作有序、施策规范、管理科学是民族教育工作的立身之本。校长和学科教师培训要讲求实效，教育科学研究要具备前瞻性，教学研究要突出指导性，教材建设要合理确定中短期和长远规划，实现民族教育信息化要立足本土、立足本民族、立足现实条件，实行校长和教师交流轮岗制度要服从现实需要、要灵活务实、要为教育均衡发展服务。六是强化政府责任，实现顶层设计与实际操作的有机统一。以创新发展理念为引领，就必须提高少数民族学生的创新意识和能力，就需要在保护好奇心、尊重差异性、树立自信心、培养意志力方面下功夫。以协调发展理念为引领，就必须缩小差距，增加少数民族学生公平享受优质教育资源的机会；既要关注区域、城乡、校际协调发展，又要关注民族教育与普通教育的协调发展。以绿色发展理念为引领，就必须以人为本，珍爱生命，就必须尊重差异性，加强学会生存、重视生命、保护生态教育。以开放发展理念为引领，就必须具备社会化、国际化视野，做好"引进来"

"走出去"这篇文章，特别是利用好自治区与蒙古国的地缘、族缘、文化优势服务国家改革开放、"一带一路"建设大局。以共享发展理念为引领，就必须解决好教育公平、公正问题，就必须关注不同群体的教育差异性问题，实现"同在蓝天下，共筑中国梦"的理想。

四　政策建议

这是一个充满机遇和挑战的时代。民族教育必须顺势把握机遇，勇敢面对挑战。每一个承担着民族教育工作任务的地区，每一名从事民族教育工作的人员，应当胸怀大局，积极建言献策；更应当殚心竭虑，发表真知灼见。

建议之一：在国家层面，一是加快民族教育立法进程。二是加快解决民族中小学、幼儿园教师编制短缺问题，要特别制定双语教学民族中小学、幼儿园相关方面的优惠政策。三是制定特殊政策解决从事民汉双语教学教师的待遇偏低问题。四是调整高等教育招生政策，将国家下达的各类专项招生计划、民族预科计划等向接受双语教育的学生，向贫困地区、边远地区、边境地区和少数民族聚居地区学生倾斜。

建议之二：在自治区层面，一是加大力度学习、宣传、贯彻执行《内蒙古自治区民族教育条例》。二是加强业务工作督导检查，全面贯彻落实国家和自治区制定的一系列支持民族教育加快发展的优惠政策。三是认真编制自治区民族教育"十三五"规划。四是重视高等学校少数民族人才培养工作，在学科建设、课程设置、教学内容、师资培养等方面优化政策措施。五是做好民族教育补短板、促均衡工作，充分发挥民族教育"精准扶贫"的特殊作用。

结　语

2016年，内蒙古自治区的民族教育事业发展取得了显著成就，也积累了宝贵经验。这是69年来全区各级党政领导重视、各有关部门支持、广大

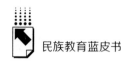
民族教育工作者辛勤努力的结果，应当引以为豪。

综观当今世界，各种文化思潮风起云涌。分析国际国内形势，各类社会矛盾交错。但总体发展形势向好，人类文明前行的脚步永远不会停歇。

在我国，56个民族组成了和谐大家庭，共享着中华文明。其中55个少数民族人口达1.136亿，约占全国人口总数的8.49%，主要分布在边远山区、农牧区、边境地区和经济文化欠发达地区。155个民族自治地方的国土面积占全国总面积的64%。在55个少数民族中，53个民族有自己的语言，29个民族有与自己的语言相一致的文字。其中，在广大民族地区共使用22个民族的27种文字开展双语教学，丰富了中国特色的社会主义教育体系。

内蒙古自治区的民族教育主要面对的是占全区人口总数22.6%的少数民族群众，其中蒙古族占全区人口总数的18.75%。虽然服务对象人数较少，但这项工作在促进民族地区和谐稳定和改革发展进程中的基础性、先导性、全局性作用是十分突出的。今后，我们要深入贯彻落实党的十八大和十八届三中、四中、五中、六中全会精神，深入贯彻落实习近平总书记系列重要讲话精神和治国理政新理念、新思想、新战略，牢记习总书记2014年1月考察内蒙古时的殷切嘱托：希望内蒙古各族干部群众守望相助。守好家门，守好祖国边疆，守好内蒙古少数民族美好的精神家园，在《内蒙古自治区民族教育条例》和《关于加快发展民族教育的意见》的指导下，在落实自治区党委第十次党代会明确的发展目标和工作任务、服务国家"一带一路"倡议、扩大对外对内开放交流、打赢精准扶贫攻坚战的过程中，以"五大发展理念"为引领，努力办好祖国北部边疆各族人民满意的民族教育！

分 报 告

Sub Reports

B.2

内蒙古少数民族学前教育发展报告

孟根其其格　吉日嘎拉图*

摘　要：　内蒙古自治区成立70年来，少数民族学前教育经历了从无到有、从流动幼儿园到正规教育、从合园到独立设置的发展历程，在数量、规模和质量效益方面均取得了长足发展。然而，当前在发展中也面临一些问题：幼教队伍专业化程度低，少数民族专业教师紧缺；办园经费紧张，教学设施设备配置不均衡；教学内容缺乏规范，蒙古语言文字资源需求甚多；教师教育观念滞后，游戏活动不能实质性开展等。要解决这些问题，一是合理规划，政策倾斜，稳步推进；二是强化管理，完善职能，健全体制与机制；三是遵循规律，拓展资源，突出特色；四是更新观念，提高水平，提升质量。

*　孟根其其格，内蒙古自治区教育科学研究所副研究员；吉日嘎拉图，内蒙古自治区教研室，中教高级。

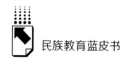

关键词： 内蒙古 少数民族学前教育 基础教育

少数民族学前教育是民族教育的重要组成部分，也是基础教育的基础，更是一个民族创新发展的奠基工程。内蒙古自治区少数民族学前教育随自治区和中华人民共和国的成立开始了其发展历程。70 年间，少数民族学前教育从无到有、从流动幼儿园到正规教育、从合园到独立设置，经历了曲折的发展历程，取得了翻天覆地的变化。其发展历程可分为以下五个阶段。

第一阶段：少数民族学前教育起步与探索时期（1947～1966 年）。这一时期少数民族学前教育从无到有，形成了初步规模。1956 年，少数民族在园幼儿为 652 人，到 1965 年，少数民族在园幼儿已达 1185 人，比 1956 年增加了 82%。

第二阶段：少数民族学前教育遭受破坏时期（1967～1977 年）。这一时期，党的民族区域政策遭到了破坏，民族教育一度停止发展。

第三阶段：少数民族学前教育恢复发展时期（1978～1984 年）。民族学前教育按照"积极恢复，稳步发展"的方针，重建了一批民族幼儿园，满足了广大蒙古族职工子女入园的需求。1978 年 11 月由呼和浩特市教育局牵头申请批准在呼市新建一所 12 个班级规模的寄宿制民族幼儿园。从此，全区民族幼儿教育发展步入正轨。1979 年，民族幼儿园发展至 44 所，其中蒙古族幼儿园 18 所，蒙汉合设幼儿园 24 所，其他少数民族幼儿园 2 所，在园幼儿 3113 人，蒙古族在园人数 2466 人。10 年间，民族幼儿园数量增长了 2.5 倍，在园幼儿增长了 7 倍。1982 年，根据教育厅《关于在蒙古族师范学校、中小学和幼儿园推广实施蒙古语标准音教学的通知》（内教民字〔1982〕1 号）和《一九八二年民族教育工作要点》（自治区人民政府〔1980〕80 号）文件精神，加强了对全区民族幼儿园、幼儿班使用蒙古语标准音的要求，强调幼儿口语学习，为蒙古语标准会话打下了基础。

第四阶段：少数民族学前教育体系不断完善阶段（1985～1999 年）。

1986 年《中华人民共和国义务教育法》颁布之后，自治区陆续出台了《内蒙古自治区民族教育工作条令》和《内蒙古自治区民族教育改革实施意见》（内蒙教民字〔1986〕12 号）文件，明确规定了有计划地发展民族幼儿园，在自治区、盟市、旗县、苏木要结合实际设置民族幼儿园，有条件的小学要附设学前班，对民族幼儿进行本民族语言教育。1992 年印发的《全国民族教育发展与改革指导纲要（试行）》（教民司〔1992〕15 号）、《关于加强民族散杂居地区少数民族教育工作的意见》（教民厅〔1992〕15 号），要求对学习本民族语言文字的少数民族学生，创造条件进行双语教育。截至 1987 年，全区共有民族幼儿园 110 所，少数民族在园幼儿 70530 人，其中蒙古族幼儿 57996 人，蒙古语授课幼儿 32240 人，占蒙古族在园幼儿的 55.6%。随着民族教育体系的健全，民族幼儿教材逐步建立完善。1989 年起，本着先解决部分的原则，编写了幼儿语言、数学科目教材，填补了民族幼儿教材空白。之后逐步翻译了常识、游戏、计算、图画等科目教材，至此，蒙古语幼儿教材体系已基本形成。为了满足当时民族幼儿教育教学需求，陆续出台政策措施，加强了幼儿教师培养与培训工作。在"七五"期间，蒙古语授课中师毕业生中 280 人被分配到幼儿园，占蒙古语授课毕业生总数的 89.6%。1987 年 9 月，由自治区蒙古语文工作协作小组办公室和内蒙古自治区教育厅组织八省区蒙古族幼儿园园长业务培训班，来自新疆、黑龙江、吉林、辽宁、内蒙古各盟市、旗县蒙古族幼儿园的 46 位园长、教师、保教主任参加了学习。至此，基本建立了自治区少数民族学前教育体系框架，确定了发展的总方向，明确了教育管理权限，初步形成了重视发展民族幼儿教育的社会氛围。1999 年，自治区的民族幼儿园共有 98 所，其中蒙古族幼儿园 76 所、蒙汉合设幼儿园 14 所，在园幼儿人数为 22312 人，其中蒙古族幼儿 18037 人。

第五阶段：少数民族学前教育改革深化与繁荣阶段（2000 年至今）。为了进一步适应社会主义市场经济改革和教育体制改革，民族幼儿教育在发展中不断完善管理体制、投入体制和办园体制，实施了优惠政策，采取了系列重要措施。2002 年颁布的《内蒙古自治区教育委员会关于开展幼儿园教师

继续教育的通知》（内教师字〔2002〕5 号）文件，对幼儿园教师招聘、编制和选拔等方面提出了相应要求，建立了幼儿园教师继续教育制度，规范了民族幼儿教师队伍的建设。2000 年印发《关于全区幼儿教育改革与发展的意见》，进一步明确了少数民族学前教育要"优先、重点"发展的战略目标，为 21 世纪初自治区幼儿教育的改革与发展指明了方向。2007 年，自治区政府相继出台了《内蒙古自治区民族教育发展工程实施方案》（内政办发〔2007〕63 号）和《关于进一步加强民族教育工作的意见》（内政办发〔2007〕103 号）文件，就自治区少数民族学前教育改革发展明确了目标，细化了任务和措施。从此，自治区少数民族学前教育开启了改革发展新的征程。截至 2016 年，自治区民族幼儿园已发展到 362 所，其中蒙古语（朝鲜语）授课幼儿园 316 所、蒙汉合设幼儿园 46 所，在园幼儿人数达 152216 人，其中蒙古语（朝鲜语）授课幼儿 51793 人。

一　少数民族学前教育发展现状

（一）民族学前教育机构的发展

近几年，随着各级政府对学前教育的重视程度和少数民族群众对学前教育的认识水平的不断提升，自治区少数民族学前教育整体有了显著改善。尤其在《内蒙古自治区中长期教育改革和发展规划纲要（2010—2020 年）》《内蒙古自治区学前教育三年行动计划（2011—2013 年）》《内蒙古自治区第二期学前教育三年行动计划（2014—2016 年）》《内蒙古自治区民族教育发展水平提升工程实施方案（2011—2015 年）》颁布实施以来，少数民族学前教育出现了前所未有的发展态势。2011～2015 年，民族幼儿园（学前班）由 137 所增加到 362 所，其中使用少数民族语言文字授课幼儿园（学前班）由 122 所增加到 316 所，分别占同年度民族幼儿园总数的 89.05% 和 87.29%（见图 1）。5 年间，全区民族学前教育机构共增加 225 所，增幅呈逐年上升趋势。仅通辽地区为了满足少数民族群众对学前教育的需求，

2011～2015 年，新建了 122 所蒙古语授课学前教育机构，且多数分布于蒙古族人口集中的农区和牧区。

图 1　2011～2015 年全区民族幼儿园（学前班）发展情况

（二）幼儿园分布

据 2016 年统计，全区共有少数民族幼儿园（学前班）362 所，其中分布在苏木乡镇、嘎查村的民族幼儿园（学前班）153 所，占总数的42.27%，分布在镇区的民族幼儿园（学前班）171 所，占总数的47.24%，而在城区分布的民族幼儿园（学前班）仅占 10.5%。可见，全区民族学前教育机构已形成了相对集中于苏木镇和嘎查村，合理分布于城区的基本格局（见图 2）。

（三）办园形式

经调查，自治区少数民族学前教育主要有独立设置民族幼儿园和小学附设学前班（幼儿班）两种形式。独立设置民族幼儿园主要指以"民族幼儿园"或民族名称命名的幼儿园，包括蒙古族幼儿园、回族幼儿园、朝鲜族幼儿园和满族幼儿园。独立设置民族幼儿园有较完善的教育场所和基础设施设备，专职教师相对充足，能够结合幼儿身心特点组织教育活动。"学前

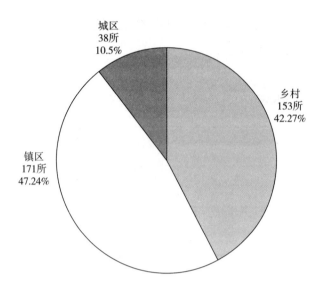

图2　全区民族幼儿园（学前班）按行政区划分布

班"指在小学（中学）阶段增设的学前教育机构，包括小学（中学）附设学前班和幼儿班，属小学（中学）管理，学制1～3年不等。小学附设学前班（幼儿班）主要为幼儿适应今后的小学教育和生活，强化时间和纪律意识并习得一定的基础知识而开展教育活动。据统计，全区独立设置民族幼儿园约占民族幼儿园总数的70.76%，小学附设学前班（幼儿班）约占民族幼儿园总数的29.24%。城区、镇区以全日制三年幼儿园教育为主，而乡村尤其是嘎查村以一年学前班和幼儿班教育为主。全区多数少数民族幼儿接受的是三年幼儿教育（见表1）。

表1　全区民族幼儿园（学前班）按办园形式、授课语言分类统计

项目类别	总计	办园形式		授课语言类型		其他少数民族幼儿园	
		独立设置（含蒙汉合园）	小学附设	蒙古语授课（含蒙汉合园）	加授蒙古语	独立设置	小学附设
民族幼儿园（学前班）数(所)	301	213	88	298	3	4	1
比例(%)	100	70.76	29.24	99	1	—	—

（四）授课语言类型

按授课语言类型，自治区少数民族学前教育也呈现两种模式，即以蒙古语言文字（朝鲜语言文字）授课为主和以汉语授课为主加授蒙古语文（朝鲜语文）会话课程。自治区少数民族大杂居、小聚居的居住特点，决定了民族幼儿园主要有以下三种办园类型，即蒙古语（朝鲜语）授课幼儿园、汉语授课幼儿园和蒙汉合园。蒙古语（朝鲜语）授课幼儿园多数实施上述两种授课模式；汉语授课幼儿园实施汉语授课普通模式；蒙汉合园是指幼儿园既有汉语授课的普通教学班，也有蒙古语授课的教学班。不同语言授课的教学班，按照儿童身心发展规律，以不同的语言文字开展教育活动。据统计，自治区民族幼儿园多数为蒙古语授课幼儿园，其次是蒙汉合园，而只有少部分民族幼儿园实施加授蒙古语会话课程模式（见表1）。

（五）在园幼儿数

据统计，2015年全区民族幼儿园（学前班）在园（班）幼儿约152216人，其中接受少数民族语言文字授课幼儿51793人，占民族幼儿（学前班）在园（班）总人数的34.03%。2014、2013、2012、2011年全区民族幼儿园（学前班）在园（班）幼儿数分别为140632、124680、113207和98717人。其中，接受民族语言文字授课幼儿数分别为52146、47663、46457和46589人，占全区同年民族幼儿（学前班）在园（班）总人数的比例为37.08%、38.23%、41.04%和47.19%。2011~2014年，全区民族幼儿在园人数呈逐年递增趋势，接受少数民族语言文字授课幼儿数出现稳步增长态势。但接受少数民族语言授课幼儿数占民族幼儿总数比例以6.15、2.81、1.15个百分比逐年减少，减少比例呈下降趋势（见图3）。

（六）专任教师基本情况

据统计，2015年全区民族幼儿园（学前班）专任教师约9816人，其中

图3　2011～2015年全区民族幼儿园在园幼儿数变化

少数民族语言授课教师3894人，占专任教师总数的39.67%。2014、2013、2012、2011年全区民族幼儿园（学前班）专任教师数分别为8673、7214、6317和5479人。其中，民族语言文字授课专任教师数为3639、2932、4088和3788人，分别占全区民族幼儿（学前班）专任教师总数的41.96%、40.64%、64.71%和69.14%（见图4）。据2015年分析，全区少数民族幼儿教师中学前教育专业毕业教师仅占19.5%，而聘用教师已占到专任教师总数的32.5%。

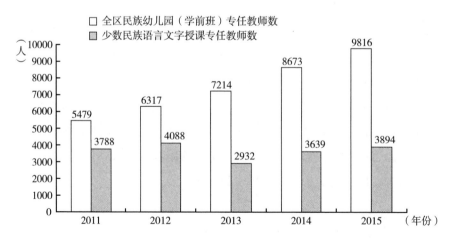

图4　2011～2015年全区民族幼儿园专任教师数变化

（七）政策措施实施现状

在国家大力发展学前教育宏观背景下，自治区相继制定并出台了一系列学前教育发展政策和措施，有效地推动了全区少数民族学前教育的发展。2011 年自治区政府批转了《关于全面发展学前教育的实施意见》，启动了2011～2013 年学前教育三年行动计划；2014 年相继实施了第二期学前教育三年行动计划。各盟市（旗县）结合地方财力，先后落实了减免幼儿保育费和管理费，程度不同地对蒙古语授课幼儿补助伙食费并对家庭经济困难幼儿实施免费入园等相关政策。例如，呼和浩特市实施了对蒙古语授课学前教育免保教费政策；包头市对蒙古语授课幼儿实施了免保教费和补助生活费政策；呼伦贝尔市牧业四旗对蒙古语授课幼儿实施减免保教费、伙食费，对低保户、家庭经济困难幼儿实施免费入园政策；通辽市对蒙古语授课学前儿童每月补助 160 元伙食费；锡林郭勒盟对具有本盟户籍的蒙古语授课在园幼儿实行"两免一补"（免保育费、管理费，补助在园幼儿生活费）政策，免费标准为每人每学年不低于 1200 元，每人每学年补助伙食费 1000 元；乌兰察布市对蒙古语授课幼儿实行免费教育，每生每月补助生活费 430 元；鄂尔多斯市对本市户籍幼儿及蒙古族幼儿全面实施了"两免一补"政策，少数民族幼儿每月补助生活费 220 元；巴彦淖尔市对蒙古语授课幼儿实行免保教费、补助伙食费政策，免除保教费每人每月 380 元，补助伙食费每人每天 5元；阿拉善盟对蒙古语授课幼儿免保教费和书本费，补助伙食费每人每学期792 元等。

二　少数民族学前教育发展面临的主要问题

随着财政投入加大、教育资源的丰富和教师培训力度的不断加大，民族学前教育在数量、规模、质量和效益方面均得到了长足发展，但客观分析全区少数民族学前教育，在幼儿园管理、保教质量、师资素质、教师待遇等方面仍存在不容忽视的现实问题。

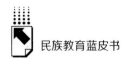
（一）幼教队伍专业化程度低，少数民族专业教师紧缺

师资水平的高低决定着教育质量，因此国家越来越重视教师队伍的专业化建设。幼儿教师的职业化发展，要求具备幼儿教育的专门知识和相关资质。据统计，全区有近80%的民族幼儿园（学前班）普遍存在专业教师短缺、教师队伍结构不合理、年龄老化以及福利待遇偏低等问题，这将严重影响民族学前教师队伍的建设、稳定和发展。现将幼儿园反映的问题整理汇总如下。

其一，教师待遇低，评职称困难现象普遍存在。幼儿园教师一天7个多小时在园跟班，却享受不到班主任补贴，教师工作积极性被严重挫伤；多数旗县级以上幼儿园反映班容量大、教师少，导致教职工工作压力大。其二，专职教师短缺，尤其是蒙古语授课幼师，音乐、体育和舞蹈专业教师普遍短缺。因缺编，借调中小学老师或临时聘用代课教师的现象较为普遍，从幼儿园角度看，既增加了经济压力，也带来了管理上的难度。呼和浩特市某幼儿园41名专任教师中24名为代课教师，工资全部由幼儿园发放；乌海某幼儿园6名教师中5名为代课教师，工资由幼儿园发放；赤峰某幼儿园25名任课教师中幼师专业教师只有2人；锡林郭勒盟某幼儿园51名教职工中只有20名属在编教师；乡镇级以下幼儿园因无人应聘，只能由本村中学毕业生临时代课。其三，年龄结构老化，专业水平低。幼儿园教师老龄化现象严重，多数教师不具备幼儿教师专业知识，不能很好地满足新时期保教保育工作需求。某园转岗教师已占到50%，面临退休的教师也占到了40%。其四，教师外出学习、培训机会少，教育教学观念相对陈旧。新教师一时不能适应岗位，而熟悉幼儿教育的老师多数又调整或脱离了一线岗位；借调教师因其不稳定性，很难全身心投入教育教学工作中，加之流动性大，外出参加学习、培训的机会少，给教学带来了一定的冲击。

（二）办园经费紧张，教学设施设备配置不均衡

充足的活动场地、安全卫生的设施设备是幼儿在园生活的基本条件。调

查发现，自治区民族幼儿园多数教学设施设备齐全，但部分苏木乡镇民族幼儿园（学前班）因资金缺位，在基础设施配备、教育资源供给方面仍与国家规定的标准存在一定的差距，尤其是利用小学闲置校舍改建的幼儿园，急需改善房屋等基础设施，充实图书、玩具和教具等教学设备，满足学龄前儿童成长需求。现将自治区民族幼儿园存在的问题摘录如下。

因教育经费短缺，乡镇以下部分幼儿园房屋陈旧，园舍不够，设施设备短缺，影响了游戏活动的正常开展。某小学附设学前班只有一间教室，由几名小学任课老师轮班看管，活动场地和学习场所与小学共用；某一中心幼儿园建筑原为中心小学旧房，教学设备和仪器空缺严重，已有的户外玩具多已损坏；部分基层幼儿园冬季仍用火炉取暖；多数乡镇以下寄宿制民族幼儿园现代化教学设备短缺，教室、活动室达不到标准，玩具和教具尤为短缺等。

（三）教学内容缺乏规范，蒙古语言文字资源需求甚多

国家《幼儿园教育指导纲要（试行）》规定，幼儿教育要以启发教育为主，寓教于乐，运用形式多样的教育和学习方法，开发儿童智力，培养幼儿的良好品质。近年来，随着"园本教研"活动在全区的深入推进，民族幼儿园基于游戏活动，开展研究探索，拓展教学资源，丰富教学活动。全区多数民族幼儿园纷纷展开了民族优秀传统文化在幼儿生活和教学活动中渗透研究，出版了具有地域特色的园本教材，对传承民族优秀传统文化发挥了重要作用。据调查了解，目前存在以下几方面问题。

其一，在幼儿教育领域融入民族优秀传统文化方面，存在流于形式的倾向，未能把握民族文化的根本精神，未能在实践中将文化的精髓融入幼儿教育生活当中；其二，一部分乡村民族幼儿园（学前班）在教育内容的选择运用方面更注重即时效应，忽视了幼儿发展的长远目标和良好生活习惯的养成；其三，蒙古文版教材中专业术语使用缺乏统一规范，直接影响少数民族学前教育质量的提升和民族教育的持续健康发展；其四，自治区蒙古文版本教育资源的开发与建设工作仍滞后于少数民族学前教育特色化、

多样化的发展需求，在内容和形式上缺乏实用性和针对性，如全区普遍缺少蒙古语言文字版参考资料，尤其是幼儿手工、幼儿教科用书等学前图书资料短缺。

（四）教师教育观念滞后，游戏活动不能实质性开展

幼儿园的工作不仅仅是单纯的知识教学活动，更多的是通过游戏活动对幼儿进行动手能力、探索精神、团结协作能力等良好品质的培养。幼儿心理学研究表明，游戏是促进学龄前儿童心理发展的最好活动形式，在游戏活动中儿童的心理和个性品质能够得到更快发展。据调查了解，部分少数民族幼儿园（学前班）开展的游戏活动以幼儿自由活动或由老师教授儿歌、舞蹈为主。部分乡村民族幼儿园由于专业教师的缺位和设施设备的短缺，多数游戏活动无法正常开展。尤其是小学附属学前班，教师人数少且没有专门的活动场地，很难开展适合幼儿特点的活动和游戏。现就幼儿园反映的情况摘录如下。

其一，游戏活动甚少，教学对幼儿缺乏足够的吸引力。多数借调人员或聘用的临时代课教师对幼儿教育的特点和幼儿教育规律不熟悉，无法实质性地开展游戏活动；其二，市级幼儿园普遍存在生源过多、班额过大的现象，严重影响着幼儿的全面个性化发展；其三，在游戏活动实施过程中缺乏专业性指导，未能充分体现游戏活动的育人价值。

三　发展少数民族学前教育的建议

教育公平包括教育起点的公平，因此，学前教育应该是每个适龄幼儿都应该接受的最基本的教育。为了促进教育公平，采取有效的政策和措施推动少数民族学前教育健康、快速发展才是当务之急。

（一）合理规划，政策倾斜，稳步推进

首先，政府应积极发挥主导作用，科学规划，合理规划少数民族幼儿园

布局。根据自治区少数民族人口分布特点，建议在盟市政府所在地至少建设1～2所高标准幼儿园；在蒙古族聚居旗县建设1～2所自治区级示范幼儿园；在苏木乡镇中心创建1～2所寄宿制标准幼儿园；在嘎查村建设小学附设幼儿园或学前班。在少数民族人口相对分散的旗县或苏木乡镇建设1～2所盟市级示范幼儿园；在嘎查村建设小学附设民族幼儿园（学前班），或在普通幼儿园增设少数民族班，或以普通班加授蒙古语文会话课程的形式举办少数民族学前教育。同时，为弥补集中办园的不足，根据少数民族地区特点，出台优惠政策，给予资金支持，鼓励自治区级示范幼儿园在偏远地区创办分园，实现教育资源真正意义上的共享。其次，应加大对少数民族幼儿教育事业的投入，提高学前教育财政支出比例，分级设立少数民族学前教育专项资金，逐年提高学前教育经费中少数民族幼儿教育使用比例。针对部分旗县、乡镇因财力不足出现的个别民族公办幼儿园收费高，一些乡村幼儿园住宿条件、卫生条件差，教学设备、教具和玩具短缺等现象，建议制定年度少数民族学前教育投入刚性比例和各级政府合理分担机制，真正实现由政府承担全部费用的少数民族学前一年免费教育全覆盖。对于经济条件较好的旗县，政府出台政策，鼓励实现少数民族学前两到三年免费教育全覆盖，突出学前教育的普惠性与福利性。最后，各级政府要将改善少数民族幼儿教育机构硬件条件作为落实国家和自治区政策措施的重要突破口，在新增学前教育经费中不断增加此项投入的比重，并制定详细目标改善少数民族幼儿园校舍与教育教学环境，配齐各类设施设备，从而实现农牧区少数民族幼儿能够在宽敞、明亮、多彩、舒适的环境中快乐生活和学习。

（二）强化管理，完善职能，健全体制与机制

据调查得知，从管理层面分析，全区少数民族幼儿园普遍存在幼教管理机构不健全、专职人员缺位或指导监管不到位等现象。尤其是小学附设幼儿园，更是存在专业管理薄弱等问题。从幼儿园层面分析，部分幼儿园存在办园行为不够规范、特色不突出、质量不高等问题。要改变这种民族学前教育

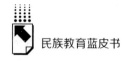

管理不到位、发展不平衡的现象，须从强化各部门的职能职责，健全少数民族学前教育集管理、指导、评估、监督为一体的体制和机制入手，以制度保障其健康、均衡发展。

首先，政府要将少数民族学前教育纳入日常管理体系，对幼儿园的建设、规模、布局、层次和师生比等提出明确要求，制定相应的管理制度，用制度和管理规范幼儿园教育行为。其次，建立专门的学前教育管理机构，并配齐专职管理人员，形成自治区、盟市、旗县和乡镇四级管理与监督网络，明确各级对幼儿园行政管理、师资建设、环境建设、质量评估、安全监督的职责范围，加强管理与监督，提升办园水平与质量。最后，鉴于少数民族幼儿园程度不同地存在教职工和专业教师短缺，无编制教师占一定比例的现状，建议增设教师编制名额，设立双语教育特殊岗位津贴，增强教师的职业归属感，吸引优秀毕业生从事少数民族幼儿教育工作。

（三）遵循规律，拓展资源，突出特色

据调查了解，全区部分民族幼儿园围绕传统文化与习俗，开发了园本教材，不仅关注到了少数民族幼儿的实际生活体验，也发挥了传承民族文化的重要作用。但这些自编园本教材中，程度不同地存在内容缺乏代表性、脱离幼儿实际生活等问题。然而，没有园本教材的民族幼儿园仍占多数，特别是乡镇以下幼儿园和学前班既没有设置民族文化课程，也没有民族文化类课程相关材料。

鉴于以上问题，其一，建议政府和教育主管部门严把教材审查关，修订当下使用的教材，提升教材的规范性、专业性和适用性；其二，在当前大数据的背景下，建议开发少数民族学前教育资源，尤其是信息化资源，提高资源内容和形式的多样性、针对性和实用性；其三，出台优惠政策，设立专项资金，鼓励第三方或有关部门牵头，组织地域性民族文化教育资源与园本教材的整理、开发与出版工作；其四，建议教育行政部门组织专家、学者围绕民族礼仪、艺术、服饰、游戏等开展专项研究，开发整合全区民族特色学前教育资源，真正实现优质教育资源的规范和普及。

（四）更新观念，提高水平，提升质量

根据全区现阶段和今后一个时期少数民族学前教育发展规划及需求，针对少数民族学前专业教师紧缺、专业化水平有待提高等问题，首先，建议在自治区师范类院校、民族院校设立幼师院系或增设幼师专业，实施单独划线、单独招生政策，专项培养蒙古语授课学前专业师资；通过落实区内招收免费学前教育师范生政策，单独划出少数民族免费生名额，吸纳品学兼优的民族考生，补充少数民族学前师资队伍。其次，针对乡村民族幼儿教师教育观念相对滞后、教育教学实践缺乏科学性等困惑，建议各级政府部门建立并完善教师指导、交流、学习的机制与平台，通过城镇与农牧区幼儿教师双向轮岗、城市骨干教师支教或开展"手拉手"对口帮扶等多种途径，实现农牧区教师观念的转变与教学能力与水平的提升。最后，针对当前因培训名额的限制，基层民族幼儿园年轻、转岗和代课教师参加培训和学习的机会相对少的现状，建议政府部门继续加大对少数民族幼儿教师培训支持力度，在民族教育专项经费中单独划出少数民族学前师资培养培训专项经费，通过调研论证，结合教师需求制定培训规划和具体实施路线图，改革创新培训模式和内容，切实提升教师业务素养、教育教学能力和水平。

附录

改革发展中的牧区学前教育（一）
——锡林郭勒盟西乌珠穆沁旗民族幼儿园

西乌珠穆沁旗位于锡林郭勒盟东部，总面积22434.5平方公里，辖5个镇、2个苏木、1个林业总场。总人口79149人，其中蒙古族53893人，占全旗总人口的68.1%；牧区人口43922人，占全旗总人口的55.5%；城镇人口35227人，占全旗总人口的44.5%。

全旗共有西乌旗幼儿园、西乌旗民族幼儿园、西乌旗白音华幼儿园、西

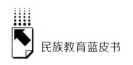

乌旗高力罕幼儿园等 4 所学前教育机构。西乌旗民族幼儿园位于旗政府所在地巴拉嘎尔高勒镇，属独立设置民族幼儿园。2001 年，由西乌珠穆沁蒙古族幼儿园和第二幼儿园合并而成。2010 年被评为自治区示范园。

2008 年迁入新教学楼，占地面积 8480 平方米，建筑面积 5083 平方米，室外活动场地面积 2463 平方米，教学用房面积 2442 平方米，办公用房面积 866 平方米，生活用房面积 1765 平方米。按照幼儿园建设标准配置了设施设备和场所，如标准化教室、体能室、舞蹈室、美术室、绘本室、保健室等。教室和活动室均配有电脑、电视和视频展台等信息化教学设备，为幼儿提供了舒适安全的体验和探索空间。

该园为蒙汉合园。现有在园幼儿 552 人，其中蒙古族幼儿 500 人，汉族幼儿 41 人，其他少数民族幼儿 11 人，其中蒙古语授课幼儿 429 人，汉语授课幼儿 123 人。蒙古语授课班共 10 个，汉语授课班共 3 个。蒙古语授课平均班额为大班 45 人、中班 46 人、小班 37 人；汉语授课平均班额为大班 40 人、中班 34 人、小班 49 人。

全园有教职工 54 人，专任教师 39 人，其中 31 ~ 45 岁中青年教师占比较大。学前教育专业毕业的 16 位教师中有 30 岁以下青年教师 7 人，已占到专任教师总数的 43.75%。近 5 年内，该幼儿园为调整教师专业结构比例，专门针对学前教育专业充实了教师队伍。就学历结构而言，大专以下学历教师仍占到 43.6% 的比例（见附表 1）。

附表 1　专任教师分民族、年龄、学历、职称、专业统计情况

单位：人

教师总数	民族结构			年龄结构			学历结构		职称结构		专业结构	
	蒙古	汉	其他	30 岁以下	31 ~ 45 岁	46 岁以上	大专以下	本科	小学一级以下	小学高级	学前教育专业	非学前教育专业
39	33	5	1	9	25	5	17	22	18	21	16	23

为使镇区少数民族幼儿接受优质学前教育，近几年，尤其学前教育三年行动计划实施以来，该园不断改善办园条件，在积极落实上级有关政策的同

时，为提升保教质量，彰显办园特色，在民族文化课程建设与园本教研方面也做了积极的探索。

一、对符合条件的蒙古语授课在园幼儿实行"两免一补"，免除在园所有幼儿的保育费和管理费，每人每学年 1200 元，补助伙食费每人每学年 1000 元，有效地提高了区域少数民族幼儿入园率。

二、结合幼儿特点，在五大领域开展教学活动的同时，吸收了当地丰富的民族文化资源，将蒙台梭利教学活动和区域活动与民俗传统文化进行了有效融合，拓展了幼儿课程内容，丰富了教学方式方法，形成了"教师在研究中成长、幼儿在活动中探索"的探究氛围，也对民族传统文化在学前教育领域的传承发挥了重要作用。

三、针对蒙古族文化特征和幼儿认知特点，组织编写了适合幼儿的蒙古文版系列园本教材。如在常识、科学、舞蹈、美术和音乐领域外，编印了融入民族传统优秀文化内容的蒙台梭利教学参考用书。

四、开展园本活动已是幼儿园特色化发展的主要形式。在每周一次的民俗教育活动，每学期一次的民族团结活动，幼儿朗诵比赛、讲故事、歌唱比赛等形式丰富的活动，以及在区域内及跨区域开展的以观摩、交流学习为目的的教研交流活动中，教师的专业素质、幼儿园的办园特色和内涵得到了一定的提升和发展。

改革发展中的牧区学前教育（二）
——赤峰市翁牛特旗海拉苏蒙古族中学幼儿园

翁牛特旗位于内蒙古自治区赤峰市中部，南与敖汉旗和赤峰市松山区相连，西接克什克腾旗，北与林西县、巴林右旗、阿鲁科尔沁旗及通辽市开鲁县为邻，东与通辽市奈曼旗接壤。总土地面积 11889 平方公里，总人口 48.6 万人，辖 14 个苏木乡镇、6 个国有农牧场，属自治区 33 个牧业旗之一。该旗是一个以蒙古族为主体、汉族占多数的多民族聚居地区，现有蒙古族、汉族、满族、回族、壮族等 10 个民族。少数民族人口占人口总数的 15.1%。

翁牛特旗现有翁牛特旗海拉苏蒙古族中学幼儿园、翁旗白音他拉苏木中心幼儿园、翁旗格日僧幼儿园、翁牛特旗阿什罕总校幼儿园、翁牛特旗乌丹镇布力彦幼儿园 5 所幼儿园。

海拉苏蒙古族中学幼儿园又称为"海拉苏民族幼儿园",属蒙古语授课附属幼儿园。1981 年,在旗妇联和海拉苏中心总校的支持下,成立于海拉苏镇海拉苏嘎查,是赤峰市翁牛特旗政府所在地唯一蒙古语授课幼儿园。建园时只有 2 名教师和 25 名幼儿。

目前,海拉苏蒙古族中学幼儿园占地总面积 9600 平方米,建筑面积1300 平方米,室外活动场地面积 2000 平方米,办公用房面积 50 平方米,教学用房面积 468 平方米。有独立的院落,平整宽阔的户外活动场地,明亮的教室、办公室和供幼儿休息的宿舍。大、中型玩具齐全。2014 年设立食堂,可满足在园幼儿一日三餐。

海拉苏蒙古族中学幼儿园现有教职工 33 人,专任教师 23 人,其中聘用教师 10 人,工资全部由幼儿园发放。专任教师中,18 人获得高级职称(含小学高级和中学高级),小学转岗教师 23 人,年龄超 50 岁的教师占专任教师总数的 30.3%,学前教育专业毕业的教师仅占教师总数的 12.1%,且几乎全部是近三年内招录的大专生。可见乡镇幼儿园尤其是附属幼儿园师资队伍中存在老龄化、学前专业教师短缺以及小学转岗教师占比较大等较突出的实际问题(见附表 2)。

附表 2　专任教师分专业、年龄、学历、职称统计情况

单位:人

教师总数	专业结构		年龄结构				学历结构		职称结构	
	学前教育专业	非学前教育专业	30 岁以下	31 ~ 45 岁	46 ~ 49 岁	50 ~ 60 岁	大专以下	本科	小学一级以下	小学高级
33	4	29	7	15	1	10	24	9	15	18

该园为纯蒙古语授课幼儿园,在园 216 名幼儿全部接受蒙古语授课。共9 个班,大、中、小各 3 个班。平均班额分别为大班 28 人、中班 23 人、小

班 20 人。近几年，随着自然人口增长及民族教育政策的宣传引导，蒙古语授课在园幼儿数也呈逐年上升趋势。

海拉苏蒙古族中学幼儿园一直以民族特色教育教学为幼儿园办园特色，以幼儿熟悉的民族诗歌、舞蹈、游戏、手工制作等为教学与特色的结合点，以传承民族传统文化、培养幼儿们良好兴趣爱好为目标方向，在教学改革实践中不断开启幼儿智能，促进教师的专业化成长和幼儿园特色化发展。

参考文献

［1］《国务院关于当前发展学前教育的若干意见》（国发〔2010〕41 号）。
［2］《国家中长期教育改革与发展规划纲要（2010—2020 年)》。
［3］内蒙古自治区教育厅：《内蒙古自治区中长期教育改革与发展规划纲要（2010—2020 年)》。
［4］内蒙古自治区教育厅：《内蒙古自治区教育事业"十二五"发展规划》。
［5］内蒙古自治区教育厅：《2012/2013 学年初教育统计提要》《2013/2014 学年初教育统计提要》《2014/2015 学年初教育统计提要》。
［6］袁振国：《中国学前教育发展战略研究》，教育科学出版社，2010 年。
［7］《内蒙古自治区行政区划简册》，内蒙古人民出版社，2009 年。
［8］李槐青：《幼儿园园本培训问题及其对策探讨》，《长沙师范专科学校学报》2010 年第 6 期。
［9］赵翠文：《农村学前教育师资队伍现状分析与对策建议》，《安徽教育》1999 年第 Z2 期。
［10］冯芳、胡铁贵：《当前我国农村学前教育师资存在的问题与对策研究》，《学园：学者的精神家园》2010 年第 18 期。
［11］李红婷、李红刚、杨学文：《湖南农村幼儿教育的现状与建议》，《湖南工业职业技术学院学报》2006 年第 2 期。
［12］锡林郭勒盟教育局：《锡林郭勒盟助学工作手册》，2016 年。

B.3
内蒙古中小学蒙古语授课
教师队伍建设探索

金志远*

摘　要：　内蒙古自治区党委和政府一直非常重视蒙古语授课中小学师
资队伍建设，采取了很多有力的措施。但由于中小学蒙古语
授课教师队伍建设的特殊性和复杂性，至今还存在一些问题，
包括历史问题和现实问题。究其原因，乃多种因素使然：既
有客观条件方面的，也有主观条件方面的；既有政策方面的，
也有文化方面的。中小学蒙古语授课教师队伍建设目前尚缺
乏专项建设计划。面对新时期出现的各种挑战和机遇，应从
自治区的实际出发，针对中小学蒙古语授课教师面临的一些
突出问题，实施蒙古语授课教师队伍建设专项行动计划，采
取更加系统的措施加以解决。

关键词：　内蒙古　中小学　蒙古语授课　教师队伍建设

　　《内蒙古自治区人民政府关于加快发展民族教育的意见》指出：到 2020
年，民族教育整体发展水平及主要指标均高于全区平均水平，并高于全国平
均水平，加快实现基本公共教育服务均等化。各级各类民族学校教育教学质
量大幅提高，校长队伍管理能力和教师队伍专业化素质基本满足教育现代化

　　* 金志远，博士，内蒙古师范大学教育科学学院教授。

要求；民族教育服务全区全面建成小康社会的能力显著增强，保持在西部地区特别是全国民族地区的先进水平。

在这一重大民族教育战略中，包括蒙古语授课教师在内的少数民族教师师资队伍建设工作具有举足轻重的地位。教师职业是人类社会最古老的职业之一。它是学生智力的开发者和个性的塑造者，是人类科学文化知识的继承者和传播者。在今天，教师已不再是传播人类科学文化知识的个别人，而是一个社会群体。没有一支素质很高的教师队伍，就谈不上教育质量和水平。无论在过去，还是现在和将来，教师队伍建设始终是提高教育质量和水平的核心因素，这一点永远不会变。因此，研究如何加强中小学蒙古语授课教师队伍的建设问题，是民族基础教育乃至整个民族教育发展战略中一个极为重要的课题。教育的质量和水平从根本上将取决于师资队伍的质量和水平。内蒙古由于其特殊的区情，决定了少数民族师资队伍在整个教育中的重要地位和作用，因此少数民族师资队伍建设直接关系到整个教育的发展。

教师队伍建设，包括教师个体与群体的成长，这是学校办学具有活力的根本保障。蒙古语授课教师队伍建设，是把蒙古语授课教师素质提升作为一项重大而紧迫的战略任务，摆在重中之重的战略地位，分步扎实推进，为民族教育的改革与发展提供坚强有力的师资保障。积极探索建立严格准入、能进能出的教师管理新体制机制，不断提升蒙古语授课教师的社会地位、相关待遇和专业水平，拓宽优秀师资来源，畅通补充渠道，使岗位交流更加制度化，学科结构科学合理且不断优化，专业水平显著提高，是蒙古语授课教师师资队伍建设的重要举措。

一　中小学蒙古语授课教师队伍基本情况

从自治区民族教育事业的发展来看，培养和造就一支数量充足、质量合格、学科配套、结构合理、相对稳定、德才兼备的中小学蒙古语授课教师队伍，既是民族教育发展的重要目标之一，又是关系到民族教育改革与发展，全面提高民族教育质量的根本战略措施。自治区成立以来，特别是进入21

世纪以来，内蒙古加强民族教育师资队伍建设，不断提高民族教育师资队伍整体水平。2008 年，基本形成自治区、盟、旗三级民族骨干教师群体；2010 年，全区民族小学、初中、高中专任教师学历合格率分别达到 100%、100%、95%；小学专任教师取得专科以上学历的达到 84%，初中专任教师取得本科以上学历的达到 64%，高中教师具有研究生学历的达到一定比例，到 2010 年各层次骨干教师数量达到教师总数的 10%。据教育厅 2015/2016 学年初统计，全区中小学现有少数民族专任教师达 58552 人，其中使用蒙汉双语教学的有 21780 人。蒙汉双语教学中小学专任教师学历合格率和教师职称结构情况均处于全区平均水平之上。自治区现有蒙汉双语授课中小学和幼儿园专任教师 2.79 万人，占教师总数的 11.48%；小学蒙古语授课专任教师合格率达到 100%，初中达到 99.44%。民族中小学专任教师学历合格率和高级职称比例均高于全区平均水平。

二 中小学蒙古语授课教师队伍建设举措

自治区党委和政府一直重视中小学蒙古语授课教师队伍建设，采取了很多措施，特别是近几年出台了多种政策和规定，不断完善教师补充、交流、培训、激励机制，全面加强教师队伍建设，推动了中小学蒙古语授课教师队伍的建设和发展。

（一）加大双语教师培养培训工作力度

2016 年颁布的《内蒙古自治区民族教育人才培养模式改革实施方案》在工作任务中指出：加大双语教师培养培训工作力度。自治区在有关高校加强师范教育工作，注重为实行双语教学的民族中小学培养高素质双语教师，确保数量充足、学科配套、知识结构和年龄结构合理，建立补充双语教师的长效机制；健全教师培养制度，推进师范院校专业调整和教学改革，重点培养双语教师、"双师型"教师和农村牧区中小学理科、音体美等学科紧缺教师，开展面向苏木乡镇及以下民族幼儿园、小学免费师范生定向培养工作，形成教师培养补充长效机制。在有关高校和教育机构建立双语教师培训基地，积极开展国家级、自治区级、盟市级各学科双语教师在学科知识补充、教学能力提高、教育理念更新等方面的多样化培训；组织开展双语教师蒙古语标准音和规范文字书写培训提高及测试工作，要求他们获得合格证书；逐步开展双语教师的普通话测试、规范汉字书写活动，提高蒙汉两种语言文字应用能力。

（二）完善蒙古语授课教师培训机制

早在 2007 年颁布的《内蒙古自治区人民政府关于进一步加强民族教育工作的意见》指出：重视蒙古语授课普通学校"双语型"师资和职业学校"双语双师型"师资的培养培训工作。认真解决蒙古语授课中小学教师编制短缺、学科不配套等问题。实行蒙古语授课中小学校长、骨干教师和培训者队伍的免费培训。加强民族教育教学和科研队伍建设，充实研究人员，保证研究装备条件和经费投入，注重民族教育的理论研究和实践探索。2016 年颁布的《内蒙古自治区人民政府关于加快发展民族教育的意见》指出：完善校长和教师培训机制，加强师德师风教育。对蒙汉双语授课幼儿园、中小学校（园）长和各学科专任教师特别是理科类专任教师进行每 5 年为一周期的自治区级、盟市级免费培训，提升校（园）长现代教育管理水平，提高专任教师专业化素养和教书育人能力，重视高等学校蒙古语授课专业、少数民族预科教育、民族特色应用类学科专任教师进修提高和培养使用工作，提升蒙汉双语教学和科研水平。

（三）推进蒙汉双语教师激励政策

2016 年颁布的《内蒙古自治区人民政府关于加快发展民族教育的意见》指出：落实教师激励政策。切实落实教师有关工资待遇政策，对蒙汉双语授课幼儿园、中小学教师工资待遇予以适当倾斜。认真落实双语教学中小学教师职称（职务）评聘、晋升倾斜政策。支持农村牧区民族学校教师周转宿舍建设。对扎根边疆、扎根农村牧区、长期从事民族教育工作并做出突出贡献的教师，由各级人民政府按照国家规定给予表彰。

（四）建立蒙汉双语授课教师交流轮岗制度

2016 年颁布的《内蒙古自治区人民政府关于加快发展民族教育的意见》指出：建立民族中小学校长、教师交流轮岗制度，旗县域内蒙汉双语授课中小学校长和专任教师由当地教育部门统一管理和调配。

（五）推动乡村教师支持计划

免费师范教育毕业生、教师特岗计划等优先满足民族教育需求，确保民族教育师资队伍培养培训、补充交流等方面工作走上科学化、规范化轨道。自治区针对中小学教师结构性矛盾突出的实际，制定了《内蒙古自治区乡村教师支持计划（2015 年—2020 年）》，落实"特岗教师"招聘计划，为中小学校补充音乐、体育、美术专业教师。

（六）推行"国培计划"，完善教师培训机制

自治区深入推进"国培计划"，加大农村牧区教师培训力度，启动了中小学教师信息技术应用能力提升工程。各县在落实自治区教师培训计划的基础上，增加教师培训经费，采取多种措施，加大教师培训力度。

（七）加强民族团结教育教师的培养

内蒙古自治区教育厅关于印发《内蒙古自治区教育厅关于在全区各级各类学校进一步加强民族团结宣传教育活动的实施意见》的通知指出：针对全体教师广泛开展民族团结教育的专项培训。各级各类学校要加强对广大教师的民族团结教育的专项培训。各级教育科研部门和学校要加强民族团结教学教法研究、专题研究和校本研究。要集中组织全体教师进行民族理论、民族政策的培训学习，定期举行大型民族团结专题宣传教育和实践活动，有计划地组织教师党员及入党积极分子深入学习民族团结的宣传内容，对班主任、辅导员开展民族团结教育活动进行专项培训。要建立一支在主管校长领导下，以政教主任、思想品德课和思想政治课教师、马列教研室教师、班主

任（辅导员）为主体，各学科教师共同参与，聘请校内外知名专家学者兼职辅导的民族团结教育教师队伍。2016 年颁布的《内蒙古自治区人民政府关于加快发展民族教育的意见》指出：自治区师范院校设立马克思主义民族理论与政策师范专业，培养和培训民族团结教育课师资。

三 中小学蒙古语授课教师队伍建设的成效

中小学蒙古语授课教师队伍存在一些历史问题，但经过几十年，特别是采取了以上众多措施和政策，取得了可观的成效，中小学蒙古语授课教师队伍建设取得了重大进展。具体表现在以下几个方面。

（一）促进了教师专业化发展

例如锡林郭勒盟积极促进校（园）长和教师队伍专业化发展。2013 年锡林郭勒盟积极提升民族学校师资队伍素质，组织 34 名民族中小学校长、幼儿园园长和 269 名民族中小学专任教师参加了全区高级研修培训班。承办了全区蒙古语授课高中理科专任教师培训，全区 12 个盟市的 200 名教师参加了培训。2015 年全盟开展各类师资培训 3128 人次，完成全年培训任务 3000 人次目标的 104.3%。锡林郭勒盟 2015 年按照教育厅民教处安排组织选派 445 名民族中小学语文、汉语文、物理、化学、生物、数学、政治、地理、历史学科专任教师和蒙古语授课幼儿园专任教师参加区级培训、义务教育学校教学管理人员培训、蒙古语授课中小学文理科教研员培训和中小学校长高级研修培训等。承办了于 2015 年 4 月 22 日至 28 日在锡林浩特市举办的全区蒙古语授课小学数学学科专任教师培训，于 5 月 28 日至 6 月 2 日举办的全区蒙古语授课中学语文学科专任教师培训，于 12 月 18 日至 28 日举办的全区蒙古语授课中小学班主任培训等，每期全区 200 名教师参加培训。从 2015 年起中小学教师每学期培训不少于 36 学时，全年师资人均培训经费不低于 2000 元，其中民族学校不低于 2500 元。建立盟级名师工作室并每年设立专项经费 3 万元。加强班主任队伍建设，在教师评优和职务评聘时优先

考虑班主任。实行学校（幼儿园）教师业务考试制度，分批次对幼儿园、小学、初中、高中教师进行业务考试。锡林郭勒盟通过多年来的不懈努力和兢兢业业的工作，近年来涌现出一批全国先进集体和一批优秀个人。如锡林郭勒盟蒙古族中学、西乌旗蒙古族第一小学、东乌旗满都宝力格苏木学校等一批全国先进集体和孟克斯琴、乌兰、那仁德力格尔、乌云其木格等一批优秀个人。另外，2014年以来鄂温克族自治旗每年投入教师培训经费233万元，实施校长、教师培训提高工程。

锡林郭勒盟还大力抓好中小学校长队伍建设，组织遴选优秀校长参加尖端培训。突出抓好教师队伍整体素质的提升，组织开展中小学教师的高端培训、英语教师海外培训、骨干教师能力提升培训、教育信息技术能力提升培训、校园安全培训等；此外，还组织开展学科教师跟岗培训。

（二）教师交流相互学习步伐明显加快

锡林郭勒盟对民族学校教师进行全员培训的同时，采取了"派出去、请进来、走上台"的培训工作模式。首先，做好对民族学校教师"派出去"的工作。充分利用先进地区的教育资源，"派出去"到北京师范大学等高水平院校开展高端培训，到北京等地的知名学校进行挂职学习，民族学校教师参培率达到34%。其次，做好"请进来"的工作。"请进来"全国知名校长、一线教师，立足锡林郭勒盟实际和民族学校需求进行有针对性的通识培训和学科培训，民族学校教师参培率达到42%。同时，充分利用"京锡合作"项目，积极与北京市教委协调，先后安排北京10位名师到锡林郭勒盟开展教学指导，下一步将开展更大范围的对口帮扶支援。利用"中国好老师"项目试验区平台，成功申请锡林浩特市第一中学等3所学校成为该项目基地学校，同时带动了10余所学校成为其项目学校。最后，做好"走上台"的工作。组织开展民族学校"名校长""名师"培养工作，为本地区专家的成长提供良好的平台，让他们"走上台"传授经验、讲授见解，使他们成功的教学经验和方式得到广泛推广和应用，目前全盟"名校长""名师"培养工程中民族学校的校长占30%，教师占38.5%。

（三）优化了蒙古语授课教师队伍结构

自治区长期重视开展双语教学，探索形成多种双语教学模式，大力提升双语教学质量，培养蒙汉兼通优秀双语人才，促进蒙汉文化融合。新巴尔虎左旗、陈巴尔虎旗加强民族学校师资队伍建设，积极开展蒙古语授课师资培训，不断加强"双语"教学研究和地方课程、校本课程建设。自治区财政自 2007 年起每年设立 2000 万元民族教育专项补助资金，2012 年起逐步增加专项资金额度，重点用于基础教育阶段双语教育学校教学仪器设备购置和双语教师培训。自治区进一步优化教师队伍结构，会同人事部门到区内外名校开展教师选聘工作，督促指导各地做好编制外教师招聘工作。

（四）启动实施"名师工程"和教师论坛

锡林郭勒盟为发挥名师在教学、科研中的引领作用，组织评选届期制的盟级名教师、名校长，对入围的名师给予一定的奖励，进而开展蒙古语授课教师"名师工作室"建设工作。在 2015 年基础上，再选拔 10 位名教师作为主持人建立工作室，发挥名师工作室带教引领作用，吸收 5～10 名事业心、责任心强的中青年骨干教师为成员，由主持人带教引领，与成员共同成长。积极举办"以课代培，以研促训"等活动，并研究带教引领方式，培养、培训中青年教师。举行蒙古语授课中小学优秀校长、教师论坛。利用中小学校长、教师高端培训总结契机，组织中小学校长、教师论坛，为校长、教师搭建探讨、交流的平台，让他们走上讲台，成为校长、教师专业化成长的示范者、沟通者、领路者。

（五）教师补充机制和激励措施取得成效

自治区针对中小学教师结构性矛盾突出的实际，制定了《内蒙古自治区乡村教师支持计划（2015—2020 年）》，落实"特岗教师"招聘计划，为中小学校补充音乐、体育、美术专业教师。各旗县坚持"凡进必考"的原则，完善了面向社会公开招考教师制度。2008 年以来，伊金霍洛旗面向全

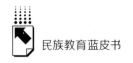
国公开招聘师范类优秀毕业生及音体美专业人才881名，全部充实到基层学校。2014年鄂托克前旗通过优惠政策招聘教育部免费师范类院校优秀本科毕业生、研究生16名，使教师队伍综合素质显著提升。

自治区在8个县设立了集中连片特困地区农村牧区教师补助，提高农村牧区中小学教师待遇。各县根据地区实际建立了教师激励机制。准格尔旗、伊金霍洛旗、鄂托克前旗3个旗为稳定乡村教师队伍，每年为每位乡村教师发放生活补助10000元。2009年以来，镶黄旗向企业筹资300万余元，设立了"宁蒙石化""塬林煤矿"教育奖励基金，用于每年奖励成绩突出的校长、教师。2004年以来，乌拉特后旗政府为每位购房教职工提供5万元贴息贷款和每平方米100元补贴。额济纳旗将小学（含幼儿园）、初中班主任津贴发放标准分别提高到500元、600元。

（六）成立教师教育研究中心，加强师资培养研究

内蒙古师范大学教师教育研究中心依托学校自治区重点学科——教育学——中央财政支持地方高校发展专项资金建设项目和内蒙古自治区直属本科高校重点学科、重点实验室建设项目，现已基本建设成为基于现代教育技术的网络环境下的教学、实验和研究相结合的教师教育实验室。该中心坚持"研究、服务、创新和发展"的宗旨，即坚持开展基础教育、民族教育和教师教育研究，服务师范生和中小学教师，创新教育研究和教育人才培养工作，发展教师教育学科。教育人才培养坚持"师德为先、能力为重、实践取向、终身学习"的理念。该中心注重教师教育队伍建设，组建高校教师、教研员、中小学一线优秀教师专兼职相结合的教师教育专家团队。实行动态调整的专家团队建设机制，不断提高教师教育队伍的专业化水平。

四 中小学蒙古语授课教师队伍建设面临的挑战

自治区党委和政府尽管采取各种措施促进蒙古语授课教师队伍建设发

展，但由于中小学蒙古语授课教师队伍建设的特殊性和复杂性，至今还存在一些问题，包括历史问题和现实问题。

（一）中小学蒙古语授课教师队伍建设存在的问题

对锡林郭勒盟地区进行调查发现，蒙古语授课教师队伍建设中存在的主要问题是教师队伍年龄结构、学科结构和职称结构不合理。教师职称评聘和待遇落实不能很好地衔接，影响教师的工作积极性。从学科结构构成看，英语、计算机、数理化课程教师紧缺，音、体、美、劳等学科的教师严重缺乏，对地方课程进行开发和建设的专业教师数量不足。不少学校开设的音、体、美课程由非专业教师上课，小学普遍没有专业的心理辅导教师。从队伍建设看，有的学校师资队伍结构不合理，不能满足教育教学实际需要，个别教师存在职业倦怠、师德失范等问题；有些地区对旗县本级的教师培训工作抓得不实。

从政协科左后旗委员会呈送科左后旗旗委、旗政府的《我旗民族教育发展面临的问题及对策建议》报告中可以梳理出，中小学蒙古语授课教师队伍存在的问题具体表现在以下几个方面。

1.师资配置不均衡

一是蒙古语授课学校教师和汉语授课学校教师比例结构不均衡。科左后旗义务教育学校中蒙古语授课学生少（14894名）、汉语授课学生多（有18875名），导致蒙古语授课学校教师超编（有2120名，按核定编制计算超152名）、汉语授课学校教师（有1439名，按核定编制计算缺120名）短缺问题。二是教师专业结构不均衡。中小学音乐、体育、美术、英语、心理咨询等学科教师紧缺，而个别学科教师过剩。三是人力资源配置不合理。2015年科左后旗往教育系统安置了没有经过系统的教师专业培训的48名非师范类统招生、47名非师范类委培生。四是师生比例失调。根据《内蒙古自治区义务教育学校办学条件基本标准》对教师队伍工作的相关规定，学生和教师的比例为小学不高于21:1，初中不高于16:1，但科左后旗部分学校存在师生比例失调问题。例如，金宝屯镇蒙古族初级中学是九年一贯制学校，

有 48 名教职工、163 名学生（初中生 128 名，小学生 35 名）。五是领导班子成员和中层管理人员配备超额。

2. 教师队伍素质参差不齐

近几年，科左后旗按照有关政策安置了各种文化层次的 342 名"三生"（小教大专生、通辽师范学校毕业生、教育委培生），据了解，当年公开招录考试成绩 60 分（满 100 分）以上的仅有 70 多人，最高成绩 85 分、最低成绩 9 分，部分教师难以适应教育教学工作。还有一批"民转公"教师和以工代教人员基础学历不高，没有系统地学习过教育理论和教材教法等，很难适应新理念、新课标、新教学模式。

3. 缺乏对教师的教育教学激励机制

受各种因素的影响，部分一线教师工作积极性不高，事业心和责任意识淡化，主动性和创造性不足。

4. 退休、休病假、外调教师过多

科左后旗中小学教职工核定编制为 4218 名、实有教职工 4108 名。从表面上看，核定编制数和实际人数基本持平，但科左后旗教职工每年实际退休 150 人。另外，全旗近 200 名教师休病假、内退或在教育系统外借调，这些人都占着编制但不在岗，造成专任教师不足等问题。

5. 借调教师和自聘教师过多

科左后旗全旗从农村牧区学校借调到旗直各学校（单位）的教职工达到 208 名，从而造成部分基层学校专任教师不足。大部分基层学校为了达到开课率，只能编外自聘代课教师，目前全旗代课教师高达 500 余名，这不仅不符合规定，而且增加了学校经济负担。

6. 未在一线从事教学工作的高级职称教师较多

一些学校高级职称教师不在一线从事教学工作，而在领导职位、后勤、宿舍、食堂、图书馆等工作岗位。据统计，全旗在岗高级职称教师共有 835 名，其中 85 名高级职称教师不在教学一线。另外，科左后旗因财政困难，2012~2014 年，在教育系统内未聘任中、高级职称教师。

7. 教师队伍年龄结构不平衡

据统计，全旗中小学专任教师平均年龄达45岁。其中，个别学校教师平均年龄偏大，比如，额莫勒中心校、海鲁吐镇巴雅斯古楞中心校、吉尔嘎朗镇乌苏中心校教师平均年龄达53岁左右。

8. "大礼拜"制度与教育规律不相适应

寄宿制学校实行的上10天课、休4天的"大礼拜"制度与教育规律和课程方案不相适应，不符合师生作息规律，导致部分教师承担的教学和学生管理任务过重，身心疲劳，很难有时间和精力专心钻研业务知识和教学。

9. 教师进修学校未充分发挥作用

科左后旗教师进修学校教职工有55名，其中高级职称教师26名（已聘20名）、中级职称教师18名（已聘18名）。中、高级职称教师聘任比例远远高于其他学校，而且还从各基层学校经费中扣除5%，拨到进修学校用于教师培训费，但是进修学校未能充分发挥其作用。教师网络培训没有监督约束力，培训工作效率不高，工作绩效很难考核。

以上蒙古语授课教师队伍存在的问题，虽然是局部地区的情况，但对全区来说具有一定的代表性和普遍性。中小学蒙古语授课教师队伍的水平和基础教育发展与师资要求还存在一定差距，尤其是师资力量薄弱，教师编制总量不足，结构不合理。由于民族地区地域广大，生源较少，班额较小，教师需求相对较大，教师编制配备与之呈倒挂状态，出现总量超编、个别单位缺编的现象。有研究者指出，自治区民族语言授课教师队伍的培养培训工作虽然取得了很大成绩，但总体上还不适应推行素质教育的要求；小学、初中师资学历合格率虽然较高，但教学水平普遍较低；教师学科知识匮乏，对学科思想方法知之甚少，掌握与应用现代教育理论和现代信息技术不够，大多数教师仍拘泥于传统教学模式和方法，创新与突破很少；教师学历、职称都已得到提高，但不胜任岗位的为数不少；有的虽然有一定的专业理论知识，但实际教学能力和动手操作能力很低；学校普遍缺乏骨干教师和学科带头人等。中小学蒙古语授课教师队伍不稳定、流动性较强的问题没有得到根本解决，如何建立一支高水平、高素质、高层次的蒙古语授课教师队伍仍将是今后一项长期而艰巨的任务。

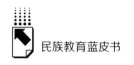

（二）中小学蒙古语授课教师队伍建设存在问题的根源

中小学蒙古语授课教师队伍建设存在不少问题是由多种因素导致的。既有客观条件因素，也有主观因素；既有政策方面的原因，也有文化方面的原因。

1. **教师"工作与学习相互矛盾"相当突出**

国家、自治区为加强中小学蒙古语授课教师队伍建设，对蒙古语授课教师进行培训逐渐增多，但由于师资数量有限，在校任教与外出学习培训明显存在矛盾，培训效果不佳。当前我国中小学教师队伍的数量配置，主要是参照2001年我国中小学教师编制标准，城市、县镇和农村小学师生比分别为1∶19、1∶21和1∶23，初中师生比分别为1∶13、1∶16和1∶18，即由学生数量决定学校的教师数量。然而，随着近年来城镇化速度的加快，农村牧区适龄入学儿童数量的减少，再加上农牧区本来就存在地广人稀、生源分散、学校规模小等诸多特点，蒙古语授课教师数量相对较少。从我们调查的通辽市、鄂尔多斯市和锡林郭勒盟的情形看，几乎所有被访校长和教师反映最强烈的问题便是学校里基本上是"一个萝卜一个坑"，外出学习、培训教师的正常学科教学和班级管理无人接替。如果再加上学校有教师请病假、事假、产假等，教师的调配和使用更是雪上加霜。一些学校为了保证开课，只能聘请临时教师来上课。这样做虽然暂时可以缓解工学矛盾，但同时也不可避免地带来了教学质量、人事管理等方面的问题。

2. **蒙古语授课教师学习、培训的内容和形式的针对性有待增强**

据调查，蒙古语授课教师在学习、培训内容和形式方面较为明显的问题就是缺乏特色。即便是培训成员均为蒙古语授课教师，除了讲授语言为蒙古语外，学习、培训内容和形式与汉语授课教师没有多大区别。蒙古语授课教师和汉语授课教师的学习、培训，在国际先进教育理念和教育教学技能、现代教育技术等方面确实存在很多共性，但是蒙古语授课教师的授课内容和形式毕竟有自己的民族特色，在培训中应充分关注这一特殊性。此外，基层的蒙古语授课教师外出参加培训学习要克服交通上的不便，很多时间花在往返的路途上，如果接受培训的内容和形式对自己的教学实践指导作用不大，就会对他们缺乏吸引力。因此在我们的多次调查访谈中，很多教师均表示更愿意接受针对性较强的校本培训。

3.蒙古语授课教师在专业发展上存在文化惰性

蒙古语授课教师的专业发展受到传统游牧文化的保守性、乡土性、悠闲性严重影响和制约。首先，许多蒙古语授课教师受到农村牧区文化固有的保守性的影响和制约，总是按照自己的习惯对外界事物做出反应，再加上他们长期工作在相对稳定、变化不大的学校环境中，在教育教学上已经习惯于按部就班、照章办事，许多教师固守传统，不愿意变革，不愿意接受新事物，不愿打破现有的安定现状，不愿继续学习和提高，在一定程度上制约了专业水平的发展和提高。其次，蒙古语授课教师绝大部分是从小在草原牧区长大的当地人，他们的思维方式、价值取向、生活态度和工作方式都深深受到传统的农村牧区草原乡土文化不同程度的影响和制约，对自身的要求不高，知足常乐，缺乏进取精神。最后，蒙古语授课教师长期受到农村牧区文化悠闲性的影响和制约，再加上工作稳定，缺乏竞争，懒散、拖拉、疲沓已成为一些蒙古语授课教师的行为习惯、生活习性和生活常态，导致大部分蒙古语授课教师的继续学习热情低落和专业发展动力不足。由此可见，蒙古语授课教师专业发展受到文化惰性的影响极大。

4.蒙古语授课教师学习、培训成效的评价和考核机制缺失

国家、自治区甚至地方政府都十分重视包括蒙古语授课教师在内的少数民族教师的学习和发展工作，制定和出台了一系列的措施和政策来推动蒙古语授课教师的学习与发展，例如"国培计划""乡村教师发展计划"等。这些项目和措施均在很大程度上帮助和推进了蒙古语授课教师的成长和发展，但在培训项目和政策措施上缺少行之有效的评价和考核机制。而缺少评价和考核机制的培训无法真正有效地帮助教师实现专业发展，也很难考核各类项目和措施的成效。在我们的访谈和调查中也经常听到教师反映，参加学习、培训期间并没有一个十分严格的考核要求，即使有考核，其要求也相当低，不会有未通过的。以远程教育为例，远程教育主要是政府考虑到农村牧区地理位置相对偏僻而为教师创设的便捷的学习和提高手段，本是惠及教师的工

程，但是现状却不理想，并造成人力、物力和财力的巨大浪费，这与缺少行之有效的评价和考核机制有密切关系。因此，只有具备行之有效的评价和考核机制，才能不断地提升蒙古语授课教师学习、培训的成效，真正发挥其促进教师发展的作用；同样，能够科学、客观、有效地评价和考核其他各项政策、措施和项目的效益。

对锡林郭勒地区调查发现，蒙古语授课教师队伍建设存在诸多问题，主要有如下几方面原因。一些延迟退休的老教师占着编制，年轻教师进不来，不能正常循环；教师总量不缺，但是部分学科教师紧缺，导致学科结构不合理；高级教师有限，导致评聘没法衔接，待遇落实不了等问题。因此，如何尽快建设一支地方化、民族化、专业化、质量合格、相对稳定的蒙古语授课教师队伍，成为各级教育部门领导必须面对的一个重要问题。

五 建议实施中小学蒙古语授课教师队伍建设专项行动计划

中小学蒙古语授课教师队伍建设目前尚缺乏专项行动计划。关于蒙古语授课教师队伍建设的相关规定和计划一般都附在民族教育发展规划或普通教师发展规划中，所以它的影响力大打折扣。有了问题就要解决，面对新时期出现的各种挑战和机遇，应从自治区的实际出发，针对中小学蒙古语授课教师面临的一些突出问题，建议实施蒙古语授课教师队伍建设专项行动计划，并采取更加系统的措施加以解决。

（一）进一步明确今后的目标和任务

主要目标是造就一支师德高尚、业务精湛、结构合理、充满活力的具有地域和民族特色的高素质教师队伍，建立完善中小学蒙古语授课教师队伍建设长效机制。具体任务如下。

一是充分认识蒙古语授课教师在我国及自治区民族教育发展中的重要地位，切实建设好蒙古语授课教师队伍。明确蒙古语授课教师是自治区民族教育的基础，以提高素质、优化结构、安心民族教育为目标，建立长期稳定的蒙古语授课教师队伍。

二是高度重视和扎实开展师德师风教育，加强师德师风建设，加强对教师的引导和管理，进一步增强教师的职业道德和责任意识、质量意识，努力建设一支师德高、教艺精的高素质教师队伍，培养和造就一支有理想信念、有道德情操、有扎实学识、有仁爱之心的优秀教师队伍。

三是加强蒙汉双语师资队伍和校长队伍建设，提高民族学校教师队伍整体素质。在民族教育优先重点发展的框架内建设蒙古语授课教师队伍。落实民族教育优先重点发展的要求，在安排教师教育投入、推进队伍建设、开展师资培训及交流等工作的各个方面都要体现蒙古语授课教师优先的要求，确保民族教育优先重点发展。

四是贯彻落实第六次全国民族教育工作会议精神和自治区出台的加快推进民族教育发展的决定精神，研究制定具体意见，在全区营造促进民族教育又好又快发展的舆论氛围和社会环境。贯彻落实《内蒙古自治区民族教育条例》有关民族教师的相关规定以及其他政策规定，努力建设一支具有地区和民族特点的民族教育师资队伍，真正解决培养质量高、素质好的教师队伍的问题。

（二）入职阶段

1.加大民族学校人事制度改革的力度，推动蒙古语授课教师学科结构趋向合理化

首先，进一步完善蒙古语授课教师聘任制。自治区及各盟市政府、教育行政部门要正确认识民族教育系统人事编制工作的特殊性和目前的教师编制多部门管理现状对民族学校教育工作带来的限制，并采取有效措施，给民族学校更多的用人自主权，同时建立人事预警机制，以改变现在教师编制由各级编制办、教育行政主管部门和财政部门联合管理的状况。要改变"需要的人进不来，不需要的人硬塞进来"的现象，完善民族学校用人机制，公开招录一批紧缺学科的专业教师，从而优化蒙古语授课教师的学科结构，为

教师队伍注入新鲜血液。其次，自治区和各盟市政府、教育行政部门在人事编制核定过程中，依据民族地区人口居住分散、学校学额较少、学校服务半径过大等实际情况，将过去按照师生比情况配置教师的做法改为按照班师比或课时比的方式配置教师，适当增加民族学校急需的教师编制，足额配齐各科专任教师。

2.建立和完善蒙古语授课教师长效补充机制，补充高素质骨干教师和紧缺学科专任教师

建立和完善蒙古语授课教师长效补充机制，采取有效措施吸引优秀人才到民族学校任教是优化蒙古语授课教师结构的主要渠道。自治区和各盟市政府、教育行政部门应积极采取切实有效的方法，建立和完善蒙古语授课教师长效补充机制。首先，在继续推进部属师范大学师范生免费教育的同时，鼓励各地区直属师范院校师范生的免费教育制度，培养输送优秀教师，为民族基础教育提供优质服务。其次，不断提高蒙古语授课教师的工资待遇，努力改善蒙古语授课教师的工作和生活条件，吸引高层次、高学历、高素质的师范生到蒙古语授课教师队伍中来。实施"民族学校教育硕士师资培养计划"，为民族中小学培养高素质骨干教师创造条件。最后，建立"义务教育民族学校教师特设岗位制度"，专门为民族学校补充信息技术、英语、理科教师等紧缺学科专任教师，优化蒙古语授课教师队伍的学科结构。

（三）从业阶段

1.完善教师培训提高机制及政策

一是提升蒙古语授课教师队伍的专业化水平。首先，提升专任教师队伍的整体素质。把提高教师队伍整体素质作为教育质量提升的关键环节，突出抓好骨干教师能力提升培训、中小学班主任培训、学科培训、教育信息技术能力提升培训等。在全区统一开展教师业务考试工作，并把考试成绩与教师评优、奖惩相挂钩。特别是强抓青年教师的教育教学能力的培养和提升工作。在加强新入职青年教师的岗前培训的同时，还要完善青年教师在职培训机制。其次，积极提高教育行政干部队伍的职业素质。教育行政部门带头加强自身建设，着力打造"学习型、服务型、创新型、清廉型"干部队伍。积极与高等院校合作，组织对全区教育系统的行政干部进行职业素质和能力提升培训，努力建设一支适应自治区教育质量提升工作需要的行政干部队伍。最后，大力抓好中小学校长队伍建设，培养建设一支高素质的校长队伍。加强对民族学校校长的培养、培训，努力建设一支政治坚定、业务精湛、作风优良的"管理型"民族学校校长队伍。

二是通过行政立法、政策落实和制度创新，保障蒙古语授课教师的培训与学习。针对蒙古语授课教师学习、培训机会缺少的现状，建议通过行政立法、政策落实和制度创新，保障蒙古语授课教师学习、培训的时间和经费。保证每一位教师都有机会参加学习、培训。通过教学常规管理创新，给教师留下充分的自主学习的时间。划拨专项学习培训资金，制订学习培训援助计划，保障蒙古语授课教师培训经费。

三是增设教师学习培训机动岗位编制，建立校内教师机动顶岗工作机制。为了解决蒙古语授课教师参加培训所产生的工学矛盾，建议增设学习、培训机动岗位编制，建立校内教师机动顶岗工作机制，以随时应对外出教师无人接替授课和进行班级管理的情形。这样，可以防止目前存在的教师与教师之间的私自顶岗的不规范行为。增设教师学习、培训的机动岗位，可以从根本上解决未来蒙古语授课教师参加培训期间的工学矛盾。增加编制是从根本上解决诸如临聘教师、教师外出学习和培训、教师流动等一系列问题的主要渠道。

四是完善蒙古语授课教师学习培训考核评估制度，构建交叉互构的动力激励机制。针对当前蒙古语授课教师参加培训的动机不强、内驱力较低及其考核评价方法缺失等现状，建议完善蒙古语授课教师学习培训考核评估制度和动力激励机制。一方面，建立究量求质的评价指标和相关评价系统，明确参加学习和培训的实践和频次，用量化打分的方式呈现学习培训结果，确定其学习、培训的等级；另一方面，实施有效的激励动力机制。在各类教育硕士中增加蒙古语授课教师的名额，放宽蒙古语授课教师入学条件，确保蒙古语授课教师拥有提高素质的机会，有提升学历的可能。建议建立针对蒙古语授课教师的教育硕士专门计划。

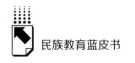

2. 构建城乡、蒙汉学校之间教师流动服务机制

在加强蒙古语授课教师对外交流、跨地区协作交流的基础上，应加强城乡学校之间、蒙汉学校之间教师的流动和合作，破解优秀教师流动难问题。促进当下蒙古语授课教师在城乡和蒙汉学校之间的有序有效流动，进一步探索"以旗县为主"的教师管理体制，统一各学校、城乡岗位设置，搭建交流平台，健全交流教师利益补偿机制，实现旗县域系统内部教师的双向流动，统一工资待遇制度、岗位结构比例与职称评聘政策。

3. 职称评定时实行有差别的倾斜政策

在职称评定上，为蒙古语授课教师的评定单独制定标准，指标上也适当予以倾斜，并为蒙古语授课学校适当增加高级职称教师的指标，逐步提高高级职称教师的比例，优化蒙古语授课教师队伍的职称结构。严格执行教师职称评聘制度，尽快施行"义务教育学校教师绩效考核实施意见"。

（四）严格执行退出机制及扶持政策

1. 加强民族学校薄弱学科的教师队伍建设，进一步提高教师待遇，落实学校用人自主权，逐步形成优胜劣汰、能进能出的教师队伍竞争激励机制

一是对文化水平低、不胜任一线教学的教师进行培训，经过严格培训仍然不合格的教师，转岗到后勤工作，如有剩余人员则调出教育系统，调整到其他岗位工作。二是采取有效措施解决学校自聘教师、借调教师和高级职称教师不在一线工作的问题。三是加大政策和法律的扶持力度。用好用足已经实施的"大学生西部志愿者计划"和"农村教师特设岗位计划"，在工资、培训、晋级、住房、子女入学等方面对教师予以倾斜。

2. 完善蒙古语授课教师长效补充机制，实行蒙古语授课教师弹性退出制度，优化蒙古语授课教师队伍的年龄结构

目前在中小学蒙古语授课教师队伍建设中，存在蒙古语授课教师总数超编与实际满足教学需要的教师缺编、师范院校毕业生难进与不合格教师难出的结构性矛盾和困境，已成为阻碍蒙古语授课教师队伍建设的一大障碍。具体表现在一部分教师在知识结构和能力上已不能满足现代民族教育发展的要求，但由于年龄关系他们也不能在短时间内退出教师队伍，而编制的限制又造成师范院校的高素质毕业生无法进入教师队伍。鉴于这种情况，建议国家、自治区优化蒙古语授课教师队伍的年龄结构，形成蒙古语授课教师队伍弹性退出机制。将不合格的这部分教师退休年龄适当提前，对于那些年龄满55周岁或教龄达30年以上的男教师、年龄满50周岁或教龄达25年以上的女教师，不能适应现代民族教育发展要求且难以提高自身水平的实行退养，教育行政部门根据各学校实际情况和学科教师缺编情况有计划、有步骤地补充招录高层次、高素质的专业教师，建立少数民族地区教师补偿制度，提高教师的待遇，鼓励优秀人才从教，通过多种形式的培训，不断改善蒙古语授课教师工作、生活条件，稳定教师队伍。

高素质、高水平的教师队伍建设工作是一项长期实施的系统工程，我们相信，在党和政府的正确领导下，真正把各项政策落到实处，这项系统工程一定会取得丰硕成果。

参考文献

[1] 那顺巴依尔等：《内蒙古牧区社会变迁研究》，内蒙古大学出版社，2011 年。
[2] 政协科左后旗委员会：《我旗民族教育发展面临的问题及对策建议》，2015 年 3 月 4 日。
[3] 《国家中长期教育改革和发展规划纲要（2010—2020 年）》。
[4] 《国务院关于加快发展民族教育的决定》（国发〔2015〕46 号）。
[5] 《国家民委关于做好少数民族语言文字管理工作的意见》（民委发〔2010〕53 号）。
[6] 《全国民族教育科研规划（2014—2020 年）》。
[7] 《内蒙古自治区人民政府关于加快发展民族教育的意见》（内政发〔2016〕23 号）。
[8] 《内蒙古自治区人民政府办公厅关于印发深化高等学校创新创业教育改革实施方案的通知》（内政办字〔2015〕229 号）。
[9] 《内蒙古自治区民族教育人才培养模式改革实施方案（2011—2020 年）》。
[10] 肖正德等：《农村教师的发展状况和保障机制研究》，浙江大学出版社，2014 年。

B.4
内蒙古民族职业教育发展现状及对策建议

斯日古楞　特力更*

摘　要：　内蒙古自治区成立70年来，民族职业教育从无到有、从小到大，在起伏中不断摸索，在改革中逐步发展，取得了可喜的成就。目前，民族职业教育在全区整个民族教育体系当中的地位得到实质性的提升，在构建和谐社会、发展民族经济和建设人力资源强区中的作用也日益凸显。然而，内蒙古职业教育发展也存在诸如民族特点不突出、整体功能发挥不充分、基础能力薄弱、办学条件差、师资队伍整体素质不高等问题。今后，要加大对民族特色办学的支持和保护力度，促进民族地区职业教育健康发展；加强专业化培训，提高教师队伍整体素质；加大统筹力度，确保职业教育发展的平衡性。

关键词：　内蒙古　民族职业教育　民族特色　专业化培训　教育平衡性

一　内蒙古民族职业教育历史沿革

1947年5月1日，内蒙古自治区成立，成为我国建立最早的民族区域自治地方。内蒙古民族职业教育也伴随自治区的成立开始了发展历程。但

---

* 斯日古楞，锡林郭勒职业学院科研处，教授；特力更，锡林郭勒职业学院党委副书记、院长，副教授。

是，由于历史、经济、自然条件以及语言文字等诸多原因，内蒙古民族职业教育比起普通教育事业在总体进展上显得更为滞后和更加艰难。

70 年来，内蒙古民族职业教育从无到有，从小到大，在起伏中不断摸索，在改革中逐步发展。纵观历史，可将内蒙古自治区成立以来的民族职业教育历程划分为以下几个发展阶段。

1. 民族职业教育的起步期（1947～1957年）

在自治区成立至"大跃进"前的 10 年当中，内蒙古完成了一系列的社会大变革，经历了社会主义改造和国民经济恢复时期，并在文化教育事业中根据国家相关政策和方针进行了前所未有的改造和整顿。这一时期，内蒙古职业教育处于初、中等阶段，学校类型以中等专业学校和技工学校两大类为主。

1947～1949 年，全区仅有归绥农科职业学校、高级助产学校等 3 所中专学校，有在校生 646 人。其中，蒙古族学生只有 2 人，教职工仅有 51 人。在 20 世纪 50 年代初，根据经济建设的需要，自治区陆续创办了呼和浩特卫生学校、归绥机械制造工业学校、内蒙古蒙文专科学校等一批新校。建于 1953 年的内蒙古蒙文专科学校，是自治区最早的一所用蒙古语授课的中等专业学校，主要以培养编译人才和蒙古语文工作者为目标。50 年代中期，在党和政府关怀以及兄弟省市的支援下，中专教育得到迅速发展。至 1956 年，已有中等专业学校 10 所，在校生达 9628 人（其中蒙古族学生 565 人）。此后一年内学校规模和学生人数趋于稳定。

技工学校，是自治区职业教育起步时期中等职业教育的另一种主要形式。中华人民共和国成立初期，为了培养恢复和发展国民经济所需的大批熟练技术工人，国家决定把各类针对失业人员的技工培训机构转变为以培养技术工人为目标的技工学校。1956 年，由包头钢铁公司创办了包钢技工学校，这是自治区第一所正规的技工学校。

2. 民族职业教育的起伏期（1958～1965年）

从 20 世纪 50 年代末到"文化大革命"前夕，内蒙古民族职业教育经历了一段大起大落的波动。这一阶段，自治区民族职业教育仍以中等教育为

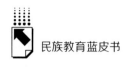

基本形式，不过在学校类型上有所增加，即在全区出现了众多的职业中学。

1958 年，内蒙古进入"教育大跃进"时期，这是当时举国"大跃进"运动的一个重要组成部分，也是一场对包括职业教育在内的整个民族教育事业产生深刻影响的教育革命。"教育大跃进"的一个重要表现形式就是各级各类学校在数量上迅速扩张。1957 年以前，内蒙古自治区没有一所职业中学，但仅 1958 年一年内就突击创办了 199 所初级职业中学，在校生达到 26604 人（其中包括 27 所民族职业中学，在校蒙古族学生达到 2010 人），远远超过当年普通初、高级中学学校总数 146 所，但在校生人数远不如当年普通初级中学人数（67949 人）。从 1961 年开始，中央在国民经济调整工作中执行"调整、巩固、充实、提高"的八字方针，到 1963 年，民族职业中学只保留了 1 所，有在校生 219 人。1965 年，由于贯彻"两种劳动制度和两种教育制度"的指示，自治区职业中学总数又猛然增到 1055 所，在校生人数达到 58433 人。其中，包括民族职业中学 81 所，有在校生 3892 人。

这一时期的中等专业技术教育经历了两次大起大落。

1958～1963 年，是第一次大起大落时期。1958 年，学校数从 1957 年的 15 所猛增到 60 所，到 1960 年又跃进到 129 所，之后在 1963 年锐减到 18 所。在校生从 1957 年的 9062 人增加到 1958 年的 20076 人，1960 年跃进到 42114 人，1963 年又跌到 5080 人（其中，蒙古族在校生数从 1957 年的 1032 人增加到 1958 年的 1795 人，1960 年跃进到 2715 人，1963 年又跌到 409 人）。

1964 年至"文化大革命"，是第二次大起大落时期。1964～1965 年内蒙古自治区贯彻中央指示试行两种教育制度，新办了一批半工（农）半读中等专业学校，1965 年，中等专业学校从 1964 年的 25 所猛增到 125 所，在校生数达 23673 人（蒙古族在校生增加至 2018 人）。

3. 民族职业教育的重挫期（1966～1976 年）

在"文化大革命"中，受"左"的思想路线的干扰，错误地批判了"两种劳动制度和两种教育制度"，职业学校被诬蔑为资产阶级"双轨制"的产物而备受摧残。职业学校设备遭到破坏，校舍被占，不少教师流散到工矿企业单位，职业中学、中等专业学校和技工学校被摧残殆尽，全区职业教育中断。

4. 民族职业教育的恢复、调整与提高期（1977年至20世纪末）

"文化大革命"结束以后，自治区开始对民族教育事业进行拨乱反正，职业教育走上正轨，各级各类职业教育有了较大程度的发展。这个时期，完成了中等专业教育结构调整、职业教育法制化发展以及开始建立高等职业教育体系等一系列重大转变。

党的十一届三中全会以后，内蒙古中等职业教育得到恢复和提高。

"七五"期间，自治区为了落实教育部、国家劳动总局《关于中等教育结构改革的报告》《中共中央关于教育体制改革的决定》精神，集中进行中等职业教育结构调整和改革，把办学方向转移到为地方经济建设培养初、中级实用人才的轨道上，使高中阶段的教育更加适应社会主义现代化建设的需要。当时，内蒙古自治区结合实际，把100多所普通高中改制为职业高中。到1987年时已有23所蒙古族普通高中改为职业中学，蒙古族在校生达11733人（其中高中生7222人，初中生4511人），并在普通蒙古族中学中增办职业班，增设职业课，使大部分普通中学学生受到一定程度的职业技术教育。

"八五"期间，自治区对技工学校进行了整顿，同时大力加强了重点职业学校建设。到1996年，已建成国家重点中专5所、省部级重点中专19所。

在"九五"末期，受高校扩招、经济体制改革、产业结构调整等因素的影响，职业教育在校生数和招生数开始萎缩。

世纪之交，中等职业教育一度陷入低谷，这也正是内蒙古高等职业教育产生和开始发展的时候。自治区高等职业教育起步于20世纪90年代初，随着经济结构的调整、传统产业的技术改造和第三产业的快速发展，特别是高新技术产业的迅猛发展，对高级专门人才和实用技术人才的需求十分旺盛，培养面向生产、建设、管理、服务第一线的实用型、技能型人才被提到了议事日程，也为高等职业教育的发展提供了良好的条件。1998年，教育部批

准建立了包头职业技术学院，这是内蒙古自治区第一所独立设置的高等职业技术学院。

5. 民族职业教育的深化改革和高速发展期（21 世纪初至今）

2002 年 8 月，国家发布《国务院关于大力推进职业教育改革与发展的决定》，明确了今后一个时期职业教育改革与发展的指导思想、目标任务和政策措施。提出"建立适应社会主义市场经济体制，与市场需求和劳动就业紧密结合，结构合理、灵活开放、特色鲜明、自主发展的现代职业教育体系"以及"要以中等职业教育为重点，保持中等职业教育与普通高中教育的比例大体相当，扩大高等职业教育的规模"等思路。国家关于职业教育发展的这些总体目标和基本要求为自治区新时期民族职业教育事业的进步指明了方向，并对职业教育深化改革和高速发展产生了巨大影响。

在 21 世纪初，内蒙古高等教育进入大众化发展阶段。自治区高等职业教育的起步虽然比中等职业教育晚了近半个世纪，但发展迅速。"十五"期间，自治区整合教育资源，高等职业教育规模迅速扩大，经过重组、转型、升格等途径新建了 15 所高等职业学校。截至 2008 年，全区独立设置的高职高专院校达 27 所，在校生达 15.8 万人，占普通本专科生人数的 49.9%。

"十五"期间，自治区开展了中等专业学校管理体制改革和结构调整工作，颁布了《内蒙古自治区实施〈中华人民共和国高等教育法〉办法》和《内蒙古自治区实施〈中华人民共和国职业教育法〉办法》，使职业教育发展步入法制化轨道。同时，自治区党委、政府进一步加强对职业教育的统筹领导，制定印发了《内蒙古自治区"十一五"期间大力发展职业教育的意见》。为适应经济社会发展需要，启动了以建设 100 所重点职业学校、100个精品专业点和 100 个重点实训基地为主要内容的"三百工程"和职业教育基础能力建设工程，深化职业教育各项改革，使职业教育办学规模逐步扩大，办学质量和社会认可度逐步提高。

从"十一五"末至"十二五"初，自治区党委、政府又进行了职业教育的诸多改革，建立了一系列旨在加快发展中等职业教育的有效平台。

自治区把实施免学费、免费提供教科书的"两免"助学政策作为扩大中等职业教育规模、提高自治区新增劳动力素质、减轻城乡居民教育支出负担的重要举措。2009 年，自治区首先对 33 个边境牧业旗县中等职业学校学生实行了免学费政策；2010 年，自治区除了对国家要求的涉农专业学生和农村家庭经济困难学生免学费外，又把城市贫困家庭的中职学生纳入免学费范围，使中等职业学校免学费学生达到在校生总数的 50% 以上；2011 年，自治区对中等职业学校所有全日制在校学生实施"两免"政策。

2009 年，为提高中职教育培养培训能力，自治区启动了中等职业教育基础能力建设工程，由自治区本级财政每年投入 2 亿元专项资金用于提高学生实践能力和技能水平、重点配置和更新实训设备、提高专业教师队伍整体素质和教学水平、加强"双师型"教师队伍建设等方面。

在职业教育监管方面，为了强化盟市人民政府统筹中等职业教育发展的责任，保障中职教育改革发展，内蒙古于 2009 年建立了对盟市人民政府中等职业教育工作督导评估制度。2010 年，由自治区建立的"中等职业教育工作督导体系"被列为国家教育体制改革试点项目，内蒙古也成为开展此项试点工作的唯一地区。

"十二五"期间，内蒙古现代职业教育体系建设初见成效。自治区政府印发了《关于加快发展现代职业教育的决定》。教育厅等 6 个部门联合印发了《现代职业教育体系建设规划》。有 23 所中等职业学校、3 所高等职业学校开展了现代学徒制试点。有 11 所高职院校与本科院校试点举办本科高职教育。

二 内蒙古民族职业教育现状

到"十二五"末，经过改革发展和加大对职业教育的投入力度，内蒙古已形成了职业教育与职业培训并举，中等、高等职业教育相互衔接，与普通教育协调发展的基本格局。同时，自治区民族职业教育也逐步凸显了其发展特点。

（一）中等职业教育基本现状

1. 办学规模

截至 2015 年底，全区中等职业学校（不含技工学校，下同）有 250 所，其中，普通中专 73 所，成人中专 61 所，职业高中 116 所。全年各类学校共招生 76159 人，在校生共 214555 人，其中，普通中专 110071 人，成人中专 13695 人，职业高中 90789 人。

2. 专业建设

截至 2015 年，全区中等职业学校共开设 19 大类专业，详见表 1。

表 1 2015 年内蒙古自治区中等职业学校学生分专业情况

单位：人

	招生数	在校生数	毕（结）业生数	获得职业资格证书人数
其中：女	32770	95504	37960	28494
农林牧渔类	4597	15162	6133	5262
资源环境类	281	2035	1410	956
能源与新能源类	1469	4624	1243	977
土木水利类	3000	11510	6170	4904
加工制造类	8635	24728	6862	5213
石油化工类	828	2363	1341	629
轻纺食品类	643	1674	765	583
交通运输类	9244	24485	7057	4371
信息技术类	11615	24413	9818	8644
医药卫生类	9056	28833	15313	11060
休闲保健类	837	2684	1734	1261
财经商贸类	6240	18907	6251	4619
旅游服务类	3050	7689	2615	2274
文化艺术类	3667	11961	3835	3109
体育与健身类	1460	3414	1209	1032
教育类	9416	26647	8514	7080
司法服务类	82	123	0	0
公共管理与服务类	567	607	49	0
其他	1472	2696	2619	600
总　计	76159	214555	82938	62574

资料来源：内蒙古教育厅《内蒙古自治区 2015 年度职业教育发展报告》。

3. 师资队伍

截至 2015 年，全区中等职业学校共有教职工 18991 人（专任教师 13992 人），其中，普通中专 5733 人（专任教师 3746 人，少数民族专任教师 512 人），成人中专 2368 人（专任教师 1745 人，少数民族专任教师 513 人），职业高中 10890 人（专任教师 8501 人，少数民族专任教师 2226 人）。"双师型"教师共 2811 人，占专业课教师的 38.18%。文化课教师与专业课教师（含实习指导课教师）比例分别为 46.77% 和 53.23%。

4. 基础设施

截至 2015 年，全区中等职业学校占地总面积为 11582796.51 平方米，生均占地面积 53.99 平方米，校舍建筑面积 4144987.75 平方米，生均建筑面积 19.32 平方米；收藏图书 5864820 册，生均 27.33 册；固定资产总值 761816.74 万元，其中教学、实习仪器设备资产值为 131412.11 万元，生均 6124.87 元。

5. 就业状况

2015 年，全区中等职业学校毕业生就业人数为 47069 人（不含升入高一级学校人数），直接就业率为 56.75%。

6. 民族中等职业教育

截至 2015 年底，全区有 22 所民族职业学校，全区中等职业学校少数民族在校生达 52612 人，占在校生总数的 24.52%。2015 年中等职业学校招收少数民族学生 17197 人，其中普通中等专业学校招收少数民族学生 7604 人，职业高中招收少数民族学生 6376 人，成人中等专业学校招收少数民族学生 3217 人，中等职业学校招收少数民族学生占招生总数的 22.58%。中等职业学校少数民族毕（结）业生为 20296 人，占全区年度中等职业学校毕（结）业生总数的 24.47%。全区中等职业学校有少数民族教职工 4320 人、少数民族专任教师 3251 人。

（二）高等职业教育基本现状

1. 学校数量

截至 2015 年 9 月，自治区独立设置高等职业院校 36 所。按照举办方分

布：教育部门主办25所，占69.4%；企业主办1所，占2.8%；其他2所，占5.6%；民办8所，占22.2%。其中，国家示范性高职院校2所，骨干院校2所，占高职院校总数的11.1%。自治区示范高职院校立项建设单位11所，占30.6%。

2. 基本办学条件

截至2015年，内蒙古自治区独立设置高职院校基本办学条件如表2所示。

表2　2015年内蒙古自治区高职院校基本办学条件

指标	数值
生师比	14.06
具有硕士及以上学位教师占专任教师的比例(%)	35.88
生均教学行政用房(平方米/生)	71.4
生均教学科研仪器设备值(元/生)	44874.90
生均图书(册/生)	174.61
百名学生配教学用计算机台数(台)	108.57
网络多媒体课室数(间)	2938
新增教学科研仪器设备所占比例(%)	14.54
生均年进书量(册)	9.82
生均占地面积(平方米/生)	691.78
生均宿舍面积(平方米/生)	32.62
计算机总数(台)	51470
学校建筑面积(平方米)	5955583.38
教学行政用房面积(平方米)	3316129.12
一体化教室面积(平方米)	43714.56
信息化建设教学资源量	269374.34
校内实践工位数(个)	53870.30

资料来源：内蒙古教育厅《2015年内蒙古自治区高等职业教育质量分析报告》。

3. 专业设置

2014~2015学年，自治区高等职业教育专业设置涵盖了19个大类，涉及79个专业类别，设置了286个专业，校均专业数为25个，招生专业达239个。

4. 经费投入

2015年，自治区独立设置高职院校办学经费总收入为375496.07万元。

其中，学费收入 89588.27 万元，占 23.86%；财政经常性补助收入 192713.15 万元，占 51.32%；中央和地方财政专项投入 67024.33 万元，占 17.85%；社会捐赠 551.8 万元，占 0.15%；其他收入 25618.52 万元，占 6.82%。

5. 师资情况

自治区独立设置高职院校共有教职工 13567 人，其中，专任教师 8408 人，占 61.97%；兼职教师 1813 人，占 13.36%。平均生师比为 14.06：1。高级职称教师占专任教师的 32.01%。"双师型"教师占专任教师的 43.17%。拥有硕士及以上学位教师占专任教师的 35.88%。省级以上教学名师有 85 人。

6. 学生情况

独立设置高职院校共有全日制在校生 158309 人，校均规模 4797 人。全日制高职在校生达 134706 人，其中高中起点 108135 人，占 80.27%，中职起点 26041 人，占 19.33%。全日制在校生人数在 5000 人以上的高职院校有 12 所。

7. 招生与就业情况

招生情况：2015 年计划招生 54107 人，实际录取 52273 人，实际录取率为 96.61%。实际报到 48563 人，实际报到率为 92.90%。

就业情况：2015 年毕业生总人数为 39013 人，9 月 1 日就业 36557 人，就业率为 93.7%。毕业生获得职业资格证书率为 74.11%，获中级以上职业资格证书率为 52.74%。本地市就业 14170 人，就业率为 38.76%。自治区内就业 27687 人，就业率为 75.74%。本区域就业 15233 人，就业率为 41.67%。

三 内蒙古民族职业教育发展特点

（一）办学类型与层次趋向多样化

70 年来，内蒙古自治区在职业教育发展中，努力调动各方面的积极性，

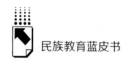

充分利用各种有利因素和条件，采取了与地方实际紧密相关的灵活多样的办学形式，形成了多层次、多类型、办学形式多样的职业教育发展格局。主要表现在如下方面。

从教育层次上看，已形成涵盖初等职业教育、中等职业教育和高等职业教育的完整体系。

从办学主体上看，有教育部门主办、企业主办和民办职业教育。内蒙古的职业技术学校以公办为主，但也有相当规模的民办职业学校和企业主办学校。这些民办学校和企业主办学校的存在丰富了自治区职业教育的形式，极大地充实了职业教育体系的结构。

从办学类型上看，出现了丰富多彩的教育类别。具体包括：①独立设置的职业中学，这是目前自治区中等职业教育的主要办学形式之一。②中等专业学校，也是中等职业教育的一个重要形式。③农牧林业中学，主要为劳动密集型行业培养大量劳动后备力量，是在 20 世纪 50 年代到"文化大革命"期间适应经济建设需要迅速发展起来的规模较大的办学形式，曾发挥很大的历史性作用。④职业教育中心，基本上属于职业学校，个别是职业教育研究机构。⑤普通中学改办职业中学或在普通中学中增设职业班，这也是改革中等职业教育的重要途径之一，遍布全区的综合高中就是"普改职"的结果。⑥教育部门与厂矿企业联合举办的学校，这类学校能够发挥双方的优势，将育人与用人有机结合，表现出投资少、见效快的特点，如包头市二十五中和中国稀土公司合办的稀土职业高中班，就是全区最早具备联办形式的职业教育班。⑦厂矿企业办学，由厂方办学，变招工为招生，根据生产需要开设专业，既可以满足厂方对技术人才的需要，又为社会就业服务，比如厂矿企业办学是包头市职业教育的一大特色。几十年来，这类学校在自治区提高企业劳动者素质和稳定职工队伍方面都做出了重大历史贡献。⑧成人中专，一直在执行补偿成人学历教育的特殊任务。

从性质上看，内蒙古职业教育还可以分为学历教育与社会培训两大系统。

各级各类的职业教育丰富了内蒙古的民族教育体系，并为自治区各项事业发展培养了大量的应用型人才。

（二）发展政策更加明确，战略地位更加巩固

经过近 70 年的发展，内蒙古职业教育已从自治区民族教育中的相对薄弱和滞后环节逐步发展成为全区中、高等教育的主要渠道之一，并在教育体系上成为民族教育的重要组成部分。

从自治区职业教育发展政策的演变过程看，随着全国形势的变化经历了最初的与严格的计划经济相适应到改革开放时期的适应市场经济发展和进入新世纪以来的深化教育教学改革等主要发展阶段。到目前，自治区在职业教育发展定位的确定、职业教育政策功能的发挥以及相关政策执行力度保障上都有了跨越式进步，并使职业教育战略地位得到前所未有的巩固和提高。

改革开放以后，尤其是进入 21 世纪以来，随着教育事业改革的进一步深化，内蒙古自治区政府对职业教育的指导思想更加明确，发展思路与措施越来越清晰和有效。自治区政府认真落实国家相关政策和法规精神，结合自身实际情况，在各个发展时期制定出相关政策和措施，正确指引职业教育的发展方向，为民族职业教育事业的进步提供了强有力的保障。

2015 年，内蒙古为进一步加快现代职业教育发展，根据《国务院关于加快发展现代职业教育的决定》精神，结合自治区的实际，发布了《内蒙古自治区人民政府关于加快发展现代职业教育的意见》（内政发〔2015〕12号），提出自治区新一时期职业教育的总发展目标："到 2020 年，形成适应自治区经济发展需求，产教深度融合、中职高职衔接、职业教育与普通教育沟通、体现终身教育理念，具有鲜明地区特点和民族特色的现代职业教育体系。"同年，自治区为了贯彻《国家中长期教育改革和发展规划纲要（2010—2020 年）》和《内蒙古自治区中长期教育改革和发展规划纲要（2010—2020 年）》、教育部等六部门印发的《现代职业教育体系建设规划（2014—2020 年）》，制定了《内蒙古自治区现代职业教育体系建设规划（2015—2020 年）》，将"牢固确立职业教育在人才培养体系中的重要地位，遵循终身教育理念，以构建适应需求、灵活多样、有机衔接、多元立交的基本架构为重点，到 2020 年形成与自治区产业结构升级和技术进步相适应、

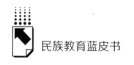

职业教育与普通教育相沟通、办学类型与学习形式多样、空间布局合理的现代职业教育体系"作为职业教育体系建设的总体目标。

2016 年，自治区发布《内蒙古自治区人民政府关于加快发展民族教育的意见》（内政发〔2016〕23 号），强调要"突出中等职业教育办学特色"，并指出"以创业就业为导向，以尊重少数民族群众意愿和满足市场需求为基本遵循，积极发展民族中等职业教育。国家实施的现代职业教育质量提升计划、优质特色学校建设等项目向民族职业教育倾斜"，把民族职业教育发展作为全面提升自治区民族教育办学水平的重要内容之一。另外，同年通过的《内蒙古自治区民族教育条例》对自治区民族职业教育的发展无疑也是一个强有力的政策保障。

内蒙古对职业教育发展的明确定位和对相关政策与法律法规的认真落实，为自治区民族职业教育进一步发展带来了更多的机遇。目前，民族职业教育在全区整个民族教育体系当中的地位得到实质性的提升，同时在构建和谐社会、发展民族经济和建设人力资源强区中的作用也日益凸显。

四　内蒙古民族职业教育存在的问题

当前，在内蒙古职业教育发展中存在如下突出问题。

1. 职业教育民族特点不突出，整体功能发挥不充分

随着全国职业教育事业的兴起，内蒙古职业教育也迎来了迅速发展的大好机遇。但民族职业教育作为自治区教育体系中具有明确目标、功能多样和特色鲜明的教育特殊类别，还没有充分发挥其自身的作用，在民族人才培养与社会服务方面的功效和能力也没得到充分体现，在很大程度上影响了民族教育事业的总体发展水平。这一情况在自治区高职教育发展中表现得尤为明显，具体表现在以下方面。

第一，办学定位狭窄，人才培养目标单一。目前，民族地区各高职院校主要以服务经济建设为办学宗旨，更多地突出职业教育的提高职业技能和就业导向功能，并将培养生产、建设、管理、服务第一线需要的技能型人才作为主要或唯一的培养目标。而在办学定位和人才培养目标的制定中，对少数民族地区文化历史背景的特殊性缺乏深入考虑，民族地区职业教育应有的提高民族素质和民族创新能力等特殊任务未能充分体现出来。民族职业教育所特有的教育目的、教育内容和教育形式以及受教育者等诸要素之间独有的积极有效的内在关系难以形成。

第二，教育教学内容与形式缺乏民族文化元素，民族教育特色不突出。民族文化内涵的缺位，是目前自治区各民族高职院校在教育内容和教学形式上普遍存在的问题。具体表现为，所设专业和课程中有关少数民族优秀人文思想、传统生产技艺、先进生活经验及乡土文化等方面内容相对较少。在专业设置及课程安排上基本以市场化模式运作，优先考虑的是就业倾向和自治区支柱产业的发展需求。近年来，石油化工、农产品加工、冶金建材、能源利用、新材料、装备制造以及护理等专业发展迅速，在全部专业体系中所占比重较大，在校生比例也远远超出了民族特色专业的学生。这一现象，可以从近年来自治区高职院校在校生最多的前10个专业排名中体现出来（参见表3）。从表3统计数据来看，近几年的高职院校在校生最多的10个专业中具有民族特色的专业较少，有些专业在培养过程中民族特色彰显明显不足，这是内蒙古自治区在民族职业教育中的一个缺憾。

表3　2013～2014学年内蒙古高职院校在校生人数最多的专业排名

排名	专业名称	在校生人数（人）	占全区在校生数比例（％）
1	机电一体化技术	8211	6.43
2	护理	8151	6.38
3	会计电算化	6971	5.46
4	建筑工程技术	5855	4.59
5	工程造价	4472	3.50
6	学前教育	3878	3.04
7	电气自动化技术	3130	2.45
8	道路桥梁工程技术	2941	2.30
9	市场营销	2609	2.04
10	会计与审计	2493	1.95

资料来源：《内蒙古高等教育质量报告（综合版）》（2014）。

2. 职业教育基础能力薄弱，办学条件有待提高

内蒙古地处祖国边疆，因自然条件差、经济落后及职业教育起步晚等原

因，职业教育与普通教育相比投入不足，包括基础设施建设、教育教学及实验实训条件和科研基地建设在内的综合基础能力明显低于普通教育，并远远落后于其他发达省份。另外，自治区多数高职院校是由当地诸多中等专业学校和少数专科学校合并组建的，虽然在国家和自治区各级政府的支持下办学规模和能力已有大幅度的提高，但随着职业教育的迅速发展和招生规模的逐渐扩大，各职业院校的生均占地面积、生均实践场所及其他教学硬件条件已难以适应现代职业教育的发展要求。

3. 师资队伍整体素质不高，专业教学能力有待提高

当前，内蒙古民族职业教育师资队伍建设中主要存在如下问题。第一，专业教师数量严重不足。由于各职业学校多由几所学校合并组建、办学规模迅速扩大等历史及现实原因，职业教育专业课和专业技能课教师极度短缺，"双师型"师资严重不足。第二，职业学校师资结构不合理。由于历史原因，自治区职业学校多数教师由普通高校或中小学教师转任，因而文化基础课教师偏多，专业课和专业技能课教师偏少，教师的比例结构严重失调，造成职业学校专业课和专业技能课教学成为薄弱环节，直接影响了教育教学能力与实验实训效率的提高。

4. 对职业教育的认识仍不到位，"重普教，轻职教"思想较普遍

受传统教育思想的影响，社会、家长及学生对职业教育应有的地位和作用认识不充分，"重普教、轻职教，重学历、轻能力"的观念仍然束缚着民族职业教育的发展。这种轻视职业教育的观念对吸引生源、在校生学习动力以及就业创业等环节均会产生负面影响。

五 内蒙古民族职业教育发展对策建议

（一）民族职业教育发展影响因素分析

当前，内蒙古职业教育发展有诸多的有利因素。

1. 职业教育提升空间与发展潜力巨大

从发展规模上看，内蒙古职业教育虽然进入迅速发展时期，但与国家相关规划要求、社会发展需求和人民群众的期望还存在很大差距，这也预示着自治区职业教育在未来发展中蕴藏着巨大的提升空间和发展潜力。

目前，中国已建成世界上最大规模的职业教育体系，全国中职生所占比例已接近发达国家平均水平，我国高职学生数量占普通高等教育学生总数的45%。

近年来，内蒙古根据国家总体要求和自身实际，对职业教育事业做出了明确的发展规划。根据《内蒙古自治区人民政府关于加快发展现代职业教育的意见》，"总体保持中等职业学校和普通高中学校招生规模大体相当，高等职业教育规模占高等教育的一半。到2020年，全区中等职业教育在校生达到30万人，专科层次职业教育在校生达到20万人，应用技术本科教育在校生和专业学位研究生要达到一定比例"。目前的实际情况与内蒙古职业教育的规划发展要求还有一定的距离，详见内蒙古自治区高中阶段招生数与在校生数比较表（表4）、内蒙古自治区高等教育阶段招生数与在校生数比较表（表5）。无论从表4中的中等职业教育在校生人数占普通高中阶段在校生人数的比例看，还是从表5中的高等职业教育在校生人数占普通本科阶段教育在校生人数的比例看，自治区职业教育水平与国家职业教育发展平均水平和自治区发展规划要求均有很大差距，还需要激发活力，加快发展，实现跨越式赶超。

表4　内蒙古自治区高中阶段招生数与在校生数比较

学校类别	招生人数（人）			在校生数（人）		
	2013 年	2014 年	2015 年	2013 年	2014 年	2015 年
普通高中	164232	155257	148389	494243	484042	463037
中等职业学校	83142	81593	76159	243602	229853	214555
合　计	247374	236850	224548	737845	713895	677592
中等职业教育占普通高中阶段教育比例（%）	33.61	34.45	33.92	33.02	32.20	31.66

注：表中"中等职业学校"包括普通中专、职业高中和成人中专。

资料来源：2013 年数据来源于《内蒙古自治区 2014/2015 学年初教育统计提要》；2014 年、2015 年数据来源于《2015/2016 学年初内蒙古自治区教育事业统计简报》。

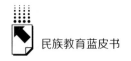

表5　内蒙古自治区高等教育阶段招生数与在校生数比较

学校类别	招生人数（人）			在校生数（人）		
	2013 年	2014 年	2015 年	2013 年	2014 年	2015 年
普通本科院校	58417	58523	60996	230040	234824	239344
高等职业学校	53992	57061	66540	169161	171590	181463
合　计	112409	115584	127536	399201	406414	420807
高等职业教育占普通本科阶段教育比例(%)	48.03	49.40	52.20	42.40	42.22	43.12

资料来源：2013 年数据来源于《中国教育年鉴 2014》；2014 年数据来源于《中国教育统计年鉴 2014》；2015 年数据来源于《2015/2016 学年初内蒙古自治区教育事业统计简报》。

2. 受惠国家和地区政策，发展条件优越

1985 年，国务院发布《中共中央关于教育体制改革的决定》，提出了"大力发展职业技术教育"的方针。2014 年，国务院发布《国务院关于加快发展现代职业教育的决定》，又提出"加快发展现代职业教育"的方针。经过 30 年实践，从"大力发展"到"加快发展"的转变，是国家对职业教育发展方针的重大调整。国家从宏观上提出的加快发展现代职业教育的指导方针，为民族地区职业教育发展提供了强有力的政策依据和巨大动力。

《内蒙古自治区中长期教育改革和发展规划纲要（2010—2020 年）》中指出："坚持优先发展方针，在研究制定各类教育事业规划，组织实施各项教育工程中，优先安排民族教育项目，在确保民族教育与全区各类教育同步同质的基础上，适度超前发展。"《内蒙古自治区人民政府关于加快发展民族教育的意见》（内政发〔2016〕23 号）中又提出"对民族教育实行事业发展规划优先谋划，财政资金投入优先保障，公共资源配置优先安排，确保民族教育与普通教育协调同步、适度超前发展"的优先重点发展方针。在国家职业教育发展大战略和自治区民族教育政策背景下，作为民族教育的重要组成部分，内蒙古自治区的民族职业教育事业，从社会舆论的正确引导到发展规划的制定、从运行机制的保障到管理措施的实施均得到强有力的保障。民族职业教育在学校的设立、办学资金投入、专业及课程设置、招生和就业、助学资助措施等诸多方面将继续享受优惠政策，民族职业教育事业优先发展成为可能。

3. "一带一路"倡议提供了发展新机遇

21世纪之初，我国提出了"一带一路"发展构想，这是我国政府面临复杂多变的国际国内发展形势提出的国家发展思路，是深入推进改革开放和加强对外开放的具有划时代意义的战略举措。"一带一路"倡议为经济发展提供了契机，也对职业教育提出了更高的要求。

内蒙古自治区作为"一带一路"倡议实施的沿线地区，需要利用自身的优势和特点，全面推动职业教育的改革和可持续发展，在民族职业教育领域培养更多的外向型高素质技术技能人才，积极学习沿线国家的先进经验，促进与各国的经济技术和文化交流，实现共同发展。这种发展需求必将为内蒙古自治区的职业教育办学形式、社会合作方式、教育教学管理模式、专业和课程设置、招生就业、师资培训以及基础能力建设等诸多方面的创新发展带来前所未有的挑战和机遇。

（二）促进民族职业教育发展的对策建议

发展少数民族地区职业技术教育，既要符合职业教育的基本特点和规律，又要注重切合民族和民族地区的具体情况。根据内蒙古民族教育现状和社会发展实际，对自治区民族职业教育发展提出以下对策建议。

1. 加大对民族特色办学的支持和保护力度，促进民族地区职业教育健康发展

（1）明确民族地区职业教育的特殊意义，强化职业教育的民族文化传承功能

由教育部、文化部和国家民委等三部委联合发布的《关于推进职业院校民族文化传承与创新工作的意见》（教职成〔2013〕2号）中，将推进职业院校民族文化传承与创新的重要意义概括为"是发挥职业教育基础性作用，发展壮大中华文化的基本要求"，"是提高技术技能人才培养质量，服务民族产业发展的重要途径"。同时，又明确指出"职业教育作为国民教育的重要组成部分，是民族文化传承创新的重要载体"。

总体上看，民族职业教育既有现代职业教育的一般属性，同时又有民族

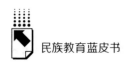

教育的特殊性质。发展民族职业教育，必须深刻认识它的本质特征，这样才能很好地发挥它应有的作用。

职业技术教育是自治区民族教育体系的重要组成部分。从本质上讲，民族职业教育就是利用先进科学的职业技术教育理论和教学方法，培养优秀的少数民族职业技术人才，促进少数民族地区经济建设和社会发展的教育形式。民族职业教育作为一种特殊教育类别，不仅具备普通职业教育的全部特性，还蕴含着比普通职业教育更加丰富的类型特征。具体说，民族职业教育除发挥普通职业教育传授职业技能与服务就业功能以外，还肩负着传承民族文化宝贵遗产、传授少数民族生产生活先进经验、培养少数民族成员的社会活动能力等艰巨任务。因此，在民族地区职业教育发展中，必须充分认识职业教育的重要社会意义，在发展方针和规划的设计、社会舆论导向以及实际教学与实训环节中，在加强职业教育培养技能型人才和就业导向的一般功能的同时，也要注重职业教育传承民族文化的特殊功能，使两者并举并重，才能有力推进民族职业教育事业在正确轨道上健康发展。

（2）建设和扶持与民族文化传承及区域经济发展相关的专业群

民族职业教育的发展目标是为民族地区经济建设和社会发展培养专业技术人才。因此，突出民族性与地方性特点，是提高民族地区职业教育办学效果的必然要求。对内蒙古自治区来说，在职业教育发展中凸显民族性与地方性特点的关键就是打造和发展一批具有民族和地方特色的职业教育专业群。

民族特色专业设置，要以少数民族生产生活为源泉，要挖掘和发扬光大少数民族文化资源。内蒙古作为边境少数民族地区，人文历史悠久，文化资源丰富，民族特色浓郁，发展民族文化事业具有得天独厚的优势，也为民族地区职业教育特色专业发展提供了良好基础。因此，民族地区职业教育特色办学，可以将具有少数民族独特风土人情的文化旅游、民族传统文体项目、民族建筑、民族艺术、民族服饰、民族乐器、民族工艺品制作、少数民族生产生活工具及用品制作、民族濒危工艺传承、地区物质资源开发等作为专业设置的重要方向。具体措施如下。

一是对民族特色专业予以特殊保护。受历史、自然、经济、人口等诸多因素的影响，内蒙古民族特色专业一直处于劣势地位。如果完全按照市场经济模式来运行，民族特色专业将产生发展方向和规模不明确、竞争力不足的后果。因此，政府和相关部门应充分考虑民族教育的特殊性，对民族地区职业教育特色发展在政策上予以积极引导，在资金方面予以大力支持，并在制度和法律上予以保障，倾斜性地保护和发展民族特色专业群。

二是解决民族特色专业毕业生就业难问题。这是近年来民族特色专业发展中的一个难点问题。为落实国家民族政策和促进民族文化发展，自治区部分职业学校设立了一些民族特色比较浓郁的专业，大多数学生选择这些专业是出于民族情感或受本民族传统文化的影响。但当地民族特色专业对口就业单位比较少，毕业生就业途径比较狭窄，有些毕业生只能异地就业。这种就业困难直接导致了生源不足的后果，相关专业也由此逐步萎缩。

解决这个问题的根本途径是发展民族地区特色产业，提高民族特色专业人才需求量，从根本上解决特色专业毕业生就业的后顾之忧。对此，只有做大做强民族文化及其相关产业，实现民族产业升级，引导文化资源向文化资本转变，提高民族特色产品的附加价值，提升民族产业在国内和国际市场上的竞争力，民族特色专业才能将自身的劣势转变为优势，开辟更广阔的就业市场。

总之，在民族职业教育的专业设置上不仅要注重经济效益，还要注重其社会效益，传承和发扬光大民族传统文化事业，满足具有地区特色的经济发展项目对人才的需求，充分利用本地教育资源培养为当地社会发展和经济建设服务的技能人才，是提升民族特色专业竞争能力和实现民族职业教育特色发展的有效途径。另外，发展民族特色专业群，还要解决双语教师培养、民族语言教材建设等现实问题。

2. 加强专业化培训，提高教师队伍整体素质

高素质的师资队伍是提高职业学校教育教学质量的保障，建设一支数量充足、专业结构合理、质量合格的教师队伍是民族地区职业教育发展关键所在。目前，自治区各职业学校师资队伍虽有所发展，但从总体上看，高层

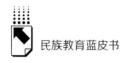

次、高水平的学科带头人和专任教师的数量仍相对不足，"双师型"队伍建设仍处于初级阶段。解决这个问题的具体措施如下。

（1）确立合理的评价标准，建立和完善职业教育教师评价体系

建立客观、有效的专业教师评价体系，是提高职业教育科学管理水平的重要举措之一。长期以来，内蒙古对职业教育及其教师的管理与评价基本上沿用了普通教育的管理方式和评价标准。针对这一现实情况急需建立一整套符合自治区民族职业教育自身特点的管理与评价体系，通过制定相对独立的各级各类职业学校教师管理与评价制度来保障职业教育运行中的客观性和公正性。具体说，针对目前职业教育发展中诸如教师职称评定和收入分配没有单独的序列和客观标准等突出问题，急需建立以技术技能水平为基本标准的评价和管理体系。要做到在职业学校教师聘任、职称评定、收入分配、评优等工作中不仅以学术成果的多少及学历层次的高低来衡量教师水平，更要看教师的专业技术和专业能力，鼓励教师努力学习和提高专业技术及实践能力，从而提高各级各类职业学校的实践教学及实验实训的整体水平，为培养更多的技能型人才打好基础。

（2）健全教师专业化培训制度，保障教师职业能力提高

近年来，自治区各职业学校结合办学质量工程建设要求，为了培养适应职业教育需要的师资队伍，实施了专任教师能力素质提升工程、兼职教师队伍建设工程、"双师素质"教师队伍建设工程、高层次人才引进工程和领军人才及创新团队培养工程等一系列举措。但教师队伍专业化程度还远远达不到现代职业教育发展的要求，对此提出以下建议。

第一，建议设立职业技术师范院校，对职业学校教师进行专业培训。从长远意义上讲，设立培养专业教师的师范院校来加强教师专业化教育，是提高职业学校教育教学能力的基本保障。

早在1985年的《中共中央关于教育体制改革的决定》中就针对中等职业技术教育师资力量不足问题明确提出"要建立若干职业技术师范院校"，以保证职业学校专业师资的稳定来源。但目前为止，就内蒙古自治区职业教育而言，无论中级还是高级层面上都没有一所培养专业教师的师范学校。对

此，建议尽快建立含中、高不同层次的，集示范性、职业性与研究性为一体的职业技术师范学校，以承担为自治区职业学校培养专业教师和提高职业学校在职教师业务能力的重要任务。

第二，建议制定"高等职业学校教师专业标准"，全面推进教师队伍专业化建设。2013 年，教育部印发了《中等职业学校教师专业标准（试行）》，这是国家为构建中等职业教育教师队伍建设标准体系出台的重要指导性意见，它将对中等职业学校教师队伍专业化建设起到重要指导作用。

近年来，随着现代教育事业的发展，高等职业教育以后来居上的发展势头在教育体系中占据了更大的比重，发挥着越来越大的作用。但高等职业教育事业得到迅速发展的同时，也同样出现了教师专业化发展方面的突出问题，并影响了整个教育系统的发展进程。为适应现代职业教育发展的需要，更加规范、有效地推进高职教育教师专业化发展，有必要制定"高等职业学校教师专业标准"。"高等职业学校教师专业标准"，作为高等职业学校教师专业素质和教育教学活动的基本要求与规范，对专业教师培养与培训、教师管理、教师准入、教师自我发展及中、高级职业教育的有效衔接等重要环节具有深远意义和不可替代的作用。

3. 加大统筹力度，确保职业教育发展平衡性

近几年，职业教育事业的发展速度不断加快，规模不断扩大，区域之间发展不平衡、资源分配不合理、各级别衔接不畅、部分类型发展滞后、内部结构不协调以及对职业教育认可度不高等一系列问题也随之显现出来了。从宏观上看，伴随着职业教育事业迅猛发展出现的诸多现实问题均与职业教育统筹力度不足和统筹水平不高有直接的关系。

随着在整体教育体系中的战略地位的持续提高和社会影响力的不断增强，职业教育不仅与其他教育类型之间形成了更加复杂多样的关系，而且其自身结构也发生了极其丰富的变化。作为一种独立的教育类型，职业教育要长足发展必须从战略高度来谋划和统筹，要进行顶层规划，做到政策统筹、资源统筹、舆论统筹和评价统筹。具体说，必须在社会发展大背景和教育自

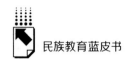

身体系下统一规划，统筹职业教育与社会各相关要素之间的关系，统筹职业教育与其他教育类型之间的关系，统筹职业教育体系内部各因素之间的关系，并确保职业教育在各办学主体间、各层级间、不同区域间、不同教育类型间和内部各组成部分间的协调与平衡，才能使职业教育综合功能得到最大程度的发挥。具体来说，可以从以下几个方面进行统筹和规划。

第一，保障职业教育区域之间的统筹发展。统筹边远落后和经济欠发达地区与经济发达地区、中心城市之间的教育资源，重点扶持民族地区职业教育。同时，防止职业教育发展出现两极分化或好的越好、差的越差的恶性循环，实现均衡发展。

第二，保障职业教育各层级之间的统筹发展。实施中、高职一体化培养模式，推进中等和高等职业教育在培养目标、专业设置、课程体系、教学内容和质量评价等方面的有效衔接。保障中职教育与高职专科教育之间、高职专科教育与应用本科教育之间、应用本科教育与专业硕士学位教育和专业博士学位教育之间的统筹发展。

第三，保障职业教育与普通教育之间的统筹发展。建立和完善普通教育、职业教育相互沟通与衔接的办学机制和评价体系，在学校的创办、资源的投入、招生与就业、教育教学研究、舆论导向等方面进行统筹协调，保障普通教育与职业教育并举并重和共同繁荣。

第四，保障公办教育与民办教育的统筹发展。民办职业教育是内蒙古教育体系的重要组成部分，它在自治区经济社会发展中发挥着不可代替的作用。对民办职业学校应在战略高度上予以充分肯定，同时在办学融资、基础能力建设、招生与就业、教师培养、职称评定等方面进行特殊扶持，享受与公办职业学校同等待遇，保障与公办教育共同发展。

第五，保障职业教育内部各类型之间的统筹协调发展。要保障职业中学、高职院校、技工学校、中等专业学校、成人中专之间的统筹发展。

第六，统筹各办学主体的力量与作用。现代职业教育发展需要各办学主体之间的合作与协调。对此由政府发挥主导作用，统筹教育、发改委、财政、人事、劳动、农牧业、扶贫等相关部门的功能，为职业教育提供强有力的政策和资源保障。同时，由政府牵头，统筹职业院校、行业企业、事业单位、科研机构力量，积极协调发挥各方作用，全面增强职业教育集团化办学的活力和服务能力。

总之，通过统筹各方力量，合理配置现有资源，深入挖掘潜在资源，兼顾薄弱环节，最终形成合力，实现职业教育的总体进步和长足发展。

B.5
内蒙古民办民族教育现状及发展建议

周玉树　郗志杰*

摘　要：　在改革开放以来的30多年间，内蒙古自治区的民办民族教育
经历了从无到有、从少到多、从弱到强、从单一到多元的发
展历程，取得了可喜的成绩。但从民办民族学校自身及生存
发展环境来看，仍存在一些问题。今后要进一步促进内蒙古
民办民族教育健康发展，一是要明确政府职责，完善工作机
制，统筹协调民办教育发展；二是要出台配套文件，落实扶
持政策；三是要寻求政策突破，着重加强民办学校师资队伍
建设。

关键词：　内蒙古　民办民族教育　民办民族学校　《民办教育促进法》

我国民办教育是在改革开放以后才逐渐发展起来的。20世纪80年代
初，适应高考制度的恢复和自学考试制度的建立，一大批由个人或机构
举办的高考补习班和自考助学机构应运而生，当时给这类教育机构的冠
名是"社会力量办学"。随着国家社会主义市场经济地位的确立，国家从
法律和制度上逐步明确了民办教育的地位，由"社会力量办学"是国家
教育事业的重要补充，发展到"民办教育是社会主义教育事业的重要组
成部分"，我国的民办教育发生了翻天覆地的变化，从原来的补习班、自

---

* 周玉树，内蒙古师范大学鸿德学院院长、教授，内蒙古民办教育协会会长；郗志杰，内蒙古
民办教育协会秘书长。

学考试辅导或单纯的培训逐步过渡到多层次、多渠道办学，取得了令人瞩目的成就。

内蒙古自治区民办教育与全国一样，在改革开放的 30 多年时间里，经历了从无到有、从少到多、从弱到强、从单一到多元的发展历程。民办民族教育在 21 世纪初逐步发展起来，如内蒙古德德玛艺术职业学院、内蒙古蒙古文书画艺术专修学院、内蒙古呼和马头琴艺术专修学院、内蒙古戏剧表演艺术专修学院、呼伦贝尔市鄂温克族自治旗锡尼河西苏木诺图格幼儿园等。这些民族院校及幼儿园的学生大多都来自牧区，为内蒙古农牧区的学生提供了接受多样性教育的机会。

一 内蒙古自治区民办民族教育的现状

根据自治区 2015～2016 学年初的教育统计，全区民办民族学校一共有80 所（不包括非学历教育民办民族高等学校），其中普通中学只有 1 所，其余的 79 所均为幼儿园（见表 1）。

根据近三年的数据对比可以看出，自治区民办民族教育基本上是幼儿园和非学历教育，普通中小学几乎全部是公办学校，这与自治区发展"两主一公"（寄宿制为主、助学金为主的公办学校）政策是一致的。

表1　近三年全区民办民族教育与全区民族教育的对比

单位：所

年　份	2013		2014		2015	
学校类型	民办民族学校	公办民族学校	民办民族学校	公办民族学校	民办民族学校	公办民族学校
高校	0	3	0	3	0	3
普通中学、职业初中	0	175	0	178	1	182
小学	0	335	0	337	0	315
幼儿园	28	138	39	164	79	285
合　计	28	651	39	682	80	785

注：未计入非学历教育民办民族高等学校。

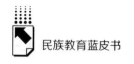

如表 1 所示，民办民族幼儿园从 2013 年的 28 所增加到 2015 年的 79 所，三年增加了 51 所。可见民族学前教育有很大的发展空间。而民办民族教育中小学一直是个空白，直至 2015 年才成立了通辽市库伦旗博雅民族学校，但这个学校目前还是汉语授课。

自治区教育厅对民办民族教育的幼儿园非常关注，民族教育处提出，根据《内蒙古自治区人民政府关于进一步加强民族教育工作的意见》（内政发〔2007〕103 号）要求，"对蒙古语授课幼儿教育实行公办体制"，据此，自治区民办民族幼儿园完全采用蒙古语授课的，将逐步纳入公办教育体制。

21 世纪初期，自治区教育厅批准成立了一批专修学院，均为非学历教育系列的学校，所以在表 1 中没有列出民办高校的统计数据。当时主要有内蒙古德德玛艺术职业学院、内蒙古蒙古文书画艺术专修学院、内蒙古呼和马头琴艺术专修学院、内蒙古戏剧表演艺术专修学院等。

由于近几年内蒙古对民族教育投入较大，民办民族教育，尤其是非学历教育系列的高等艺术类院校，存在投入大、招生专业受限、生源较少的问题，部分学校已经停办，如内蒙古戏剧表演艺术专修学院。

但也有一些办学特色鲜明的学院克服了种种困难，一直坚持下来，并成为全区具有代表性的民办民族院校。内蒙古德德玛艺术职业学院的前身为内蒙古德德玛音乐艺术专修学院，于 2002 年 9 月 14 日成立，由自治区著名的歌唱家、艺术家德德玛老师创办。学生中 80% 为蒙古族，其他为汉族、达斡尔族、鄂温克族、鄂伦春族、回族等，教职工中蒙古族占 90% 以上。办学 14 年来，一直秉承德育为首、艺术为主、文化为本的办学宗旨，以传承蒙古族传统艺术、兼顾现代艺术、弘扬内蒙古原生态艺术为办学特色，使蒙古民族艺术走向全国、走向世界。学院至今已培养出 3000 多名大中专毕业生，他们遍布于内蒙古各盟市乌兰牧骑、歌舞团，北京、上海、广州等大城市艺术团体。部分毕业生自主创业，组建艺术团，活跃在国内和国际舞台上，真正实现了德德玛老师办学的初衷。内蒙古德德玛艺术职业学院目前已购置了办学用地，由于土地、校舍的相关手续尚未办理齐全，目前属于自治区人民政府审批的民办高职学历院校，但未通过教育部备案。若能在近期通过教育部备案，它将成为全区第一家民办民族高等院校。

内蒙古蒙古文书画艺术专修学院创办于1994年，至今已有20多年的历史。学院一直坚持"不求数量，但求质量"的招生原则，每年从农村牧区招收一个班，均为蒙古族书画艺术爱好者。学生们在读期间努力学习，成绩可喜，毕业生适应市场经济的能力比较强。至今已累计培养534名学生，在校期间学生积极参加各种民族工艺制作比赛，先后有52名学生获得过国家级奖励、14名学生获得过自治区级奖励、28名学生获得过市级奖励。2007年1月在中华人民共和国教育部、中华人民共和国文化部和中国关心下一代工作委员会共同主办的"全国书画人才内蒙古地区选拔赛"中，该学院学生囊括了工艺美术类剪纸专业青年B组的特等奖到二等奖的前24名。从中选出的2名成绩优异的学生参加全国大学生书画比赛，分别获得了金奖和铜奖。大部分学生在校期间边读书边创业，不仅自己解决了学费问题，也为日后的创业奠定了良好基础。据学校对毕业生的跟踪调查，多半毕业生创办了中小型企业，他们的年均收入超过50万元。毕业生代表刘立宏自办装饰装潢公司，三年内公司资产已发展到几千万元。

锡尼河西苏木诺图格幼儿园创建于2002年7月1日，位于呼伦贝尔市鄂温克族自治旗，是目前民办民族幼儿园中发展较好并有一定代表性的优秀学前教育机构。现占地面积为14400平方米，建筑面积为906平方米，为自有校舍。2009年11月被评为呼伦贝尔市市级一类甲级园，2015年11月被评为呼伦贝尔市市级示范园。锡尼河西苏木诺图格幼儿园初建时仅有10多名幼儿，目前在园幼儿已达106名，其中长托幼儿30名，方便了居住偏远的牧民家庭。幼儿园虽然办园经费紧张，但是对贫困家庭的孩子仍给予了特别照顾，先后为52名幼儿免除了近20万元的学费，真正做到了为牧区人民服务。2010年8月，该园被锡尼河镇党委、政府授予"锡尼河地区幼儿教育事业突出贡献奖"。

以上2所学院和1所幼儿园均使用少数民族语言授课。

自治区共有10所民办高校，其中2所为独立学院，8所为高职高专。目前有1所学校停止招生，9所学校少数民族在校生占在校生总人数的

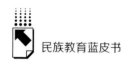

13.22%，少数民族专职教师占专职教师总人数的 24.63%，少数民族兼职教师占兼职教师总人数的 26.80%（见表 2）。

表 2　内蒙古自治区民办高校中少数民族学生、教师所占比例

单位：人，%

学校名称	在校生总人数	少数民族在校生人数	少数民族在校生占在校生总人数比例	专职教师总人数	少数民族专职教师人数	少数民族专职教师占专职教师总人数比例	兼职教师总人数	少数民族兼职教师人数	少数民族兼职教师占兼职教师总人数比例
内蒙古师范大学鸿德学院	8642	1196	13.84	360	97	26.94	153	28	18.30
内蒙古大学创业学院	7478	1078	14.42	221	55	24.89	402	159	39.55
内蒙古北方职业技术学院	2651	246	9.28	93	16	17.20	108	20	18.52
内蒙古能源职业学院	1588	149	9.38	49	9	18.37	66	11	16.67
内蒙古丰州职业学院青城学院	2071	354	17.09	90	40	44.44	79	16	20.25
内蒙古丰州职业学院中山学院	1120	51	4.55	19	3	15.79	60	9	15
内蒙古经贸外语职业学院	1703	287	16.85	10	3	30	3	1	33.33
内蒙古科技职业学院	1457	184	12.63	100	23	23	39	5	12.82
内蒙古美术职业学院	542	58	10.70	69	3	4.35	34	4	11.76
合　计	27252	3603	13.22	1011	249	24.63	944	253	26.80

自治区共有民办中等职业学校 65 所，表 3 抽样调查了 5 所学校，这 5 所学校中少数民族在校生占在校生总人数的 24.40%，少数民族专职教师占专职教师总人数的 14.84%，少数民族兼职教师占兼职教师总人数的 18.75%。

表3　2016年民办中等职业学校中少数民族学生、教师数量

单位：人，%

学校名称	在校生总人数	少数民族在校生人数	少数民族在校生占在校生总人数比例	专职教师总人数	少数民族专职教师人数	少数民族专职教师占专职教师总人数比例	兼职教师总人数	少数民族兼职教师人数	少数民族兼职教师占兼职教师总人数比例
呼和浩特市敬业学校初中部	3203	387	12.08	211	12	5.69	7	1	14.29
集宁新世纪中学	2039	66	3.24	120	9	7.50	9	2	22.22
呼和浩特市曙光学校	560	43	7.68	40	1	2.50	0	0	0
通辽市新世纪私立学校	2050	1493	72.83	153	61	39.87	0	0	0
四子王旗天和学校	504	50	9.92	42	1	2.38	0	0	0
合　计	8356	2039	24.40	566	84	14.84	16	3	18.75

全区共有民办中小学校72所，表4抽样调查了5所学校。这5所学校中少数民族在校生占在校生总人数的6.63%，少数民族专职教师占专职教师总人数的2.08%，少数民族兼职教师占兼职教师总人数的15.69%。

表4　2016年民办中小学校中少数民族学生、教师数量

单位：人，%

学校名称	在校生总人数	少数民族在校生人数	少数民族在校生占在校生总人数比例	专职教师总人数	少数民族专职教师人数	少数民族专职教师占专职教师总人数比例	兼职教师总人数	少数民族兼职教师人数	少数民族兼职教师占兼职教师总人数比例
内蒙古达拉特旗第十中学达拉特技工学校	4136	140	3.38	292	0	0	0	0	0
内蒙古交通职业技术学校	273	24	8.79	20	2	10	30	4	13.33
内蒙古航空职业技术学校	355	78	21.97	23	2	8.70	2	0	0

续表

学校名称	在校生总人数	少数民族在校生人数	少数民族在校生占在校生总人数比例	专职教师总人数	少数民族专职教师人数	少数民族专职教师占专职教师总人数比例	兼职教师总人数	少数民族兼职教师人数	少数民族兼职教师占兼职教师总人数比例
内蒙古卫生职业技术学院	911	71	7.79	40	3	7.50	13	4	30.77
内蒙古环成职业技术学校	475	95	20	57	2	3.51	6	0	0
合　计	6150	408	6.63	432	9	2.08	51	8	15.69

　　全区共有幼儿园 2421 所，表 5 抽样调查了 5 所幼儿园。这 5 所幼儿园中少数民族在校生占在校生总人数的 21.60%，少数民族专职教师占专职教师总人数的 15.35%。

表5　2016年民办学前教育少数民族学生、教师数量

单位：人，%

学校名称	在校生总人数	少数民族在校生人数	少数民族在校生占在校生总人数比例	专职教师总人数	少数民族专职教师人数	少数民族专职教师占专职教师总人数比例	兼职教师总人数	少数民族兼职教师人数	少数民族兼职教师占兼职教师总人数比例
呼和浩特市鼎奇幼儿园	2255	451	20	306	46	15.03	0	0	0
包头市新生世纪幼儿园	233	24	10.30	24	2	8.33	0	0	0
鄂尔多斯市东胜区小太阳幼儿园	505	43	8.51	27	1	3.70	0	0	0
阿拉善蒙特梭利幼儿园	650	216	33.23	50	10	20	3	0	0
通辽市奈曼旗活动中心幼儿园	227	102	44.93	23	7	30.43	0	0	0
合　计	3870	836	21.60	430	66	15.35	3	0	0

以上各表中，高等教育（表2）、中等职业教育（表3）、中小学教育（表4）、学前教育（表5）中的学校均为汉语授课学校，少数民族学生占比为 6.63% ~ 24.40%，少数民族专职教师占专职教师比例为 2.08% ~ 24.63%。随着社会的发展，很多少数民族学生、老师都融入汉语教学中，除自己的母语外，熟练掌握了汉语、英语等语种，目前只有部分艺术类院校完全采用民族语言授课。

二 内蒙古自治区民办民族教育存在的问题

（一）民办民族学校自身存在的困难和问题

1. 办学经费不足，制约了自治区民办教育的发展

民办学校的资金来源主要依靠学费收入，一旦生源减少，不能形成办学规模，收取的学费除了发放教职工工资，保证学校的正常运转，缴纳房租、水电暖等费用以外，很难再积累资金投入学校的基础建设、教师培训、教学科研等工作中，而民办学校资产又不能作为抵押办理银行贷款，融资困难，导致民办民族学校办学条件相对较差。尤其是艺术类的学校，投入比普通学校更大，以至于出现了无法经营、只能停办的现象。

2. 教师队伍不稳定，教学质量难以提高

教师是学校教学和科研主体，是完成教学任务和提高教育质量的决定因素。建立一支相对稳定和素质较高的师资队伍是民办学校实现内涵发展的必要条件。自治区民办民族学校教师队伍主要由两部分人员组成，少数教师是在公办学校退休后被聘到民办学校任教，大多数教师是学校通过社会招聘选拔的。由于学校资金紧张，民办学校教师与公办学校教师的薪酬待遇存在较大差距，加上职称评定、住房、医疗和养老保险等方面的后顾之忧，年轻的优秀教师很难安心在民办学校长期执教，民办学校往往成为培养公办教师的"摇篮"。

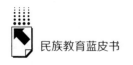

（二）民办民族教育的生存发展环境不容乐观

1. 一些歧视民办教育的观念仍然存在，民办教育的合法地位得不到认可

目前，社会上对于发展民办教育存在一些认识误区，有认为民办学校没有必要存在和发展的"多余论"，有认为民办学校冲击了公办学校的"冲击论"，还有认为民办学校都是为了赚钱的"营利论"，等等。一些地区的政府和行政部门对民办教育也存在观望、怀疑、歧视甚至打压的态度。

民办民族教育存在比较突出的问题。一是民办学校的税收问题。《中华人民共和国民办教育促进法》（以下简称《民办教育促进法》）第四十六条规定"民办学校享受国家规定的税收优惠政策"，但部分地区的税务部门坚持认为民办学校是营利机构，要求征缴税费。二是民办学校的财务审计问题。《民办教育促进法》第三十八条规定"民办学校应当在每个会计年度结束时制作财务会计报告，委托会计师事务所依法进行审计，并公布审计结果"，但民政部门要求必须到其指定的会计师事务所审计，否则不予办理民办非企业登记。三是个别地区民办学校的教师在职称评定、教师培训、表彰奖励等方面不能享有与公办学校教师同等的权利。

2. 对民办教育的扶持政策落实不到位

为了扶持民办教育的发展，国家和自治区先后出台了一系列法律法规和政策文件，2003 年国家颁布《民办教育促进法》，2006 年自治区人大颁布《内蒙古自治区实施〈中华人民共和国民办教育促进法〉办法》，2010 年自治区人民政府出台《内蒙古自治区人民政府关于促进民办教育发展的决定》（内政发〔2010〕78 号），2012 年教育部下发了《关于鼓励和引导民间资金进入教育领域促进民办教育健康发展的实施意见》（教发〔2012〕10 号），但这些扶持政策在自治区一些地方并没有得到全面的落实。特别是民办学校在建设用地、基础配套设施建设等方面，在水、电、暖等公共服务供给方面，在教师社会保障方面，没有享受与同级同类公办学校同等的待遇，民办学校的融资渠道依然不通畅。

三 进一步促进内蒙古自治区民办民族教育健康发展的意见和建议

（一）明确政府职责，完善工作机制，统筹协调民办教育发展

民办学校的生存发展，很大程度上依赖于政策的支持，各级人民政府作为政策的制定者，始终是发展民办教育的主导力量。把发展民办教育作为政府的责任并非政府责任的扩大化，因为政府是发展整个教育事业的领导者，不仅仅领导公办教育，而是统筹领导各类教育发展。事实证明，一个地区民办教育发展好与坏都与各级政府的支持鼓励相关联，哪个地区法律法规及政策落实得好、支持力度大，哪个地区的民办教育就发展得好。

内蒙古自治区作为少数民族聚居区，建议各级政府牵头，建立教育、发改委、人力资源和社会保障、财政、税务、国土、民政、工商、公安、金融机构等多部门参与的民办教育综合协调机制，成立民办教育领导小组，主要职责是协调解决民办教育发展中存在的重大问题；建立综合执法机制，依法规范民办教育市场，加大对非法办学（办园）行为的清理整顿力度。

（二）寻求政策突破，着重加强民办学校师资队伍建设

导致民办学校教师队伍不稳定的根本原因是民办学校的法人属性与公办学校不平等带来的教师社会保障不平等。虽然《民办教育促进法》明确了民办学校、民办学校的教师和受教育者与公办学校、公办学校的教师和受教育者具有同等法律地位，但现实情况是：公办学校属于事业法人，教师参加事业单位养老保险；民办学校属于民办非企业法人，由民政部门按照民间组织和社会团体登记管理，教师参加企业养老保险。在我国现行的社会养老保险体系中，企业养老保险缴纳的费用较多，而返还的较少。

为稳定民办学校教师队伍，提高民办学校教师整体素质，区内外很多地

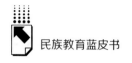

区都做出了积极有益的探索，值得自治区参考借鉴。主要做法包括两个方面。

第一，着重解决民办学校教师的养老保险问题，解除教师的后顾之忧。第一种办法是改变民办学校的法人属性。温州市早在2011年出台文件，对实施全日制学历教育并符合一定条件的优质民办学校，按照民办事业单位登记管理，政府给民办学校定岗定编，民办学校教师不"入编"，在职期间由学校发放工资，养老保险金由个人、学校、政府三方按比例缴纳，退休后享受事业单位教师待遇。第二种办法是允许民办学校教师参加事业单位养老保险。湖南常德市、浙江宁波市都已出台文件，规定民办学校教师可按事业单位标准购买养老保险。第三种办法是设立民办学校教师养老保险基金。河北省政府每年拿出部分资金，滚动积累，主要用于补助民办学校符合一定条件的教师退休后与公办学校教师养老金的差额部分。

第二，着重扶持民办学校师资队伍建设。一种办法是给民办学校"奖励"编制，为长期在民办学校工作的优秀教师"转正"，工资由财政负担，并要求其在该校工作至退休；另一种办法是派遣骨干教师到民办学校支教，赤峰市在2012年出台文件，允许并鼓励公办学校教师到民办学校工作，工资由财政负担，编制保留在原单位。

自治区政府只有从政策层面上对民办教育给予扶持，自治区的民办教育才能稳步发展，民办民族教育才能继续发展。

（三）出台配套文件，落实扶持政策

2016年11月7日，刚刚结束的十二届全国人大常委会第二十四次会议表决通过了关于修改《民办教育促进法》的决定，表决结果为124票赞成、7票反对、24票弃权。新法自2017年9月1日起施行。

《民办教育促进法》修订之后，中国民办学校"营利性、非营利性"的分类改革将正式启动，非义务教育阶段的民办学校可自主选择类别，"营利性"民办学校将注册为企业，"非营利性"民办学校则将获得与公办学校相同的税收优惠、土地划拨政策等。有专家预测，资本市场上教育板块的容量会大幅增加，"十三五"期间，教育板块的产值会达上万亿元规模。这对自治区非学历民办民族教育而言无疑是件好事。

希望自治区政府针对修改后的《民办教育促进法》，结合自治区民办教育的具体情况，尽快出台"内蒙古自治区人民政府关于进一步促进民办教育发展的意见"。

B.6
内蒙古双语教育发展现状、问题与建议

苏德毕力格　袁　梅　陈子冰　张金钟*

摘　要：　内蒙古的双语教育经过多年的发展取得了巨大成绩，积累了很多
宝贵的经验。但目前在双语教育的认识理解、经费投入、蒙古语
教学、师资队伍、民族语言环境、"三少民族"语言和文化传承
以及教学资源建设等方面也存在不少困难和问题。今后，在进一
步明确双语工作的指导思想和原则的基础上，还需要针对上述问
题采取切实可行的对策，推动双语教育的持续健康发展。

关键词：　内蒙古　双语教育　蒙古语数学　民族教育

　　双语教育，是指以本民族语言授课为主加授汉语或者以汉语授课为主加
授本民族语言的教育。双语教育是内蒙古自治区民族教育的重要组成部分，
更是民族教育的核心和亮点。本文主要综述在民族教育整体快速发展背景下
自治区双语教育发展的现状及建议。

一　双语教育发展的基本情况

（一）双语教育发展的历史沿革

　　自治区成立之初，教育比较落后，牧区的蒙古族小学基本未开设汉语

---

　　*　苏德毕力格，博士，中央民族大学教授、博士生导师；袁梅，博士，中央民族大学教育学院
教师；陈子冰，硕士，中央民族大学预科教育学院教师；张金钟，内蒙古师范大学教育科学
学院教师。

课，城市的蒙古族中小学生大部分不学蒙古语，只有少数蒙古族中小学生学习蒙汉双语，双语教学比较落后，甚至没有正规的蒙古文教材。为了大力发展双语教育，中央政府和自治区政府相继出台了一系列政策、法规。

1947 年 6 月，自治区成立了蒙文小学课本编译处，编写蒙古文各科教材。

1954 年，自治区在蒙古族聚居的地区实行蒙汉分校；杂居地区实行蒙汉合校分班授课；散居地区以苏木、旗（县）为单位，集中办寄宿制民族学校。

1964 年，自治区推出《全日制蒙古族及其他少数民族中小学暂行工作补充条例（草案)》。条例对各级各类双语教育的内容、目标做出了明确的规定。

1981 年，自治区提出了对民族教育"优先发展、重点扶持"的方针，在统筹规划各类教育事业的发展中，优先重点安排民族教育；在学校建设、改善办学条件、招生收费、教师队伍建设和教材建设、救助困难学生等方面，重点向民族教育倾斜。之后双语教育法律法规不断完善，双语教育更加深入人心。具体包括在 2000 年、2003 年、2007 年，对蒙古语授课高考学生的蒙古语文、汉语、外语计分办法做出了规定；先后出台《内蒙古自治区蒙古语言文字工作条例》（2004 年）、《关于进一步加强民族教育工作的意见》（2007 年）等重要文件，系统地部署了民族教育工作。

近些年，自治区在推动民族教育人才培养模式改革的同时，着手实施"民族教育发展水平提升工程"，促进内蒙古双语教育不断提升发展。同时拓宽具备双语能力的民族学生的就业创业渠道，为他们提供一系列优惠政策，提高了双语教育的吸引力。

（二）双语教育发展的现状

1. 双语教育模式

内蒙古自治区民族学校的双语教学现有以下模式：第一，以蒙古语、朝鲜语授课为主加授汉语，简称为双语教学一类模式；第二，以汉语授课为主加授蒙古语或朝鲜语，简称为双语教学二类模式。

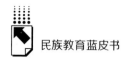

内蒙古自治区长期坚持了双语教学一、二类模式,且强调以一类模式为主。这主要源于蒙古语文完全具备了符合人类文明和中华文化发展的要求,适应当今世界社会科学领域和自然科学领域各个学科知识发展需要的编译、吸收和创新能力。坚持二类模式,是根据教育规律,开展双语教育的稳妥方法,体现了自治区党委和政府高度尊重群众意愿,依法行政,积极创造条件,有效保障了各民族使用和发展自己语言文字的自由和权利。

2. 双语教育的发展规模

截至2016年,内蒙古自治区共有中小学校2823所,在校学生达248万多人。其中,小学有1730所,在校学生有133.81万人;普通初中有693所,在校学生有61.23万人;普通高中有289所,在校学生有44.89万人;职业高中有111所,在校学生有8.67万人。自治区共有幼儿园3672所,在园幼儿有60.75万人;共有普通高校53所,在校本专科学生共43.67万人,研究生有25882人。

自治区独立设置的少数民族中小学校共502所,占全区中小学校总数的17.78%,在校学生共36.39万人,占全区中小学在校学生总数的14.64%。其中,有449所学校实施双语教学,占全区中小学校总数的15.91%,在校学生有21.45万人,占全区中小学在校学生总数的8.63%。共有独立设置的少数民族幼儿园416所,占全区幼儿园总数的11.33%,在园幼儿共8.29万人,占全区在园幼儿总数的13.65%。全区有53所普通高校开设了100多个蒙汉双语授课专业和少数民族预科班,有在读学生11万多人,其中接受双语教育的近6万人。

全区有双语教学中小学专任教师22012人,幼儿园专任教师4211人。专任教师学历合格率分别为:幼儿园100%、小学100%、初中99.93%、普通高中98.32%、职业高中94.26%。与2013年的数据相比,2016年自治区实行双语授课的中小学在全区中所占比例有所下降,在校生的比例也有所下降,这一点应引起有关部门重视。近年来双语幼儿园的数量不断增加,在园的幼儿人数也有所增加。

二　双语教育发展的主要经验与启示

（一）上下齐心，为双语教育的发展提供有效的保障机制

内蒙古自治区长期以来一直认真贯彻执行党和国家的民族政策和教育方针，并依据自治区的地区特点、民族特点，采取双语教学的一类、二类模式，并强调以一类模式为主，大力推动双语教育的发展，国家和自治区培养和输送了大量经济社会发展所需的蒙汉兼通的各类专门人才和外向型应用人才。

自治区出台了一系列重要文件，强化政策法规保障措施。2005 年，针对蒙汉双语教育学校在城镇化进程中出现的生源减少、办学经费不足和教师队伍不稳定、高校少数民族毕业生就业困难以及社会层面对民族教育的地位和作用认识不到位等问题，内蒙古自治区第十届人大常委会决定研究制定《内蒙古自治区民族教育条例》，10 年中几经易稿，在 2016 年 9 月 29 日召开的自治区第十二届人民代表大会常务委员会第二十六次会议上获得通过，并于 2016 年 11 月 1 日开始施行。条例第十九条规定：自治区各级各类民族学校应当使用本民族语言文字或者本民族通用的语言文字进行教学，重点发展民族学校的双语教学工作。该条例的出台和施行，必将促进自治区双语教育的进一步繁荣发展。

（二）坚持"优先重点"，不断加大经费投入力度

自治区把"优先重点"发展作为民族教育工作的方针，在事业发展规划中优先谋划民族教育，在投入财政资金时优先保障民族教育，在公共资源配置中优先安排民族教育。在"优先重点"发展的方针下，自治区从学校建设、改善办学条件、安排工程项目、招生收费、教师队伍建设、教材建设、救助困难学生等各方面采取向民族教育倾斜的政策措施，保证民族中小学的办学条件能与当地同级同类学校中处于同等水平，为加快民族教育的发

展和提高教育教学质量奠定了坚实基础。尤为突出的是经费支持方面，自2007年起，在拨付正常经费的同时，自治区财政每一年度安排民族教育专项补助资金2000万元，2013年起增加到6000万元。各盟市、旗（县）财政也按照自治区的要求拨付50万~300万元不等的专项经费，年投入达到5000多万元。全区各级财政每年对民族教育投入的专项补助资金达到1亿多元，这些经费重点向双语授课的学生倾斜。从2007年秋季起，加大了对蒙汉双语授课义务教育学校寄宿生的生活补助力度，小学生和初中生每人每学年分别补助1080元和1350元。从2012年秋季起，补助范围扩大为民汉双语（包括蒙古语授课、朝鲜语授课）教学的中小学寄宿制学生，小学生、初中生和高中生的标准分别提高到每人每学年1350元、1620元和1890元，自治区财政每年所投入资金达到2.79多亿元。从2011年春季起，对全区民汉双语教学普通高中学生实行免学费和免教科书费用政策，自治区财政每年需投入0.95亿元。

目前，自治区的助学政策不断完善，已建立起从学前教育到高等教育的全覆盖助学体系，对牧区双语授课儿童实行保教费减半收取政策；对蒙（朝）汉双语教学中小学率先施行12年免费教育，并补助寄宿生生活费；对考入区内高校的蒙汉双语授课学生实行减收20%学费的政策。各盟市根据当地实际，也纷纷制定相关的补助减免政策。锡林郭勒盟几年前就已为学习蒙古语言文字的幼儿园儿童减免保育费、补助生活费，为接受蒙汉双语教学的普通高中生每人每年补助1000元生活费；阿拉善盟除为各级各类蒙汉双语授课学生补助生活费外，还大幅度增加了蒙汉双语授课学校的公用经费；乌兰察布市克服财政困难，从2013年起为所有蒙汉双语授课学校寄宿生免除生活费；通辽市为加快学前教育发展，于2012年、2013年两年内新建了80所蒙汉双语授课苏木（乡）镇幼儿园并已投入使用，还于2013年承办了全区学前教育现场会，产生了强烈反响；其他盟市不同程度地从救助困难贫困生、提高寄宿生生活费补助标准、保障大中专学生就业等方面制定出台了一系列优惠政策，支持少数民族教育事业的发展。

（三）打通各阶段衔接，全面推行双语教育

自治区的民族教育体系完善，各阶段衔接通畅，已经形成了从学前教育到高等教育全覆盖的双语教育系统。自治区政府倡导并鼓励少数民族学生学习使用本民族语言文字和国家通用语言文字，研究制定了一系列推行蒙汉双语教育的文件和政策。率先对蒙汉双语教学的学生实行 12 年免费教育；进一步完善了蒙汉双语教学高考学生的考试科目及计分办法；制定了有利于蒙汉兼通大学毕业生就业的优惠政策；每年有 3500 多人次的蒙汉双语教学中小学各科教师和 600 多名校（园）长得到免费培训；每年编译出版蒙汉双语大中小学教材达 220 多种；开发完成了总容量为 295.73GB、总时长为 1064 小时的蒙古文版本教学资源，实现了用少数民族语言文字教学的多学科、高标准优质教育资源的共享；为加强民族学校管理和教学质量评价，完成了《内蒙古民族中小学教育管理与教学质量评估系统》的开发研制，目前处于试运行阶段。

（四）加强对双语高层次人才的培养，营造全社会重视双语教育的氛围

内蒙古自治区多民族杂居现象比较普遍，互相学习语言才能便于交流沟通，这种民族交融状态使自治区成为双语人才发展的天然摇篮和实践的沃土。近年来自治区不断加大对双语人才的培养力度，注重对各级各类双语人才的使用，积极创设条件，鼓励汉族与少数民族之间相互学习语言，推动民族地区经济发展，促进民族团结，维护社会稳定。

截至 2016 年，区内高校在读的少数民族本专科学生近 11 万人，通过协作培养形式，在蒙古语文协作其他 7 个省区就读汉语授课新型专业的蒙古语授课高考本科学生达 0.2 万多人。另外，还有 2 万名少数民族本专科生以少数民族预科教育的形式在国家部属高校和内地高校就读大学。从 2007 年开始，通过"少数民族高层次骨干人才计划"攻读硕士研究生和博士研究生人数分别为 3345 人和 728 人。

自治区非常重视双语人才的就业问题，自治区人民政府在 2013 年初分别印发了《关于进一步做好普通高等学校毕业生就业工作的意见》和《关于进一步加强高等学校专业结构调整的意见》，鼓励支持双语授课大学生辅修第二学士学位、第二专业或应用类课程，经费由自治区财政补贴；在公务员考录、事业单位招聘时，自治区每年从录用、招聘计划总数中拿出 15%，用于定向招录双语授课毕业生。这些政策有力地促进了蒙古语授课大学毕业生就业，为培养蒙汉兼通应用型人才、拓宽少数民族大学毕业生就业渠道提供了保障。

双语人才就业渠道的通畅让自治区群众感受到双语教育在就业中的优势，加强了双语教育的吸引力，为双语教育的发展打下良好的社会基础。

（五）以教育研究促进双语教育的内涵式发展

内蒙古自治区的民族教育，是指对自治区行政区域内的蒙古族及其他少数民族公民所实施的以学校教育为主、以双语教学为重点、以传授科学文化知识和传承本民族文化为基本内容的各级各类教育。双语教育的目的在于使少数民族同胞既能够精通本民族的语言文字，又掌握通用语言文字，而不是放弃本民族的语言文字，转用汉语文。强调少数民族在掌握好母语的基础上，学习使用国家通用语言文字。

另外，自治区广泛开展特色学校建设和教育科学研究活动，进一步推动了双语教育的内涵式发展。全区各级各类民族学校已经牢固树立了以质量求生存、以特色求发展的办学理念，主动把传授科学文化知识与传承民族优秀文化有机结合。义务教育学校努力实现文化学习、品德养成、素质提高的统一；高中教育努力实现多样化、特色化发展；高等教育努力实现"三个服务"目标；各级各类学校全面加强校本教研和教育科学研究，加强与国内和境外学校的学习交流，在不断扩大民族教育的影响力的同时，也培养输送了大批素质高、能力强的少数民族复合型人才，为自治区经济社会的繁荣发展、和谐稳定发挥了重要作用。

三 存在的主要困难与问题

（一）关于双语教育的内涵与理论认识宣传力度不够，对民族文化教育认识不足

双语教育研究是研究双语文化教育现象及其规律的一个跨文化、跨学科的综合性、边缘性学科领域。经过实地调研发现，一部分教育管理者和教师对双语教育认识不够到位，理解不够深刻，对双语教育工作的认识和思考欠缺，对双语教育的相关理论和政策的了解很少，大都停留在语言学习方面，忽视了文化的传承和交融。更为突出的问题是，在当前的双语教育推行过程中很少有人能够反思研究，双语教育工作成为一种惯性的推进。另外，无论管理者还是教师，对双语教育政策的了解和把握均显不足。例如，对《内蒙古自治区蒙古语言文字工作条例》和《内蒙古党委、政府关于进一步加强民族工作，加快我区经济社会发展的决定》都缺乏了解和学习。

（二）双语教学民族中小学公用经费不足

从全区情况看，自治区财政近年来尽管每年为民族教育专项投入4亿多元，但主要是用于学生的生活费补助和学费减免。而学校公用经费是按学生人数拨付的，小学生均560元/年、初中生均760元/年已远远不够。加之双语教学民族中小学办学规模小，寄宿生多，办学成本高，更显经费短缺。此外，义务教育阶段民族学校的经费保障标准与非民族学校相同，然而绝大部分民族学校是地处边远牧区的寄宿制学校，有食堂、宿舍，还要开展传承民族语言文字和优秀民族文化传统的专题教育，相对办学成本更高。

（三）蒙古语教学面临的难题

第一，二类模式蒙古语学习效果不理想。二类模式双语教育是在汉语授

课的基础上加授蒙古语。但实际教学中，蒙古语学习时间较短，有的学校甚至出现了断层现象，如鄂温克旗有一所二类模式授课民族初中，但全旗无二类模式授课高中，因此，该校毕业的学生只能选择汉族学校继续就读，不能进一步在高中学习蒙古语，做不到层层衔接，学生的蒙古语水平堪忧。

第二，目前"民—汉—外"的课程设置模式，导致学生的蒙古语基础不扎实。小学生在一年级开始学习蒙古语，二年级开始学习汉语，三年级开始学习外语，容易导致学生第一语言基础不稳定。加之汉语拼音与外语音标易混淆，产生冲突，增加学习负担，教师的中介语言掌握不好，进而会导致其他学科的学习障碍，对学生传承民族文化以及日后发展造成不利影响。如陈巴尔虎旗民族小学是一所寄宿制学校，学生80%～90%来自农牧区，接受城市化教育后，毕业后常出现社会适应问题。

第三，"哑巴"蒙古语的现象日益严重，学生蒙古语表达能力下降。主要有两个原因：一是很多家长对民族语言学习的重视不够，对孩子过分要求汉语流利，以期孩子未来能更好地适应社会发展；二是在大环境冲击下，学生接触电视媒体信息都以汉语为主，汉语学习环境好，民族语言使用机会不断减少。接受一类模式教育的学生的蒙古语学习成绩下滑并不明显，但教师反映许多学生在课间很少使用蒙古语进行交流。10多年前，学校常常想方设法帮助牧区孩子学习汉语，如今形势逆转，蒙古语学习成为双语教育的难点。

（四）双语授课教师缺编，队伍不稳定

双语教学民族中小学、幼儿园专任教师缺编比较严重。这些学校大多数是在布局调整中整合而成的，教师数量多，但合格教师短缺；而且教师年龄老化，学科不配套情况突出。受编制的限制，学校所需的一线教师队伍无法得到及时补充，导致整个双语教师队伍的年龄结构和知识结构出现老化，双语教学一线教师队伍的工作负担日益沉重。新巴尔虎左旗阿一中在职教师的平均年龄为47岁，鄂温克小学的在职教师平均年龄为44岁，全校87名教职工仅有6名"80后"教师。鄂温克中学学生不到600人，教师达182人，

师生比已达标，但老龄化严重，加之高级职称教师可延至 60 岁退休，带编制做宿管的教师很多，但一线授课教师严重短缺，却补充不上，有些学校不得不招聘代课教师。

双语授课教师待遇较低，队伍不稳定。双语教学民族中小学多数处于边远落后和经济欠发达地区，教师的工资待遇偏低，造成了合格教师流失、队伍不稳定，严重影响了正常的教学秩序和教育教学质量的提高。而且民族幼儿园、中小学校教师工资与非民族学校教师工资标准相同，但双语教师要求熟练掌握民汉两种语言且对民族文化有较为深刻的理解，入职压力较大，导致民族学校教育人才短缺。

（五）民族语言环境弱化，学生民族语言有退化趋势

语言是民族文化、生产生活习惯的重要组成部分，更是区别民族共同体的主要特征之一。学校的语言文化教学具有传承和发扬各民族优秀文化传统的功能。保护和发展民族语言并使之贯彻应用于双语教育实践活动，有利于增强少数民族对中华民族文化的认同感和归属感，有利于提高中华民族的向心力、凝聚力，有利于多民族统一国家的巩固和稳定。然而，随着社会经济的飞速发展以及义务教育撤点并校政策的实施，蒙古族孩子的语言环境已经发生了很大变化，电子设备、同学交流、购物等基本都属于汉语环境。教师普遍反映，学生们日常的蒙古语口语交流没有什么问题，不会出现什么语法错误，但是在书写的时候经常会出现错别字。究其原因，主要是蒙古语的实际应用范围逐渐变小，学生们学习蒙古语的观念也在不断淡化。随着新媒体时代的到来，学生们接触到了丰富多彩的社会，在与这个社会的沟通过程中，双语学生很多时候需要通过汉语来接收新鲜信息。尤其是生活在城市、城镇的学生，在接触社会时大多使用汉语进行交流，母语的使用机会减少。面对现状，家长和教师均希望努力强化蒙古语教学，避免学生因大环境的影响而忽略了母语的学习。但是，仅仅通过增加蒙古语课的做法其实并不能从根本上解决这一问题。通过对任课教师的访谈了解到，教师们普遍认为，导致母语弱化的原因，除了社会语言环境的影响外，学生在使用语言的思维上

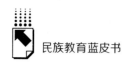

的变化更为明显。现代科学技术不断发展，新名词不断出现，学生们习惯直接将某一事物的汉语词语运用到蒙古语交流中去，而不会思考如何通过蒙古语来理解并解释这一词语。日积月累，学生就逐渐被汉语的思维所影响。另外，学生感兴趣的事物多是通过电视媒体、网络媒体等方式传播，学生直观地接收到的信息多产生于汉语基础之上，所以仅仅通过增加蒙古语课来解决这一问题显然是不够的，需要合理、正确地面对并解决母语环境弱化问题。

（六）人口较少民族的民族语言、文化传承有中断的迹象

在鄂温克自治旗，鄂温克族由于没有本民族文字，因而无法形成以本民族语言为教学用语的教育体系。例如鄂温克旗第一实验小学，目前，在校学生有736人，其中鄂温克族343人、蒙古族355人、达斡尔族37人、满族1人，学校课堂使用以蒙古语为主的双语教学模式，而鄂温克语仅仅是作为教学的辅助语言使用，这也是以任课教师较为精通鄂温克语为前提条件的。

（七）教学资源的信息化建设及双语教材教辅的建设仍需加强

调研发现，尽管内蒙古自治区非常重视教学资源的信息化建设，并且基础建设的标准相对较高，但目前内蒙古自治区蒙古语学习的数字化资源仍然相对较少，且利用率相对较低。此外，随着双语教育的稳步发展，学前和中小学双语学生规模不断扩大，市面上供双语学生使用的教辅材料相对较少，学生选择的余地不大，对双语教育质量的提高造成了一定影响。

四 对策与建议

（一）进一步明确双语教育工作的指导思想和原则

自治区要认真贯彻执行党和国家的民族政策和教育方针，进一步明确双语教育的核心任务、基本要求、必备素质等，坚持因地制宜、分类指导原则，尊重不同学生的意愿，强化宣传引导，培养造就适应国家和自治区经济

建设与社会发展需要的高素质蒙汉双语兼通的各类专门人才。我们建议，将小学尤其是县以下农牧区小学的外语课程作为选修课程，缓减学生学习压力，保证民族语与汉语的教学质量，提高学生的学习积极性。

（二）制定新的中小学、幼儿园教师编制标准，提高教师待遇，"让基层有好老师，留住好老师"，注重教师培训的时效性、针对性

教师编制的僵化是当前限制双语教师发展的主要原因之一。建议国家尽快制定新的中小学、幼儿园教师编制标准，实行班师比政策，增加民族中小学寄宿制管理等方面的人员编制，调动老师的积极性，满足办学特殊需要，提高办学质量。

国家应对民族中小学双语教学教师队伍实行特殊岗位津贴制度，增加中央财政转移支付，切实提高长期在基层、边远落后地区工作的广大教师的工作待遇，改善其生活条件，保障其合法权益。同时提高待遇，调动基层教师的工作积极性，从根本上解决教师质量提高的瓶颈问题。所开展的教师培训要结合实际，有针对性、时效性，避免空洞的理论灌输，建议调整"国培计划"时间，保证需要培训的教师全部到位，真正达到预期的培训效果。

（三）建议国家调整民族中小学生均公用经费拨款方式及标准，实行以标准班核拨或提高公用经费标准政策

当前政府拨付经费的主要依据是在校生人数，按寄宿制学生人数发放伙食补贴。由于民族学校在校生规模相对较小，因此相应拨付的经费就少。相比非寄宿制学校，民族寄宿制学校的运行成本较高，一系列易耗品支出费用以及宿舍、食堂、教室等场所所需的水、电和冬季供暖费用在逐年增加，致使多数寄宿制学校遇到资金运转困难。建议在核定学校公用经费时，为了保障民族学校的正常运转，合理增加民族学校特别是民族寄宿制学校的公用经费。

（四）重视解决寄宿制民族学校办学问题

自治区及地方政府在落实"两免一补"（免学杂费、免教科书费、补助

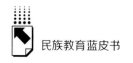

寄宿生生活费）政策的同时，进一步落实"两主一公"（以寄宿制为主，以助学金为主，公办学校）的办学模式。一要全面改革学校教育经费拨放机制，不能简单以在校生人数作为唯一标准，以免实施双语教育的民族学校因学生人数少而经费短缺，影响学校教学工作的正常运行。二要加强寄宿制学校的建设，增加教职员工职数，提高学校的管理和服务水平。三要设立民族学校双语教师特岗补贴专项经费，制定合理的薪酬标准，注重提高双语教师的社会地位，有效解决农村牧区民族学校匮乏高学历、高素质双语师资力量的实际问题。

（五）高度重视和大力加强双语教学教材及教辅材料的建设，充分利用现代信息技术"引、借、编、译"

双语教材与教辅材料是双语教育三大要素之一。不解决这一问题，提高双语教育质量势必成为空话。我们建议实施义务教育阶段少数民族学生免费增配双语教辅材料计划，除了目前免费为少数民族学生提供教科书外，为义务教育阶段的学生免费配发主要学科的教辅材料，即小学语文、数学、汉语，初中语文、数学、汉语、外语、生物、地理、历史、化学、政治。同时，大量增补课外读物。此外，要特别高效利用现代信息技术，以计算机教室和"班班通"建设为抓手，加快学前教育和中小学双语教育教材教辅建设，采取自主开发、译制、引进以及资源共享等多种途径，开发建成围绕双语教育资源库，资源管理服务平台，MHK模拟测试平台，网络化、数字化、标准化的双语交互教学平台以及应用监管平台的"一库四平台"中小学双语教育资源和管理体系。

（六）需要进一步加大对鄂温克族、达斡尔族、鄂伦春族等人口较少民族的民族语言、文化传承的扶持力度

一是建议中央及地方进一步加大对人口较少民族传统文化保护的教育投入，设立人口较少民族传统文化教育专项经费，重点培养人口较少民族教师队伍，解决民族传统文化教育中的特殊困难和问题。

二是建议国家支持人口较少民族建设一个博物馆或传习馆并给予经费补助，用于宣传展示人口较少民族的传统文化，开展文化传承和对外文化交流活动，组织学生参观，提升本民族学生的民族认同感，提高自身发展创新能力，也便于其他民族学生相互了解、学习。

三是建议扶持人口较少民族非物质文化遗产的数字化保护工作，建立文献档案和数据库，用文字、音像、图片、视频等手段进行记录，定时组织学生观看，作为学习民族传统文化的宝贵资料。

（七）注重双语教育与民族特色相结合

双语教学应坚持"尊重差异、因地制宜、实事求是、稳步发展"的原则，合理安排双语教学工作。自治区的双语教育，必须"因地制宜、分类指导、多种模式并行"。应将双语教育与民族特色相结合，充分利用当地的语言文化环境和语言使用习惯，将民族的文化历史、风俗习惯、生活风俗和宗教信仰等文化知识作为双语教育的主要内容，开发优质教材，促进民族特色文化的发展。可以借助校本课程平台，开设蒙古族传统礼仪、搏克、射箭、马头琴、民族舞蹈、蒙古象棋、嘎拉哈等具有民族特色的校本课程。目前，一些地区的民族中小学结合自身实际编写了《新蒙语》《蒙古族文艺启蒙教育》《蒙古长调》等教材，为传承和发扬民族文化创造了条件。这些校本课程的建设不仅可以让学生了解本民族传统文化，培养民族自豪感，还可以使学生从文化的角度理解双语教育的重要性与必要性，应予积极支持引导。因此，双语教育与民族特色相结合是稳步推进双语教育，培养蒙汉兼通的双语人才，发展保护传统民族文化，促进民族团结的重要途径。

（八）进一步加大对双语授课学生的培养力度，建设一支"民汉兼通"的民族地区干部队伍

建议国家部属高校下达的少数民族预科招生计划，应当主要招收民汉双语授课学生和边远贫困地区少数民族学生，真正体现政策初衷，实现教育公平。

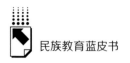
　　加大力度，在各个领域培养和选拔一大批德才兼备的少数民族干部，尤其重视双语人才的选拔任用，充分发挥双语人才在团结带领各族人民群众走向全面小康社会、维护祖国统一和边疆安定中的作用，为国家、自治区的社会主义现代化建设事业提供坚定的动力支持。

参考文献

［1］哈经雄、滕星：《民族教育学通论》，教育科学出版社，2001 年。

［2］苏德：《蒙汉双语教育研究：从理论到实践》，民族出版社，2016 年。

［3］费孝通：《中华民族的多元一体格局》，中央民族大学出版社，1999 年。

［4］苏德：《以双语教育促进和谐社会与文化建设——兼论少数民族双语教育研究范式》，《民族教育研究》2013 年第 3 期。

［5］滕星：《中国少数民族双语教育研究的对象、特点、内容与方法》，《民族教育研究》1996 年第 2 期。

［6］苏德：《少数民族双语教育研究综述》，《内蒙古师范大学学报》（教育科学版）2004 年第 11 期。

［7］扎巴、苏德等：《蒙古学百科全书·教育》，内蒙古人民出版社，2009 年。

［8］苏德：《"蒙—汉—外双语教学模式"——内蒙古地区"蒙—汉—外"双语教学研究与实践》，《教育研究》2005 年第 5 期。

［9］苏德、袁梅：《少数民族双语教育：机遇·挑战·策略》，《中国民族教育》2015 年第 1 期。

［10］郝文婷：《全力以赴打造北疆民族教育亮丽风景线——访内蒙古自治区党委高校工委书记、教育厅厅长侯元》，《中国民族教育》2016 年第 1 期。

［11］滕星：《中国少数民族双语教育研究的对象、特点、内容与方法》，《民族教育研究》1996 年第 2 期。

B.7
内蒙古高校少数民族预科教育
现状、问题及对策建议

汪子云*

摘　要：　2002 年以来内蒙古已有 38 所本专科院校的热门专业招收少数民族预科生。各院校在一年的培养期内，从预科生管理、专业设置、课程教学、师资保障等方面做了一些探索和实践，保证了预科生顺利转本并完成学业，其就业状况良好。但各院校在预科生管理、专项资金投入、师资和教材建设等 10 个方面存在程度不一的问题，需要改进和加强。

关键词：　内蒙古　少数民族　预科教育　民族高等教育

少数民族预科教育是我国高等教育的重要组成部分，是国家为改善少数民族人才结构、加快培养少数民族各类专业人才而采取的一种特殊办学形式，是促进民族高等教育改革和发展，使之适应国民经济和社会发展的重要举措。预科阶段的任务是根据少数民族学生的特点，采取特殊措施，着重提高文化基础知识，加强基本技能训练，使学生在德育、智育、体育几个方面都得到进一步发展与提高，为在高等院校本、专科进行专业学习打下良好基础。预科学习年限一般为一年。学生汉语基础较差的，学习时间为二年。依据不同标准，民族预科可以划分为不同类型：按学历层次划分，可以分为普

---

* 汪子云，内蒙古师范大学基础教育学院院长，研究员。

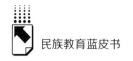
通本科与高职高专；按去向划分，可以分为区外和区内；按高考使用语言划分，可以分为蒙古语与汉语。一般情况下，赴区外就读预科的学生多为使用汉语授课的蒙古族考生，而在区内高校就读预科的学生则多为使用蒙古语授课的蒙古族考生及少量的使用汉语授课的达斡尔族、鄂伦春族、鄂温克族和俄罗斯族考生。本文着重梳理和考察的是后者。

一 全区高校少数民族预科教育概况

内蒙古自治区预科教育始于1956年，最早举办单位是内蒙古师范学院（现内蒙古师范大学）。该校经内蒙古自治区教育厅批准，在学校内部设立预科班，招收蒙古族学生入学学习高中课程，结业后升入相应各科，当时预科班招生规模很小。从1980年开始，内蒙古大学、内蒙古工学院、内蒙古医学院、内蒙古农牧学院、内蒙古林学院等高等院校均遵照自治区人民政府的要求，开始举办民族预科班。进入90年代后，随着蒙古语授课考生汉语和外语水平的普遍提高，蒙古语授课招生规模扩大，加之受其他一些因素的影响，有些高校曾停止过少数民族预科班的招生或改成其他形式的招生，直到2002年才得以恢复。

2002年为我国民族预科教育发展的转折之年，其标志就是《国务院关于深化改革加快发展民族教育的决定》的颁布。该决定在深化改革，加快发展民族教育的政策措施中强调："进一步增强对民族教育的扶持力度。做好高校民族班和民族预科班的招生工作，以上学年招生规模为基数，并按上学年全国普通高等学校本科招生平均增长比例，确定当年国家部委及东中部地区所属高等学校民族班和民族预科班的招生规模；预科生的经费按本科生标准和当年实际招生数，分别由中央和地方财政核拨；加强民族预科教育基地建设，深化预科教学改革，提高教育质量。"2003年2月，教育部办公厅下发了《关于全国普通高等学校民族预科班、民族班招生、管理等有关问题的通知》（教民厅〔2003〕2号），进一步强调："在普通高等学校举办少数民族预科班、民族班，是党和国家为少数民族地区培养专门人才而采取的一项有效措施，各地、各部门和高等学校要从加快实施西部大开发战略步伐、促进民族地区的社会经济发展和维护祖国统一、民族团结的大局出发，加大扶持力度，做好少数民族预科班、民族班招生、培养和管理工作。"自此，一些曾经停招少数民族预科生的高校恢复了招生，其他高校也相继加入了这一序列。这也使招收少数民族预科生的高校招生专业以及招生规模都得到了前所未有的发展。以内蒙古民族大学为例，该校 2000 年合校时仅招收一个临床医学预科班，只有 21 名学生；2016 年已发展到招收临床医学、动物医学、动物科学、食品科学与工程、汉语言文学、数学与应用数学、心理学、酒店管理等 8 个预科班，共 357 名预科生。在此期间，招生人数和专业尽管也有所波动，但 2008 年后基本保持在每年 330 人左右的规模。如今，全区已有 14 所本科院校、24 所专科院校招收少数民族预科生，基本上实现了热门专业的全覆盖，详见表 1、表 2。

表 1　2011~2016 年区内普通高校少数民族预科生（本科）招生情况

单位：人

学校＼年份	2011	2012	2013	2014	2015	2016	合计
内蒙古大学（本部）	220	220	220	180	180	180	1200
内蒙古科技大学	198	196	196	193	195	120	1098
包头师范学院	84	82	83	83	80	80	492
包头医学院	60	73	62	70	72	70	407
内蒙古工业大学	230	236	233	236	32	120	1087
内蒙古农业大学	273	264	262	233	259	120	1411
内蒙古医科大学	70	70	70	70	70	70	420
内蒙古师范大学	200	200	150	150	150	90	940
内蒙古民族大学	373	402	411	399	331	357	2273
赤峰学院	111	132	121	121	132	120	737
内蒙古财经大学	205	228	227	230	230	160	1280
呼伦贝尔学院	125	124	126	123	120	120	738
呼和浩特民族学院	—	—	207	214	213	100	734
集宁师范学院	—	—	50	—	—	40	90
合　计	2149	2227	2418	2302	2064	1747	12907

注：内蒙古科技大学（2016 年）、内蒙古工业大学（2015~2016 年）、内蒙古农业大学（2016 年）与内蒙古财经大学（2016 年）之所以缩减民族预科招生人数，是因为上述高校增加了本科民族班招生计划，增减比例大体相当，蒙古语授课学生占比并未受到影响。

资料来源：内蒙古自治区教育招生考试中心。

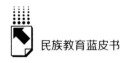

表 2　本科院校对预科生专业开放一览

学校	预科生选择专业	备注
内蒙古大学	所有汉语授课专业	基地班、英语专业、数学专业有英语和数学成绩限制
内蒙古师范大学	信息与计算科学、电子信息工程、地理学、环境科学、生态学、对外汉语、会计学、法学、人力资源管理、广播电视编导、新闻学、英语(商务)等20多个专业	
内蒙古农业大学	风景园林、木材科学与工程、种子科学与工程、机械设计制造及其自动化、交通运输、道路桥梁与渡河工程、植物保护、生物科学、土地资源管理、农业水利工程、水土保持与荒漠化防治、食品质量与安全、包装工程、金融学、法学、工商管理、经济学、物流管理、会计学	
内蒙古工业大学	机械设计制造及其自动化、电气工程及其自动化、能源与动力工程、土木工程(交通土建方向)、材料成型及控制工程、应用化学、社会工作、法学、酒店管理	
内蒙古财经大学	会计学、财务管理、资产评估、保险学、工商管理、金融学、审计学、经济学、农村区域发展、公共关系学、文化产业管理、行政管理、社会工作	2014年后汉语授课专业基本放开
内蒙古医科大学	临床医学、口腔、麻醉、影像	
内蒙古科技大学	土木工程、建筑学、工程造价、工程管理、电气工程及其自动化、车辆工程、机械设计制造及其自动化、采矿工程、冶金工程、材料成型及控制工程、金属材料工程、自动化、会计学、人力资源管理、金融学、工商管理等50多个专业	学校大部分专业均有少数民族预科生就读
内蒙古民族大学	汉语言文学、数学与应用数学、心理学、动物科学、临床医学、食品科学与工程、法学、酒店管理	
包头师范学院	所有汉语授课专业	
包头医学院	临床医学、口腔、麻醉、影像	
赤峰学院	学前教育、小学教育、会计学、旅游管理、临床医学、应用心理学、护理学、地理科学、物流管理、数学与应用数学、考古学、思想政治教育、英语	
呼伦贝尔学院	所有汉语授课专业	
集宁师范学院	学前教育	
呼和浩特民族学院	中国少数民族语言文学(汉蒙翻译)、法学、财务管理、数学与应用数学、计算机科学与技术、英语	

　　正如表1、表2所示，区内本科院校民族预科招生规模已趋稳定，各高校专业开放已达到了相当程度，有的高校已经做到所有专业预科生都

可以选择，这在过去是难以想象的。如今，该校对综合成绩排在前 15% ~ 25% 的民族预科生（具体比例由民族生工作委员会根据当年学生学习成绩及各专业班级容量确定），依据本人意愿，可在全校范围内选择专业并转入普通本科班，仅在申请有特殊要求的专业时，才需通过学院组织的专门测试。区内其他高校，如内蒙古农业大学、内蒙古科技大学、内蒙古财经大学、内蒙古医科大学等也都有类似的规定，各高校对民族预科生选择专业普遍秉持开放包容态度，为民族预科生的后期发展创造了广阔的空间。

从办学规模来看，全区目前在校预科生人数大约有 15000 人，各院校招生人数虽略有差异，但均有一定的办学规模。全区共有 14 所本科院校招收预科生，在校预科生人数约为 10800 人，其中本科阶段约为 9100 人，预科阶段为 1700 人。14 所本科院校中，有 3 所高校的在校预科生人数超过 1000 人，3 所为 800 ~ 900 人，4 所为 600 ~ 700 人，3 所为 400 人左右，1 所为 100 人以下。人数最多的是内蒙古民族大学，约为 1900 人；人数最少的是集宁师范学院，约有 90 人。从预科阶段人数来看，150 人以上院校有 3 所，100 ~ 150 人的院校有 6 所，100 人以下院校有 5 所。从招生比例来看，本科院校中预科生的招生人数均占学校招生总人数的 2% ~ 8%。这的确从一个侧面反映出国家对民族预科教育的重视。

区内专科院校最早于 1999 年开始招收预科生，但大多数学校是从 2006 年开始的，高峰期为 2012 年前后。据内蒙古教育厅民族预科课题组统计，2012 年，全区高职高专院校在校预科生人数约为 3500 人，其中预科阶段人数为 869 人。15 所高职院校中，预科阶段学习人数在 100 人以上的有 3 所，50 ~ 100 人的有 5 所，50 人以下的有 5 所，还有 2 所 2012 年未招收预科生。从招生比例看，呼和浩特职业学院最高，达到了全校招生总人数的 28%，其他学校均在 9% 以下。

2014 年与 2015 年，内蒙古教育厅对区内高职高专院校招收民族预科生做出重大调整，两年均没有安排招生计划；2016 年恢复招生，并为 24 所专科学校下达了 3000 人的招生指标，但根据相关信息，各院校报名、录取和

报到情况都很不理想。专科预科招生似乎已走至历史拐点，需要做出全面评估和重大政策调整。

1980~2015 年，自治区各高校通过民族预科班这种特殊的办学形式，为自治区政治、经济、文化和社会发展培养了数万名少数民族专业人才。其中，内蒙古财经大学于 2004 年招收第一批少数民族预科生，至 2012 年，仅8 年时间就有 1800 名学生顺利升本，950 名学生顺利毕业，走上了社会工作岗位；内蒙古科技大学 2000 年开始招收少数民族预科生，至 2016 年，已培养蒙古语授课人才 2500 多人，与其同期的内蒙古民族大学更是创下了 4045人的民族预科招生纪录。预科教育作为民族高等教育的重要组成部分，在培养少数民族专业人才方面发挥了至关重要的作用。

二 全区高校民族预科教育现状

区内各高校由于发展历史和所承担的培养任务不同，故蒙古语授课占比差别很大。有的高校预科教育是学校中唯一的蒙古语授课形式，而更多高校除了预科教育外，还有蒙古语授课的文科、理科和艺术类学生。这两类高校因各自蒙古语授课学生人数和专业的不同都会对其预科教育产生一定的影响。

（一）预科教育管理模式

由于内蒙古少数民族预科没有像其他省区那样实行全区预科阶段的集中教学和管理，而是由各承办高校根据本校情况自主安排，故未形成过统一的教育管理模式。

1. 管理主体与机构设置

内蒙古各高校预科生管理主体不尽相同。有的高校预科期间的教育管理由教务处负责，而完成转段后则交由所在学院负责，例如，内蒙古大学、呼伦贝尔学院；而更多高校，如内蒙古农业大学、内蒙古工业大学、内蒙古医科大学、内蒙古财经大学、内蒙古民族大学、包头医学院、呼和浩特民族学院、集宁师范学院等则预科和本科阶段的教学和日常管理都由同一学院负责，教务处仅负责宏观指导；还有的高校预科阶段的教育管理由某个二级学院负责，本科阶段的教育管理则由学生所在院系负责，例如，内蒙古师范大学预科期间的管理就由基础教育学院负责，内蒙古科技大学由理学院负责，包头师范学院由马克思主义学院负责，赤峰学院则由资源和环境科学学院负责。

当管理主体明确后，管理机构的设置就显得尤为重要。因为它可以更加有效地促进预科教育和管理工作的落实。同时，学校有无专设机构来管理预科生，一定程度上反映了该校预科办学规模、预科生培养模式以及对预科教育的重视程度。

区内各高校在学校层面设有专门预科管理机构的仅有内蒙古大学等极少数高校，该校在教务处设有预科生管理办公室；一般院校是在教务处设民族教育科，如内蒙古财经大学等；更多院校是在预科生所在学院设置管理科室，如内蒙古师范大学在基础教育学院设有预科教育部，内蒙古工业大学在理学院设有民族预科部；也有些高校不设置专门机构，而仅根据需要配备专职辅导员或班主任负责预科生的日常管理。2013 年内蒙古教育厅民族预科教育调研课题组曾就此问题进行过专题调查，有 28 所院校提交了书面报告，但提到有专设机构的仅有 8 所（其中 5 所本科院校，3 所专科院校），还不到被调查院校的 30%。这方面的工作尚待加强。

2. 管理方式及制度建设

各院校对预科生的教育管理方式差异很大。有的高校采取预科阶段集中管理、大学阶段分散管理形式，即预科阶段和本科阶段的管理分属不同的学院或部门，如内蒙古大学、内蒙古师范大学、内蒙古科技大学、包头师范学院、赤峰学院、呼伦贝尔学院；有的高校预科阶段和本科阶段都采取集中管理形式，即预科阶段和本科阶段都由特定的部门负责，如内蒙古农业大学、内蒙古工业大学、内蒙古财经大学、内蒙古医科大学、内蒙古民族大学、包头医学院、呼和浩特民族学院、集宁师范学院等；也有的高校则尝试根据预科生招生时所确定的专业直接将其分散到专业所在学院管理。第一种情况属

于半集中管理；第二种情况属于完全集中管理；第三种情况则属于完全分散管理。其中，少数民族预科生单独编班、单独上课、集中居住，以班级为单位参加各种课外活动的管理模式，为区内高校预科管理的通用模式或主流模式；彻底打破预本界限、完全按专业分散管理仅在少数高校试行过，但未获推广；还有的院校选择在两种管理模式间轮替。

各高校在预科生教育管理制度建设方面做得普遍比较到位，且已形成了比较完备的教育管理规章。如内蒙古科技大学就制定有《内蒙古科技大学少数民族预科生教育管理办法（试行）》《少数民族预科生平时成绩给定办法（试行）》《少数民族预科生预科教育结业后划分本科阶段专业的办法》《少数民族预科生科技创新基金管理办法》等系列办法；内蒙古师范大学出台过《内蒙古师范大学民族预科班教学计划（试行）》《内蒙古师范大学预科办公室管理人员岗位职责》等相关规定；内蒙古工业大学也出台过《内蒙古工业大学少数民族预科班民族班教育教学管理办法（修订）》。有些院校还制定了《学生课堂出勤考核制度》《早操出勤考核制度》《宿舍卫生管理条例》《禁酒规定》等具体考核办法与相关规定。上述规章内容涵盖了预科生的课程安排、成绩评定、结业考核、日常管理等方方面面，每个环节都可以说是有章可循、有据可依。

3. 专业设置及课程教学

各院校对民族预科生选择专业普遍持开放态度。对于招生时就确定了专业的院校，例如，内蒙古师范大学、内蒙古农业大学、内蒙古工业大学、内蒙古财经大学（2014年前）、内蒙古民族大学、赤峰学院、呼和浩特民族学院等，除了为民族预科生提供适宜学习且就业前景好的专业之外，还允许综合成绩排在前25%（也有的高校放宽至50%甚至70%）以内的学生，重新选择中意的专业；对于招生时没有确定专业的院校，如内蒙古大学、内蒙古科技大学、包头师范学院、呼伦贝尔学院等，则完全根据预科生综合成绩（平时成绩＋专业分流统一考试成绩＋德育成绩），在学校提供的专业范围内，按由高到低的顺序由学生自主选择专业；有的高校对预科生选择专业几乎不加任何限制。即使到了大学一年级结束，还有些高校对符合条件的预科生给予一次调整专业的机会。各高校为预科生所提供的专业已基本上能够满足预科生的发展需求，这也是多年来预科教育保持长久不衰的一个重要原因和魅力所在。

由于各高校办学条件、招生专业不同，因此其课程设置、教学内容、教学方式也不尽相同。语文、数学、外语（主要是英语）作为预科阶段的核心课程，各高校普遍给予高度重视；而对于物理、化学、生物、计算机、蒙古语、民族历史和文化、法律、思想品德等选择性课程则各有侧重。授课形式也存在较为明显的差异，有些高校全部课程都采取小班上课方式，对于数学和英语还实行分层教学，例如，内蒙古大学、内蒙古师范大学、内蒙古农业大学、内蒙古工业大学、内蒙古医科大学、内蒙古民族大学等自治区直属高校基本上都能够做到分班授课；也有部分高校基于招生规模和办学条件的限制而采取分合结合的形式授课，即数学与英语等主干课程分班上课，其他课程则合班上课，例如，包头医学院、包头师范学院等；高职高专类院校一般不作区分。关于授课语言，预科阶段绝大多数院校都使用汉语讲授，仅有某些具备双语授课条件的高校，如内蒙古师范大学、内蒙古农业大学、内蒙古财经大学、呼和浩特民族学院等，开设少量的民族历史和文化、蒙古语、蒙汉翻译之类的课程；大学阶段，除内蒙古农业大学等极少数高校个别课程使用双语授课外，其他院校均使用汉语授课。授课教师均以兼职为主，其中，语文、数学、外语类课程，授课教师多由文学院、外国语学院与数科院选派，而专业类课程则由学生所在学院教师讲授，也有的高校采取公开招聘的形式解决预科授课教师短缺的问题。

4. 预本衔接

各高校对于预本衔接和预本一体化问题都很重视，也做过多方面的探索和尝试，如内蒙古科技大学、内蒙古财经大学与内蒙古医科大学，从预科阶段的课程设置开始，注重预科生的"补""预"结合。所开设课程，既包括汉语阅读表达、普通话训练、汉语口语、基础数学、基础英语等夯实基础类课程，也包括蒙汉语言比较与转换、蒙古文论（蒙古语）、形式逻辑（蒙古语）等过渡衔接类课程，还包括法学概论、职业生涯规划与专业导论等适应发展类课程。也有些高校侧重于从学制和预本一体化的角度寻求突破，如内蒙古农业大学对少数高考成绩优异的预科生就不设预科期，允许他们直接跟汉语授课班的新生学习，也允许符合条件者提前毕业。对于预科期满的转段，各高校也都有比较完整的预科结业与转段制度，该制度既是对预科生在预科阶段学业完成情况的一种考核，也是有效提高预科生素质的动力。各院校对于成绩排名靠前的学生给予优先选择专业的激励策略比较到位，满足了广大预科生的期望；对于未能完成预科阶段学业或达不到转段标准的学生，按规定应令其重读或直接退回生源所在地，但由于各高校执行并不严格，因此给本科阶段的学习和管理留下了后遗症。如何有效利用一年预科期缩小乃至消除蒙古语授课学生和汉语授课学生之间的思维差距，补齐预科生在汉语、外语与数学方面的基础知识短板，至今仍然是一个需要深入研究和探讨的课题。

内蒙古财经大学预科教育课题组曾对该校 2008～2011 级 243 名预科生就预科阶段学习满意度、学习压力和动力及预科阶段学习对本科学习是否有帮助等方面做过问卷调查，其结果详见表3。

表3　内蒙古财经大学2008～2011级预科生问卷调查数据

单位：人，%

年级	调查人数	预科阶段学习压力大		预科阶段学习动力足		对预科阶段学习满意		本科阶段专业课吃力		预科阶段学习对本科学习有帮助	
2008级	33	6	18.2	10	30.3	7	21.2	16	48.5	3	9
2009级	100	36	36	24	24	26	26	50	50	26	26
2010级	40	14	35	13	32.5	11	27.5	21	52.5	20	50
2011级	70	21	30	27	38.6	15	21.4	41	58.6	33	47.1
合计	243	77	31.7	74	30.5	59	24.3	128	52.7	82	33.7

调查显示：

参与问卷调查的 243 名学生中仅有 31.7% 的学生认为预科阶段的学习压力大；

回答学习动力足的学生仅占被调查人数的 30.5%；

对自己预科阶段学习满意的人仅占 24.3% ；

到本科阶段学习专业课程依然感到吃力的学生占 52.7% ；

认为预科阶段学习对本科阶段学习有帮助的学生只占 33.7% 。

尽管这只是一个高校对部分预科生的调查，但作为教育管理者，我们也应对这样的调查结果深思，毕竟教育本身应是针对每一个学生的。

当然我们也要看到，各高校从未停止过对预科教育管理模式的相关探索。以内蒙古大学为例，该校在 1980~1984 年实行的是单独编班，由学校教务处负责管理，学生入学后随即开设补习高中基础知识的课程，着重学习汉语文和数学，完成一年的基础课后，再把他们分配到接收蒙古语授课学生的理科院系，完成四年的本科阶段学习，学习成绩跟不上的可留级一次；1985~1993 年，则采取让预科学生直接随同级汉语授课本科生班学习的办法，允许在校学习五年，若学习成绩合格，可以随四年制本科生毕业；1994 年至今，又恢复到五年学制，采取的依然是 "1 + 4" 模式。

1980~1983 年，内蒙古工业大学同样采取单独编班、汉语授课的形式，第一年教学内容主要是充实强化高中课程，第二年转入本科汉语班学习；1984~1985 年，则取消了一年预科期，直接把少数民族预科生编入各专业汉语授课本科班就读，学习能跟上且成绩合格者，可以和汉语授课学生一样毕业，学习跟不上者，在相应的年级重读一年，不视为留级；1988 年后，又相继试行过三种新的运行模式，即 1988~1989 年采用的用三年时间学习大学基础课程，转入本科班后再学习两年专业课的 "3 + 2" 模式，1989~1990 年采用的用两年半时间学习大学基础课，两年半转入本科班学习专业课程的 "2.5 + 2.5" 模式，以及 2001 年以后采用的 "1 + 4" 和 "2 + 3" 并行及优秀生选拔制度新模式。

内蒙古财经大学在 2004~2009 年所采取的是预科阶段集中学习，预科阶段学习结束后，根据学习成绩，分别分配到招生时已指定的一至三个本科转入专业（每个专业组成一个班级）学习，其中一部分优秀学生可以在全校范围内自由选择所学专业的模式；到了 2010~2011 年，则是预科阶段集

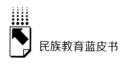
中学习，预科阶段结束后，全部学生依据学习成绩自由选择所学专业；2012
年至今，采取了招生时确定专业，入校后按专业归属各学院分开培养的模
式。集中管理阶段由教务处负责宏观指导，人文学院具体负责学生日常管
理。分散管理阶段由教务处负责宏观指导，学生所在各个学院具体负责学生
日常管理。

究竟哪一种教育管理模式更适合、更合理、更有效，最终还需由各高校
依据自己办学实际和学科特点来决定。

（二）民族预科生学业完成情况

由于区内民族预科生在高中阶段均使用蒙古语授课，所以汉语言能力普
遍较差，数学、外语底子很薄，虽然经过一年的预科学习，状况有所改变，
但与汉语授课学生相比，还是有一定的差距。进入大学一年级以后，学习成
绩普遍偏低，特别是选择理工类专业的学生进入专业学习后困难很大，有的
高校为激励预科班学生，对他们进入专业学习后的学业成绩采取专门的办法
进行评定，但仍然有一少部分学生因达不到学业标准而不能毕业。

1.学业完成情况

如果说预科一年的单班学习难以在没有参照和对比情况下断言其效果的
话，我们以预科生升入本科阶段后与汉语授课学生的学业成绩对比情况来考
察学生的发展。表4和表5选取的是内蒙古师范大学接受预科学生最多的两
个学院——文学院和地理科学学院2014～2016年三届预科生与同班本科生
四年综合测评的对比情况。

表4　内蒙古师范大学文学院预科生与同班本科生综合测评情况对比

单位：分

	2014 届		2015 届		2016 届	
	学业成绩	日常表现	学业成绩	日常表现	学业成绩	日常表现
预科	77.94	54.83	79.58	59.38	79.67	62.57
本科	58.20	47.85	82.38	58.76	82.81	62.11

表5　内蒙古师范大学地理科学学院预科生与同班本科生综合测评情况对比

单位：分

	2014 届		2015 届		2016 届	
	学业成绩	日常表现	学业成绩	日常表现	学业成绩	日常表现
预科	78.08	60.88	73.19	17.94	70.68	59.26
本科	79.44	57.04	74.86	33.23	77.48	59.79

　　从数据比较的情况来看，两个学院转段后的预科生的学业成绩、日常表现与同班的汉语授课学生几乎处于同一水平，除地理科学学院2015届学生日常表现较为悬殊外，其他均差异不大。这也说明了预科阶段的教育是有成效的，毕竟这两个学院的高考招录分数线是较高的。换言之，至少这两个学院的预科生通过五年的预科、本科学习，毕业时已经与汉语授课的学生站在了同一起跑线上。

　　此外，从全区12所本科院校（呼和浩特民族学院与集宁师范学院因尚未有预科毕业生而不包括在内）提供的数据来看，预科生毕业率均在90%以上，其中有9所学校的毕业率在95%以上。预科生的学位获得率均稍低于毕业率，但均达到了90%以上。内蒙古科技大学的情况很具有代表性（见表6）。

表6　内蒙古科技大学2014~2016年预科学生毕业情况

单位：人，%

毕业年份	预科生总人数	毕业人数及占预科生总人数比例		获学位人数及占预科生总人数比例	
2014	204	192	94.12	185	90.69
2015	250	240	96.00	231	92.40
2016	190	155	81.58	150	78.95

　　高职高专的情况要明显好于本科院校，2012年自治区内14所专科院校均有预科生毕业，其中毕业率为100%的有4所，95%~99%的有4所，90%~94%的有4所，余下2所为70%多；没毕业学生大多因为其他原因，而非学业成绩因素；较之理工科类，文科各专业毕业率要高许多。

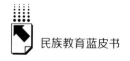

2. 考研情况

预科学生考研率没有精确数据，据对几所高校的走访调查，预科生的考研热情普遍不是太高，报考人数也比较少，录取率也很低，理工类院校尤其突出。以内蒙古科技大学为例，该校 2014 ~ 2016 届有 578 名毕业生，除 1 人出国外，读研率为 0。

赤峰学院、呼伦贝尔学院、包头师范学院、包头医学院等地方性高校预科生考研意愿更低。

内蒙古师范大学近五年的预科毕业生录研率分别为 13.72%、10%、12.75%、9.46%、11.5%，较前五年有明显的增长。其中，考入区外高校的占比为 57.65%，考入区内高校的占比为 42.35%，区外高于区内 15.3 个百分点；理科生考研率略高于文科生。学生考研专业的分布情况及考取院校所在地都在一定程度上显示出学生以知识基础为核心的综合素质与竞争力的提升。

（三）民族预科学生资助情况

1. 贫困率

全区 12 所本科院校中预科生的贫困率普遍较高。其中，有 2 所高校的贫困率达到 50% 以上，2 所为 40% ~ 50%，4 所为 30% ~ 40%，2 所在 20% 以下。贫困率最高的是内蒙古大学，为 62.5%。贫困率最低的是呼伦贝尔学院，为 17.5%。

接受调研的 16 所专科院校中有 13 所提供了预科生的贫困率数据。其中有 2 所高校的贫困率为 100%（预科招生人数少），1 所为 80% ~ 90%，5 所为 60% ~ 70%，2 所为 50% ~ 60%，3 所在 50% 以下。贫困率最低的是呼和浩特建筑职业学院，为 22%。

显而易见，区内院校少数民族预科生贫困人口所占比例普遍还是比较高的，专科院校尤为突出。

2. 贫困原因分析

内蒙古自治区民族预科生多来自交通不便、信息闭塞、生产条件相对落后的东部地区，受自然条件恶劣、农牧业生产方式落后、农牧民对市场了解和驾驭能力低及对突发性变故应对能力差等诸多因素的影响，其收入来源普遍单一且不稳定；许多地区的农牧民时至今日还要靠天吃饭，一旦遇有自然灾害或农畜产品价格大幅度下跌，其家庭收入水平和生活质量就会急剧下降；加之家庭人口较多，孩子上学的费用也比较高，故预科生贫困率一般要高于汉语授课学生。

3. 资助情况

自治区少数民族预科生享受与蒙古语授课学生一样的政策待遇，政府和高校提供的现有资助形式包括：①助学金；②奖学金；③减免学费；④勤工助学；⑤补助补贴；⑥助学贷款；⑦资助比例上的倾斜；⑧争取社会援助；⑨入学时开通绿色通道等。其中，国家助学金资助额度最大，人均 3000 元，比例最高，惠及 30% 的学生；其次，就是校设奖学金，如内蒙古师范大学所设的优秀学生奖学金，认定比例为学生总数的 25%；再次，就是减免学费，认定比例为学生总数的 6%；其他资助形式，如学生生源所在地政府、教育局、学校为学生提供的资助。

对于规定的资助项目，各高校不仅能够做到公平合理，资金足额到位，还能够根据学校的实际情况和需要，创造性地开展工作。例如，包头师范学院，在国家和自治区资助政策之外，专门增设了向预科生倾斜或专门针对预科生的奖助学金（建行资助奖学金、校长奖学金等），还在综合测评奖学金中专门增设了"民族团结进步"奖学金，授予品学兼优的预科生，起到了很好的引领示范作用；内蒙古财经大学为鼓励学生进步，还针对从预科转入汉语授课专业学生学习情况，特设立单科奖及综合成绩优秀奖等多项奖励。

（四）民族预科生就业情况

1. 就业率和就业去向

就业问题是目前我国大学生所面临的最困难的问题，也是全社会所关注的一件大事。据对近三年各高校预科生就业情况的书面调查，全区 28 所高校中仅有 9 所院校表述预科生就业情况比较乐观。全区 12 所有预科毕业生

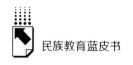

的本科院校中有 10 所院校在报告中提到近三年就业率数据，其中预科生就业率在 90% 以上的有 2 所，80% 以上的有 4 所，70% 以上的有 3 所。其中，内蒙古财经大学的预科生就业率最高。区内大多数本科院校预科生的就业率在 70%～80%。

16 所专科院校中有 13 所院校在报告中提到近三年就业率数据，其中有 2 所学校的预科生就业率为 100%，90% 以上的有 8 所，70%～80% 的有 2 所，50% 以下的有 1 所。从统计数据上看，区内专科院校预科生的就业率明显高于本科院校。报告中表述预科生就业情况比较乐观的 9 所院校中，3 所是本科院校，6 所是专科院校。

本科院校就业率虽然不如专科院校高，但在就业去向上明显优于专科院校。专科院校的预科生的就业去向主要集中在企业，而本科院校预科生的就业去向主要集中于事业单位、企业、公务员、基层就业、部队、自主创业等六个方面。

2. 就业困难原因分析

影响预科生就业的主要原因包括以下五个方面。

（1）预科生汉语交流和应用能力不足

少数民族预科生绝大多数来自信息闭塞、交通不便、经济文化落后的农村、牧区。一般都是到了小学二年级或三年级才开始学习汉语，在此之前基本上都是使用蒙古语学习交流，与外界交往较少。经过一年的预科补强和四年的融入性学习，他们的汉语水平虽然有所提高，但较之从小使用汉语的学生，在实际运用方面还是存在不小的差距。除了特设岗以外，用人单位对竞聘者的汉语要求是相同的，汉语不过关将直接影响他们的就业。

（2）预科生外语、计算机、专业知识技术应用能力不足

与生活在发达地区及城市里的孩子从小就学习英语、接触计算机不同，蒙古语授课学生往往是到了小学三年级或四年级才开始学习外语与计算机课程，教师和教学设备达标率低，即使经过一年预科、四年本科的持续努力，最终能够取得外语四、六级与计算机二级考试证书的人数也很有限。而用人单位对此又非常重视，即凡到学校招人，都要求学生出示英语四、六级考试

证书和计算机等级考试证书，甚至还要求学生现场操作与演示，这就使得少数民族预科生在就业竞争中处于非常被动的地位。

（3）预科生就业面窄，社会需求不足

少数民族预科生就业难与其就读的院校和选学的专业也有很大关系。少数民族预科生除部分成绩优异者有机会到重点院校的优质专业学习深造外，大部分预科生只能选择在一般院校或地方院校学习，这些院校人文类专业不强，应用性专业竞争力也较弱，有些甚至是有名无实，加之就业市场需求有限，预科生所选学的部分专业成了求职"鸡肋"。政府和高校如果对此不加以政策性调整，形势很难得到根本改变。内蒙古大学、内蒙古财经大学、内蒙古医科大学、内蒙古科技大学等院校之所以签约就业情况好于其他高校，与上述院校专业应用性强、市场需求潜力大有直接关系。

（4）部分预科生的固有观念仍不能适应现代社会的要求

蒙古民族不论是以农耕为主，还是以游牧为主，生活节奏都比较慢，竞争意识也比较淡漠，很难适应当今社会的快节奏和激烈的竞争环境。这些特征在部分预科学生身上都有不同程度的表现，例如，生活上自由散漫，缺乏计划性；学习上得过且过，缺乏紧迫感；认识问题不求甚解，缺乏远见。就学期间，为就业做翔实规划和精心准备的人很少，主动关心就业形势和国家就业政策的人更是有限，加之对大城市缺乏了解，对社会需求和自身能力认识不足，使得他们的求职之路变得坎坷不平。

（5）部分用人单位对预科生有歧视现象

少数民族预科生就业难，也与一些社会偏见有关。调研组在包头医学院和包头师范学院调查期间，从负责学生就业的有关人员处了解到，许多单位到该校要人，都私下提出仅招汉族学生，而不招民族预科生；他们一听说应聘者是民族预科生，不管其自身条件和素质如何都会委婉拒绝。其实大部分民族预科生的专业能力和知识水平还是不错的，他们既懂蒙古语，也通汉语，还有自己的专业，只要给予他们工作平台，他们一般都能够胜任，并且有很好的发展潜力。以民族或者授课语种作为选人或用人条件，不仅缺少科学依据，也违反党的民族政策和相关法律，会给蒙古语授课学生的心灵造成

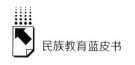

永久的伤害。

在诸多制约因素中，基础教育背景最为关键，基础教育薄弱所造成的缺憾，远非一年预科、四年本科教育所能弥补。"先天不足"与"后天乏力"不仅影响了少数民族预科生就业，还将影响其后续发展。

内蒙古自治区民族预科教育经过30多年发展，无论在规模上还是在档次和水平上都取得了不小的成就，尤其在教育教学模式、教育管理等方面，积累了很多宝贵经验；但也存在一些结构性矛盾和亟待解决的问题，例如，招生、培养与就业相脱节的问题，预科阶段教育与本科阶段教育两张皮的问题，高职高专院校预科生生源急剧萎缩问题，校际预科教育资源不平衡问题等。这些问题的有效解决，既需要区内各高校不断挖掘内部潜力，加大改革创新力度，更需要自治区党委和政府给予政策和投入方面的大力支持。

三 全区高校预科教育管理中存在的主要问题及对策建议

不同类型的高校，民族预科教育管理的差异性很大，所存在的问题也不尽相同。我们仅就各高校民族预科教育管理调研中发现的带有普遍性的问题加以梳理并提出对策建议。

1. 管理机构和制度建设方面

设立专门的管理机构和配备专职的管理人员是民族预科教育实现持续健康发展的必要条件。现实中，宏观指导和代为管理模式均具有很大的局限性，需要进一步改进和加强。二级学院承担预科教学与管理已成为一种趋势，但相应的编制、师资、人员、经费并没有充分体现，个别学院领导仅把本院的预科教育视作暂管或代管行为而非本院事业的组成部分。建议承担民族预科教育任务的学校设立院（系）级教育机构专门负责预科教育和管理工作，充分发挥领导、监督和制度建设等管理职能，不断完善预科教育制度建设，使预科教育工作更加系统化、科学化和合理化。在诸项规章中，预科生结业制度与学生关联最为密切，特别是严格执行将未达标预科生送回生源地或令其重读的规定，既有利于激发学生的热情和潜质，也有利于预科教育制度自身的完善和发展，各高校应严格坚持，不应使其止于纸面、流于形式。

此外，对于预科教育管理模式，在高校层面应做出明确的选择，不应长期反复地在集中管理与分散管理之间游移。对此我们也有必要整合全区的力量，对现行的预科教育管理模式进行科学评估和分析论证，依据各高校学科特点和人才培养特色，分类确定适当的预科教育管理模式，以提升预科教育质量。

2. 专项资金投入方面

预科教育经费少，办学条件难以改善，是各高校尤其是预科教育承办学院反映最强烈、最普遍、最突出的问题之一。预科生基础薄弱，适应融入慢，管理难度大，其培养费用往往高于本、专科生。但政府对民族预科生除了在招生和学费方面给予一定的政策优惠外，在办学经费上并没有给予格外的投入。从院校的角度来说，民族预科在教育对象、教育层次、培育目标、教学内容、教育功能等方面的独特性都要求相应经费的匹配。这种"高成本、低投入"的状况，势必会限制预科教育教学的发展，应引起教育主管部门的充分重视。民族预科教育既然在招生中得到了政策的优惠，在办学过程中同样应该得到政策的扶持。建议政府及教育主管部门采取单独划拨款项或专项拨款等专门的扶持措施，增加对民族预科教育的投入，使之与民族预科教育的办学规模和发展要求相适应。

3. 师资队伍建设方面

预科教育师资队伍建设滞后，是民族预科教育发展的最大障碍。要办好预科教育，必须有一支相对稳定的高素质的教师队伍，这支队伍水平的高低直接影响预科教学质量。而区内各高校由于受到诸多主客观因素的制约，现今还没有一所高校建有专职预科教师队伍。第一，因为教师编制普遍偏紧，各高校要优先考虑专业课教师队伍建设问题。第二，高校和社会对预科教师和专业课教师的不同评价对预科教师队伍专职化建设产生着很大的影响。预科教育对象层次低、基础差，不利于教师自身学术水平的提高，一

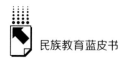

些教学能力强、发展潜力大的教师不愿意终生从事预科教学工作。第三，各高校对预科教师评定职称没有差别对待，为预科学生上课看似简单，实则比给汉语授课学生授课投入更多，作业批改量也大，长期从事预科教学工作，势必会给教师在专业水平提高、学术研究、论著的撰写等方面造成一定的影响，如果学校在评定职称的过程中不能给予他们适度倾斜，无疑会影响长期为预科班授课教师晋升更高一级职称。此外，民族预科教育只有为本、专科培养和输送合格的少数民族人才的功能，缺乏其他社会服务功能，因而福利待遇长期得不到改善和提高，这也极大地影响了预科教师队伍的稳定发展。

一年预科是民族学生补基础知识、适应大学生活的关键时期，教师的指导和引领作用至关重要。建设一支责任心强、教学经验丰富、熟悉且热爱预科教育事业的专兼职相结合的师资队伍，是实现预科教学上层次、上水平的重要前提。没有一支稳定、过硬的师资队伍，发展预科教育，提高教学质量就是一句空话。对此，政府和高校都应给予高度重视，及早解决，避免预科教师队伍后继乏人，出现断层。

4. 教材建设方面

较之其他省区，内蒙古自治区预科教育在教材建设方面还略显薄弱。区内各高校在预科教育恢复初期曾组织编写过一部分预科班专用教材，如2004～2006年，全区各高等院校外语教师联合编写的《大学英语基础教程》，内蒙古财经大学用了五年时间（2005～2010年）组织本校教师编写了预科班和蒙古语授课班系列教材。近些年紧密结合预科生特点和专业特性，系统进行教学研究和教材建设方面的工作做得很不到位，即使偶有著述面世，也多为个别高校、个别教师之个别行为，大部分高校预科阶段所选用的都是全国公开发行的汉编教材，彼此间的差异，仅在于版本不同而已。

这种现状既与自治区民族预科教育实行分散管理有关，也与各高校没有专职预科教师有关。就总量而言，区内本科院校每年招收的少数民族预科生都在2500人左右，数量并不少，但分散到各高校则仅有几十人，教材使用量有限，加之高校之间缺少联系，故在教材建设方面少有协作。全区少数民族预科生多来自边远的农村、牧区，中学阶段用蒙古语授课，彼此间的汉语文、外国语的水平差距很大。不考虑地区和个体之间的差异，一味强行使用汉语统编教材，在教学内容、教学方式、教学手段上又不加区分，很容易使一部分汉语基础差且学习能力不强的学生掉队，影响他们的后续发展。如果区内各院校预科教师能够合作编写部分既与他们的汉语水平相当、内容上又为他们所熟悉的教材或学习资料作为预科期学习的辅助或过渡，将有助于改善教学环境，提高学习效率。建议在现行办学模式和运行机制不变的情况下，加强各高校间的横向联系与合作，通过协同创新填补预科教育教材建设方面的空白；教育主管部门亦应该发挥好组织协调作用，为高校间的密切合作搭建平台。

各高校在增加民族语言文字教材、教学参考书等相关资料的同时，还应重视引进和翻译相关教学辅助资料工作。少数高校对预科生英语教材采用母语编写、母语授课，以期解决学生用汉语学习英语过程中三种语言之间转换思路造成的效率低下问题，建议教育厅和相关院校给予必要的支持。

5.预科生就业方面

预科生的就业问题实际上就是蒙古语授课毕业生就业问题。解决蒙古语授课大学生就业难问题，从政府的角度讲，除了发展民族地区经济、增加民族地区就业机会、完善就业中介机构功能、调整高校专业设置等一般性措施之外，还应采取一些特殊对策，比如：对吸纳蒙古语授课大学生就业达到一定比例的企业，给予一定的财政补贴和税收优惠；做好城乡蒙古语授课教育体系建设工作，为蒙古语授课毕业生到家乡去、到需要他们的地方去就业和创业创造便利条件等。目前，自治区已经施行了各级公务员招考中保证15%的职位只招收蒙古语授课毕业生的政策，收到了很好的效果；各类国家级、自治区级基层就业项目中，也应保证固定职数招收蒙古语授课毕业生；基层旗县、苏木、嘎查应提高蒙古语授课毕业生的基本待遇，吸引蒙古语授课毕业生到基层就业；火车站、银行、机场、宾馆等窗口单位必须设置蒙古

语接待岗位，更便于接待基层蒙古族人民群众；各宣传媒体、大型企事业单位亦应招聘一定数量的蒙古语授课毕业生。从高校角度看，学校亦应针对蒙古语授课学生眷恋城市，不愿意再回到基层就业、创业的现象，做好思想教育和就业指导工作，重点是要让蒙古语授课学生全面了解当前的就业形势，熟悉国家各项优惠政策，树立到基层建功立业的自信心。

基层，尤其是蒙古族聚居区，对于蒙古语授课大学生需求量相对还是较大的，到那里就业、创业，完全可以凭借语言、专业、信息、观念等多方面的优势而获得成功。

6. 预科生贫困资助方面

自治区预科生多数来自偏远、贫困地区，这些地区自然条件差，经济收入微薄，加之居民对家庭突发性变故应对能力弱，故贫困率较高。而现行的自助渠道和途径，除学费标准享受 20% 的政策性照顾以外，其他和汉语授课学生差别并不大。而资助额度最大的国家奖学金与国家励志奖学金，分散管理模式下的少数民族预科学生能够获得的概率很低，这是因为国家奖学金和国家励志奖学金的评选均要求学业成绩排名在前 30% 以内，思想品德要在良好以上，而少数民族预科生因为基础薄弱很少有人能够在学业成绩方面脱颖而出，故各高校能拿上国家奖学金的预科生可谓凤毛麟角。为此，建议政府及教育主管部门针对预科生这一特殊群体，采取一些专项资助措施；各高校也应该加大对预科生的"奖、贷、助、补、减"的力度，确保每一名家庭经济贫困且学习努力的学生都能够得到相应资助。

7. 预科基地建设方面

与其他省区不同，内蒙古自治区预科教育除了 1986～1987 年尝试过集中管理外，一直采取分头举办和各自培养的模式进行。虽也积累了一些经验，但随着承担民族预科招生任务高校的增多，也出现了一些新的情况和问题。自治区中西部地区的一些高校，自建校之日起，就一直使用汉语授课，教师及管理人员也是以汉族为主，不要说双语教师，就连懂蒙古语的人也非常有限；而此类院校又多以理工科专业为主，人文学科相对薄弱，教师来源和专业都比较单一，加之每所高校招收的预科生人数有限，由某所院校单独组织预科教学和管理的确困难很大，成本也很高。基于自身条件限制，它们在预科教学安排上，往往采取数学和外语单班上课，语文、物理、化学、生物等合班上课的形式，教学效果很难保证。另外，从教师的角度讲，为预科班上课的语文、数学、外语教师均为兼职，他们既要给全院的学生上基础课，又要兼顾预科班，很难将主要精力用于预科教学和研究，有时甚至无暇顾及学生的基础和接受能力，学生所学有限。鉴于此，建议将一些地域相邻、学校又有需要的预科生整合到一所高校，成立一个专门的机构负责预科生预科期间的教学和管理，待预科期满再按照学业成绩和日常表现将其送回所在学校相关专业读本科。这样既有利于解决某些院校预科师资力量不足的问题，也有利于解决教材校本化的问题，可谓一举多得。至于有条件的高校，依然可按原机制运行。

8. 预科平台建设方面

把民族预科交由各高校自主安排、自主管理、自行负责，有利亦有弊。优势在于既有利于预科生尽早熟悉校园环境、感受大学氛围、适应大学生活、消除陌生感和疏离感，也有利于学校和教师全面了解民族预科生的生活习惯、兴趣爱好和学习状态，便于对本科阶段的专业学习做出适当安排和调整；不利之处是高校之间不能够实现资源共享，缺少协作创新，不利于预科教育均衡发展。自治区预科教育存在的教材建设不成体系、教学研究不够深入、教育信息交流不畅、教师队伍参差不齐等问题都与此有关。由于缺少共同的发展、交流、协作平台，各高校预科阶段的教学、管理可谓各行其是，经过多年探索，虽取得了很多经验，但缺乏实质性突破。为此，建议教育主管部门在现行体制不变的情况下，成立一个全区性的预科教育组织协调机构，定期组织开展专题研讨、学术交流、校际合作、集体攻关等活动，以集体智慧和力量破解预科教育难题，促进自治区预科教育又好又快发展。

9. 预科管理模式方面

自治区各高校对于民族预科生多采用集中管理模式，即从少数民族预科生入学之日起，就安排他们同宿舍居住、同教室学习，共同参加学校和学院

组织的各项活动直至毕业。集中管理固然具有简便、易行、风险小、节省人力等诸多优势，但也存在生活同质、空间闭塞、信息流通不畅、有碍与外界交流，以及不利于预科生提高汉语表达能力和水平等缺陷。站在国家和学生双重角度审视预科教育，分散管理模式更能够体现民族预科教育的本质属性，也合乎现代高等教育发展趋势，有利于学生融入社会、有利于学生长远发展、有利于学生就业，故建议各高校要以预科生的终极发展为目标，以提高他们的汉语思维水平和汉语表达能力为尺度，以提高其专业水平和应用能力为着力点，尽可能扩大民族预科生的涉猎领域和接触范围，克服陈规陋习和保守观念，以全新的理念和风姿迎接各种挑战。

10. 预科教学方面

预科是本科的基础，本科是预科的继续。预科阶段的教学质量直接影响预科生本科阶段的学习和未来的发展。通过调查我们了解到，相当一部分预科生转段后由于底子薄、汉语基础差，专业学习跟不上，即使一个很简单的问题，老师讲了很多遍，依然有学生听不懂。无奈之下，老师只能采取放宽要求、差别对待、降低标准的方式，帮助学生转段乃至毕业。预科生汉语基础差，固然与其教育背景有关，但也与预科阶段的教学安排和授课方式有关。从教学内容上看，有些高校在一年预科期内安排有十几门课程，从语文、数学、外语、物理、化学、生物、计算机、艺术欣赏、民族历史和文化到道德、法律、体育、民族理论和政策无所不包，寄希望于学生科科涉猎、事事融通，而恰恰忽略了学生的汉语基础和接受能力；从教学形式上看，许多教师还是沿袭传统的方式，教师凭借的是手中的课本与粉笔，而学生则是依靠课堂的笔记与课下的作业，即便使用多媒体工具授课，也多是将纸质教案变为电子教案而已。预科生汉语水平的提高，在专业课的学习中起着非常重要的作用，无论选用哪一种人才培养模式，都应保证足够的汉语文课时，实施小班化教学，加大训练力度，大力提高学生的听、说、读、写能力。应对预科阶段课程进行优化和调整，更新教学内容、改变教学方法，建立符合民族学生学习特点、面向 21 世纪的基础课程体系。

预科生进入大学学习阶段后，执行统一的教学计划，使用统一教材，启用统一试卷考试，对于基础好的预科生是可行的；而对于部分汉语水平低、学习能力差的学生，还应该加强个别辅导，包括利用基于网络的微课程学习等，使其尽快缩小与他人的差距，实现同步发展。因材施教与分层次教学对预科生而言尤为必要。

四 结语

内蒙古自治区自 20 世纪 80 年代招收民族预科生至今，已经走过了 30 多年的发展历程，不仅圆了数万名蒙古语授课高中生的大学梦，也为自治区政治、经济、文化、社会和生态建设培养了大批少数民族专业人才。这为缩小地区差距，实现教育公平，提高少数民族文化水平，加速少数民族地区和边远地区发展发挥了十分重要的作用。

环境对人的影响是显而易见的，没有开放的办学理念、激烈的竞争环境和浓郁的学习氛围，要改变少数民族学生陈旧观念和固有的学习和生活习惯将是非常困难的。民族预科既可以让蒙古语授课的考生有更大的专业选择空间，更好地实现自己的社会价值，又可以与不同地区、不同民族的学生共同学习、直接交流，取长补短，还可以在更广阔的范围内展示民族风采，传播民族文化，增进民族团结等。这些独特优势有助于蒙古语授课学生在短期内融入社会、转变观念、开阔视野、增长才干。所以，内蒙古自治区人民政府在《关于进一步做好普通高等学校毕业生就业工作的意见》（内政字〔2013〕4 号）中强调要"继续扩大预科生规模。预科生通过一年预科学习，再进入工程技术类、经济管理类、蒙医蒙药类等学科专业学习，加快应用型、技能型少数民族专门人才的培养步伐"。这是对自治区民族预科教育发展的肯定，也是新形势下提出的新任务和新要求。各高校应紧紧围绕"应用""技能""创新""就业"这条主线，大胆地对不符合素质教育要求、不利于预科生发扬创新精神与增强实践能力的教学内容、手段、方法和管理模式进行改革，努力构建科学、合理、求实、高效的预科教学体系和管理机制；自治区人民政府和教育主管部门，亦应根据高考招生形势、政策和

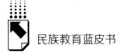

生源变化，及时地对预科招生院校和招生计划作出调整，适时压缩乃至取消那些学生培养质量低、就业前景差的专业，尽可能把更多招生指标投放到重点高校的优质专业上，推动区外"双一流"高校进一步增加蒙古语授课预科生的招生比例，让更多的蒙古语授课考生享受到优质教育资源。高素质的蒙古语授课大学生是实现自治区稳定、发展和繁荣的不可替代的力量。

专题篇

Special Reports

B.8

内蒙古少数民族大学生
就业现状及政策制定

胡春梅　雷旭平 *

摘　要： 根据内蒙古高等院校毕业生就业指导中心及各高校2014年度和
2015年度毕业生就业质量报告公布的数据，2015年高校少数民
族毕业生就业率整体较高，但是相比汉族或其他少数民族毕业
生就业率，蒙古语授课毕业生就业率不高。其原因有社会因
素，也有蒙古语授课学生自身问题。对此，自治区政府不断出
台就业政策或指导建议，促进蒙古语授课毕业生的就业。

关键词： 内蒙古　高等院校　少数民族毕业生　蒙古语授课毕业生
就业困难

* 胡春梅，博士，呼和浩特民族学院党委副书记，教授；雷旭平，呼和浩特民族学院宣传部干事。

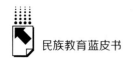

内蒙古自治区人民政府及相关部门高度重视本区少数民族大学生就业工作，先后出台了一系列特殊政策与措施，促进少数民族毕业生就业创业。

一 少数民族毕业生就业现状

根据内蒙古自治区高等院校毕业生就业指导中心公布的 2014 年度和 2015 年度各高校毕业生就业质量报告数据，2015 年自治区高校少数民族毕业生就业率整体较高，大部分高校少数民族毕业生就业率在 80% 以上，如图 1 所示，2015 年自治区蒙古语授课毕业生整体就业率为 83.14%，其中内蒙古师范大学蒙古语授课毕业生就业率为 83.61%，内蒙古财经大学蒙古语授课毕业生就业率为 88.22%，呼伦贝尔学院蒙古语授课毕业生就业率为 92.38%；有的高校民族毕业生初次就业率就已达到 90% 以上，如内蒙古民族大学双语授课的本科毕业生就业率为 95.02%，包头师范学院（少数民族预科生）毕业生就业率为 91.76%，锡林郭勒职业学院蒙古语授课毕业生就业率为 95.00%，内蒙古机电职业技术学院少数民族毕业生就业率为 97.23%，内蒙古化工职业学院少数民族毕业生就业率为 95.48%，内蒙古交通职业技术学院少数民族毕业生就业率为 95.87%，包头轻工职业技术学院少数民族毕业生就业率为 94.78%。另外，还有的高校少数民族毕业生就业率高于汉族毕业生就业率，如内蒙古师范大学 2015 年蒙古语授课毕业生就业率高于学校汉族毕业生就业率 76.02% 和学校总体就业率 77.08%。

如图 1 所示，与 2014 年相比，2015 年自治区各高校少数民族毕业生就业率呈整体上升趋势，比 2014 年高出 3.01 个百分点。如内蒙古师范大学蒙古语授课毕业生就业率比 2014 年同期上涨了约 8 个百分点；内蒙古财经大学 2015 年蒙古语授课毕业生就业率比 2014 年高出 12.6 个百分点；内蒙古民族大学（本科双语）毕业生就业率比 2014 年同期上涨了 5.45 个百分点。自治区各高校少数民族毕业生就业率及蒙古语授课毕业生就业率的提高充分表明了目前少数民族毕业生就业的较好态势。

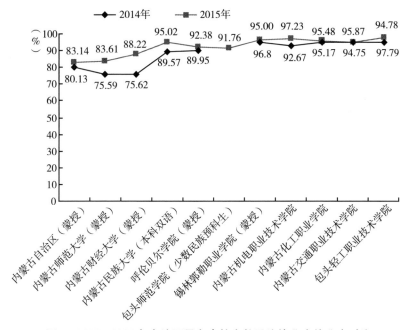

图1 2014～2015年自治区及各高校少数民族毕业生就业率对比

资料来源：内蒙古自治区及各有关高校2014～2015年毕业生就业质量报告。

（一）蒙古语授课毕业生就业率稳步提高

截止到2015年9月1日，内蒙古自治区2015届蒙古语授课毕业生人数共6959人，其中研究生235人，本科生5412人，专科生1312人。全区2015届蒙古语授课毕业生就业率为83.14%，各学历层次就业率如图2所示，博士毕业生就业率为82.35%，硕士毕业生就业率为35.78%，本科毕业生就业率为85.50%，专科毕业生就业率为81.33%。与2014年同期各学历层次蒙古语授课毕业生就业率相比较，博士、本科、专科层次的毕业生就业率有不同幅度提高，其中尤以博士毕业生就业率涨幅明显，比2014年高出32.35个百分点，本科毕业生就业率上涨4.54个百分点，专科毕业生就业率上涨0.39个百分点。2015届蒙古语授课毕业生中硕士毕业生就业率有所下降，但是博士、本科、专科毕业生就业率的不同幅度提高，仍然可以证明2015年自治区蒙古语授课毕业生的就业形势是较为乐观的。

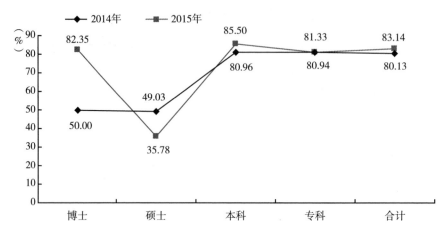

图2 内蒙古自治区2014~2015年蒙古语授课毕业生分学历就业率对比

资料来源:《内蒙古自治区高校毕业生就业质量分析报告（2014）》和《内蒙古自治区高校本科、专科毕业生就业质量年度报告（2015）》。

自治区2015届蒙古语授课本科毕业生为5412人，分布在文学、理学、医学、管理学、法学、农学、经济学、教育学、工学、历史学等10个学科门类，其中人数在400人以上的学科门类为文学1657人、理学654人、医学596人、管理学547人、法学451人、农学405人。其中，文学毕业生最多，占蒙古语授课本科毕业生总数的30.62%；历史学毕业生最少，占蒙古语授课本科毕业生总数的2.31%。各学科门类就业率如图3所示，就业率在90%以上的学科门类有理学（90.25%）、法学（91.57%），就业率在85%~90%的学科门类有文学（86.24%）、农学（88.89%）、教育学（85.37%），就业率在80%~85%的学科门类有管理学（83.91%）、经济学（83.94%）、历史学（81.60%），就业率在80%以下的是医学（79.53%）和工学（73.76%）。从各学科门类就业率分析，8个学科门类就业率在80%以上，其中还有2个学科就业率在90%以上；综合各学科门类人数和就业率进行分析，毕业人数在400人以上的，就业率已达80%以上（医学除外）。从这两个角度看，自治区2015年蒙古语授课本科毕业生就业率较高。

2015届蒙古语授课专科毕业生共1312人，共分布在11个学科大类，

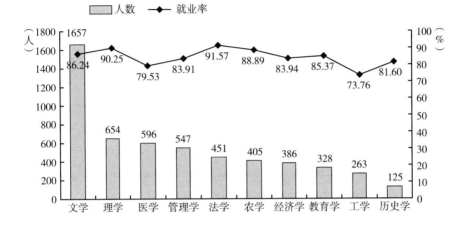

图 3　内蒙古自治区 2015 年蒙古语授课本科毕业生学科门类分布及就业率

资料来源：《内蒙古自治区高校本科、专科毕业生就业质量年度报告（2015）》。

具体分布情况如图 4 所示。文化教育大类 612 人，医药卫生大类 227 人，法律大类 125 人，农林牧渔大类 116 人，财经大类 84 人，旅游大类 41 人，艺术设计传媒大类 37 人，环保、气象与安全大类 35 人，水利大类 15 人，电子信息大类 14 人，公共事业大类 6 人。其中，文化教育大类人数最多，占蒙古语授课专科毕业生总数的 46.65%；公共事业大类人数最少，占蒙古语授课专科毕业生总数的 0.46%。从就业率角度看，毕业生人数在 100 人以上的学科门类就业率分别为农林牧渔大类 97.41%、医药卫生大类 88.11%、文化教育大类 83.50%、法律大类 78.40%；毕业生人数在 100 人以下且就业率低的学科门类有公共事业大类 0%、财经大类 48.81%、电子信息大类 50.00%、艺术设计传媒大类 67.57%，这几个学科门类就业率低，同时这几个学科门类毕业生人数较少，占蒙古语授课专科毕业生总数的 10.75%。因此，综合各学科门类毕业生人数和就业率进行分析，虽有个别学科就业率较低，但总体而言，蒙古语授课专科毕业生的就业率还是较高的。

2015 年自治区蒙古语授课毕业生人数较多的 10 个本科专业和专科专业如表 1 所示。蒙古语授课本科毕业生较多的 10 个专业分别是中国少数民族语言文学、蒙医学、行政管理、数学与应用数学、新闻学、学前教育、动物

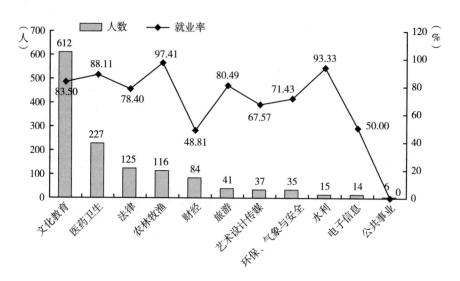

图 4　内蒙古自治区 2015 年蒙古语授课专科毕业生学科门类分布及就业率

资料来源：《内蒙古自治区高校本科、专科毕业生就业质量年度报告（2015）》。

表 1　内蒙古自治区 2015 年蒙古语授课毕业生较多的 10 个本、专科专业

单位：人

本科		专科	
专业名称	毕业人数	专业名称	毕业人数
中国少数民族语言文学	603	护理学	216
蒙医学	310	学前教育	216
行政管理	222	畜牧兽医	116
数学与应用数学	179	法律事务	86
新闻学	172	会计	58
学前教育	166	汉语	54
动物科学	160	思想政治教育	50
思想政治教育	155	综合文科教育	50
计算机科学与技术	151	中国少数民族语言文学	43
护理学	139	旅游管理	41

资料来源：《内蒙古自治区高校本科、专科毕业生就业质量年度报告（2015）》。

科学、思想政治教育、计算机科学与技术和护理学。其中，中国少数民族语言文学专业人数最多，共 603 人；其次是蒙医学，共 310 人。以蒙古语授课为主的中国少数民族语言文学和蒙医学是自治区民族特色较鲜明的专业，而蒙古语授课学生对于民族特色专业的选择和在自治区的就业优势不言而喻。蒙古语授课专科毕业生较多的 10 个专业是护理学、学前教育、畜牧兽医、法律事务、会计、汉语、思想政治教育、综合文科教育、中国少数民族语言文学和旅游管理，人数在 100 人以上的是护理学、学前教育和畜牧兽医 3 个专业。蒙古语授课本科毕业生较多的 10 个专业主要是文学、理学、教育学、医学、管理学、农学等学科门类，结合图 3 可以看出，这几个学科门类大部分就业率都在 80% 以上；蒙古语授课专科毕业生较多的 10 个专业主要是文化教育、医药卫生、农林牧渔、旅游、法律、财经等 6 个大的学科门类，结合图 4 同样可以看出，这几个学科就业率大部分在 80% 以上。

（二）少数民族毕业生就业率基本达到全区平均就业水平

内蒙古自治区 2015 届毕业生共 109474 人，其中汉族毕业生 81407 人，少数民族毕业生 28067 人。少数民族毕业生主要有蒙古族、满族、回族、达斡尔族、鄂温克族、土家族、朝鲜族、壮族、苗族、彝族、鄂伦春族、侗族和其他等少数民族。具体民族分布情况如表 2 所示，以蒙古族最多，达23944 人，占少数民族毕业生总数的 85.31%；其次是满族，2287 人，占少数民族毕业生总数的 8.15%；回族 872 人，占少数民族毕业生总数的 3.11%；达斡尔族 331 人，占少数民族毕业生总数的 1.18%；鄂温克族、土家族等民族毕业生人数较少，占少数民族毕业生总数的比例不到 3%。

自治区政府高度重视少数民族高校毕业生就业创业问题，通过举办系列活动和修订完善相关就业创业政策等，多措并举以支持和鼓励少数民族毕业生顺利就业、创业，现已取得明显成效。2015 年内蒙古高校毕业生就业质量报告显示（见图 5），少数民族毕业生总体就业率为 84.23%，其中蒙古族毕业生就业率为 84.11%，满族毕业生就业率为 85.35%，回族毕业生就业率为 84.17%，达斡尔族毕业生就业率为 87.61%，鄂温克族毕业生就业率为 85.28%，土家族毕业生就业率为 86.76%，朝鲜族毕业生就业率为81.54%，壮族毕业生就业率为 81.67%，彝族毕业生就业率为 85.19%，苗

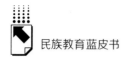

表2 2015年内蒙古自治区少数民族毕业生构成情况

单位：人，%

民 族	毕业生人数	占比	民 族	毕业生人数	占比
蒙古族	23944	85.31	壮 族	60	0.21
满 族	2287	8.15	苗 族	55	0.20
回 族	872	3.11	彝 族	27	0.10
达斡尔族	331	1.18	鄂伦春族	27	0.10
鄂温克族	163	0.58	侗 族	22	0.08
土家族	68	0.24	其 他	146	0.52
朝鲜族	65	0.23	合 计	28067	100.00

资料来源：《内蒙古自治区高校本科、专科毕业生就业质量年度报告（2015）》。

族毕业生就业率为78.18%，鄂伦春族毕业生就业率为74.07%，侗族毕业生就业率为72.73%，其他民族毕业生就业率为84.93%。以上数据显示，2015年自治区大部分少数民族毕业生就业率均在80%以上，与汉族毕业生就业率（87.25%）基本相当；甚至还有部分民族毕业生就业率高于汉族毕业生的就业率，如达斡尔族。

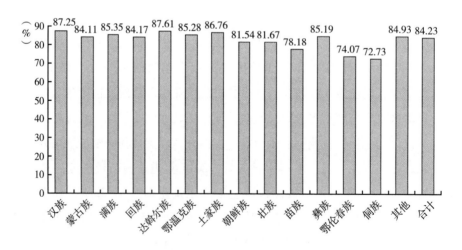

图5 2015年内蒙古自治区毕业生分民族就业率统计

资料来源：《内蒙古自治区高校本科、专科毕业生就业质量年度报告（2015）》。

二 少数民族毕业生就业中存在的主要问题

面对当下就业创业之压力，自治区少数民族毕业生努力适应以市场为主导的就业机制，通过多种途径寻求就业创业机会，总体上稳中有升；但同时也应看到，较之汉族学生，或者从小使用汉语授课的其他少数民族学生，蒙古语授课毕业生就业创业过程中仍然存在许多困难和问题。

（一）蒙古语授课毕业生就业率相对较低

从自治区有关高校少数民族毕业生就业情况看，蒙古语授课毕业生就业率普遍低于汉语授课毕业生就业率，有的甚至低于学校平均就业率。根据内蒙古财经大学毕业生就业质量报告等资料，汉语授课毕业生近四年就业率均值为92.13%，高于学校整体就业率约7.84个百分点；蒙古语授课毕业生平均就业率为60.23%，与该校整体就业率相差24.06个百分点，与汉语授课毕业生的平均就业率相差31.9个百分点。

从呼和浩特民族学院2014年和2015年蒙古语授课与汉语授课毕业生就业情况看，2014届毕业生共计1524人，其中蒙古语授课毕业生1124人，初次就业率为70.55%。2015届毕业生总数为1593人，其中蒙古语授课毕业生1179人，初次就业率为76.00%；汉语授课毕业生414人，初次就业347人，初次就业率为83.82%。2014～2015年该校蒙古语授课毕业生初次就业率均低于80%（见图6）。

（二）蒙古语授课毕业生就业质量相对低

以内蒙古师范大学为例，2014届蒙古语授课毕业生虽然分布在城镇社区、高等教育单位、国有企业、机关、科研设计单位、其他企业等多个领域就业，但是作为师范类高等学府，内蒙古师范大学当年的蒙古语授课毕业生主要还是集中在其他企业，如图7所示。

从内蒙古民族大学2014届蒙古语授课毕业生就业情况看，劳动合同就

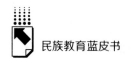

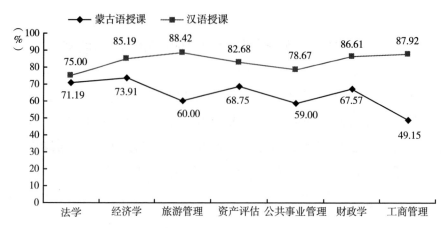

图6 呼和浩特民族学院2014～2015届毕业生分专业就业率统计

资料来源：《呼和浩特民族学院就业创业工作总结报告（2014）》。

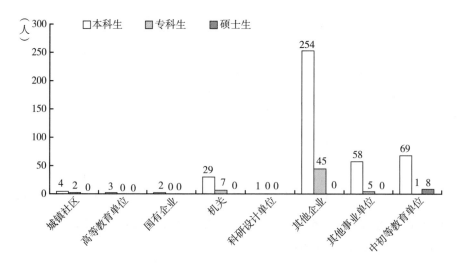

图7 内蒙古师范大学2014届各学历层次蒙古语授课毕业生就业单位分布

业率达72.50%，而协议就业、升学就业所占比例分别为8.93%、7.78%，显然灵活就业比例偏高，影响了毕业生的就业稳定性、后续发展性，如图8所示。

从内蒙古财经大学蒙古语授课本科毕业生就业单位性质分布来看，2008～2011年内蒙古财经大学蒙古语授课毕业生就业中，国有企业就业率

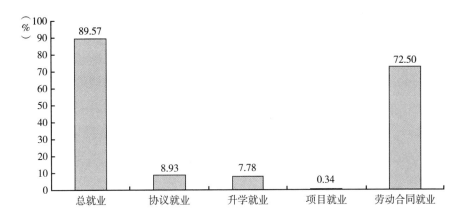

图 8　内蒙古民族大学 2014 届蒙古语授课毕业生就业率统计情况

基本呈先降后升趋势，2011 年达到历年来最高值 14.45%；金融单位从 2010 年开始就业率明显下降，从 2010 年 9.70% 下降至 2011 年 6.80%；其他企业就业率总体呈上升趋势，从 2008 年的 10.02% 上升到 2011 年的 34.84%；录研率呈明显下降趋势，从 2008 年的 17.28% 下降至 2011 年的 1.13%。此外，国家和地方项目就业率整体也呈下降趋势，如图 9 所示。

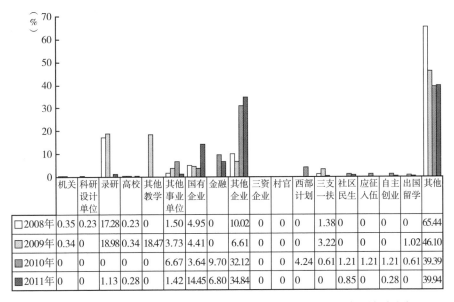

	机关	科研设计单位	录研	高校	其他教学	其他事业单位	国有企业	金融	其他企业	三资企业	村官	西部计划	三支一扶	社区民生	应征入伍	自主创业	出国留学	其他
2008年	0.35	0.23	17.28	0.23	0	1.50	4.95	0	10.02	0	0	0	1.38	0	0	0	0	65.44
2009年	0.34	0	18.98	0.34	18.47	3.73	4.41	0	6.61	0	0	0	3.22	0	0	0	1.02	46.10
2010年	0	0	0	0	0	6.67	3.64	9.70	32.12	0	0	4.24	0.61	1.21	1.21	1.21	0.61	39.39
2011年	0	0	1.13	0.28	0	1.42	14.45	6.80	34.84	0	0	0	0.85	0	0.28	0	0	39.94

图 9　2008~2011 年内蒙古财经大学蒙古语授课毕业生就业单位性质分布

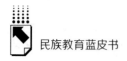

另据锡林郭勒职业学院有关资料，学校认为毕业生就业稳定性较差，毕业生就业后一年内的离职转岗率较高。该校大部分毕业生都集中在民营企业就业，很多民营企业规模小、技术水平较低、管理不规范，加之各类保险不能全面覆盖、工资不能准时发放等原因，容易导致毕业生就业不连续、频频跳槽（离职）的现象。①

蒙古语授课毕业生就业中除灵活就业多、缺乏稳定性等问题外，还存在就业地域不够宽广问题。蒙古语授课毕业生毕业后就业流向区域性明显，首选地区一般是呼和浩特、鄂尔多斯、包头三地，其次就是生源地及附近地区。这与汉族学生首选北上广或者沿海发达地区就业创业形成了鲜明的对比，严重限制了蒙古语授课毕业生就业创业渠道和就业创业机会。以内蒙古财经大学 2014 届毕业生为例，选择在区内工作的毕业生达 69.14%，其中在呼和浩特市就业的毕业生占 56.06%，在鄂尔多斯就业的毕业生占 12.53%。再如内蒙古师范大学 2014 届蒙古语授课毕业生高达 95.08%选择在区内就业。

（三）蒙古语授课毕业生就业创业中困难较多

1. 岗位需求不足

由于蒙古语授课毕业生就业地域较为狭窄，大都集中在区内首府城市就业创业，显得就业岗位紧张甚至严重不足。据《2015 年全区高校毕业生就业形势分析报告》，2015 届高校毕业生总数为 116915 人，较 2014 年增长了 2.85%。全区共举办校内毕业生招聘会 187 场次，提供岗位 150712 个。与 2014 年相比，2015 年用人单位数量较同期有所上升，但所提供岗位较 2014 年下降了 23.59%。

据内蒙古财经大学有关资料，2014 年度共举办各大银行招聘会 10 场次，比 2013 年增加了 2 场次，但是提供的就业岗位减少了 2490 个（2013 年 2950 人、2014 年 460 人）。人才的过剩使许多企业在招聘的过程中优中

① 《锡林郭勒职业学院蒙语授课毕业生就业情况报告（2015）》。

选优，招聘条件不断提高，给许多毕业生特别是少数民族毕业生的就业增加了难度。以 2014 年中粮可口可乐饮料（内蒙古）有限公司和亿利资源集团招聘的管理培训生为例，提供的岗位有限且招聘人数减少，对新员工的整体素质要求越来越高，其中英语六级成为制约毕业生就业的最大门槛，致使好多少数民族毕业生只能望洋兴叹。

2. 自主创业困难较多

自治区少数民族大学生大多来自偏远的农村、牧区，家庭收入来源单一，且稳定性较差，致使一些有创业意愿的毕业生因为得不到所需要的资金支持而放弃了自己的创业梦想。这一点在蒙古语授课毕业生群体中表现得尤为明显。现在虽然各级政府大力支持创业，各有关高校都在做创业培训，但是当毕业生真正开始创业的时候，在申请贷款的条件、程序、技术等方面往往缺乏相应的支持，令大多数毕业生望而却步。由于蒙古语授课毕业生家庭经济相对困难，在求职和创业方面的投入十分有限，或者根本没有。还有很多蒙古语授课毕业生读大学时贷款交学费，毕业后首先遇到打工还贷的问题，基本上没有能力考虑良好的职业规划和自主创业等事项。有关调查发现，在"创业中遇到的问题和困难程度的排序"一题中，许多大学生面临创业资源缺乏的困境，表现在资金不足、缺少合作伙伴、推广人脉资源有限等方面。少数民族毕业生认为在创业过程中遇到的最困难的问题就是资金短缺，其次是缺乏技术技能，再次是缺乏伙伴和不了解相关政策。

（四）蒙古语授课毕业生能力素质方面的问题

1. 就业观念传统，期待不够合理

少数民族毕业生就业期望值较高，甚至仍有"铁饭碗"思想，与市场需求不相适应。如表 3 所示，有 38.6% 的蒙古语授课学生选择在机关事业单位就业，有 36.4% 的蒙古语授课学生选择国有大企业，只有 15.9% 的蒙古语授课学生愿意到中小微企业。他们中的大多数人认为只有在国家机关事业单位就业才有身份和前途，受人尊重；而在民营企业就业或自己创业都面临较大的风险，缺少基本保障，不会被社会认可。可见，很多少数民族大学生在就业选择上仍存在所有制偏见①。还有调查认为，"少数民族大学生就业观念相对保守，寄希望于公务员或事业单位招考的学生仍然占很大比重，但实际上应届毕业生考取公职人员的比例较小。大部分在等待第二年的公务员考试或地方的招考"②。应当说，这类少数民族毕业生对公务员、事业编制的向往及痴迷，对自身未来的职业发展设计不够合理，也直接影响了他们的就业创业结果。

表3　蒙古语授课学生最想去的单位调查统计

单位性质	所占比例(%)	单位性质	所占比例(%)
机关事业单位	38.6	中小微企业	15.9
国有大企业	36.4	自主创业	9.1

在有关问卷调查中发现，有63.0%的蒙古语授课学生选择在首府城市就业，愿意回自己家乡的占17.4%，愿意去北上广等大城市就业的也占17.4%。同样的17.4%暗示着，北上广的发达繁华也包含无法预测的挑战与压力，对民族文化的眷恋却夹杂着对家乡相对闭塞艰苦的无奈。两种情愫的纠结与抗争让他们中的大多数人选择了留在首府城市中和这一矛盾，因为首府城市民族文化氛围浓厚，经济文化又较为发达。但是首府城市就业岗位毕竟有限，他们的选择在加大了首府城市就业压力的同时，也增大了自己待业的风险。

对此，《内蒙古自治区高校毕业生就业质量分析报告（2014）》中分析认为，因为边远贫困农牧区恶劣的自然环境和生活环境，少数民族学生毕业后不愿意到农村、牧区基层就业。其实基层地区既有广泛的发展空间和较大的专业人才需求，又有国家政策的大力支持和地方政府的多方扶持，就业创业成功概率还是很大的；而二、三线城市本身吸纳能力就很有限，加之就业

---

① "所有制偏见"是指大学生一般不愿意去民营企业、合资企业等非公有制企业工作。参见杨艳琳、娄飞鹏《中国经济发展中的就业问题》，山东人民出版社，2010年，第43页。
② 刘漫中：《少数民族大学生就业援助体系构建——以内蒙古地区高校为例》，《人民论坛》2015年第17期。

竞争激烈，其结果不仅不能如愿以偿，反而丧失了就业的最佳时机。这也是蒙古语授课毕业生就业率持续偏低的主要原因之一。①

2. 对就业待遇和条件的期待与现实有距离

大多数少数民族毕业生热衷于选择党政机关、国有企事业单位就业，而非其他，主要原因是他们认为这些单位薪资待遇好，而且稳定。在关于蒙古语授课毕业生期望薪酬待遇的调查中发现，期望第一份工作能拿到的薪酬为3000~4000元的人数占50%，4000元以上的占26.1%，仅有23.9%的学生可以接受3000元以下的工资待遇。

另据锡林郭勒职业学院对于毕业生就业起薪的调查（见表4），起薪线大多集中在2000~3000元，从2013年和2014年的起薪线对比来看，各专业的就业起薪线虽然都有所提高，但与毕业生的期望仍存在较大差距。

总之，少数民族大学生对高稳定、优待遇就业岗位的扎堆性追求，对其他就业途径和方式的不认同、不尝试等现象表明，少数民族大学生就业观念确实需要努力转变。

表4　2013~2014年在校生规模前五名的专业毕业生薪金待遇调查

专　业	年份	起薪线（元）
煤炭加工与利用	2013	2000
	2014	2500
电厂设备运行与维护	2013	2000
学前教育	2014	2000
风力发电设备及电网自动化	2013	2000
电厂设备运行与维护	2014	2600
护理	2013	1500
	2014	2000
会计	2013	1800
	2014	2000

---

① 《内蒙古自治区高校毕业生就业质量分析报告（2014）》。

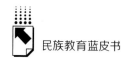

3. 学业基础相对薄弱，就业创业能力不足

少数民族大学生就业不足与他们的学业基础、综合素质和竞争能力相对薄弱有直接关系。用中央民族大学常永才先生的话说，"学业差是民族学生群体最普遍的心病"。恢复高考 30 年来，内蒙古自治区高考入学分数线，蒙古族学生与汉族学生之间一直存在 150～200 分的差距，蒙汉学生按照不同的标准进入高校。由于基础教育阶段存在客观差距，在高校培养过程中虽然已尽最大努力缩小差距，但蒙古语和汉语授课毕业生能力素质方面仍然存在一定差距，导致蒙古语授课毕业生在就业创业中竞争力不强。

4. 汉语文能力水平不够高

对于少数民族毕业生就业过程中可能遇到的难题进行难易程度排序的调查发现（见表 5），专业限制的均值为 1.57，性别歧视和语言沟通的均值为 2.57，家庭因素的均值为 3.29。根据赋值中的"越困难均值越小"的原理，说明语言沟通虽不是少数民族毕业生就业中最大的难题，但的确存在一定的影响。

在调查中某高校招生就业处负责人讲道："少数民族毕业生就业创业中最大的问题是语言问题。因为我参加过对学生的面试，很多蒙古族学生通过笔试进入了面试，可能表面看着挺好，但一说汉语就不太流畅，就很可能被淘汰。"

表5　蒙古语授课学生就业困难因素

困难因素	均值	标准差
专业限制	1.57	1.134
性别歧视	2.57	0.787
语言沟通	2.57	0.787
家庭因素	3.29	1.254

另外，蒙古语授课毕业生在专业结构上文科生偏多、理工科学生偏少，与市场需求存在矛盾冲突，直接影响了蒙古语授课毕业生就业。有些蒙古语授课毕业生即便是在理工科专业学习，但其专业能力、实践能力、创新开拓能力仍有待提高，也影响了蒙古语授课毕业生就业创业。

三 少数民族毕业生就业创业政策措施

内蒙古少数民族毕业生就业创业政策可分为三个层级、两种类型。三个层级指中共中央、国务院出台的关于促进大学生就业创业政策及其相关措施，内蒙古各级政府根据地区特点制定的政策，以及自治区各有关高校为促进毕业生就业制定的系列措施。两种类型指适用于区内所有少数民族毕业生的一般性政策及专门针对蒙古语授课毕业生就业创业的特殊政策。

本文着重阐述的是自治区有关促进少数民族毕业生就业创业方面的特殊政策措施。[①]

（一）少数民族毕业生就业创业特殊政策概况

在 20 世纪 90 年代开始的我国招生分配制度改革过程中，随着统一分配政策逐步被"双向选择，自主择业"所取代，自治区党委、政府及各有关职能部门针对少数民族毕业生就业适时地出台了一些特殊政策和措施。

早在 1996 年印发的《内蒙古自治区人民政府批转自治区计划委员会等五部门关于做好 1996 年大中专院校毕业生就业分配工作报告的通知》和 1997 年印发的《内蒙古自治区人民政府办公厅转发自治区计委等五部门关于做好 1997 年大中专院校毕业生就业工作报告的通知》中均有明确要求："应届国家任务毕业生仍由政府负责在一定范围内安排就业；应届定向生仍坚持定向分配的原则；委托培养的毕业生按合同就业；国家计划内的自费毕业生自主择业……对少数民族毕业生，特别是蒙语授课的少数民族毕业生，要优先予以安排。"[②] 这也就是说，在统一分配政策改革调整时期，计划内招生的毕业生仍然坚持以计划内安排为主，委托培养、自费生以自主择业为

---

① 叶宏帅、王文华、陈玉宏、牟占军、王建平、樊桂清、庞娜、欧阳江萍：《内蒙古自治区研究生教育现状及发展对策思考》，《内蒙古工业大学学报》（社会科学版）2015 年第 2 期。

② 何奎：《新疆高校少数民族师资现状评析——以新疆某高校为例》，《教书育人》2013 年第 6 期。

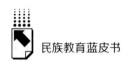

主，逐步过渡到招生并轨改革和毕业生"双向选择，自主择业"，而少数民族毕业生尤其是蒙古语授课毕业生则要予以"优先安排"，以支持他们顺利就业。

2000年是我国高校毕业生就业政策出现显著变化的一年，随着就业形势的变化和新的就业政策的实施，事关少数民族毕业生的就业政策也随之发生了变化。这一点在《内蒙古自治区人民政府批转自治区计委等5部门关于做好2000年大中专院校毕业生就业工作意见的通知》中体现得尤为明显，对于"少数民族毕业生，特别是蒙语授课的少数民族毕业生，要优先予以推荐"。从原来的"优先安排"变成"优先推荐"，虽然只是两字之差，但寓意却截然不同，即2000年之前，内蒙古自治区政府对少数民族毕业生尤其是对蒙古语授课毕业生采取的是"优先安排"政策，而从2000年开始，则适用"优先推荐"政策。此变化，标志着高校毕业生分配政策改革过渡已基本结束，统一分配政策行将成为历史。高校毕业生（包括少数民族毕业生）也需要按照"供需见面，双向选择，自主择业"的指导方针实现就业。

2003年高校毕业生人数突破了200万大关，为历年之最。对此，国务院提出"200多万毕业生的切身利益，关系高等教育的改革发展，关系科教兴国战略的实施，关系社会政治稳定。坚持'市场导向、政府调控、学校推荐、学生与用人单位双向选择'的改革方向，动员组织社会各方面力量共同做好2003年高校毕业生就业工作"。[①]

根据《国务院办公厅关于做好2003年普通高等学校毕业生就业工作的通知》（国办发〔2003〕49号），内蒙古自治区人民政府也印发了《内蒙古自治区人民政府关于切实做好2003年普通高等学校毕业生就业工作的意见》（内政字〔2003〕190号），对本年度区内高校毕业生就业工作做出了全面的部署。文件提出："少数民族毕业生采取优先就业政策，确保少数民族毕业生就业。重视少数民族毕业生特别是蒙语授课少数民族高校毕业生的就业

---

① 《国务院办公厅关于做好2003年普通高等学校毕业生就业工作的通知》。

问题，同等条件下优先推荐录用。"这对促进自治区内高等院校少数民族毕业生就业尤其是蒙古语授课少数民族毕业生就业发挥了积极的作用。继2003年之后，内蒙古自治区教育厅每年都印发关于做好普通高校毕业生就业创业的通知，同时每年召开普通高校毕业生就业工作年度安排部署会议，以确保普通高校毕业生就业创业工作顺利进行，每年都强调少数民族毕业生就业工作。对于少数民族毕业生尤其是蒙古语授课毕业生就业中遇到的普遍性的困难与问题，国家相关部委与自治区党委、政府给予了高度重视。

从2011年开始国家民委、人力资源和社会保障部、教育部等部门成立联合调研组来内蒙古呼和浩特民族学院等单位进行实地调研，自治区政府及教育厅、民委、人力资源保障厅等相关职能部门也相继开展调查研究。在深入调查研究的基础上，2013年内蒙古自治区人民政府研究制定了《内蒙古自治区人民政府关于进一步做好普通高等学校毕业生就业工作的意见》（内政发〔2013〕4号），对新形势下的高校毕业生就业创业作出了制度安排。其中第19条专门针对蒙古语授课毕业生，即"促进蒙古语授课毕业生就业"，从以下七个方面进行了具体部署："十二五"期间，自治区公务员考录、事业单位公开招聘每年要从录用（招聘）计划总数中拿出15%的职位（岗位），专门用于定向招录蒙古语授课毕业生，其中，旗县以下机关事业单位特别是蒙古族和"三少民族"人口聚居旗县以下机关事业单位，可根据实际需要提高录用（招聘）比例；在公共服务类窗口单位要设置蒙汉语兼通岗位招聘蒙古语授课的高校毕业生；民族教育培训及其教研机构在招聘教师和教研人员时要优先招聘师范类蒙古语授课毕业生；高校毕业生服务基层项目要拿出不低于招募总数15%的比例定向招募蒙古语授课毕业生；中央驻内蒙古各类企业、自治区国有企业每年要按接收计划20%的比例面向蒙古语授课毕业生进行定向招录；鼓励蒙古语授课大学生辅修宜于就业创业的第二学位、第二专业或汉语授课的应用类课程，学生凭合格证书或合格成绩单，由各级财政分级负担选修费用；对招用蒙古语授课毕业生并签订3年以上（含3年）劳动合同、按规定缴纳社会保险费的各类企业和其他非公有制经济组织，按招用人数给予用人单位3年的岗位补贴，补贴标准按当地

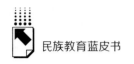

最低工资标准的 50% 执行，所需经费从各级政府就业专项资金中列支。

上述 7 条虽然短短几百字，却字字珠玑、意蕴深刻，具有里程碑意义，被誉为促进蒙古语授课毕业生就业的特殊帮扶政策"黄金七条"，对促进蒙古语授课大学生就业创业发挥了至关重要的作用，属内蒙古自治区有效贯彻落实党的民族政策法规的经典之作。

2013 年内蒙古自治区人民政府研究决定"开发基层公益性岗位招募部分贫困家庭和蒙古语授课高校毕业生就业"①。据此精神，2013 年 11 月内蒙古自治区人力资源和社会保障厅、内蒙古自治区财政厅研究出台《关于开发基层公益性岗位招募贫困家庭和蒙古语授课高校毕业生就业的实施意见》（内人社发〔2013〕130 号），提出要开发 10000 个基层公益性岗位以招录贫困家庭和蒙古语授课高校毕业生充实基层，并对生活补贴、福利待遇以及管理方面做出了规定。此举，对推动和促进部分贫困家庭与蒙古语授课毕业生就业发挥了重要作用，深受当地政府与蒙古语授课毕业生的好评。

2014 年，根据中共中央、国务院《关于加强和改进新形势下民族工作的意见》精神，内蒙古自治区党委于 2014 年 11 月 19 日组织召开了全区民族工作会议，并审议通过了《内蒙古自治区党委、政府关于加强和改进新形势下民族工作的实施意见》（内党发〔2014〕28 号）。这是自治区党委对促进蒙古语授课毕业生就业创业方面最新且最有力的政策依据。较之 2013 年"黄金七条"，新规定对原意见中的第 5 条即"中央驻内蒙古各类企业、自治区国有企业每年要按接收计划 20% 的比例面向蒙古语授课毕业生进行定向招录"再未提及，因为该条规定涉及企业用人制度，在当前社会主义市场经济体制中，企业是具有独立法人资格的市场经营主体，政府对它们的用人方式不能发布政策命令，只能依靠财税优惠政策来引导和支持企业吸纳少数民族毕业生。

2015 年 3 月 9 日内蒙古自治区人力资源和社会保障厅下发的《关于进一步做好 2015 年全区高校毕业生就业创业工作的通知》中，明确提出了

---

① 内蒙古自治区人民政府 2013 年第 1 次常务会议。

"启动实施蒙古语授课高校毕业生就业促进计划"。同年12月,内蒙古自治区人民政府办公厅向各盟行政公署、市人民政府,自治区各委、办、厅、局转发了由自治区教育厅与人社厅共同起草的《关于进一步做好高等学校蒙古语授课学生培养和创业就业工作的实施意见》(内政办发〔2015〕128号),对进一步做好高等院校蒙古语授课学生的就业工作提出了更加明确的要求:努力完善高等学校蒙古语授课学生创业就业指导教育;依法设置适合蒙古语授课高等学校毕业生就业岗位;实行蒙古语授课高等学校毕业生考录公务员和参加事业单位公开招聘倾斜政策;支持蒙古语授课高等学校毕业生到城乡基层创业就业;鼓励各类企业吸纳蒙古语授课高等学校毕业生就业;加大扶持蒙古语授课高等学校毕业生创业力度;不断提升蒙古语授课高等学校毕业生创业就业能力;强化离校未就业蒙古语授课高等学校毕业生创业就业服务。

意见对蒙古语授课毕业生(特指在自治区行政区域内,高中阶段以蒙古语授课为主,且高考时使用蒙古语文试题答卷,录取为区内普通高等学校蒙古语授课专业、民族班和少数民族预科班的毕业生)就业创业指导教育、特殊岗位设置、机关事业单位招聘倾斜、基层就业、企业就业、自主创业、就业创业能力提升、未就业毕业生服务等方面做了全面系统的安排部署。文件再三强调:各地区、各部门要切实提高对做好蒙古语授课高等学校学生培养和创业就业工作重要性的认识,坚决执行国家和自治区既定方针政策,积极发挥就业工作联席会议作用,定期研究解决大学生培养和就业创业特别是蒙古语授课高等学校学生的培养和就业创业问题。

自治区党委、政府出台的上述政策与措施,在有效缓解蒙古语授课毕业生就业创业中的困难和问题的同时,也向全国乃至全世界展示了"模范自治区""祖国北疆亮丽的风景线"的独特魅力。

（二）少数民族毕业生就业创业政策措施的主要特征

1. 坚持分类指导

内蒙古自治区高校"少数民族毕业生"按授课语言可划分为两种类型:

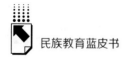

一是使用汉语授课的少数民族毕业生，包括蒙古族、达斡尔族、鄂温克族、鄂伦春族、回族、满族等，这些少数民族毕业生以汉语授课为主，较少学习和掌握本民族语言文字；二是使用本民族语言授课的少数民族毕业生，主要包括从中小学甚至大学都采用蒙古语授课的少数民族毕业生。其中，使用蒙古语授课的学生大多来自农牧区，家庭经济困难的比例相对较高。此外，由于蒙古语授课毕业生汉语能力不高、所学专业不适应市场需求、就业竞争能力较低等原因，在"以市场为主导"就业政策下，他们遇到了很多困难和问题，因而广大牧民家长为方便孩子未来就业，纷纷将不懂汉语的孩子送到汉语授课学校。

根据这些情况，自治区党委、政府始终坚持分类指导的原则，区分不同情况、不同授课模式，采取不同政策措施，促进少数民族毕业生实现就业创业。

对于蒙古语授课大学毕业生，"自治区公务员考录、事业单位公开招聘每年从录用（招聘）计划总数中划出不低于15%的职位（岗位），专门用于定向招录蒙古语授课高等学校毕业生，其中旗县级以下机关事业单位，特别是蒙古族和'三少民族'人口聚居地区旗县级以下事业单位可根据实际需要提高录用（招聘）比例。为蒙古语授课高等学校毕业生参加公务员考录、事业单位公开招聘提供蒙古语文试卷，配备专门的蒙古语面试考官，创造公平公正的考录招聘环境"。根据此项政策要求，在自治区公务员考试公告、内蒙古事业单位招聘简章中都有"部分岗位定向招聘蒙汉兼通人员"一项。

对报考机关事业单位的蒙古语授课考生给予直接加分照顾。如《2012年内蒙公务员考试公告》、2015年内蒙古事业单位招聘简章、2016年内蒙古公务员招录3613人公告简章中均有"对于蒙古族、达斡尔族、鄂温克族、鄂伦春族考生，在合成笔试成绩前在每科成绩上加2.5分"的相关规定。

对选择到基层就业，参加政府主导的面向中小企业选拔储备高校毕业生计划、选聘高校毕业生到嘎查村任职计划、高校毕业生"三支一扶"计划、大学生志愿服务西部计划、农村牧区义务教育阶段学校教师特设岗位、高校毕业生社区民生工作志愿服务计划等选拔考试的蒙古语授课毕业生，自治区及相关部门同样给予一定的政策倾斜和特殊优惠。

一是不断增加直接招募蒙古语授课毕业生的基层岗位数量和在各类岗位中的录取比例。依据《内蒙古自治区人民政府关于进一步做好普通高等学校毕业生就业工作的意见》（内政发〔2013〕4号）精神，在《2013年内蒙古自治区高校毕业生社区民生工作志愿服务计划实施方案》和《2013年内蒙古自治区高校毕业生"三支一扶"计划工作实施方案》等文件的"确定入选人员"一栏中规定"各盟市人力资源和社会保障部门根据招募计划和考生笔试成绩按照分数从高分到低分的原则，确定当地入选人员。其中，根据自治区的有关文件精神，各地区对贫困家庭大学生和蒙古语授课毕业生，实行录取计划单列。依据考试成绩由高分到低分顺序，贫困家庭高校毕业生按照不低于本盟市计划数30%的比例进行录取；蒙古语授课毕业生按照不低于本盟市计划数15%的比例进行录取"。2013年11月内蒙古自治区人力资源和社会保障厅、内蒙古自治区财政厅研究出台《关于开发基层公益性岗位招募贫困家庭和蒙古语授课高校毕业生就业的实施意见》（内人社发〔2013〕130号）中要求"……开发1万个基层公共服务公益性岗位，招募贫困家庭高校毕业生和蒙古语授课毕业生充实到苏木、乡镇、街道和社区，从事就业、社会保障、劳动关系协调等社会管理服务工作"。

二是给予直接加分政策。少数民族毕业生参加基层服务人员招募考试时，实行对报名参加考试的蒙古族、达斡尔族、鄂温克族、鄂伦春族高校毕业生，在其笔试总成绩上加5分的优惠措施。《关于2009年选聘高校毕业生到嘎查村任职的公告》和《2012年内蒙古大学生村官报名考试及政策公告》中都有上述相关规定。这些政策的有效落实，切实增强了少数民族考生的就业自信，有效改善了少数民族毕业生被录用的状况。

2.针对性、实效性显著

根据少数民族毕业生就业创业中所出现的新问题，内蒙古自治区人民政府及时出台《内蒙古自治区人民政府关于进一步做好普通高等学校毕业生就业工作的意见》（内政发〔2013〕4号），并专门针对蒙古语授课毕业生

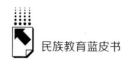

就业问题提出了"黄金七条"政策措施。内蒙古自治区人力资源和社会保障厅、内蒙古自治区财政厅等及时研究出台《关于开发基层公益性岗位招募贫困家庭和蒙古语授课高校毕业生就业的实施意见》（内人社发〔2013〕130号），开发10000个基层公益性岗位以招录贫困家庭和蒙古语授课高校毕业生充实基层。2015年内蒙古自治区人民政府办公厅批转印发的自治区教育厅与人社厅《关于进一步做好高等学校蒙古语授课学生培养和创业就业工作的实施意见》（内政办发〔2015〕128号）等。这一系列倾斜和扶持政策，切实有效地解决了蒙古语授课毕业生的就业创业问题，对他们的生活、事业发展起到了极大鼓舞和关怀作用。

3. 协同性较强

内蒙古自治区党委、政府始终高度重视和密切关注少数民族毕业生的就业创业，在制定一系列具体政策措施的同时，督促各有关部门积极落实，目标任务明确，齐抓共管，形成合力，共同促进蒙古语授课毕业生顺利就业创业。如在《关于进一步做好高等学校蒙古语授课学生培养和创业就业工作的实施意见》中明确规定各相关部门的分工负责任务，如教育部门要加大民族高等教育教学改革力度，指导高校大力加强蒙古语授课在校学生的创业就业指导和服务工作；人力资源和社会保障部门要牵头做好蒙古语授课高等学校毕业生创业就业工作，制定和实施创业就业特殊政策措施，并做好毕业生离校后的创业就业指导和服务工作；财政部门要根据高等学校毕业生创业就业工作实际需要，统筹安排资金，用于促进蒙古语授课高等学校毕业生创业就业；工商、税务部门要落实好相关税费减免政策；各相关部门要认真履行职责，主动作为，密切配合，齐抓共管，形成长效工作机制，确保蒙古语授课高等学校毕业生创业就业工作步入科学化、法制化轨道，满足少数民族群众期盼和社会需要；等等。有效的措施，加之各成员单位之间的协同配合，对蒙古语授课毕业生实现就业创业起到了保驾护航的作用。

4. 体系完整，形成合力

少数民族毕业生的就业问题是在实践探索中逐渐解决的。时至今日，自治区在少数民族毕业生尤其是蒙古语授课毕业生的创业与就业工作中已经形成了较为完整的运行机制和有力的保障体系，具体涉及四个方面。第一，固本培元，提升人才质量。各高校为蒙古语授课学生量身打造人才培养模式，通过优化专业课程体系，突出实用性人才的培养，同时增加就业创业指导课程，并主动对接用人单位，为蒙古语授课学生举办专场招聘会，努力实现了"扶上马送一程"。第二，政策落地，拓展就业空间。各级政府不仅是就业政策措施的制定者，还应积极居中协调、监督检查，保障政策措施的落实。如提高机关事业单位、企业等用人单位对蒙古语授课毕业生的招聘比例，以及在创业补贴、小额贷款、场地扶持等方面给予这些学生以适当倾斜与扶持。第三，加强就业服务，营造社会环境。在现有的公共就业和人才服务机构中增开蒙汉双语服务窗口，方便蒙古语授课大学生及时了解就业的相关政策，并为其提供更有针对性的就业指导与服务。第四，扩充就业终端，鼓励企业广纳人才。很多高质量的毕业生进入企业，加之外部政策的鼓励支持，越来越多的企业愿意吸纳蒙古语授课毕业生，这是实现少数民族毕业生就业良性循环的有力保障。

正是基于"高校—政府—社会—企业"四个方面各尽所能、密切配合，自治区的少数民族大学生特别是蒙古语授课毕业生创业和就业工作才呈现了稳中求进、协调发展的良好态势，并助力自治区成为民族区域自治的典范。

B.9
内蒙古少数民族高层次人才
培养工作及发展建议

吴海山　包兰*

摘　要：　"十二五"期间，内蒙古自治区继续加大少数民族高层次人才的培养力度，在少数民族硕士、博士研究生培养以及高校少数民族教师队伍建设方面取得了令人瞩目的成绩。然而，在少数民族高层次人才培养工作中也存在不少问题。为此，今后应从强抓学科建设、提升研究生教育质量、加强导师队伍建设、深化研究生教育综合改革、规范研究生教学管理、补充高校少数民族师资梯队、提高少数民族师资队伍整体素质和强化少数民族青年教师培养与培训等方面着手推进少数民族高层次人才培养工作。

关键词：　内蒙古　少数民族　高层次人才　研究生培养　师资队伍建设

党和国家历来十分重视少数民族高等教育，重视少数民族人才的培养和使用工作。新时期，党和国家加大了少数民族高层次人才的培养力度，注重高层次人才数量、质量和规模，把少数民族高层次人才培养视为党和国家新时期的一项重要任务。一个地区高层次人才的数量与结构在一定程度上能够反映该地区的人口素质、经济发展及教育水平。那么，内蒙古自治区高层次

---

* 吴海山，博士，内蒙古师范大学教务处副处长、教授；包兰，内蒙古师范大学教务处蒙研科科长，副编审。

人才培养状况如何呢？为了全面了解全区少数民族高层次人才培养状况，我们对内蒙古大学、内蒙古师范大学、内蒙古农业大学、内蒙古工业大学、内蒙古科技大学、内蒙古医科大学、内蒙古财经大学和内蒙古民族大学等8所大学在"十二五"期间培养少数民族硕士、博士状况以及少数民族师资队伍建设情况进行了调研。通过调研，力图总结自治区少数民族高层次人才培养的成就，梳理在高层次人才培养中存在的问题，探讨解决这些问题的路径。

一 少数民族高层次人才培养现状

（一）"十二五"期间硕士研究生培养现状

"十二五"期间，内蒙古自治区8所大学硕士学位点建设得到进一步加强，硕士研究生招生培养工作稳步进行。截至2015年底，全区8所大学一级学科硕士学位授权点达到127个，二级学科硕士学位授权点（不含一级学科覆盖点）达到58个。学位点分布情况见图1。

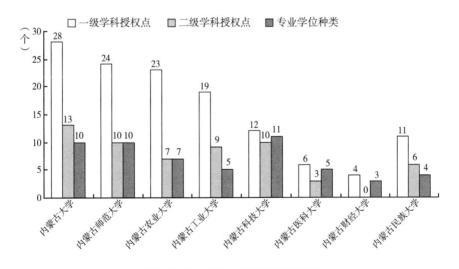

图1　8所大学硕士学位授权点情况

注：二级学科授权点不含一级学科覆盖点。

从硕士生导师情况来看，截至 2015 年底，8 所大学的硕士生导师总数达到 3216 人，其中少数民族导师 989 人，占总数的 30.8%。8 所大学中，少数民族硕士生导师占硕士生导师总人数比例最高的为内蒙古师范大学，达到 51.8%，最低的为内蒙古科技大学，为 11.0%。各大学硕士生导师情况见表 1。

表 1　8 所大学硕士生导师总数及少数民族导师数

单位：人，%

学　校	硕士生导师数	少数民族导师数	少数民族导师所占比例
内蒙古大学	556	253	45.5
内蒙古师范大学	535	277	51.8
内蒙古农业大学	461	127	27.5
内蒙古工业大学	608	105	17.3
内蒙古科技大学	427	47	11.0
内蒙古医科大学	411	112	27.3
内蒙古财经大学	102	21	20.6
内蒙古民族大学	116	47	40.5
合　计	3216	989	30.8

"十二五"期间，全区 8 所大学共招收硕士研究生 27373 人。其中，2011 年为 5097 人，2012 年为 5350 人，2013 年为 5533 人，2014 年为 5605 人，2015 年为 5788 人，硕士研究生招生规模呈稳步扩大趋势。在全部招收的硕士研究生中，少数民族研究生人数为 7477 人，占总数的 27.3%。其中，2011 年为 1282 人，占当年招生总数的 25.2%；2012 年为 1553 人，占当年招生总数的 29.0%；2013 年为 1572 人，占当年招生总数的 28.4%；2014 年为 1635 人，占当年招生总数的 29.2%；2015 年为 1435 人，占当年招生总数的 24.8%（见图 2）。

从 8 所大学的具体情况来看，"十二五"期间，招收少数民族硕士研究生人数最多的为内蒙古大学，共招收 2328 人，占硕士研究生总数的 30.9%；招收少数民族硕士研究生比例最高的为内蒙古民族大学，共招收 695 人，占硕士研究生总数的 59.0%；招收少数民族硕士研究生总数和比例最少（低）的为内蒙古科技大学，共招收 132 人，占硕士研究生总数的 5.4%；

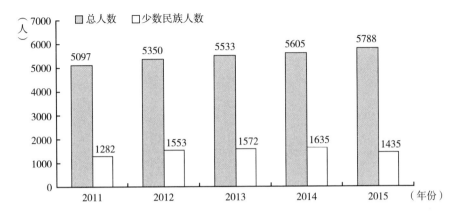

图2　2011~2015年自治区8所大学硕士生招生总体情况

其他学校分别为：内蒙古师范大学共招收 2131 人，占硕士研究生总数的
39.2%，内蒙古农业大学共招收 832 人，占硕士研究生总数的 21.7%，内蒙古
工业大学招收 473 人，占硕士研究生总数的 13.1%，内蒙古医科大学共招收
692 人，占硕士研究生总数的 28.6%，内蒙古财经大学共招收 194 人，占硕士
研究生总数的 22.0%（见图3）。

（二）博士研究生培养现状

截至 2015 年底，全区高校共有内蒙古大学、内蒙古师范大学、内蒙古
农业大学、内蒙古工业大学和内蒙古科技大学等 5 个博士学位授权单位，另

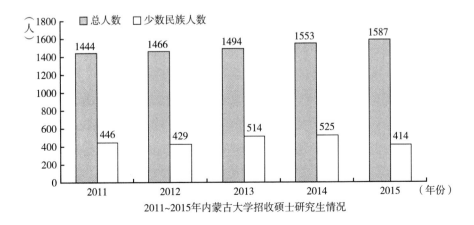

2011~2015年内蒙古大学招收硕士研究生情况

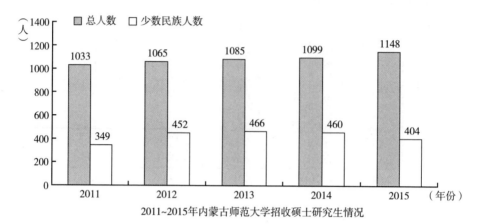

2011~2015年内蒙古师范大学招收硕士研究生情况

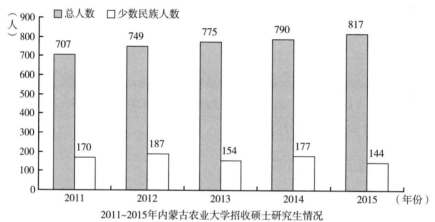

2011~2015年内蒙古农业大学招收硕士研究生情况

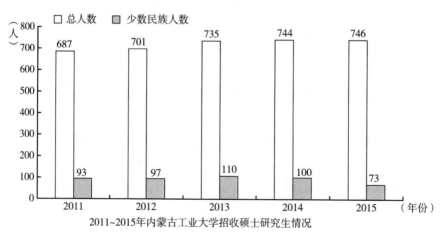

2011~2015年内蒙古工业大学招收硕士研究生情况

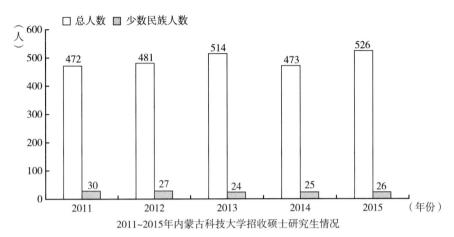

2011~2015年内蒙古科技大学招收硕士研究生情况

2011~2015年内蒙古医科大学招收硕士研究生情况

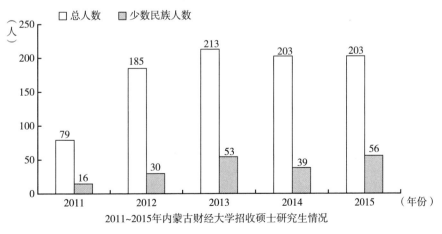

2011~2015年内蒙古财经大学招收硕士研究生情况

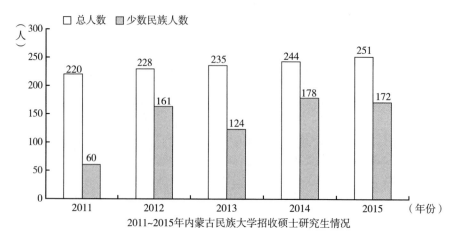

2011~2015年内蒙古民族大学招收硕士研究生情况

图3 各高校招收硕士研究生总数及少数民族学生数

外内蒙古民族大学是拥有服务国家特殊需求蒙药学博士人才项目的高校。全区高校有 25 个一级学科博士学位授权点、6 个二级学科博士学位授权点（不含一级学科覆盖点），博士学位授权一级学科覆盖率为 21.82%（全国共有学术学位型博士学位授权一级学科 110 个）。从博士点分布来看，内蒙古大学有一级学科授权点 7 个、二级学科授权点 3 个，内蒙古师范大学有一级学科授权点 2 个，内蒙古农业大学有一级学科授权点 11 个、二级学科授权点 2 个，内蒙古工业大学有一级学科授权点 3 个、二级学科授权点 1 个，内蒙古科技大学有一级学科授权点 2 个。

从博士生导师数量来看，截至 2015 年底，5 所大学共有 380 名博士生导师，其中，少数民族导师 104 人，占总数的 27.4%。

"十二五"期间，5 所大学共招收培养博士研究生 1225 人，其中，少数民族博士研究生 327 人，占总数的 26.7%。具体招生情况见图4。

另外，内蒙古民族大学依托服务国家特殊需求蒙药学博士人才项目，培养博士研究生 7 人，全部为少数民族学生；内蒙古医科大学与国内其他高校联合培养博士生 40 人，其中少数民族 29 人，占总数的 72.5%。

从"十二五"期间 5 所大学的博士研究生招生数量来看，总体上呈扩大趋势，但扩大幅度并不明显，每年基本在 1% ~ 6% 范围内小幅增加。少

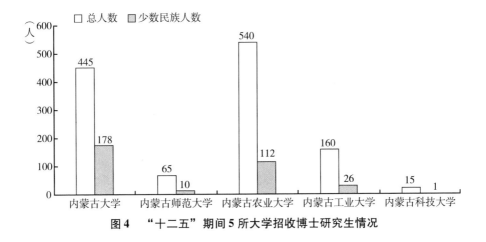

图4 "十二五"期间5所大学招收博士研究生情况

数民族考生每年考取博士生的数量并无规律,这与每年报考的数量、竞争状况、招生比例等各方面因素有关。

(三)高校少数民族师资队伍现状

高层次人才的培养,依赖于更高层次的师资队伍的建设。少数民族高层次人才的培养,不仅依赖于学校整体的师资队伍建设,更依赖少数民族师资队伍的不断壮大。而高校加强师资队伍建设,提高教师教学、科研水平,本身就是一个高层次人才培养的过程。

截至2015年底,内蒙古师范大学共有专任教师1283人,其中有蒙古语授课教师351人,占专任教师总数的27.4%。在蒙古语授课教师中,有教授75人、副教授132人、讲师133人,分别占蒙古语授课教师总数的21.4%、37.6%、37.9%;在蒙古语授课教师中,具有博士学位的133人,占蒙古语授课教师总数的37.9%,具有硕士学位的161人,占蒙古语授课教师总数的45.8%(见图5)。

内蒙古农业大学专任教师共有1167人,其中少数民族专任教师365人,占专任教师总数的31.3%。少数民族专任教师中,有教授72人、副教授118人、讲师132人,分别占少数民族专任教师总数的19.7%、32.3%、36.2%;少数民族专任教师中,具有博士学位的152人,占少数民族专任教

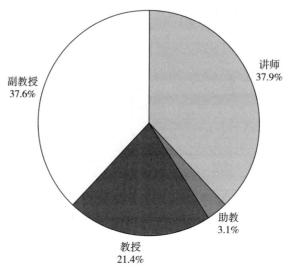

内蒙古师范大学蒙古语授课教师职称结构

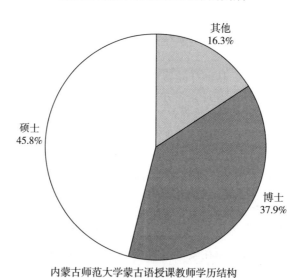

内蒙古师范大学蒙古语授课教师学历结构

图5　内蒙古师范大学蒙古语授课教师队伍结构

师总数的41.6%，具有硕士学位的157人，占少数民族专任教师总数的43.0%（见图6）。

内蒙古工业大学教师总数为1995人，其中少数民族教师435人，占教

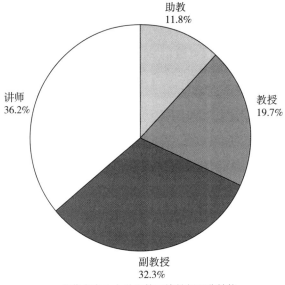

内蒙古农业大学少数民族教师职称结构

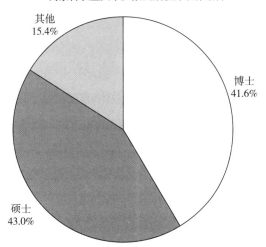

内蒙古农业大学少数民族教师学历结构

图 6　内蒙古农业大学少数民族教师队伍结构

师总数的 21.8% 。少数民族教师中，人数最多的是蒙古族教师，为 356 人，占少数民族教师总数的 81.8% ；少数民族教师中，有教授 33 人、副教授 130 人、讲师 242 人，分别占少数民族教师总数的 7.6% 、29.9% 、55.6% ；

少数民族教师中，具有博士学位的 79 人，占少数民族教师总数的 18.2%，具有硕士学位的 250 人，占少数民族教师总数的 57.5%，本科及以下学历的 106 人，占少数民族教师总数的 24.4%。其中，最高学历为本校毕业的 138 人，占少数民族教师总数的 31.7%；非本校毕业的 297 人，占少数民族教师总数的 68.3%（见图 7）。

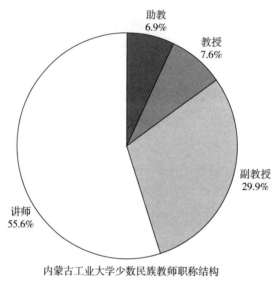

内蒙古工业大学少数民族教师职称结构

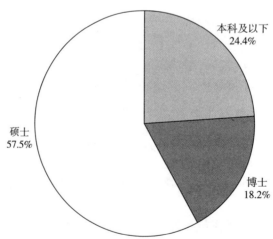

内蒙古工业大学少数民族教师学历结构

图 7　内蒙古工业大学少数民族教师队伍结构

内蒙古科技大学教师总数为 1720 人，其中少数民族教师 204 人，占教师总数的 11.9%。少数民族教师中，有教授 19 人、副教授 48 人、讲师 106 人，分别占少数民族教师总数的 9.3%、23.5%、52.0%；少数民族教师中，具有博士学位的 27 人，占少数民族教师总数的 13.2%，具有硕士学位的 132 人，占少数民族教师总数的 64.7%。少数民族教师中，本校毕业的有 32 人，占少数民族教师总数的 15.7%；外校毕业的有 172 人，占少数民族教师总数的 84.3%（见图 8）。

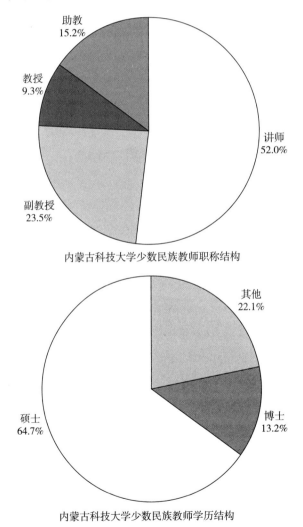

内蒙古科技大学少数民族教师职称结构

内蒙古科技大学少数民族教师学历结构

图 8　内蒙古科技大学少数民族教师队伍结构

截止到 2015 年底，内蒙古医科大学教师共有 696 人，其中少数民族教师 245 人，占教师总数的 35.2%。少数民族教师中，有教授 53 人、副教授 46 人、讲师 79 人、助教 67 人，分别占少数民族教师总数的 21.6%、18.8%、32.2%、27.3%；少数民族教师中，具有博士学位的 47 人，占少数民族教师总数的 19.2%，具有硕士学位的 153 人，占少数民族教师总数的 62.4%。少数民族教师中，本校毕业的 92 人，占少数民族教师总数的 37.6%；外校毕业的 153 人，占少数民族教师总数的 62.4%（见图 9）。

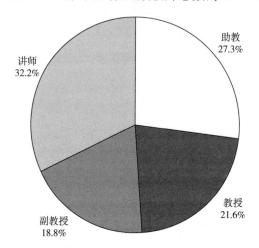

内蒙古医科大学少数民族教师职称结构

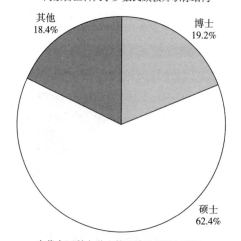

内蒙古医科大学少数民族教师学历结构

图9　内蒙古医科大学少数民族教师队伍结构

　　"十二五"期间，内蒙古财经大学蒙汉双语授课教师师资力量逐年加强，截至 2015 年底，学校有专任教师 933 人，其中蒙汉双语授课教师 133 人，占专任教师总数的 14.3%。蒙汉双语授课教师中，有教授 23 人、副教授 35 人、讲师 51 人，分别占蒙汉双语授课教师总数的 17.3%、26.3%、38.3%；蒙汉双语授课教师中，具有博士学位的 43 人，占蒙汉双语授课教师总数的 32.3%，具有硕士学位的 54 人，占蒙汉双语授课教师总数的 40.6%（见图 10）。

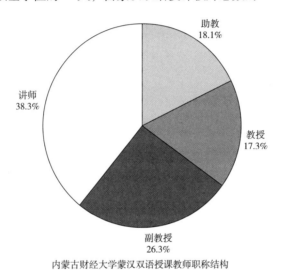

内蒙古财经大学蒙汉双语授课教师职称结构

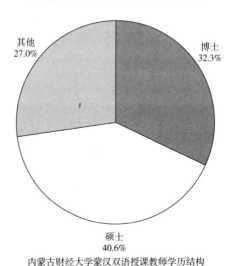

内蒙古财经大学蒙汉双语授课教师学历结构

图 10　内蒙古财经大学蒙汉双语授课教师队伍结构

内蒙古民族大学教师总数为 1119 人，其中少数民族教师 652 人，占教师总数的 58.3%。少数民族教师中，有教授 108 人、副教授 211 人、讲师 255 人，分别占少数民族教师总数的 16.6%、32.4%、39.1%；少数民族教师中，具有博士学位的 146 人，占少数民族教师总数的 22.4%，具有硕士学位的 329 人，占少数民族教师总数的 50.5%（见图 11）。

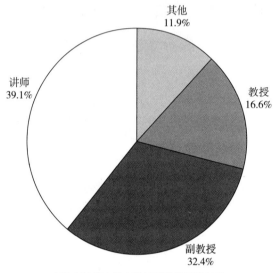

内蒙古民族大学少数民族教师职称结构

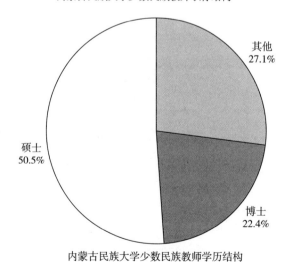

内蒙古民族大学少数民族教师学历结构

图 11　内蒙古民族大学少数民族教师队伍结构

一所高校教师的职称结构和学历结构，能够反映教师队伍的整体素质，也能够在一定程度上反映该所高校培养硕士、博士等高层次人才的能力和实力。

二　少数民族高层次人才培养的成就

1. 大批少数民族高层次人才对自治区民族教育和民族科技文化事业以及祖国边疆安定团结和经济社会发展做出了重大贡献

学校教育的根本目的，就是培养社会所需的各类人才。内蒙古自治区成立以来，若干相继成立的各个高校在建设、发展的过程中大部分都取得了硕士、博士学位授予权，并先后培养出数以万计的高层次少数民族人才。各个高校不仅为自治区民族教育和科技文化事业培养了骨干力量，而且为国家输送了一大批各类高层次人才，它们对祖国边疆安定团结和自治区经济社会发展做出了重大贡献。如前所述，自治区各高校毕业生中涌现出大批优秀人才，其中一些人在国际上也享有很高的声誉，他们在各自岗位上取得了令人瞩目的成绩，在经济、政治、文化教育各个领域都有较大的影响力，为自治区、为国家争得了荣誉。仅"十二五"期间，自治区 8 所大学共招收少数民族硕士生 7477 人，少数民族博士生 327 人，这些少数民族高层次人才的培养以及他们的成长，必将为自治区、国家经济社会的发展继续提供强有力的智力支持。

2. 设置富有民族特色的研究生专业和方向，招收各民族学生，为民族文化的传承和发展做出了重大贡献

自治区主要高校依据自身学科专业优势，设置丰富多彩的富有民族特色的研究生专业，招收和培养各民族学生。以内蒙古大学为例，硕士研究生招生专业中不仅有中国少数民族语言文学、中国少数民族经济、中国少数民族史、民族学等承载民族文化方面的专业，而且在相关专业下面设置了诸如蒙古族宗教文化、蒙古族历代文论、民族文艺美学、蒙古文信息处理、蒙古族新闻传播史研究、蒙药与天然产物化学、民族政治学、北方民族艺术、北方

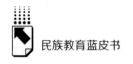

少数民族美术、民族音乐学、北方少数民族非物质文化研究等极具民族特色和地区特色的研究方向；再以内蒙古师范大学为例，研究生招生专业中有马克思主义民族理论与政策、中国少数民族经济、中国少数民族史、中国少数民族艺术、民族教育、民族地理、民族旅游、民族传统体育学、中国少数民族语言文学、民族生态学、民族音乐学、民族影视学和民族创意产品设计等13个具有鲜明民族特色的二级学科专业，各专业方向均配备一定数量"蒙汉兼通"的少数民族导师。这些专业和方向不仅培养着民族政治、经济、文化、历史、艺术、医药、体育等各个领域的高层次人才，为自治区和国家经济、政治、社会各个领域不断输送着各类人才，而且为民族文化的传承和发展做出了重大贡献。

3. 研究生学位点建设稳步进行，本科、硕士、博士三个层次的教育培养体系日趋完善，为少数民族高层次人才培养提供了更为直接的平台

经过多年的建设，截至目前，8所高校共有19个博士后流动站，25个一级学科博士学位授权点，123个一级学科硕士学位授权点。与此同时，蒙古语授课本科专业数量也不断增加。以内蒙古师范大学和内蒙古财经大学为例，内蒙古师范大学本科专业共有84个，其中蒙汉双语授课专业共有30个；内蒙古财经大学本科专业共有54个，其中有27个专业设置蒙汉双语授课班。其他高校的蒙汉双语授课本科专业也稳步发展。本科阶段的培养教育为硕士、博士层次的人才培养提供了基础，而硕士、博士层次的学位点建设，又为本科层次的人才培养提供了发展方向和出口。这样，本科、硕士、博士三个层次的培养体系日臻完善，为少数民族高层次人才培养提供了更为直接的平台。

4. 高层次人才培养的各项体制机制日趋完善，制度化建设稳步进行

"十二五"期间，各高校都非常注重高层次人才培养管理制度的健全，各项体制机制不断完善。如内蒙古农业大学在"十二五"期间修订或制定出台了诸如《内蒙古农业大学教职工攻读博士学位管理暂行办法》《内蒙古农业大学高层次人才引进与管理办法（试行）》《内蒙古农业大学攻读博士学位研究生培养工作规定》《内蒙古农业大学攻读硕士学位研究生培养工作规定》等；再如，内蒙古师范大学修订或制定了《内蒙古师范大学研究生教育综合改革方案》《研究生课程教学基本规范》《内蒙古师范大学研究生学位论文学术不端行为检测及处理办法（暂行）》《内蒙古师范大学研究生导师考核与管理办法》《内蒙古师范大学专业学位研究生实践教学暂行规定》《内蒙古师范大学研究生奖学金评审办法》等系列文件。通过修订或制定出台各项文件，自治区各高校的师资队伍和研究生培养、管理工作日趋制度化，各项体制机制日趋完善。

5. 少数民族师资队伍学术研究、教学研究方面取得令人瞩目的成就，教学与科研良性互动

8 所大学的蒙汉双语授课学科专业的蒙古族和汉族教师团结协作，优势互补，把握学科发展前沿，积极开展交叉性、综合性研究，学术水平不断提高。少数民族教师获得的科研项目、各类荣誉，是令人瞩目的。以内蒙古师范大学为例，"十二五"期间，共获批国家自然基金项目 88 项，其中少数民族教师获得 36 项，占总数的 40.9%；获批国家社科基金项目 82 项，其中少数民族教师获得 45 项，占总数的 54.9%；获得 1 项国家科技支撑计划项目，实现国家级重大科研项目零的突破，获批 2 项国家社科基金重大项目，实现国家社科基金重大项目零的突破，这 3 个项目的主持人均为蒙古族教师；获得艺术类国家级奖励 33 项，获奖者中 16 人为少数民族，占总数的 48.5%；获全国高校人文社会科学研究优秀成果奖 2 项，获奖者均为蒙古族教师；获自治区科学技术奖 4 项，获奖者中 3 人为少数民族；获自治区政府哲学社会科学奖一等奖 6 项，获奖者中 5 人为蒙古族；入选自治区"创新团队发展计划"的 3 个团队和自治区"草原英才"工程产业创新人才团队的大部分成员为蒙古族教师；有 14 人入选自治区高等学校"青年科技英才支持计划"青年科技领军人才和青年科技骨干，其中少数民族教师有 6 人。"十二五"期间，内蒙古师范大学有一门课程被评为国家级精品视频公开课，主持人为蒙古族；2 人获得全国高校青年教师教学竞赛二等奖，获奖者均为少数民族教师；获评 9 个自治区级教学团队，其中 5 个教学团队负责人为蒙古族；获评自治区教学名师 12 人，其中 10 人为少数民族教师；11 人

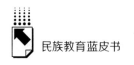

获得自治区"教坛新秀"称号,其中5人为少数民族教师。

其他大学的少数民族教师所取得的成绩也是非常显著的。如内蒙古大学在"十二五"期间共获得理工类省部级以上项目1297项,其中少数民族教师获得460项,占总数的35.5%;获得省部级科技奖17项,其中3项成果的第一完成人为少数民族;获得省部级以上社科类科研项目383项(省级只统计内蒙古哲学社会科学规划项目),其中少数民族教师获得156项,占总数的40.7%;在第四届哲学社会科学政府奖评选中有3项成果获得一等奖,其中2项成果的主持人为蒙古族,23项成果获得二等奖,其中11名获奖者为少数民族。内蒙古农业大学在"十二五"期间获得省部级以上科研项目总数为666项,其中少数民族教师获得的项目为159项,占总数的23.9%;2011~2014年,2人获得自治区科学技术特别贡献奖,其中1人为蒙古族。内蒙古工业大学少数民族教师中获得国务院政府特殊津贴专家、自治区突出贡献专家、草原英才、"321"一层次等高级别人才称号的有11人;2011~2015年,共获得省级项目790项,其中少数民族教师获得82项;横向项目共413项,其中少数民族教师获得43项;共获得省级奖36项,其中少数民族教师获得7项,获得国家奖2项,其中少数民族获得1项等。

三 少数民族高层次人才培养中存在的主要问题

(一)少数民族研究生培养中存在的问题

研究生教育是培养高层次人才的主要途径,是科教兴区、人才强区战略的重要支撑。"十二五"期间,自治区研究生教育教学改革稳步推进,研究生培养工作取得了一定的成绩。但不容忽视的是,研究生教育中也存在一些问题,少数民族研究生培养工作仍须加强。少数民族研究生培养工作中存在的问题,既有与汉族研究生培养共同的问题,也存在自己的特殊性。综合起来,主要有以下几个方面。

1. 硕士、博士学位授权学科有限，研究生整体规模有待进一步扩大

与全国研究生教育先进地区相比，内蒙古自治区研究生教育起步较晚，基础尚显薄弱，博士、硕士等高层次人才培养能力和水平还不能很好地适应自治区经济社会转型发展和产业转型升级的需求，培养质量与国内先进地区相比还有较大差距。自治区 8 所大学中，只有 5 所大学具有博士学位授予权，且授权学科有限，只有 25 个一级学科和 6 个二级学科，学科门类空白较多，培养规模过小，在机械工程、电器工程、临床医学、金融等自治区急需人才的学科领域还没有博士学位授予权。在专业学位授权领域，自治区还存在不少学科的授权空白，且无博士专业学位授予权，已有的专业学位研究生教育尚缺乏鲜明特色。各高校专业学位类别分布不均匀，学术学位与专业学位类别结构不合理，学术学位类招生专业远多于专业学位类别招生专业数量，制约了实践应用型学科的长足发展，造成学校整体学科布局的不合理。研究生规模不大，按每万人口在学研究生比例计算，自治区研究生整体规模仅为全国平均水平的 50%，博士研究生规模仅为全国平均水平的 20%，有待进一步扩大。从各高校的具体招收情况来看，研究生规模仍显偏小。以内蒙古财经大学为例，2013 年 17 个专业 38 个研究方向共招收 112 名硕士生，平均每个专业 6.6 名研究生，每个研究方向 3 名研究生，平均每个导师达不到 1 个研究生。

2. 研究生优秀生源相对不足，研究生培养质量有待进一步提高

生源的素质如何，直接影响到研究生的培养质量。近年来，研究生生源质量整体呈一定的下降趋势，研究生优秀生源相对不足已成为高层次人才培养中的一大问题。其原因是多方面的，本科阶段学习质量的下降和以缓冲就业、择业为目的的考研，是其中最突出的因素。以蒙古语授课大学生为例，高中阶段用蒙古语授课并考进大学，而在大学阶段虽有部分高校用蒙古语讲授基础课程，但仍有不少高校由于双语师资的短缺、授课需要的限制等原因，大部分课程用汉语授课。这给蒙古族大学生带来了语言学习、专业名词术语的理解、思维转换等一系列困难，在一定程度上影响了蒙古语授课大学生的学习质量。加之社会环境的影响、就业形势的严峻，

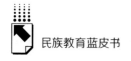
部分大学生产生厌倦学习的情绪，学习积极性、主动性不高，对专业基础知识的系统性掌握不够扎实。而一部分学生为了在严峻的就业形势下缓冲择业选择考研，他们大多从大学三年级就开始进入复习阶段，每天忙于考研课程的学习而对专业课采取应付态度，结果缺乏系统的课程学习，对学科整体的知识来源以及应用领域无从了解，从根本上缺少科学研究的意识。这不仅对本科教育质量产生不良影响，而且这类学生如果被录取为研究生，也使研究生的培养质量大打折扣。另外，与国内重点大学相比，少数民族地区高校在声誉、排名、师资、设备等方面存在一定的差距，这也是吸引优秀生源的制约因素之一。各高校招生选拔方式也未能完全体现出以提高生源质量为核心。本科阶段学习质量的相对下降，直接影响到研究生培养的质量。研究生的科研项目少、发表论文的层次不够高、学位论文的质量一般、创新成果不突出等，已经从一个侧面说明了研究生培养质量的实际情况。当然，研究生培养质量的下降与研究生教育质量保证和监督体系的不完善、导师队伍的教学科研水平不高等诸多因素相关，并不仅仅是生源问题。

3. 研究生导师队伍建设还需加强，导师队伍的学术水平、教学技能和指导能力仍有待进一步提升

导师是研究生培养的第一责任人和主体，是研究生培养质量的决定性因素，负有对研究生进行学科前沿引导、科研方法指导和学术规范教导的责任。研究生导师的学术水平、指导能力的高低直接影响研究生培养的质量和水平。从前一部分的统计中可以看到，截至2015年底，8所大学的硕士生导师总数达到3216人，其中少数民族导师为989人，占总数的30.8%；5所具有博士学位授予权的大学共有380名博士生导师，其中少数民族导师为104人，占总数的27.4%。这些研究生导师，尤其是博士生导师，是各学校的科研中坚力量，他们在各自领域的研究中也取得了较好的学术成绩，形成了一支学术研究能力和创新能力较强的相对稳定的导师队伍。但从整体上看，导师队伍也存在一些问题，如导师队伍中高水平、有影响力的学科领军人才、学科带头人较少，缺乏国家级拔尖人才，高层次科研项目、高级别科研成果不多，导师队伍结构不合理，导师队伍创新能力不强，个别导师质量意识弱、指导研究生不力等。另外，在新增导师中虽然大多都具有较高的学历，但他们大多是"从校门进校门"，不仅缺乏社会实践经历，而且在指导研究生方面经验不足，加之一些学校还未形成培养、培训新增导师的有效机制，致使导师指导研究生的质量下降。与此同时，部分高校的一批老教师已经或行将退休，导师梯队建设又未跟上，出现了导师队伍断层现象，在少数民族导师队伍中这种情况尤为严重。一些高校引进人才的门槛过高，一般要求具有博士学位者才能留校任教，而少数民族硕士应届毕业生攻读博士学位报考率和考取率都很低，这就成为加强少数民族导师队伍建设的一大制约因素，为引进少数民族高层次人才带来了困难。

4. 研究生培养模式需进一步改革，研究生创新能力、职业发展能力需进一步提高

自治区高校现有研究生培养模式大多为单一的导师培养模式，研究生招收后基本上是导师一人负责完成培养任务和研究生在读期间的科研与论文指导，团队式导师培养模式还未普遍形成或没有条件形成。这种模式对研究生群体的知识水平、能力素质的全面提高和视野的开阔显然是有一定制约的。一些高校在培养研究生过程中，更多的是偏重知识学习，对创新能力和实践能力重视不够，学术研究生培养中科教结合不紧密，与职业发展能力培养紧密衔接的专业学位研究教育模式尚未形成。从教学环节看，研究生课程教学形式相对单一，主要是讲座式教学，多以灌输式授课为主，甚至一些导师仍采取与本科生授课相同的授课方式，研讨式、参与式教学方法的运用不够广泛，这对激发研究生学习主动性、创造性，培养研究生自主思考、开拓创新等能力是不利的。这种现象在文科类专业中尤为普遍。在课程设置上，研究生课程设置专业面较窄，更多考虑了专业的因素而忽视了学生的需求，无法适应多元化生源的培养需要。个别学校课程设置还存在随意性，课程内容不能够有效追踪学科发展的前沿，沿用的教材缺乏前瞻性、交叉性和导向性，国际化程度不高。从科研训练环节看，学校一级或院系一级的科研工作较少有研究生参与，研究生的科研活动基本以导师安排为主，对研究生研究视野

和研究兴趣的培养不够重视，研究生接触科研实践的机会不多，专业学位硕士研究生的实践培养环节有待加强。

5.研究生教育质量保障和监控体系不够健全，高层次人才培养的质量管理和监控有待进一步加强

目前，自治区研究生教育规模相比以往扩大很多，学科门类也逐步拓展，研究生招生数量也逐年增多，这就需要有多样化的分层分类的质量保障和监控体系，完善质量评估机制。然而，区内一些高校还没有独立的质量保障和监控机构，尚未构建完备、有效的研究生教育质量保障和监控体系。已建立质量保障和监控体系的高校，也存在体系不健全、落实不到位、二级学院质量保障不够得力、社会评价方式单一、评学与评教制度不完善等问题。很多高校的质量保障和监控工作大多只是停留在组织一些督导员或老教师参与课程的巡视、检查工作上，未做到多样化、制度化、科学化、规范化。

（二）高校少数民族师资队伍建设中存在的问题

1.蒙汉双语师资队伍存在断层现象，梯队建设亟待加强

由于老一辈的蒙古语授课教师相继退休，而后备力量又没能及时补充，自治区部分高校蒙汉双语师资队伍存在断层现象，很多学校都面临着后备力量不足、梯队建设滞后的问题。尤其是近年来随着自治区高校新建专业的增多，师资队伍补充速度与新建专业的需求不相适应，导致师资队伍的缺乏，特别是蒙汉双语授课师资的缺乏问题较为突出。究其原因，一方面在于一些高校引进蒙汉双语授课教师的政策。一些高校为了提升师资队伍学历层次和学术水平，在制定引进人才的政策时一般会规定必须具备博士学位以上人员才能留校任教。而现实情况是，由于受到语言、专业等的限制，蒙古语授课的大学生攻读硕士研究生毕业后，考取博士研究生的难度更大，竞争更激烈，考取率很低。因而国内各类高校应届博士毕业生中蒙古族博士不多，能熟练运用蒙古语授课的博士很少。这就导致在引进人才方面设定过高门槛的高校很难引入所需蒙汉双语授课师资，日积月累，造成蒙汉双语授课师资的断层现象。另一方面，由于一些高校提供给教师的教学、科研和生活方面的条件、待遇相比发达地区高校差距较大，因而对高层次人才的吸引力不足，甚至无法留住部分在校的蒙汉双语授课优秀教师，导致高水平蒙汉双语授课教师的外流。

2. 人才引进和培养缺乏具体计划，师资队伍建设规划亟待完善和具体化

与上述问题相关，一些高校关于加强少数民族师资队伍建设的规划不够明确，甚至没有专门的少数民族师资队伍建设规划，在人才引进和培养提升方面缺乏具体计划。大部分高校都有专门的师资队伍建设规划，或在各自学校的中长期发展规划中制定了师资队伍建设的规划，甚至明确引进人才的要求和数量，但是在少数民族教师队伍建设尤其是蒙汉双语授课师资队伍建设方面，很少看到专门的规划或具体的计划。同时，学校层面的师资队伍建设规划与二级学院需要之间也存在一定的差距，规划中缺乏二级学院、各个专业的具体实施计划。部分高校甚至在自己优势、特色学科专业方面也没有针对性的引进人才和培养人才的具体计划。

3. 少数民族师资队伍结构不甚合理，学历结构、职称结构、学缘结构有待完善

从学历结构来看，自治区各高校少数民族专任教师中，拥有博士学位者占比偏低，拥有硕士学位者占比较高，这在工科类、医科类高校中尤为明显。这种情况的出现，与上述第一点有密切关系，也与高校对本校教师的培养、提升不到位有关。从职称结构来看，大多数学校具有高级职称师资偏少，具有正高级职称的教师比例更低，具有中级及以下职称者人数众多。职称结构并不能完全反映一个高校教师队伍的整体水平，但能从一个侧面说明师资队伍的教学科研水平。从学缘结构来看，具有海外教育背景和学习经历的教师数量有限，很多高校的蒙古语授课教师到海外进修或做访问学者的机会并不多，在职教师进修深造更多的是在国内或区内。另外，缺乏学科领军人物和带头人，高水平创新团队不多，也是很多高校现实存在的问题。

4. 青年教师的培养、培训缺乏系统性，教学科研能力有待进一步提高

无论是汉族教师还是少数民族教师，青年教师教学科研能力的培养和提升是一项重要工作，各高校必须高度重视。在调研过程中我们了解到，一些

高校在新进青年教师（包括汉族和少数民族青年教师）后，没有经过系统的、较长时间的培养、培训，只经过短暂的岗前培训后就让其走上讲台，独立承担本科生的教学任务。这些青年教师中的一部分人由于毕业于非师范类院校，且缺乏教育教学的经验，对高等教育教学的规律了解不深，因而教学效果不甚理想。师资短缺是一些高校让新进教师不经过系统培训和培养直接独立上讲台的原因。一些青年教师教学经验不足，他们在课堂上存在照本宣科和满堂灌的现象，在发挥学生学习积极性、主动性方面做得不够，讲课理论联系实际不多，组织教学不够理想，甚至也存在具有博士学位的新进教师上不了讲台的现象。与此同时，与中老年教师相比，青年教师存在科研意识不强、科研潜力不够明显、创新意识不足等问题，坐冷板凳、潜心从事学术研究的动力不足。另外，青年教师进一步深造、交流学习的机会不多，提高业务能力的平台相对较少，这也是造成高校青年教师教学、科研水平不高的重要原因。

四 加强少数民族高层次人才培养的建议

（一）加强少数民族研究生培养的建议

1. 强抓学科建设，拓展研究生授权单位和授权学科点，优化布局，逐步扩大研究生整体规模

高层次人才是区域经济和社会发展的首要资源和助推力量，区域经济竞争归根到底是人才尤其是高层次人才的竞争。而研究生教育是培养高层次人才的主要途径，是科教兴区、人才强区战略的重要支撑。自治区相关部门应紧紧围绕自治区经济社会发展的需要，大力支持优势学科、特色学科、科技前沿学科和服务国家、自治区重大需求的学科发展，并围绕学科建设和发展，不断拓展研究生授权单位，争取增列适应自治区经济社会发展实际需求的硕士、博士授权学科，逐步扩大研究生整体规模，为自治区经济社会发展提供高层次人才资源和智力支撑。调整和优化学术型研究生和专业学位研究生比例和结构，加快发展硕士、博士专业学位研究生教育，增列专业学位类别，为自治区各行各业提供急需的应用型高层次人才。少数民族研究生是自治区经济社会发展和少数民族文化传承的一支重要力量，自治区社会主义现代化建设也需要更多的了解地域特点、民族文化的高层次人才。尤其是在国家提出的"一带一路"倡议和打造"中俄蒙经济走廊"的背景下，急需更多的"蒙汉兼通"的高层次人才。因此，在增列研究生授权学科时，自治区应充分考虑到国家和自治区的整体战略布局，加快具有民族特色、地域特色和面向俄罗斯和蒙古国的学科的发展，在招生培养过程中应更加向少数民族考生倾斜，为其提供相应的优惠政策，扩大招收少数民族各类研究生的规模。

2. 树立科学的研究生教育质量观，严把入口、培养和出口三个环节，提高研究生培养质量

质量是学校教育的生命线，没有高质量的教育，发展就失去了生命。只有不断提高培养质量，才能守住教育的生命线。《教育部 国家发展改革委 财政部关于深化研究生教育改革的意见》也明确指出，走内涵式发展道路，服务需求、提高质量是今后学位与研究生教育改革发展的主题。自治区和各高校应树立科学的研究生教育质量观，进一步采取有效措施，推动和深化研究生教育改革，把提高研究生教育质量作为主攻方向，主动适应自治区经济结构调整和产业结构升级的需要。

首先，要严把入口关，提高生源质量。针对考研过程中出现的"应试"现象，各高校应改革招生选拔方式，优化硕士研究生初试试题结构，强化复试，精心筛选，宁缺毋滥，招收优秀生源。尤其要加强研究生招生复试工作，加大复试成绩在总评成绩中所占的比重，全面考察考生的综合能力和素养，保证优秀学生能够被选拔。各高校可依据自身实际，招收硕博连读生和推免生，探索研究生"申请—审核"制度。推免生在名额分配上应适当向优秀少数民族学生倾斜。

其次，要把重点放在研究生的精心培养上，提高培养质量。对不同层次的、不同类别的研究生，要明确其培养目标和培养规格，按照不同层次、不

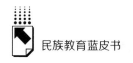

同类别学位授予的基本要求和标准，明确研究生应掌握的基本知识、应具备的基本素质和基本学术能力，抓好研究生培养的每一个环节，切实保证研究生的培养质量。由于在硕士、博士教育阶段，很多学校的大部分专业都用汉语授课，且学生能够利用的文献资料大多也是汉语资料，所以在培养过程中要充分研究和了解到少数民族学生的思维方式、语言表达方式和接受能力，依据少数民族学生的特点安排教育教学。完善研究生课程考核、中期考核、实践技能考核、科研能力考核等各个环节评价考核体系，严格评价考核过程，保证学习质量的提高和专业技能的提升。

最后，要严抓出口关，保证毕业生质量。出口关主要是指学位论文的写作和答辩关。出口一松，必然败坏风气。各高校、学位点应提高研究生毕业标准，严抓出口关，坚持做到"不达标不答辩，不合格不毕业"。各高校要重视质量文化建设，营造良好学风和崇尚创新的学术环境，以及严谨规范的学术氛围。要用严格的出口关倒逼培养质量的提升，要用完善的社会评价体系倒逼各高校肩负起严把出口关的责任。

3. 加强研究生导师队伍建设，进一步提升导师队伍教学科研能力和指导能力，着力打造高层次、高水平的少数民族导师队伍

导师是研究生教育的主体，只有导师队伍可持续发展，学科和研究生教育才能可持续发展。自治区应认真落实人才强区战略，立足重点学科和重点领域需求，不断加大高层次、高水平学科带头人、学科领军人才、青年学术骨干的培养和引进力度，带动、引领自治区导师队伍整体水平、能力的提升，充分发挥导师队伍在人才培养、科技创新、产业升级、社会发展方面的重要支撑作用。坚持引进和培养相结合，制定有力度的激励性、奖励性政策，加强现有少数民族学科带头人的培养，提倡高层次人才的有序流动。组织开展优秀研究生指导教师评选表彰活动，充分调动研究生指导教师教书育人和参与研究生教育创新工程的积极性。各学位授予单位要结合自身实际完善导师队伍建设和管理体制机制，强化制度建设，提高导师队伍素质。把好导师遴选关，从教师的人品、学识、科研能力和水平以及创新精神等方面完善导师遴选条件，规范遴选程序，明确岗位责任。建立新晋导师的岗前培训制度,上好新晋导师第一课。岗前培训对新晋导师尤为重要,各学位授权单位应高度重视,规范、系统地开展,而不能使之流于形式。对于少数民族导师队伍断层或缺乏的学位点,各高校要有针对性地采取有效措施,积极引进高层次人才或培养本校中青年学术骨干,及时补充导师梯队,保障学位点的持续发展。完善导师评价考核制度,合理规定导师教学、科研工作量,引进合理、明确的导师评价体系,形成导师能上能下、有进有出的动态管理机制,打破导师终身制。完善激励机制,创造有利于导师队伍学术水平、科研能力、教学能力提高的环境,通过定期作学术报告、出国访问、进修、留学等多形式、多渠道提高研究生导师的学术水平。大力提倡导师负责、由少数民族导师和汉族导师组成的团队共同指导的研究生培养模式,将传统的一对多的导师学生关系拓展到多对多的导师学生关系,解决研究生扩招和师资力量不足的矛盾。

4. 深化研究生教育综合改革,着力提升研究生科研能力、创新能力和职业发展能力

改革是研究生教育的必由之路,只有不断深化研究生教育改革,才能不断提高研究生教育质量,主动适应经济社会发展的多样化需求。自治区应采取有效措施,通过开展研究生教育综合改革试点,提供政策和条件保障,积极推进自治区研究生培养模式的改革与创新工作。支持各高校引入"校地合作""校企合作""校所合作"的培养模式,支持校地、校企、校所联合建设拔尖创新人才培养平台,完善校地、校企、校所协同创新和联合培养机制。各高校也应主动适应经济社会发展需求,积极探索人才培养模式的改革与创新之路。

学术型硕士、博士培养要以提高创新能力为目标,促进课程学习和科学研究的有机结合,强化创新能力培养。重视对研究生进行系统科研训练,要求并支持研究生更多参与前沿性、高水平的科研工作,以高水平科学研究支撑高水平研究生培养。通过设立研究生创新人才培养项目,资助研究生自主创新性的科研课题、国内外访学、短期学术交流、参加学术会议和国际合作等项目,拓宽学术视野,激发创新思维,培养研究生创新意识和创新能力。

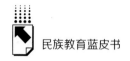
专业学位研究生培养，要以提升职业能力为导向，注重培养适应专业岗位的综合素质，形成产学结合的培养模式。各高校要改变单一的导师培养模式，加强导师团队的建设，推进团队式导师培养模式。加强课程建设，增强学术学位研究生课程内容前沿性，构建符合专业学位特点的课程体系。对少数民族学生要有针对性地提供有关民族文化、民族政治、民族经济、民族历史等方面的课程资源。改革教学内容和方式，突破传统教育教学方法，引入研讨式、参与式教学方法，突出研究生在学习过程中的主体地位，充分激发其学习积极性、主动性和创造性。强化少数民族研究生的汉语表达能力，使其真正被培养成民汉兼通的复合型高层次人才。加大实践教学的比重，创造条件让研究生参与各类科研课题的研究工作，加强科研训练，注重研究生实践能力和动手能力的培养，强化职业发展能力。

5. 建立健全研究生教育质量保障监控体系，改革评价监督机制，进一步规范研究生教育教学管理

质量保障和监控体系的构建和完善，是保证各层次教育质量的关键一环。只有构建一个充满活力的质量保障和监控体系并将其不断完善，才能保证各层次教育质量的持续提升。自治区应引导和加强研究生培养内部和外部质量保障监控体系的建设，建立健全以自治区教育主管部门为主导，行政部门、学术组织和社会机构共同参与的研究生教育质量监督体系。组织开展好全区高校博士、硕士学位授权点合格评估工作，以评促建、以评促改，强化质量在资源配置中的导向作用。改革质量评价机制，学术学位注重学术创新能力评价，专业学位注重职业胜任能力评价。研究生教育质量评价要更加突出人才培养质量，人才培养质量评价要坚持在学培养质量与职业发展质量并重。各高校应建立独立的质量保障监控机构，统筹管理学校的教学质量监测评估工作，把学校各部门、各环节与教学质量有关的质量管理活动严密组织起来，将教学和信息反馈过程中影响教学质量的一切因素控制起来，形成一个有明确任务、职责、权限，相互协调、相互促进的教学质量管理的有机整体。在参照《专业学位类别（领域）博士、硕士学位基本要求》《学位授予单位研究生教育质量保证体系建设基本规范》的基础上，结合各高校自身办学实际，制定体现自身发展目标和人才培养特色的高水平的质量标准。要着力提高导师队伍学术水平和指导能力，建立以科研水平和学术能力为核心、定量评价和定性评价相结合的评价机制。完善校级质量保障体系，建立二级学院和学位点教学质量保障子系统，明确校、院（学位点）的管理职责，健全二级学院教学质量保障与监控体系，完善二级学院（学位点）的教学质量监控机制。两级监控既要协作，又要相互监督，保证监控质量。各高校要建设在学研究生学业信息管理系统，建立研究生教育质量信息分析和预警机制。加大信息公开力度，公布质量标准，发布质量报告和评估结果，接受社会监督。

（二）加强少数民族师资队伍建设的建议

1.高度重视少数民族师资队伍建设，及时补充师资梯队

民族教育是我国教育事业的重要组成部分，也是民族工作的重要内容，具有民族工作和教育工作的双重属性。而要发展民族教育，必须有足够数量的少数民族双语教师，这是关键。鉴于蒙汉双语师资队伍存在断层现象，自治区各高校应制定蒙古语授课教师队伍建设长远规划，有计划、有步骤地引进和培养人才，及时补充后备力量，保证自治区民族高等教育的持续发展。能用蒙汉双语授课的高层次人才，大部分都是自治区内高校培养的，一些蒙汉双语授课师资严重短缺的高校，应降低蒙古语授课师资引进门槛，可以考虑从区内硕士毕业生中选拔德才兼备的"蒙汉兼通"的双语人才留校任教，之后再创造条件让这些教师到区外或国外进一步深造、提升，而不能只限于从区外引进，不能不顾客观现实而一味地追求引进具有博士学位的人员。与此同时，各高校也应相应地提高蒙汉双语授课师资的待遇，提供良好的工作、生活条件，增强引进和留住高层次人才的吸引力。蒙汉双语授课师资短缺的高校，也可以采取聘请兼职客座教授、返聘退休教授、外聘教师等途径，解决蒙古语授课师资结构性短缺问题。

2.强抓少数民族师资队伍整体素质提升工程，不断提高教学科研能力和水平

自治区应进一步贯彻落实《教育部国家发展改革委国家民委财政部人事部关于大力培养少数民族高层次骨干人才的意见》（教民〔2004〕5号）

和《教育部等五部委关于印发〈培养少数民族高层次骨干人才计划的实施方案〉的通知》（教民〔2005〕11号）精神，依据《内蒙古自治区少数民族高层次骨干人才计划管理办法》（内教民字〔2014〕3号），创造有利条件，鼓励各高等学校在职教师报考攻读与本人所教专业相同或相近的高一层次学位，提升学历（学位），提高科研能力和水平。各高校也应依据自身实际，加强蒙古语授课师资队伍建设，逐步改善师资队伍的年龄、学历、职称、学缘结构，构建一支规模稳定、结构合理、具有可持续发展能力的蒙古语授课师资队伍。强抓教师教学科研提升工程，实施"送出去、引进来"的培养计划。通过鼓励教师赴国内外在职进修、访学和在职攻读学位等方式，提高蒙古语授课师资各方面的素养，为培养学科领军人才、骨干力量创造条件。鼓励中青年教师有计划地到国内外高校攻读博士学位，提高拥有博士学位教师的比例。加快教师交流的国际化步伐，提升教师国际化水平。发挥地缘优势，拓宽教师培养的新途径。围绕国家"一带一路"倡议和"中蒙俄经济走廊"建设，加大与蒙古国、俄罗斯的高校和学术科研机构间互派教师、访问学者力度，拓宽教师培养的国际化途径。逐步完善人才培养制度，加大专项资金投入，培养出具有真才实学、富有创新意识的蒙汉双语教学名师、骨干教师和教学团队。

3. 完善各项体制机制，加强青年教师的培养和培训

青年教师是学校未来发展和教学建设的主力军，青年教师的教学科研能力和水平，能从一个侧面反映出学校办学潜力。各高校应不断完善各项体制机制，加强青年教师队伍建设，提升青年教师的教学科研能力与水平，使青年教师尽快成为教学科研骨干。首先，应完善青年教师培训体制，加强新进教师的岗前培训。一方面，各高校要严格要求新进教师必须参加岗前培训，学习基本的教育教学常识，以便更快地熟悉和适应高等教育教学的规律和环境，承担起教育教学任务；另一方面，要提高岗前培训的实效，不能使岗前培训这一重要工作流于形式。岗前培训的内容也要有针对性，要紧紧围绕高等教育教学这一主题来进行。其次，强化青年教师的助教制，发挥老教师的传、帮、带作用。很多高校以往都有实行青年教师助教制的传统，但目前这一制度有弱化的趋向。为了充分发挥老教师的传、帮、带作用，使新进青年教师能够更快地适应高等教育教学工作，各学校应出台相关政策，恢复和完善青年教师助教制，帮助青年教师尽快进入高校教师角色，尽快成长为教学科研骨干。再次，制定相应政策，有倾向性地为蒙古语授课教师提供各种提升教学、科研能力的平台和机会。最后，加强青年教师继续教育。学校应继续完善青年教师继续教育和进修提升机制，为青年教师提供更多学习、提升的机会。对于已上岗的青年教师，各高校应依据自身情况制定进一步的培养提升计划，为青年教师不断提升教育教学能力和水平提供机会和平台。

B.10
助力民族教育事业，
开展蒙古学研究与人才培养

德·青格乐图*

摘　要：　内蒙古蒙古学方面的研究始于1952年，目前区内有10多所
　　　　　高等院校和科研机构均设有蒙古学的教学与研究，内蒙古师
　　　　　范大学、内蒙古大学和蒙古语言文字研究所是教学与研究重
　　　　　镇。主要教学与研究领域有蒙语文、蒙古史、蒙古族语言文
　　　　　学、草原文化、蒙古语语料库建设等，并在国内外史学界都
　　　　　关注的三个研究方向上形成了自身特色，产生了影响。

关键词：　内蒙古　蒙古学　教学与研究　蒙古语语料库

一　蒙古学研究历史沿革以及三个基地的形成

内蒙古蒙古学研究有多年的历史，有深厚的学术积淀。中华人民共和国成立以来，特别是进入改革开放以来的新时期，中国蒙古学研究呈现前所未有的繁荣景象。目前，内蒙古大学、内蒙古师范大学、内蒙古社会科学院、内蒙古民族大学、呼和浩特民族学院、赤峰学院、呼伦贝尔学院等10多所高等院校和科研机构都设有蒙古学研究机构从事蒙古学研究。还有中国蒙古学学会、中国蒙古语文学会、中国蒙古文学学会、中国蒙古史学会等国家级

　　＊　德·青格乐图，博士，内蒙古师范大学蒙古学学院院长、教授。

和省部级蒙古学学会，会员已达 5000 人次。下面主要围绕三个蒙古学研究基地来阐述蒙古学研究情况。

内蒙古师范大学中国少数民族语言文学（蒙古语言文学）学科始建于 1952 年，是国内建设最早的少数民族语言文学学科。本学科创建之初为专科，1959 年升为本科。1978 年开始招收研究生，1981 年获得硕士学位授予权（内蒙古师范大学是全国首批获得硕士授予权的单位之一），1986 年被确定为内蒙古自治区重点学科，2005 年被确定为自治区品牌专业。

内蒙古师范大学蒙古史研究所成立于 1986 年，1993 年自历史系析出，成为学校独立的专职科研单位，并挂靠到学校科研处。2001 年 12 月并入蒙古学学院，仍为学校专职科研单位之一。

内蒙古大学中国少数民族语言文学学科从 1957 年开始招收本科生，1962 年起培养研究生，1981 年获得硕士学位授予权，1984 年获得博士学位授予权。1985 年成为自治区重点学科，1988 年成为国家重点学科，2001 年和 2007 年再度被确定为国家重点学科。1995 年，该学科蒙古语言文学专业成为"国家文科基础学科人才培养和科学研究基地"。2000 年设立了"中国语言文学"博士后科研流动站。内蒙古大学中国少数民族语言文学学科是国家"211 工程"重点建设学科——蒙古学学科的重要组成部分。

1957 年内蒙古大学建校，第二年历史系设立了蒙古史教研室。1972 年，历史系所属蒙古史教研室从历史系分出，改为校直属蒙古史研究室。1982 年，蒙古史研究室更名为蒙古史研究所。1995 年，蒙古学学院成立，蒙古史研究所隶属于蒙古学学院。自 1957 年以来，无论是蒙古史教研室还是蒙古史研究所一直从事中国少数民族史——蒙古史的教学与研究工作。2005 年，内蒙古大学从学科发展角度考虑，将中国少数民族史专业硕士学位授权点和博士学位授权点设在教育部重点研究基地——内蒙古大学蒙古学研究中心，进行管理和建设。

内蒙古自治区成立后，1953 年 5 月建立了第一个专门研究蒙古民族语言、文学、历史的研究机构——内蒙古语文研究会。1955 年 6 月内蒙古语文研究会改为内蒙古自治区人民委员会蒙古文字改革委员会。1957 年 3 月

正式成立了内蒙古历史语文研究所，下设语言、文学、历史 3 个研究室，它不但是内蒙古社会科学院的前身，也孕育了蒙古语言文字研究所。

1979 年 2 月 10 日，内蒙古自治区社会科学院正式成立。同年 3 月 3 日，内蒙古语言文学历史研究所归属内蒙古社会科学院以后，所属关系迁移，并更名为蒙古语言文字研究所。同年相继成立了蒙古文学研究所和历史研究所。文学研究所主要研究古近代蒙古文学、现当代蒙古文学、蒙古族民间文学、文艺理论等，历史研究所着重研究蒙古史、蒙古历史文献、北方民族史。

二 蒙古学研究现状

（一）队伍建设

内蒙古大学蒙古学的研究队伍由蒙古语言文学系、蒙语文研究所、蒙古历史学系的教学科研人员组成。蒙古语言文学研究人员共有 45 名，其中教授 27 名、副教授 11 名、讲师 7 名；博士生导师 14 名、硕士生导师 33 名；博士学位获得者 22 名、硕士学位获得者 9 名；享受国务院政府特殊津贴专家 6 名、自治区突出贡献专家 5 名；国务院学位委员会学科评议组成员 1 名、教育部中国语言文学学科教学指导委员会委员 1 名；全国"百千万人才工程"人选 1 名，自治区新世纪"321 人才工程"一、二层次人选 3 名，自治区高等教育"111 工程"人选 2 名。蒙古历史学系现有教师 23 名，其中教授 5 名、副教授 8 名、讲师 10 名；获得博士学位的有 22 名。

内蒙古师范大学蒙古学研究的主要师资队伍由蒙古语言文学系、蒙汉双语系、蒙古语言文学研究所和蒙古史研究所的教学和科研人员组成。蒙古语言文学研究人员共有 37 名，其中教授 12 名、副教授 11 名、讲师 11 名；博士生导师 1 名、硕士生导师 19 名；博士学位获得者 19 名、硕士学位获得者 15 名；国家有突出贡献专家 1 名、自治区有突出贡献专家 1 名；全国"百千万人才工程"人选 1 名，自治区新世纪"321 人才工程"一、二层次人选

2 名，自治区高等教育"111 工程"人选 2 名。蒙古史研究人员共有 7 名，其中教授 5 名、副教授 2 名。

内蒙古社会科学院蒙古语言研究所有 12 名研究员，其中研究员 4 名、副研究员 4 名、助理研究员 4 名；享受国务院政府特殊津贴专家 1 名、内蒙古草原英才 1 名、自治区"新世纪 321 人才工程"人选 2 名。蒙古文学研究所有 10 名研究员，其中研究员 4 名、副研究员 3 名；享受国务院政府特殊津贴专家 1 名、内蒙古有突出贡献的中青年专家 1 名、草原英才 1 名。蒙古历史研究所有 9 名研究人员，其中研究员 4 名、助理研究员 5 名；自治区"新世纪 321 人才工程"人选 3 名、创新人才 1 名。

此外，内蒙古民族大学、呼和浩特民族学院、赤峰学院、呼伦贝尔学院、集宁师范学院等高校的蒙古学研究队伍总数也有近 200 人。

（二）人才培养

1. 本科层次的人才培养

内蒙古大学的蒙古语言文学专业有实习平台和实践基地各 2 个，教学资源基础良好，设备比较先进，教材和科研成果比较全面和充足，蒙古语言文学专业具备自身优势和特色。其中，"国家文科基础学科人才培养和科学研究基地"以培养蒙古语言文学专业人才为目的，在奖学金设置、免试推荐研究生等方面享有优惠政策；"文理综合"方向应信息时代人才需求，联手内蒙古大学计算机学院共同培养熟练掌握蒙古语言文学和计算机综合知识的蒙古文信息处理应用型人才；"基里尔蒙古文"方向面向蒙古语授课文理科招生，培养适应内蒙古自治区社会、经济、文化事业发展需要的应用型人才，侧重教授基里尔蒙古文及有关蒙古国政治、经济、历史、文化和语言文字等知识，该方向配合国家"一带一路"的发展思路，为与蒙古国发展全面友好关系，培养和输送复合型实用人才；蒙古语授课历史专业特别强调在精通蒙汉两种语言的前提下，掌握基本专业知识和综合技能，为蒙古史及蒙古学各相关学科培养后备力量，或者在各级机关和企事业单位岗位上能够成为蒙汉兼通的双语人才，更好地领会与落实党和国家民族区域自治的政策法

规。上述专业和研究方向每年共招收 120 余名本科生，就业率逐年增长，年均就业率达到 75% 左右。

内蒙古师范大学 60 多年来以立足于内蒙古、面向周边八省区培养具有蒙古语言文学基本理论知识和教学能力的中学师资和国家现代化建设所需的蒙古语言文学专门人才为目标，先后培养了 3000 余名中学蒙古语文教师以及各行各业蒙古语文工作者。蒙古语授课历史专业培养具有历史学基本理论、专业知识和基本技能，具有创新精神和实践能力，具有良好的道德修养、健康的身体素质和心理素质，能够进行历史教学和教学研究的蒙汉兼通的合格教育工作者。中国少数民族语言文学（蒙古语言文学和蒙汉双语言文学）和蒙古语授课历史学专业每年招收近 120 名本科生，年均就业率达到 65%。

2. 研究生层次的人才培养

内蒙古大学中国少数民族语言文学学科从 20 世纪 60 年代开始招收和培养研究生，1962 年招收第一届研究生 2 名。1978 年国家恢复研究生招生后内蒙古大学和内蒙古师范大学的中国少数民族语言文学专业开始招收研究生。1981 年中国少数民族语言文学专业获得硕士学位授予权以来，先后有文艺学、语言学及应用语言学、中国古典文献学等专业陆续获得硕士学位授予权并招收硕士学位研究生。"十二五"期间内蒙古大学蒙古学领域的硕士学位授权点共培养近 500 名硕士研究生，内蒙古师范大学共培养了近 400 名硕士研究生。

内蒙古大学中国少数民族语言文学学科于 1984 年获得了博士学位授予权，2000 年设立了"中国语言文学"博士后科研流动站。"十二五"期间共培养了 83 名文学博士研究生。内蒙古大学蒙古史学科 1990 年获得了博士学位授予权，2009 年获准成立了博士后流动站。"十二五"期间共培养了 33 名法学（民族学类）博士研究生。

（三）学科建设

1. 内蒙古大学

内蒙古大学的中国少数民族语言文学学科是自治区重点学科和国家重点

学科。该学科师资力量雄厚、科研成果丰硕、社会影响广泛，主要从事现代蒙古语及其方言、中期蒙古语、蒙古语族语言、阿尔泰语系诸语言比较、北方民族古文字及文献、蒙古文信息处理、实验语音学、社会语言学与文化语言学、蒙古族现当代文学、蒙古族古代文学、蒙古族民间文学、蒙古族历代文学理论、民间文艺美学、比较文艺学、蒙古族文学与北方民族文学比较、蒙古族文学与汉族文学比较、蒙古族文学与外国文学比较等领域各项研究，旨在培养具有扎实的基础理论和系统的专门知识，了解蒙古语言文学学科的历史与现状，具有独立从事蒙古语言文学或相近学科的教学、科研或相关工作的能力，较为熟练地掌握蒙古语、汉语以及一门外国语，德智体全面发展的专门人才。

文艺学硕士点设立于 2003 年，该学科为自治区重点培育学科。培养目标是了解本学科的历史和现状及本学科领域学术发展态势，较全面地掌握民族文学理论的前沿动态，除汉语文外，须熟练地掌握一门外国语和一门学科民族语文。培养具有认真严谨的学风，勤于思考、勇于创新的学科精神，具有独立从事科学研究、教学或文化工作能力的高级专门人才。主要研究方向为蒙古族历代文论、民族文艺美学、比较文艺学等。

语言学与应用语言学硕士点设立于 2003 年，该学科为自治区重点培育学科。主要研究方向为蒙古文信息处理、实验语音学、社会语言学与文化语言学。旨在培养掌握扎实的基础理论知识和应用技术技能，了解语言学及应用语言学学科的历史和现状及发展趋势，具备独立从事教学、科研或相关工作的能力，熟练地掌握蒙古语、汉语和一门外国语及计算机应用技术，德智体全面发展的复合型人才。

蒙古史（专门史）专业是自治区重点学科、国家"211 工程"重点学科。蒙古族在中国乃至世界历史上都产生过重要影响，蒙古史早已成为国际性学科，世界上许多国家和地区都有相关的研究机构和学者，百余年的研究取得了丰硕成果。该专业的研究生需系统掌握学科专业基础理论和专门知识，了解国内外学科前沿动态和相关学科基本知识，不断吸收国内外先进的史学理论和方法，具有较强的分析问题和解决问题的能力，可适应自治区社

会发展、经济建设各项事业的广泛需求。

2. 内蒙古师范大学

内蒙古师范大学的中国少数民族语言文学（蒙古语言文学）专业是自治区重点学科和自治区品牌专业。主要从事中国古典文献学、语言学及应用语言学、文艺学、现代蒙古语、蒙古语方言、中古蒙古语、蒙古古近代文学、蒙古现当代文学、民间文学等方向的研究。

中国古典文献学（蒙古语言文献学）学科 2003 年获得硕士学位授予权，是自治区重点培育学科。本学科旨在培养具有正确的政治方向，优良的品德学风，除汉语文外，熟练地掌握一门外国语，能够运用马克思主义的立场、观点和方法，独立从事中国古典文献学教学、科研和古籍整理等工作的高层次专门人才。本学科下设蒙古语言文献、蒙古文学文献、蒙古历史文献等研究方向。

语言学及应用语言学（蒙古语言）学科 2003 年获得硕士学位授予权，主要依托内蒙古师范大学蒙古语应用语言学研究所以及蒙古语资源库实验室两个科研平台开展研究生的教学与科研工作。本学科旨在培养研究生运用现代应用语言学的理论和方法观察语言现象、分析语言现象，提高研究生的科学研究能力和分析问题能力，鼓励和引导研究生提高对交叉学科的研究能力，除汉语外，学生须熟练地掌握一门外国语，本学科下设自然语言处理、语言与社会文化、语言教学研究等研究方向。

文艺学（蒙古文论）学科 2003 年获得硕士学位授予权，该学科培养具有扎实的基础理论和系统的专门知识，了解本学科的历史与现状，能够独立从事文艺学或相近学科的教学与科研工作，也可在相关部门从事专业性工作的高层次人才。学生除汉语文外，须熟练地掌握一门外国语。本学科下设蒙古文论与文化理论、文学理论与美学、西方文论与蒙古族文学等研究方向。

（四）科学研究

1. 内蒙古大学

内蒙古大学的蒙古学研究现已具有一定的规模和特色，在一些研究领域处于国内外领先地位和水平。其中，在中国少数民族语言文字研究方面，现代蒙古语及其方言研究、中世纪蒙古语文献及北方民族古文字研究、蒙古语族语言及阿尔泰语系语言比较研究、蒙古文信息处理及蒙古语实验语音学研究、社会语言学与文化语言学研究等领域里取得了令人瞩目的成就，受到了国内外学术界的高度评价。

在蒙古族文学研究方面，在蒙古族文学理论批评研究、蒙古族古代文学与民间文学研究、蒙古族诗学研究、蒙古族现当代文学研究等领域形成特色和优势，取得了丰硕成果。

在蒙古史研究方面，在蒙古古代史、元史、内蒙古近代史、民族古文字、历史文献学、北方民族史等领域里取得了骄人的成绩。

据统计，在"十二五"期间承担各类科研项目96项，其中，国家社科基金重大项目有3项，即"元明清蒙古族藏文典籍挖掘、整理与研究""中国蒙古语方言地图""国外《江格尔》文献集成与研究"。获批国家社科基金重点项目"哈斯宝与红学研究"和教育部重大攻关项目"契丹、女真传世文献整理与研究"。主持国家"863"研究项目、国家级科研项目33项，省部级科研项目（包括横向项目）28项，其他项目30项；科研经费达2802万元。承担国家大学生创新性项目8项。出版专著85部，发表论文603篇，出版全国统编教材16部。参与制定11项国家标准。在国内外重要刊物上发表多篇论文，扩大了在国际国内同行中的影响力。

荣获各类奖励22项，其中自治区政府奖一等奖1项，第六届高等学校科学研究优秀成果奖（人文社会科学）三等奖1项，自治区政府奖二等奖2项，全区精神文明建设"五个一工程"优秀作品奖1项。有1名教师荣获内蒙古大学校长励学奖优秀青年教师奖。

2011年、2013年和2015年先后建立了3个蒙古文化研究基地，分别是位于赤峰市宁城县的喀喇沁文化研究基地、位于锡林郭勒盟阿巴嘎旗的草原文化研究基地和位于锡林郭勒盟正蓝旗的察哈尔文化研究基地。

在进一步扩建蒙古族文学馆、应用语言学研究中心、语音实验室等基础上，新建了社会语言学实验室、"江格尔"研究中心、蒙藏文化研究中心和

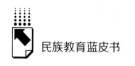

北方民族古文字研究中心等科研平台。蒙古学资料室订购国内外学术期刊66 种，藏书达 36904 册，实现了与学校图书馆的联网检索。

2. 内蒙古师范大学

内蒙古师范大学的蒙古学研究已形成自己的特点和体系。

在现代蒙古语应用研究方面，面向蒙古文信息处理的蒙古语固定短语研究方面的研究成果突出，已得到蒙古文信息处理学界的广泛关注和肯定。"十二五"期间主持召开了全国第三届、第四届蒙古语应用研究学术研讨会，先后出版了"蒙古语复合词研究"系列专著 5 部，专著《蒙古语复合词研究——动词配价》获得了内蒙古自治区第五届哲学社会科学优秀成果政府奖一等奖。主持完成了"蒙古语固定短语语法信息词典框架设计""面向信息处理的蒙古语复合词语义研究"等多项国家社科基金项目，2016 年承担完成了资助经费为 600 万元的自治区蒙古文信息化专项扶持重大项目"蒙古语综合型语言知识库与相关研究"。

在蒙古族现当代文学研究方面，形成了以前沿问题研究和文本阐释为中心的特色研究。①蒙古族当代文学的前沿问题研究采用文学经济学、文学社会学、文学文化学等方法，对蒙古族当代文学的前沿问题（如大众文化、电子技术、视觉艺术、后现代主义、市民社会和消费文化）进行评估和分析，探索了文学发展规律和文学产业经营机制。②蒙古族现当代小说文本研究采用西方现代文本理论与方法，对蒙古族现当代小说尤其是新时期小说文本进行多视角、多层次研究，探索现当代小说文本深层结构和发展轨迹。代表性成果有《二十世纪末期 20 年蒙古族小说现代倾向研究》和《新时期蒙古文小说人物形象的生命意识研究》等专著。目前承担的课题有国家社科基金重大项目"蒙古文学学科史：资料整理与体系构建"。

在蒙古古代文学研究方面，《蒙古秘史》研究历来是本学科的重点方向，由国际著名蒙古学家巴雅尔教授创始，历经 30 余年的发展，以资料的丰富性和多视角的研究特色见称于国际学术界。先后完成了多项国家社会科学规划项目，研究成果有《〈蒙古秘史〉名物考》《〈蒙古秘史〉文献考》《〈蒙古秘史〉与罗黄金史相同内容研究》等，其中《〈蒙古秘史〉文献考》

被北京大学选入《蒙古学研究丛书》并获得资助出版。

在蒙古语古籍文献研究方面，在敦煌石窟题记和新出土文书、阿尔寨石窟榜题、吐鲁番文书和一些早期碑文的释读和校勘方面有诸多创新，在国内外学术界反响很大；近年来完成了多项国家社会科学基金项目，如"青史演义史源研究""13～14世纪蒙汉语接触及蒙古文献中的汉语借词研究""丝绸之路沿线回鹘式蒙古文文献整理研究"等，发表《敦煌石窟回鹘蒙古文榜题的内容及书写模式诠释》《平遥县清虚观八思巴字蒙古文圣旨碑考释》《创建蒙古语文献语料库问题》等多篇论文。此外，在元代硬译文体文献、早期回鹘蒙古文、八思巴文和汉文、阿拉伯文标音蒙古语文献等多文字文种的解释和综合研究方面也已形成相当的规模。

在蒙古族民间文学研究方面，突出了蒙古民间文学与民俗艺术的丰富性，又充分体现了其独特性和博大的文化内涵，先后完成了多项具有民族特色的国家社科基金项目，如"蒙古族信仰民俗的生态人类学研究""胡仁乌力格尔的叙事传统研究""蒙古史诗传统生态文化研究"等，对保护和传承世界非物质文化遗产具有重要意义。出版了《史诗〈江格尔〉研究》《胡尔奇：科尔沁地方传统中的说唱艺人及其音乐》《蒙古民间魔法故事类型研究》等专著，得到了国内外学术界的广泛认可和高度评价。

在蒙古历史文化研究方面，主要从事蒙古史、蒙古历史文献和满蒙文档案、蒙古宗教文化研究，同时注重将民族历史文化与旅游开发研究相结合的应用性研究，在国内外蒙古史学界享有盛誉。

整理出版包括蒙古文《大藏经》在内的420余部蒙古历史文献，出版学术专著20余部，在国内外学术刊物上发表学术论文200余篇。先后完成了多项国家社科基金项目，如"清代藏传佛教在蒙古地区的传播与发展""藏传佛教与近代内蒙古社会研究""蒙古札剌亦儿部及当代遗存研究"等，2015年获批国家社科基金重大项目"蒙古文《大藏经》文化价值体系研究"。

17～20世纪中叶内蒙古地区社会历史变迁、蒙古族宗教与文化、蒙古族历史文化与旅游开发研究一直是国内外蒙古史学界最有特色的三个研究方

向。

17～20 世纪内蒙古地区社会与文化变迁研究，与中华人民共和国成立以来的内蒙古地区民族发展现状息息相关。只有以史为鉴才能寻求科学的发展道路。该方向的研究，旨在通过课题研究带动研究生教学，已撰写了多篇优秀硕士学位论文，部分优秀毕业论文将在日本出版发行。

蒙古族宗教与文化研究，是内蒙古师范大学宗教学专业和宗教研究所的重要研究内容，主要以蒙古文《大藏经》文化价值体系、成吉思汗祭祀文化、清代内外蒙古地区传播的藏传佛教、寺院经济与文化为研究对象。

蒙古族历史文化与旅游开发研究为应用性研究方向，注重从宏观和微观、有形和无形两个方面系统地研究少数民族的历史和文化，并从旅游资源学的视角进行梳理，为少数民族文化资源的旅游开发提供理论和基础研究的支撑。

3. 内蒙古社会科学院

内蒙古社会科学院的蒙古学研究实力雄厚，有较好的学术积淀。近年来承担的"草原文化研究工程"和"蒙古语语料库"建设项目是内蒙古社会科学院的两项标志性研究工程。

"草原文化研究工程"是内蒙古地区的重大学术文化工程。其一期工程系 2004、2005 年度国家社科基金特别委托项目、重大委托项目和自治区建设民族文化大区重点项目。该工程首次将草原文化作为整体的独立的研究对象进行深入、系统的研究，已出版 1000 多万字的标志性成果——《草原文化研究丛书》（11 卷 12 册），提出了系统的前沿观点，初步构建了草原文化学科的理论体系，在全国率先提出了草原文化核心理念，并将草原文化研究推向国际学术领域。关于设立草原文化遗产保护日的建议，被自治区政府采纳。工程实施以来，已有 5 篇系列论文和《草原文化研究丛书》分获自治区第八届、九届哲学社会科学优秀成果政府奖一等奖。全国社科规划办公室简报指出：这一重要成果开辟了中国文化研究和民族文化研究的一个新领域，使草原文化研究向理论化、系统化和体系化发展。

"草原文化研究工程"的二期、三期工程（国家社科基金特别委托项目）自 2008 年 4 月实施以来，完成了代表性重大成果 3 项，其一为草原文化核心理念专题研究 4 篇系列论文、《草原腾格里文化研究》等 9 部专著和 3 篇系列论文；其二为《草原文化》教材（中央电大本科生通识教材、中职中专学生教材，即将出版）；其三为内蒙古文化资源普查。草原文化核心理念系列论文获自治区第三届哲学社会科学优秀成果政府奖一等奖。

二期工程解决的重大学术问题有：提出和阐释了"崇尚自然、践行开放、恪守信义"的草原文化核心理念；辨析了民族文化与草原文化、草原文化与游牧文化的关系；对草原文化的价值评估提出了方法论意见。

"草原文化研究工程"三期工程（2012～2014 年）在二期工程基础上，通过一系列整合性研究，全面梳理草原文化的历史脉络，深刻揭示草原文化的发展规律；深入挖掘草原文化的内涵，建立草原文化理论体系；全面认识和评估草原文化价值，继承和弘扬草原文化的优良传统，使草原文化成为全面提升内蒙古文化软实力和核心竞争力的重要智慧源泉和精神动力。

"蒙古语语料库"建设工程，是搭建在内蒙古民族文化建设研究工程数据库大平台上的重要语料库成果之一。经内蒙古自治区社会科学院建议申请、自治区人民政府批准，于 2005 年启动了蒙古语语料库建设工程。该工程分两期实施，即在 2005～2014 年建成言语语料库，为一期工程；2015～2024 年建成文献语料库，为二期工程。截至 2014 年 11 月，一期工程完成了中国 8 个省区、蒙古国 5 个省市、俄罗斯 2 个共和国境内 97 个采集点 6725 人 4192 小时自然口语语料和 4000 多小时书面语语料的收集工作，并建成 8000 小时语料及 8000 万词言语语料库。从 2015 年开始实施二期工程，现已完成了 4000 多小时蒙古语新闻、故事和义务教育《语文》课本等书面语料的收集工作，以及 200 小时的自然口语语料国际音标标注和传统蒙古文转写工作。

建立蒙古语语料库旨在大规模搜集真实言语语料和限量收集珍贵文献语料，重点是在中国八省区、蒙古国四省一市、俄罗斯布里亚特共和国和卡尔梅克共和国境内搜集蒙古语、达斡尔语、鄂温克语、鄂伦春语自然口

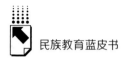
语语料，以及收集我国现行蒙古文历史文献和现代文献语料。这个少数民族语言大型语料库的建成，有利于国家语言资源安全，有利于民族语言资源保护，有利于推进民族语言文字信息化进程，有利于民族文化遗产保护。

全面、扎实、深刻、系统的蒙古学研究，为内蒙古自治区的民族教育事业构筑了坚实的文化资源基础，为少数民族文化传承、文化创新提供了智力和人才支撑，体现出民族教育事业的深厚文化底蕴。因此，蒙古学研究和人才培养是内蒙古自治区各级学校教育、社会教育、家庭教育民族特色的文化源泉。今后，蒙古学研究和人才培养还将继续得到党和政府的大力支持，蒙古学的研究成果也必然会渗透于民族教育事业发展的方方面面。

B.11
建设内蒙古民族教育研究智库的
意义与措施

乌云特娜*

摘　要：　建设内蒙古民族教育研究智库是"一带一路"建设和"中蒙俄
　　　　　经济走廊"智库建设的重要组成部分，能够发挥高校智库对社
　　　　　会经济的发展的促进作用。通过协同创新，构建内蒙古民族教
　　　　　育研究智库发展体系，诠释目标导向与建设内容，加强智库团
　　　　　队与体制建设，开发大数据平台与提供技术支持等措施，能够
　　　　　为内蒙古民族教育和社会发展提供强有力的智力支持。

关键词：　内蒙古　民族教育研究智库　智库体制建设　大数据平台

习近平总书记强调要从推动科学决策、民主决策，推进国家治理体系和治理能力现代化、增强国家软实力的战略高度，把中国特色新型智库建设作为一项重大而紧迫的任务切实抓好。《国家中长期教育改革和发展规划纲要（2010—2020 年）》明确指出："高校要积极参与决策咨询，主动开展前瞻性、对策性研究，充分发挥思想库、智囊团作用。"教育智库是政府或学校教育决策的必要"外脑"，是教育或影响公众行为的有力武器，是教育政策制定者的智囊团，在教育事业发展中具有十分重要的作用。因此，从国家到自治区，高度重视智库建设，内蒙古民族教育研究智库的建设势在必行。内

＊　乌云特娜，博士，内蒙古师范大学教育科学学院副院长、教授、博士生导师。

蒙古民族教育研究智库应以高校民族教育研究机构为依托，以精干的研究队伍为主体，广泛联络教育行政管理部门、各类学校，整合高素质专家学者，组建专业化团队，围绕区域经济社会发展过程中出现的重点热点问题加强针对性研究，在战略研究、政策建言、决策咨询、人才培养、舆论引导、对外交往等领域发挥出应有的专业化智库功能。

在共建"一带一路"行动中，在"中蒙俄经济走廊"建设中，特别是在实施中国特色新型高校智库建设推进计划中，创建内蒙古民族教育研究智库具有重要的时代意义。

一　建立内蒙古民族教育研究智库的必要性

（一）建立内蒙古民族教育研究智库是当今时代背景下国家建设与自治区发展的必然要求

在当今时代背景下，党中央对新型智库建设高度重视。习近平总书记在出席华沙丝路国际论坛暨中波地方与经贸合作论坛开幕式时明确提出了"智力先行，强化智库的支撑引领作用"的主张。习近平强调，我们进行治国理政，必须善于集中各方面智慧，凝聚最广泛力量。改革发展任务越是艰巨繁重，越需要强大的智力支持。要从推动科学决策、民主决策，推进国家治理体系和治理能力现代化、增强国家软实力的战略高度，把中国特色新型智库建设作为一项重大而紧迫的任务切实抓好。

中共中央办公厅、国务院办公厅在于2015年1月印发的《关于加强中国特色新型智库建设的意见》中强调了"推动高校智库发展完善"的重要性。该意见指出，深入实施中国特色新型高校智库建设推进计划，推动高校智力服务能力整体提升；深化高校智库管理体制改革，着力打造一批党和政府信得过、用得上的新型智库，应成为高校智库建设的目标与发展方向。基于时代背景与中国特色建立的民族教育研究智库，既是国家发展和政府决策的重要载体，又是提升民族地区教育科研与社会服务水平的有力支撑，是国家建设的重要基础。

在国家的重视与支持下，内蒙古自治区政府非常重视民族教育研究智库建设，党委书记李纪恒强调："以拓展人文合作为抓手，深入推进科技、教育、文化、卫生、体育、人才培训等领域的交流合作。以智库建设为先导，研究提出内蒙古全方位对外对内开放的意见建议，为自治区党委、政府科学决策提供参考。"另外，自治区政府根据中共中央办公厅、国务院办公厅印发的《关于加强中国特色新型智库建设的意见》与教育部印发的《中国特色新型高校智库建设推进计划的通知》精神，为推进自治区新型智库建设，配套出台了《关于加强内蒙古新型智库建设的实施意见》。2015年，内蒙古自治区社科联还组织编写了《内蒙古自治区智库建设概览》，对推进内蒙古自治区智库建设提供了翔实的材料。可见，根据自治区发展的现实需要和地区特点，建设具有自治区特色的民族教育研究智库对于深化改革和自治区全面发展具有重要意义。

（二）内蒙古民族教育研究智库是民族地区智力资源与实务的重要纽带

内蒙古民族教育研究智库既是民族地区教育科研成果的系统整合，又是为教育科研成果运用于社会实务提供支持的平台。面对"如何整合零散的、跨学科的、多类型的人才、平台、智力与信息资源""如何将这些资源有效畅通地运用于政府管理、经济决策、人才培养、社会服务等实务""如何将现有资源有机结合并发挥到最大效力""如何通过解决实务问题反促智库发展"等问题，民族教育研究智库将提供良好的思路与途径，它是横跨在资源与实务之间的桥梁，是实现理论与实践、静态与动态、横向与纵向有机结合，互通有无，共同发展的重要纽带。

1. 内蒙古民族教育研究智库建设推进人才培养，使其更加适应产业结构的优化升级

中国目前正处于改革转型时期，"加快从教育大国向教育强国、从人力资源大国向人力资源强国迈进"，最终会体现在人才培养的质量和水平上。内蒙古自治区经济发展方式的加快转变，产业结构层次的优化升级，对教育

事业发展和人才培养提出了新的更高要求。人才培养则是内蒙古民族教育研究智库研究的一大课题。通过民族教育研究智库对自治区高等教育人才培养模式和内容进行针对性研究，同时借助民族教育的对外合作交流机制加强对人才培养的比较研究，推进高等教育人才培养结构的优化调整。采取措施，诸如创造教育新环境、新模式，加强创新创业教育，主动对学生进行职业引导等，最后形成相应的运行机制。建立民族教育研究智库、企业事业单位、高校人才培养三者之间良性的联动机制。"协同育人、资源共享、强化实践"，通过建立适应自治区经济发展新常态的人才培养模式，进而与经济社会文化发展深度融合，拓展内蒙古民族教育研究智库的业务能力和"思想"贡献力。

内蒙古民族教育研究智库要建立大数据平台，顺应"互联网＋"发展趋势，同时，延伸到中蒙俄国际民族教育大数据平台的建设。可以借助我区云计算数据中心区位和规模优势，结合区域经济文化发展的市场需求，强力推进民族教育大数据平台与经济社会各领域融合的广度和深度，促进民族教育大数据加快发展，使自治区人才培养更好地适应产业发展水平的提升，为各行业创新输送有创新意识的高素质人才，构筑经济社会发展新优势和新动能。

2. 内蒙古自治区民族教育研究智库建设对于推动蒙汉双语教育具有重要意义

内蒙古自治区党委、政府历来重视少数民族语言文字的教育与文化传承，蒙汉双语教育目前取得的成就和地位与优先重视民族教育发展是分不开的。近年来，政府逐步加大基础教育的经费投入和政策法规建设，始终坚持以民族文化教育为主线，为了有效配合各盟市中小学推行的双语教学，政府采取了一系列相应措施，如加强蒙古语文教育、编制基础教育蒙语系列教材、加强蒙汉双语（包括鲜汉双语）教育、开设少数民族预科班、实施少数民族骨干计划等。近年来，区内接受双语教育的少数民族学生越来越多，这些具有双语背景的专业人才将极大地促进自治区的发展。

众所周知，内蒙古自治区内聚居的蒙古族、俄罗斯族、朝鲜族等均为跨境民族，在推进"一带一路"建设的背景下，跨区域少数民族人才在对外交流时具有文化同宗同源、民族语言和专业知识技能兼备等优势，在区域性教育文化建设和经济社会发展方面可以发挥重要的中介作用，有利于交流与合作。人才培养研究是民族教育研究智库的一大功能，关注跨境民族高素质人才的培养，既可以让服务于自治区经济、社会、文化发展的人才更好地"走出去"，同时也能吸引与带动区外人才资源更多地"走进来"。这不仅具有区域发展的战略意义，而且可以服务于不同文化背景下的舆论引导。民族教育研究智库的研究成果，在双语人才培养、双语教师的人才资源配置、双语教育管理、双语人才导向等方面都具有重要作用。

3. 构建幼儿教育大数据智库平台对于民族文化传承的重要性

民族文化传承与发展应该从幼儿阶段开始，父母在幼儿的心理发展与教育过程中具有不可替代的作用，重视家庭参与，通过家庭成员代际文化传承，实现从家庭到社会的民族文化发展。民族教育研究智库大数据平台可以为幼儿教育设置独立板块，建立幼儿在家庭生活和幼儿园生活中的数据集合，收录父母个体数据和生活数据，以及亲子关系的所有数据。基于幼儿教育的大数据，分析民族文化对幼儿心理发展与教育的影响方式和途径，探究少数民族儿童游戏与课程设计、家庭教育与文化传承、民族文化历史与比较教育等相关课题，完善自治区幼儿民族文化教育的发展与规划。在世界文化趋于多元化的时代背景下，民族教育研究智库在传承民族文化，发展民族文化中意义重大。

4. 搭建面向人民群众的教育智库平台和窗口，为民族学生和民族家庭提供适宜的教育咨询服务

以民族教育研究为主导，解读国家和自治区的教育政策是民族教育研究智库的任务与功能之一，对于增进人民群众对教育理念、教育政策的理解，搭建面向人民群众的教育智库窗口，对自治区广大群众进行相关教育宣传与问题答疑，为民族家庭和民族学生提供适宜的教育咨询服务，运用民族教育研究智库的权威性进行舆论引导，营造和谐共进的民族教育大环境具有重要意义。

（三）在"一带一路"框架下建设民族教育研究智库具有现实意义

中国国务院发展研究中心副主任张来明表示，建设"中蒙俄经济走廊"，智库是不可替代的重要力量，能够为建设"中蒙俄经济走廊"发挥好出谋划策的重要作用。2016 年 6 月中国、蒙古国、俄罗斯三国元首在塔什干会晤期间，三国政府共同签署了《建设中蒙俄经济走廊规划纲要》等一系列合作文件。这份规划纲要，是在"一带一路"框架下对接三国发展战略签署的第一个多边规划纲要。纲要明确提出三方要在推进交通基础设施互联互通、口岸建设、能源、投资、经贸、人文、生态环保等领域合作，协力实施重点项目，推动"中蒙俄经济走廊"建设尽快取得阶段性成果。"中蒙俄经济走廊"是我国"一带一路"北走廊的重要组成部分，其合作开发的关键在于加快三国人文交流合作，达成彼此的认同。内蒙古民族教育研究智库建设作为中蒙俄智库建设中的重要组成部分，它可以推动落实三国元首塔什干会晤共识，更好地发挥智库在落实《建设中蒙俄经济走廊规划纲要》中的智力支撑和引领作用。

目前，以中国、蒙古国、俄罗斯为主体的国家经济北走廊建设已进入更加务实、全面推进的新阶段，强化国际深度合作显得更为紧迫和必要。借助内蒙古民族教育研究智库这个平台可以更好地开展区域性、国家间的重要文化、学术交流活动，进一步完善各国智库合作机制，全面拓展国家经济北走廊建设的各方面合作研究。"智库"可以在规划对接、政策沟通、机制构建上成为政府的参谋和助手，并在文化传播、政策解读、民意通达上发挥桥梁和纽带作用。

在"一带一路"和"中蒙俄经济走廊"建设的背景下，依托于内蒙古民族教育研究智库大数据平台，与蒙古国、俄罗斯两国就高等教育、职业教育的热点问题进行相互交流，在充分考虑国情、区情和区域化经济社会建设具体情况的前提下，取长补短，可以完善发展区域职业教育体系，使高等教育和职业教育与国际同步。

通过建立内蒙古民族教育研究智库，可以为弘扬、推广与发展民族特色文化提供助力。以蒙医蒙药为例，以内蒙古民族教育研究智库为平台和通道，促进蒙医蒙药的传承，加大国内、国际传统医学领域的交流与合作，包括关于蒙医教育的师徒关系模式的交流、医学研究视角和范式的转换等，可以为自治区的医疗服务系统培养更多的蒙医蒙药专业人才，让民族传统医学更好地服务于人民。

另外，为了"共促中蒙俄经济务实合作""拓展经济走廊建设新领域""共创合作新机制""共筑可持续发展软实力"，迫切需要来自中国、蒙古国、俄罗斯三国智库的知名专家学者，围绕经济走廊中"文化教育与可持续发展""科技交流与合作"等人文教育合作领域分别进行深度探讨，为谋划和推动"中蒙俄经济走廊"建设建言献策，提出真知灼见。发展自治区民族教育，要注意充分发挥青年在对外文化教育交流中的作用，支持各国青年开展多领域的交流与合作。

内蒙古民族教育研究智库旨在为自治区政治、经济、文化、社会各方面发展提供支持与服务，同时面向国际开放，不断促进国际经济、社会、文化交流。民族教育研究智库要立足长远，为国家不断完善长期民族地区发展和稳定战略提供强有力的智力支持。我国智库建设近几年取得了重要进展，但相对于"中蒙俄经济走廊"建设的需要来说，我们还缺乏教育研究智库，尤其是民族教育研究智库目前还是短板，已经难以满足决策层应对现实问题的需求。因此，国际化视野下的内蒙古自治区民族教育研究智库建设势在必行。

二 建设内蒙古民族教育研究智库的具体措施

（一）目标导向与建设内容

1996 年，经国家教委同意，内蒙古自治区教育厅批准，以内蒙古师范大学为依托，成立了内蒙古民族教育研究中心，这是内蒙古教育发展史上的一个具有战略意义的重大决策，是内蒙古自治区民族教育改革和发展中的一

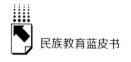

件大事。内蒙古民族教育研究智库以内蒙古民族教育研究中心为依托,广泛联络内蒙古高等院校和研究部门,旨在充分发挥内蒙古民族教育各类研究院(所)、中心、基地、实验室、协同创新中心等科研平台的作用,整合高素质专家学者,组建专业化团队,围绕区域经济社会发展过程中出现的重点热点问题加强针对性研究。民族教育研究智库的建设必须在党的基本方针和国家政策指引下进行,必须按照相关部门的法律法规,不断规范智库的各项管理制度。

首先,内蒙古民族教育研究智库的建设应当坚持政、学、研、用一体化,并紧紧围绕智库的研究方向和议题展开。具体而言,一是通过中国民族教育蓝皮书、咨询报告、调研报告等途径服务于党的民族教育决策,为国家、内蒙古自治区党委和政府提供政策研究、决策咨询、规划建议、项目评估等服务。二是通过中国、蒙古国、俄罗斯重大民族教育问题的研究,推进民族教育理论创新,提出有价值、有影响的新理念、新判断、新概念、新观点、新思想。三是围绕中国、蒙古国、俄罗斯民族教育重大议题,通过大数据平台建设,主办网站、博客,推送微信、电子邮件、网络杂志等,扩大思想观点和研究成果的扩散面和影响力,正确引导社会舆论,凝聚社会共识,改善社会风气,改变民众的思维方式。四是承担国家、自治区以及蒙古国、俄罗斯各类民族教育咨询项目,注重研究成果转化应用,提供社会服务。五是开展国际学术交流,开展对俄罗斯、蒙古国的专门研究,搭建中国、蒙古国、俄罗斯三方民族教育交流合作和人才聚集的平台,承担中国、蒙古国、俄罗斯民族教育合作交流的协调服务工作。六是坚持育人宗旨,适当吸纳中国、蒙古国、俄罗斯大学生、研究生加入研究平台,让他们在参与重要问题的实证调查和理论分析中培养治学的品格、作风。同时,智库将研究的新成果及时转化为教学内容,使科研与教学相互促进,科研反哺教学,教学更接近学科发展前沿和社会生活实际。

其次,民族教育研究智库应当突出区域特色,围绕战略研究、政策建言、人才培养、舆论引导、学术交流等内容开展建设工作。一是要定期召开工作会议商讨研究项目、审核研究计划,组织民族教育调查研究,撰写相关调研报告，为民族教育决策服务，突出信息咨询的功能。二是要依托"智库"定期召开学术会议，加强学术交流，促进学界与政府、社会的广泛交流。三是要不断扩展"智库"资源，收集、挖掘和发布教育数据信息。四是要广泛整合联动区内外、国内外院校和研究部门，建立协作关系，交流民族教育研究最新信息，引导社会舆论。五是要组织编辑委员会，以国内外网站信息、各类中外民族研究权威刊物、智库成员撰稿、对外约稿、调查报告、学术研讨会等为来源和渠道，不断更新发展"智库"。六是要建设跨区域民族教育研究智库网站，为社会提供民族教育研究方面的教学、科研信息服务，与大众共享民族教育研究成果及学术资源。

（二）智库团队与体制建设

1. 智库人才队伍与管理团队建设

按照国家、自治区和相关部门的法律法规，应拟定《中俄蒙民族教育智库章程》《中俄蒙民族教育智库课题管理办法》《中俄蒙民族教育智库成果管理办法》等规章制度以及其他各项管理制度。应成立理事会，设定正副理事长、秘书长及理事等职，监督处理建设与管理中的各项事务。智库秘书处应主要担负日常组织协调责任，与各相关单位加强沟通联系，建立常态化的信息沟通渠道和事务性问题解决协商机制。在各盟市、旗县设立信息站，聘请信息员。在区外相关智库联动点设立代表处，为智库管理、应用与发展提供服务，同时建立智库专家网络和数据库。

人才是根本，民族教育研究智库建设需要各种学科背景的专家人才，也需要一专多能、跨学科专业背景的专家人才，以及高端统计建模和其他统计分析人员，才能满足智库大数据平台搭建和运行的需要。出台机动、灵活、兼容的人才政策，允许人才在民族教育研究智库与政府部门和其他社会实体之间自由流动，保持专家和决策者的灵活流动状态，有利于知识与决策之间的流动转化。形成成熟的专家人才外聘制度，在民族教育智库的大数据平台以人才储备的方式建立专家库，储备专家人才会员。对于具体的研究项目，临时聘请专家库中的一些对口专业背景的专家会员，组建研究课题组，项目

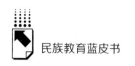

完成后即随时解散。专家会员应为民族教育智库时常注入新的观念，拓展研究的角度和思路。不定期地实施专家轮换制度，如派遣进修、参与政府和其他社会实体的项目等等，以才取人，不搞终身制，保持智库始终可以独立稳定运作。而民族教育研究智库中的学术型管理者应尽量保持稳定。

智库人才的引进与退出可以实行"旋转门"制度。智库是跨系所、跨学科、跨专业的学术研究和政府咨询机构，应当致力于凝聚不同学科、不同专业、不同系所人才，吸引各方专家学者加盟。"旋转门"可以让大量有经验的人才进入智库，智库人员既可以进入体制内担任领导职务，也可以培养有跨界工作经验的智库领军人才。另外，还要从区外积极引进人才入库。

在智库内部治理上，通过引入理事会、同行评价、利益相关者评价制度等来保证智库的运作效率。另外，智库可根据现有条件，确定当前首选项目，通过委托或者投标方式，实行项目管理责任制。受委托人或者投标人须提交研究计划、经费使用计划及可行性报告。评审合格者签订合作协议，加入智库团队，共享智库研究资源，以智库名义开展研究工作。

2. 智库体制建设

民族教育研究智库的机制建设既是基础又是关键，民族教育研究智库各组成部分既独立自由又结构紧密。民族教育研究智库的组织管理机制、经费管理制度、专家队伍与研究体制、成果评价与应用转化机制、国际交流合作机制完善与否，直接决定着民族教育研究智库的综合研究能力。首先，民族教育研究智库的建设离不开自治区政府的支持，包括政策倾斜和资金投入，两者之间既独立又紧密关联，智库人事和财务管理体系要保持独立的运作机制，有益于智库的良好运作；其次，完善人才激励机制，有益于民族教育研究智库"思想库"作用的发挥，正如国务院发展研究中心副主任隆国强所说，"人才是根本，人事制度是高端智库建设的核心"；再次，民族教育研究智库专家人才结构的完备性将影响到跨学科、跨单位甚至跨体制的研究合作，需要自治区政府给予相应的政策支持；复次，政府、智库和各企事业单位之间互相依存，需要保持供需关系的对称，同时还应明确根据市场反应建立指标体系，这有益于民族教育研究智库发挥建言献策的功能，为政府和企事业单位的相关问题决策提供服务与支持；最后，明确民族教育研究智库的政治红线、法律底线和努力方向，民族教育研究智库的良性运转需要一套标准来进行约束，必须做到"坚持科学决策，民主决策，依法决策"。

（三）大数据平台建设与技术支持

在大数据时代，许多问题的解决需要大量且多样的数据信息。建设面向社会服务的教育智库大数据平台，可以为用户提供大数据处理和分析服务，有效地提升挖掘信息、服务管理、支持决策的能力，最终实现在项目组织、平台建设、人员管理、成果共享、人才培养等方面的高效利用，这也是大数据产业发展的重要方向与当今社会发展的现实要求。在此时代背景下建立高效多能的民族教育研究智库，就需要建立功能完备的信息采集与分析系统。通过民族教育大数据平台建设，有效地提升挖掘、储存和处理信息能力。具体来说，要及时获取政府信息，拓展政府信息公开渠道和查阅场所，发挥政府网站以及政务微博、政务微信等新兴信息发布平台的作用；建立相关教育研究智库的联系机制，与国内大型智库（如中国社会科学院、国务院发展研究中心、国家行政学院、部分高校和科研院所智库）建立联系，以扩展自治区教育研究智库的资源与功能。

面向社会服务的智库应当以区域性智能数据中心及高速互联网为基础设施，以互联网服务体系为架构，以大数据存储、处理、挖掘和交互式可视化分析等关键技术为支撑，通过多样化移动智能终端及移动互联网为用户提供数据存储、管理及分析服务。民族教育研究智库大数据平台可以通过部署在多个地方的智能数据中心提供大数据存储及计算服务，通过平台服务器为用户提供解决问题的各种系统功能调用。具体而言，门户服务中心将整合所有的智能数据中心存储和计算资源，并通过 Web 应用服务器、Open API 服务器以 Web 调用和 Open API 调用的方式提供大数据存储、管理及挖掘服务。终端用户利用移动智能终端通过互联网访问门户服务中心，使用其提供的大数据存储、管理及挖掘服务。民族教育研究智库的系统应当包含三个基本模块：一是平台层，它为整个民族教育研究智库提供基础平台支持；二是功能

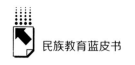

层，主要提供基本的大数据存储和挖掘功能；三是服务层，其功能是为用户提供基于互联网的大数据服务。

（四）交流与合作

民族教育研究智库除了为区内各级政府处理实务和社会问题提供智力支持外，也是全国乃至国际智库体系的组成部分，同时，自治区民族教育研究智库的信息发展与信息资源的扩充更新也需要区外智库的支持。因此，应当重视国内外、区内外各类交流与合作，为智库发展寻找更多的机会和更有效的途径。从更加广泛的领域寻找各类资源，不断丰富智库，突破发展瓶颈，使智库为解决全区乃至全国民族教育发展与实践中的各类问题提供更多、更有效的帮助。

首先，在建设智库的过程中，必须重视与区外、国外智库尤其是相关智库的交流与合作。通过各国民族教育研究智库间信息交流共享机制，加强教育研究智库基础能力的建设，提升其功能与价值。这就需要对民族教育决策及教育研究智库自身建设等问题进行探讨，协商建立民族教育研究智库交流合作的长效机制。

其次，应当整合区内各级教育科研机构，建立健全各级教育科研机构间的协作互助机制，借助全区各级教育科研机构的信息平台，通过数据资源共享，构建区级教育科研的大数据智库平台，夯实民族教育研究智库大数据平台的基础，做到有实有据。民族教育研究智库进行立项研究时，在从国家层面整体考虑民族教育的全局和自治区民族教育问题的同时，也要关注区域性的教育问题。例如，由政府相关教育部门牵线，由民族教育研究智库组建专家小组，下到一个盟市、一个旗县甚至具体的一所学校，进行针对性的教育问题的调研分析，然后给出整改方案和指导思想。这种做法可以使民族教育研究智库的各学科专家更多地深入民族教育一线，脚踏实地地为自治区教育工作做实事。同时，民族教育一线存在的教育问题和调研数据、调研结果也应被纳入智库的大数据平台，进一步充实民族教育研究智库，切实做到且研且行。

最后，以自治区高校哲学社会科学"走出去"计划为依托，扩大民族教育研究智库在国际学术活动中的话语权和影响力。不断完善结构布局，创新组织形式，推动内蒙古自治区民族教育研究智库与俄罗斯、蒙古国等国家智库建立实质性合作关系，不仅服务于国家"一带一路"和"中蒙俄经济走廊"建设，还可以进一步提升自治区高校的科研实力，拓宽国际性视野，促进自治区民族教育研究智库的不断发展与完善。

总之，内蒙古民族教育研究智库的建设，必须重视社会支持下的个人能力（教育）、知识引领下的创新（科学）、民族教化下的导引（文化）和资金来源（经济）等因素。民族教育研究智库是对这些因素的有机整合与联系，它是汇集各学科的专家学者，产生信息、知识、智慧和思想的地方。站在自治区文化经济发展和民族教育发展的视角，站在服务于国家"一带一路"和"中蒙俄经济走廊"建设的国际性视角，加强和完善民族教育研究智库建设，可以为各类学校发展提供决策参考，为当地政府教育决策提供咨询服务，还可以深化民族教育事业的民族化、区域化、国际化，提高民族教育在区域和国际的影响力，为民族教育发展增创一条新路，这也是自治区民族教育发展的根本追求与有效途径。

内蒙古自治区民族教育研究智库将在自治区党委和政府的指导下，按照国家智库建设的有关精神，打造自治区民族教育研究平台，针对自治区民族教育问题进行全域性分析研究，提出符合民族教育实际状况的决策建言，探索民族教育改革新途径，更好地传承和发扬民族传统文化。同时，民族教育研究智库将全面推进中国、蒙古国、俄罗斯三国间的民族教育交流与合作，扩大和深化中国、蒙古国、俄罗斯在政治、经济、文化、社会等方面的交流与合作，服务于国家"一带一路"建设，为共建"中蒙俄经济走廊"做出贡献。

我们相信在自治区各级领导的关怀和指导下，经过有关单位和部门的通力合作，一定能建立具有中国特色和民族地区特色的民族教育研究智库，坚持政、学、研、用一体化，完成好战略研究、政策建言、人才培养、舆论引导、对外交流的五大任务，全面推动内蒙古自治区民族教育事业的新发展！

B.12
坚持科学正确的民族教育观

苏德毕力格　刘玉杰　成丽宁*

摘　要： 树立科学正确的民族教育观，是推动民族教育事业不断发展的关键。为此，必须准确把握科学正确的民族教育观的内涵、指导思想和应遵循的原则。要培育科学正确的民族教育观，一是把各民族的传统教育观念作为基本的价值资源，赋予时代要求进而作出新的内涵诠释；二是批判地吸收借鉴国外文明成果，满足我国各民族共同的、美好的教育价值诉求；三是立足于我国民族地区教育实践，使之符合各民族群众的教育价值期待；四是从社会、学校、家庭、个体四个层面分层整体推进；五是通过宪法的实施、法制的推行、政策的制定、人权的保障来实现"科学正确的民族教育观"。

关键词： 民族教育观　文化观　社会本位　个体本位

内蒙古自治区民族教育事业之所以取得了辉煌成就，与不同时期民族教育政策的制定者、执行者和广大少数民族教育工作者坚持和践行科学正确的民族教育观有直接关系。因此，为推动民族教育事业的进一步发展，我们需要对科学正确的民族教育观进行必要的理论探讨。

我国少数民族教育不仅关涉语言、文化以及由此产生的意识形态，而且

---

* 苏德毕力格，博士，中央民族大学教授、博士生导师；刘玉杰，新疆喀什大学教育科学学院副教授；成丽宁，中央民族大学教育学院博士研究生。

关涉到民族教育观。教育作为上层建筑的一部分，必然是时代的反映，需紧跟时代的步伐。近年来，在党和国家的高度重视及各地有关部门的共同努力下，民族教育事业迅速发展，并培养了一大批少数民族人才，取得了显著成绩。然而，由于历史、自然、社会、观念等原因，民族教育发展仍面临一些特殊的困难和亟须解决的问题。进入 21 世纪的今天，当我们探讨少数民族教育时，不得不思考当前中国社会的特点以及各少数民族对教育的特殊诉求，而其中树立科学正确的民族教育观最为关键。

一 树立科学正确的民族教育观的紧迫性与战略性

当代中国面临着急剧的社会转型，即从传统社会向现代社会、从农业社会向工业社会、从封闭社会向开放社会的变迁与发展，这是一项伟大的变革。在此变革过程中交织着诸多内容，其中民族教育是一项极其重要的内容。对此，我们亟须以民族教育与国家现代化的良性互动为切入点，以改革开放以来民族教育的新情况、新问题为对象，探讨转型期民族教育与民族认同、国家认同、民族关系现状和发展趋势对民族教育的新要求以及在现代政治经济文化一体化进程中，教育对民族文化多样性的保护等问题。在此基础上我们提出"科学正确的民族教育观"这一理念。"科学正确的民族教育观"是以马克思主义为指导，对我国社会转型时期民族教育诸要素的属性、关系以及其作用、功能、目标等的正确认识。人们看教育的立场、角度、方法等存在差异，必然会出现各种各样的教育观，并呈现百家争鸣的状态，因此，排除与科学正确的民族教育观对立的陈旧、狭隘的民族教育思想观念，加强对科学正确的民族教育观的理解，就既具有紧迫性又具有战略性。

第一，"科学正确的民族教育观"是马克思主义理论在民族教育领域的具体应用。"科学正确的民族教育观"不但是中国化的，而且是随着社会的发展不断与时俱进的。为此应遵循两个基本原则：其一，民族教育要与中国特色社会主义建设的战略相一致；其二，民族教育要与民族特征、民族关系

发展变化的规律相一致，推动民族关系的和谐发展。随着我国城镇化和市场经济进程的加快，人口流动速度、民族人口的分布格局也都在迅速变化，而作为社会子系统的民族教育不得不面临新情况、新问题。社会转型时期，各民族之间的利益协调与整合难度加大，同时也给民族教育带来了更多挑战，而"科学正确的民族教育观"是解决这些问题的前提和关键。

第二，"科学正确的民族教育观"是正确评价中国民族教育理论、政策的价值理念、实践过程和效果的"准绳"。纵观中华人民共和国成立以来的关于民族教育的研究成果，在部分重大问题上仍然存在似是而非的观点，共识和分歧并存。例如，在国际化、市场化、城镇化的背景下，如何积极健康地发展民族教育、如何用平等理念科学阐释社会上对民族教育优惠政策的质疑、如何有效满足少数民族的政治诉求和利益诉求、如何理解和认识影响民族团结的深层次原因、如何进行少数民族优秀文化传承、如何增强少数民族学生的就业成就感等。理论界、舆论界和老百姓头脑中存在的这些不同认识和疑虑迫切需要理论界和党政有关部门树立"科学正确的民族教育观"。

第三，"科学正确的民族教育观"关系到各民族的未来和走向。在我国部分民族地区"三股势力"日益猖獗，"西化""分化"的图谋有增长趋势，而教育领域是他们抢占"意识形态"的"主阵地"。转型时期产生的各种问题泛化到了民族教育的各个层面，一些边疆民族地区的教育领域出现了稳定与发展的双重矛盾，并呈现日益复杂的局面。因此，树立"科学正确的民族教育观"，并以其为指导，有效推动民族平等、团结、互助、和谐刻不容缓。

第四，"科学正确的民族教育观"关系到社会主义现代化建设的顺利进行。凝聚各方力量才能全面建成小康社会，各民族群体的行为以及其对国家的态度不仅关系当地的和谐稳定，而且直接关系到文化安全和国家安全。树立"科学正确的民族教育观"可有效加强民族教育政策的执行，把各民族团结在党和政府周围，这也是社会主义现代化建设的必然要求。

二　科学正确的民族教育观的内涵

长期以来，人们一直把民族教育理解为民族地区的学校教育，把民族教育问题归结为民族地区教育本身的"发育不良"。实际上，民族教育问题不仅仅是民族教育本身的问题，它与政治、经济、历史、文化因素息息相关。当前，在西部大开发进程中，无论在人力资源的数量和质量方面、教育的基础设施方面还是教育水平方面都难以适应民族地区社会经济的发展。为了克服这些困难，首先，要树立科学正确的"大教育观"，所谓"大教育观"就是把民族教育问题放在当前的时代背景之下来探讨，而不是仅仅把目光局限在学校教育领域，更不能仅仅把民族教育放在教育学、民族学、社会学、经济学等学科的概念范畴下，抽象地谈问题。在社会发展过程中出现的地区之间、阶层之间、民族之间的经济、文化、教育的不平衡，几乎是所有国家都存在的普遍问题。例如，社会经济发展不平衡而造成的民族地区之间的教育差别、城市和农村发展不平衡造成的城区与农牧区民族教育的差别、历史文化原因造成的女童教育问题、汉族和少数民族之间的文化差异等。上述原因造成的民族教育问题必须在"大教育观"下去解决，若把视角仅仅放在课程、教材、教法评价等微观层面上就会出现"只见树木，不见森林"的认识局限性。其次，要树立科学正确的"大发展观"，"大教育观"与"大发展观"是相得益彰的关系。所谓"大发展观"，就是以超常规的发展思路、超常规的政策、超常规的发展措施、超常规的投入力度加快民族教育的发展。纵向看中华人民共和国民族教育的发展历程，至少有两点启示很有借鉴意义。第一，我国民族教育是在没有前人经验的基础上"创"出来的。尽管苏联在社会主义实践中提出过一些少数民族教育的一般理论，但从根本上说或者从实际效果上说，苏联的民族教育实践是不成功的，苏联的解体固然有政治、历史、社会等诸多原因，但在少数民族教育方面的失误不能不说是一个重要的原因。我国社会主义民族教育在"前无古人，后无来者"的情况下，走出了具有中国特色的民族教育发展之路，这本身体现了一种"超常规"的首创精神和开拓精神。第二，根据不同民族地区的"社会经济文化类型"，因地制宜地制定相应的教育政策措施，促进各民族教育积极健康发展。任何一种教育形式的出现与任何一项教育政策法规的出台，都反映了人们对民族教育规律认识的提高，只有不断加深认识，才能在民族教育领域推陈出新。特别是近年来，民族教育领域不断出现新形式和新经验，更是促进了民族教育的发展。最后，要树立科学正确的"文化观"。"文化观"是文化价值、文化评价、文化传承观点的总和，树立科学正确的民族教育观应具有"文化资源"意识。少数民族文化蕴含着丰富的文化资源，这些文化资源是少数民族教育的平台和载体，也是少数民族价值观和认同形成的文化基础。培育科学正确的民族教育观的有效路径必须立足于挖掘少数民族优秀文化资源，保护、传承、创新少数民族文化遗产，并与民族文化的发展、文化建设、文化实践创新、文化的凝聚功能结合起来，在践行中培育，在培育中践行。

三 科学正确的民族教育观的指导思想

科学正确的民族教育观是以《国务院关于加快发展民族教育的决定》（2015 年）的指导思想和原则为依据，以民族地区的基本实情为出发点，积极培育和践行各民族团结，促进各民族和谐发展的科学理论。《国务院关于加快发展民族教育的决定》指出："准确把握新时期民族教育的指导思想，高举中国特色社会主义伟大旗帜，以邓小平理论、'三个代表'重要思想、科学发展观为指导，全面贯彻党的十八大、十八届二中、三中、四中全会精神和习近平总书记系列重要讲话精神，按照'四个全面'战略布局，认真贯彻党的教育方针和民族政策，深入落实党中央、国务院决策部署，以立德树人为根本，以服务改善民生、凝聚民心为导向，保障少数民族和民族地区群众受教育权利，提高各民族群众科学文化素质，传承中华民族优秀传统文化，大力培育和弘扬社会主义核心价值观，维护民族团结和社会稳定。"[①]

---

① 《国务院关于加快发展民族教育的决定》，《中国民族报》2015 年 8 月 18 日。

习近平总书记也曾指出："人类社会发展的历史表明，对一个民族、一个国家来说，最持久、最深层的力量是全社会共同认可的核心价值观。如果没有共同的核心价值观，一个民族、一个国家就会魂无定所、行无依归。"① 我国民族关系总体是和谐的，实践证明，党的民族理论和方针政策是正确的，中国特色解决民族问题的道路也是正确的。"要做好民族教育工作就要坚定不移走中国特色解决民族教育问题的正确道路，从实际出发，顶层设计要缜密、政策统筹要到位、工作部署要稳妥，让各族人民增强对中华民族和中华文化的认同。"②

"民族教育工作的关键是搞好民族团结，正确认识我国的民族关系，善于团结群众，加强各民族交往交流交融，尊重差异、包容多样，让各民族在中华民族大家庭中手足相亲、守望相助。"③ 习近平总书记强调："我们要将民族团结作为各族人民的生命线，像爱护眼睛一样爱护民族团结、像珍视生命一样珍视民族团结，坚决反对大汉族主义，同时也要反对狭隘的民族主义。"④ 科学正确的民族教育观不仅能够"引导各族群众树立正确牢固的祖国观、历史观、民族观，增强各族群众的法律意识"⑤，而且可以运用法律来保障民族团结，为民族教育研究提供指导思想、实践价值和方法论，还能立足于民族地区的实际，结合已有实践经验，针对民族教育研究的主要困难与问题，提出更精准的发展战略和方针。

"科学正确的民族教育观"是中国共产党民族理论的重要组成部分，是马克思列宁主义民族理论中国化的智慧结晶。民族教育工作应该高举民族团

---

① 蒋光贵：《习近平论社会主义核心价值观思想探析》，《福建省社会主义学院学报》2016 年第 3 期。

② 《中央民族工作会议暨国务院第六次全国民族团结进步表彰大会在京举行》，《人民日报》2014 年 9 月 30 日。

③ 《中央民族工作会议暨国务院第六次全国民族团结进步表彰大会在京举行》，《人民日报》2014 年 9 月 30 日。

④ 《中央民族工作会议暨国务院第六次全国民族团结进步表彰大会在京举行》，《人民日报》2014 年 9 月 30 日。

⑤ 《中央民族工作会议暨国务院第六次全国民族团结进步表彰大会在京举行》，《人民日报》2014 年 9 月 30 日。

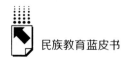

结的旗帜，全面贯彻党的民族政策，自觉维护国家的最高利益和民族团结，促进各民族和睦相处、和衷共济、和谐发展，牢记我国是统一的多民族国家这一基本国情，创建"平等、团结、互助、和谐的民族关系，构建和谐、团结的中华民族"。

处理民族关系在历史上向来是非常重要的问题，梁启超运用近代观念和方法首次比较系统地研究了民族关系及民族意识，认为民族意识是共同心理状态于共同文化上的一种表现形式。中华人民共和国成立不久，毛泽东就强调："国家的统一，人民的团结，国内各民族的团结，这是我们的事业必定要胜利的基本保证。"① 习近平总书记强调，民族教育要摒弃狭隘民族主义和大汉族主义的偏见，将国内各民族置于平等地位。中华民族和各民族的关系，是一个大家庭和家庭成员的关系，各民族的关系，是一个大家庭里不同成员的关系。我国各民族在分布上"交错杂居，文化上兼收并蓄、情感上相互亲近、经济上相互依存，形成了你中有我、我中有你的多元一体格局"②，各民族共同开发了祖国的大好河山，传承和发扬了悠久灿烂的中国历史和中华文化。

四 科学正确的民族教育观应遵循的原则

诚如习近平总书记在 2014 年召开的中央民族工作会议上所指出的："中国特色解决民族问题的道路之所以正确，根本原因在于其符合我国统一多民族国家的基本国情，是理论维度、历史维度、制度维度和现实维度的有机统一，是实现中华民族伟大复兴中国梦的必由之路。""科学正确的民族教育观"建立在"有机统一"的基础之上，处于整合各种相互冲突的层面。不管是从"人是目的"的民族教育原则出发，还是从民族教育涉及的各要素之间的关系出发，或者是从各民族社会发展的历史出发，都需要

---

① 《毛泽东文集》第七卷，人民出版社，1999 年，第 204 页。
② 杨胜才：《增强中华文化认同是民族院校的核心使命》，《中南民族大学学报》（人文社会科学版）2015 年第 2 期。

把民族教育中存在的对抗、偏离的要素整合起来，在动态中找到各要素关系的平衡，形成"你中有我、我中有你"的互补、互生关系，为此要把握以下几个原则。

（一）"民族个体"与"社会"两相兼顾原则

从教育史上看，"个体本位"与"社会本位"是教育目标制定的两个"基点"，换句话说历朝历代的教育目标始终徘徊在"人"与"社会"之间，但社会是通过"人"的改变而改变的。"'以人为本'最早见于《管子·霸言第二十三》'夫霸王之所始也，以人为本。本理则国固，本乱则国危。'这里的以人为本，即以民为本，系中国古代民本思想的源头，它后来以老子的'民为先'，孔子的'民信之'，孟子的'民为贵，社稷次之，君为轻'以及'民为邦本，本固邦宁'等表达方式流传后世，讨论的主要是政治哲学中国家与民众的关系及君与民关系。"[1] 教育中的"以人为本"实际上也出自人本主义思想。毫无疑问，"教育是一种培养人的社会实践活动"，任何教育活动，如果"目中无人"，它就失去了教育本质，其合法性也值得怀疑，诚如叶澜教授所说："就教育学而言，我以为学科发展的内在核心问题是对'人'的认识。"[2] 民族教育领域的"以人为本"无疑是以"尊重差异，包容多样"为前提的，通过民族教育目标的制定、教育内容的选择、教育方式的优化、教育评价方式的构建，最终达到"各美其美，美美与共"的教育效果。

（二）辩证看待民族传统文化与现代文化原则

在我国少数民族地区，民族传统文化的现代化转型问题一直是教育界、文化界、社会界人士孜孜以求的理论问题，也是在各民族地区社会实践中迫切需要解决的现实问题。党的十七大报告和十七届六中全会共同强调："加

---

① 杨东平：《试论以人为本的教育价值观》，《清华大学教育研究》2010 年第 2 期。
② 叶澜：《教育创新呼唤"具体个人"意识》，《中国社会科学》2003 年第 1 期。

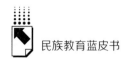

强对优秀传统文化思想价值的挖掘和阐释，维护民族文化基本元素，使优秀传统文化成为新时代鼓舞人民前进的精神力量。"这对我国民族教育提出了新的要求，当务之急是把握我国少数民族优秀文化传统与民族教育的契合点，彰显民族教育的文化功能。

我国少数民族优秀传统文化与民族教育的关系本质上也是文化发展与教育的关系，因此，我们首先要明确的是教育与文化的关系。概而言之，教育与文化的关系为双边、互动关系。文化本身具有教育功能。在我国，文化一词历史悠久，汉代刘向在《说苑·指武》中提到"圣人之治天下，先文德而后武力。凡武之兴，为不服也；文化不改，然后加诛"，可见，西汉时期人们对文化的教化功能已经有了深刻的认识。

辩证地看，少数民族传统文化与现代文化之间既有矛盾的一面，也有统一的一面。对于现代文化而言它要指向未来而不是迷恋过去，它要求革除一切陈规陋习，消除阻碍人类进步发展的因素，在扬弃传统文化中获得新发展。但少数民族传统文化与现代文化绝不是"水火不容"的绝对对立化实体，希尔斯指出："每一代人都需要其前辈和祖先的帮助。他们不仅需要其血缘上的祖先的帮助，同时还需要其精神和文化上的祖先，即以往世代的社会习俗、信仰、准则和典章制度等方面的文化遗产的帮助。所以，现代的、自由民主的社会必须是形成和生长在传统的根基之上。"[1] 在少数民族传统文化向现代文化转化的过程中，教育起到了中介作用，它们之间的关系可以描述成：根基（传统文化）—民族教育—发展（现代文化）或者基因（传统文化）—民族教育—进化（现代文化）或者历史传承（传统文化）—民族教育—创新转化（现代文化）。民族教育、传统文化、现代文化之间的内在联系，决定了民族教育在继承各民族优秀文化传统、弘扬中华民族现代精神文化方面有着不可替代的作用。

民族传统文化的转型必然是一个"取其精华，弃其糟粕"的过程，即传统物质文化、制度文化、精神文化的现代转型过程。因此，人的现代化是

---

① 〔美〕E. 希尔斯：《论传统》，傅铿、吕乐译，上海人民出版社，1991 年，第 73 页。

社会现代化的终极追求，文化现代化是文化本身和社会发展共同提出的要求。目前，部分民族地区仍然处于以"自给自足"为主要特征的农林、农牧社会向现代化转型的初级阶段，这些地区现代社会的文化转型面临着多重任务：一是要由传统的农牧、农林文化向现代的工商业文化转型；二是要向现代信息文化迈进；三是将传统文化中带有极端宗教色彩的部分向现代的"人本位"文化转变。

（三）语言、文化、民族认同、国家认同交互生成原则

正如我国学者才让太教授指出的："目前民族教育中的国家认同教育，往往只注重爱国主义知识的传授，认为只要给少数民族学生传授有关爱国知识，灌输爱国思想他们就会爱国。还有一种思想认为强化汉语语言文字教育，他们才会爱国……但这些思路及实践忽略了一个重要方面，那就是任何民族只有对自己民族的语言文字及其所承载的文化传统感到安全的情况下才会产生国家的认同感。"[①] 换言之，少数民族文化是中华文化中一个不可或缺的部分，应得到国家政策的支持和保障，只有当中华文化与少数民族语言文化唇齿相依、互为补充时，才能强化各族人民的国家认同感。所以，民族教育目标的制定与实施，不能以"淡化"或者"代替"某一民族的语言文化为代价。对于少数民族来说，他们与自己的语言文化有天然的"血肉"联系，本民族语言文化的弱化、消失本身会给他们带来危机感，从而产生离心力，日积月累，直接危及边疆各民族的团结、社会的稳定、国家的统一。在语言差异很大的地区，双语教育无疑是促进各民族交往与理解的纽带，它一方面具有少数民族文化传承的功能，另一方面具有国家政策的宣传与实施功能，对民族地区社会和谐发展起到不可替代的作用。

教育中的"知识与技能，过程与方法，情感、态度、价值观"三维目

---

① 才让太：《双语教学及其定位关系到少数民族的国家认同》，藏人文化网，http://www.tibetcul.com/zhuanti/whzt/201703/41833.html，2017年3月13日。

标是在实践中实现的，这三个目标"不能分别实现就不能实现联系，不能实现联系就不能分别实现"。民族认同、国家认同的本质是一种文化认同，因此，民族认同、国家认同是在"语言—教育—人文"的交互作用中产生的。在民族教育中，语言与人文、语言的形式和内容既是无法分离的，也是彼此制约、彼此建构的。教育、语言与人文是存在相互依存关系的概念，民族教育的意义的生成和体现孕育在语言与各少数民族文化的交互关系之中。

（四）以民族性为基础，践行民族教育原则

"民族性是指某一个民族在其共同语言、共同地域、共同经济生活、共同文化及共同心理素质基础上形成的，区别于其他民族，本民族特有的行为方式、情感、习俗和思维方式。"[①] 在多民族国家，民族教育与各少数民族的民族性是既彼此相对独立又息息相关的系统。从历史上看，我国"五十六个民族，五十六朵花，五十六个兄弟姐妹是一家"，正是56个民族塑造了中华民族灿烂的文化，56个民族的民族性与中华民族的核心价值观之间是互塑关系。但在特定的时空条件下，民族教育所需要的价值认同并不一定与各民族文化的价值认同完全一致，甚至会出现冲突。在民族教育中，需要充分利用各民族文化中有益的资源和优势，这样当民族教育细化到促进民族文化素质提升的教育的具体情境中时，通过对民族性的因势利导，民族教育才会达到应有的效果。

民族文化催生了民族性，文化是民族性中不可或缺的内容。民族性是一个民族在特定的历史、自然、社会环境中经过锤炼而产生的独特品质。当然，一个民族的民族性不能用几个简单的词语来表达，它具有高度的抽象性，需要用形而上的语言来概括。在我国民族地区的民族教育中，各民族的民族性是一个不可忽视的方面，可以说民族性是民族教育的基石，一个民族的教育与这个民族的民族性有着不可分割的必然联系。无论教育还是民族教

---

① 李太平、黄岚：《论教育的民族性》，《高等教育研究》2012 年第 11 期。

育，其目标的制定都不能脱离教育对象的民族性，否则，就违背了"因材施教""循循善诱"等原则，甚至会阻碍民族地区的教育发展。

五　科学正确的民族教育观的培育路径及措施

"科学正确的民族教育观"是我国民族教育赖以立足与发展的灵魂，决定着民族地区教育改革和调整的基本方向。党的十八大报告明确提出"倡导富强、民主、文明、和谐，倡导自由、平等、公正、法治，倡导爱国、敬业、诚信、友善，积极培育和践行社会主义核心价值观"。这既为培育"科学正确的民族教育观"提供了基本思路，又为进一步凝练、培育"科学正确的民族教育观"提供了指导原则及培育路径。换言之，"科学正确的民族教育观"是社会主义核心价值观在民族教育领域的体现。"科学正确的民族教育观"的培育，是一个逐步积累、逐步认识、逐步达成共识的探究过程，既不能一蹴而就，也不能走"单行道"。其培育路径如下。

（一）民族教育要扎根于中华文化的土壤，传承各民族文化的价值精华

"教育观"本身属于文化范畴，不能脱离各民族文化传统。"民族教育观"是一个国家、民族在长期的教育实践过程中孕育出来的，反映着国家和各个民族的文化积淀与智慧结晶。培育"科学正确的民族教育观"，应把各民族的传统教育观念作为基本的价值资源，赋予时代要求进而作出新的内涵诠释。

（二）批判地吸收借鉴国外文明成果，满足我国各民族共同的、美好的教育价值诉求

培育"科学正确的民族教育观"应着眼于各民族的共同进步，吸纳人类文明的共同成果和价值认同，反映人类最美好的教育理想和教育价值追

求。在实际操作中我们既要反对把那些明显带有不当意识形态倾向的价值观念作为我国民族地区的教育价值观，也不能把多年来形成的带有"普世"色彩的教育理念完全归功于西方的教育理论。

（三）立足于我国民族地区教育实践，符合各民族群众的教育价值期待

民族地区教育实践是"民族教育观"生成和发展的基础，各民族群众认同是"科学正确的民族教育观"落地生根的关键。科学的实践性与广泛的认同性是"科学正确的民族教育观"的突出特点。因此，我们需要挖掘民族教育中最具有时代精神、实践特色，凝聚人气的价值理念，使其成为"科学正确的民族教育观"形成的源头活水。符合时代、符合实践、符合各民族民意无疑是"正确"的道路。

（四）从社会、学校、家庭、个体四个层面分层整体推进

"科学正确的民族教育观"的一个显著特征，就是体现社会、学校、家庭、个体在价值诉求、价值共识上的内在统一。它是民族教育制度和教育目标，民族教育发展的理念和赖以立足及演进的价值导向，它通过民族教育塑造国家形象、彰显制度文化、弘扬先进民族教育理念来获得民族认同和国家认同，并规范、引领各民族受教育群体的行为，凝聚各民族、各阶层朝着共同的目标迈进。

（五）通过宪法的实施、法制的推行、政策的制定、人权的保障来实现"科学正确的民族教育观"

宪法、法律、政策和人权应成为培育"科学正确的民族教育观"的重点。中华人民共和国成立以来，党和国家制定了一系列民族及民族教育的法律政策，倡导各民族平等，有力推动了民族地区的教育发展，提高了各民族的地位。任何政策都体现了一定的价值取向，我国民族地区的教育政策也不例外。当前学界在现行民族教育政策的价值取向上仍存在分歧，有的学者认

为，我国民族政策经过长期的动态发展形成了"民族主义"价值取向；有的学者认为中国民族教育政策的价值取向是"中华民族整体利益，而不仅仅是少数民族权益"，即"国家主义"取向。这种对民族教育政策价值取向的"争论"，恰恰反映出现行民族教育政策导向上存在模糊性，因此"科学正确的民族教育观"的培育急需法律和政策的完善。

"三少民族"教育篇

Education of "Three Ethnic Minorities"

B.13
达斡尔族民族教育事业发展报告

龚宇 韩猛*

摘　要： 达斡尔族的教育经过多年的发展取得巨大进步，无论是学校数量还是办学质量都取得了明显的提升。但是因为地理、历史以及经济发展等诸多因素的限制，依然存在基层牧区民族学校与城镇民族学校的差距大、教师的民族文化传承能力不强、偏远地区的民族教育发展缓慢、专门的民族文化课程评价体系缺乏、部分少数民族群众教育观念落后等亟须解决的问题，仍需在提高对于民族文化传承的认识、积极探索适合民族地区特点的教育模式、优化民族地区教育资源配置等方面给予政策和制度支持。

关键词： 达斡尔族　民族文化　文化传承　教育模式

---

* 龚宇，呼伦贝尔学院科学技术处学科建设信息综合科副科长，讲师；韩猛，呼伦贝尔学院党委书记，教授。

达斡尔族是一个世居我国北方的少数民族，现主要居住在内蒙古、黑龙江和新疆。其中，内蒙古莫力达瓦达斡尔族自治旗、鄂温克族自治旗、新疆塔城地区、黑龙江省齐齐哈尔市梅里斯达斡尔族区是主要的聚集居住区。依据第六次全国人口普查现在总人口为 13 万人左右。达斡尔族只有语言，没有文字，借助于满、蒙古、汉等民族文字，不断努力发展本民族教育。从总体而言，21 世纪的达斡尔族教育发展目标同国家教育的发展目标是一致的，但具有民族特点。

一　中华人民共和国成立前的达斡尔族教育

1. 早期的达斡尔族教育

早期的达斡尔族教育主要是在以血缘关系构建的部族中进行的。达斡尔人以父系血缘关系为主要纽带结成社会集团"哈拉"，他们属于同一个氏族，拥有同一个祖先。每个"哈拉"因为血缘的远近进一步形成若干个"莫昆"。在这样的大家族中，年轻一代在与长辈共同生活、劳动的过程中，通过口耳相传以及模仿的方式，积累生产和生活经验。同时，年轻一代在参与族群的集体活动中接受达斡尔族伦理道德、行为规范等教育。因此，可以说早期的达斡尔族教育采取的是以民族伦理道德、日常行为规范以及生产生活经验为主要内容，融家庭教育和社会教育于一体的特殊教育形式。这样的教育形式持续时间很久。

2. 清代的达斡尔族教育

达斡尔族的学校教育是从清朝开始的。当时，驻守黑龙江的将军萨布素为满足贵族子弟上学的需要在驻地墨尔根开设八旗学堂。学堂要求每个佐领可以每年选送一个幼童进入学堂学习。由于当时在墨尔根的 8 个佐领中有 5 个佐领都属于达斡尔族，因此每年有 5 名男童可以进入学堂学习书艺。后来又陆续在齐齐哈尔、墨尔根等地开设了官学，每年又有几名幼童得以进入学校学习。光绪年间，在达斡尔族聚居的地方，一些初等小学堂才陆续开设。到了清末，中等教育才在达斡尔族聚居的地区小规模出现。除了官学外，达

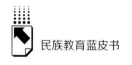

斡尔人还聘请了达斡尔族通晓满文的教师开设了私学以满足多样的教育需求。这时候达斡尔族的女子拥有了同样的受教育的机会。

因为没有自己的文字，所以无论在达斡尔族的官学还是私学中，都是以学习满文为主。后来，由于官方的文书传递多以汉文为主，所以学校也开始教授汉文。因此，满汉兼通的达斡尔族人也越来越多，这从另一方面促进了达斡尔民族文化进一步的发展。

3. 中华人民共和国成立前的达斡尔族教育

民国初年，达斡尔族的官学和私学都得到一定的发展。在达斡尔族聚居的各地，如阿荣、淖尔哈勒等屯都开设了初级小学。学校主要教授内容也由清末的以满文为主转变为以汉文为主。另外，这个时期私立小学也影响很大。当然最负盛誉的是1919年郭道甫筹资开办的呼伦贝尔蒙旗小学和莫和尔图小学。另外，初等教育的扩展，必然也推动中等教育的扩张。例如，由金耀洲在齐齐哈尔创办的黑龙江蒙旗私立师范学校、由郭道甫建立并出任校长的奉天东北蒙旗师范学校以及在齐齐哈尔开办的黑龙江蒙旗中学都招收了大量的达斡尔族子弟。九一八事变后，日本人极力推行文化侵略政策，对东北人民实行奴化教育，达斡尔族的教育也受到了极大的影响。

二　达斡尔族教育现状——以莫力达瓦
达斡尔族自治旗为例

中华人民共和国成立以后，达斡尔族的民族初等教育逐步得到普及和提高，民族中等教育也开始发展。目前，达斡尔族形成了从幼儿教育到中学教育，从普通教育到职业教育、师范教育等比较完备的教育体系。更重要的是，民族体系不断完善，形成了民族幼儿园、民族小学、民族中学等一贯的学校体系。

1. 学前教育

20世纪50年代以前，达斡尔族没有官办的学前教育机构，幼儿教育一般都是在家庭中进行的。莫力达瓦达斡尔族自治旗（以下简称莫旗）在50年代后期建立了第一所幼儿园，但因为受当时诸多条件的限制，只有少数儿童能够入园，大多数儿童只能在家中随父母和长辈长大。达斡尔人的家庭大多是几代同堂，这也给了儿童在家庭接受早期教育的机会。

莫旗里的幼儿园共有2所：莫旗民族幼儿园和第二民族幼儿园。每个乡镇都有自己的幼儿园，全旗共有幼儿园114所。其中，公办幼儿园2所，可容纳幼儿720人；中心幼儿园20所，在园幼儿1416名。全旗有适龄幼儿8694人，在园幼儿7278人，幼儿入园率为83.7%。

2. 小学、初中、高中教育

随着地方经济的快速发展，各级政府越来越重视义务教育，达斡尔民族义务教育水平整体上有了提高，并取得了不小的成绩。2000年10月15日颁布实施了《莫力达瓦达斡尔族自治旗民族教育条例》，依法保障了达斡尔族民族教育事业的健康发展。1996年的统计数据表明，莫旗基本实现了村村有小学，小学适龄儿童入学率接近100%。到了1997年，基本实现了乡乡有初中，全旗实现了普及初等义务教育。2000年左右，全旗实现了初级中等教育的普及。近年来，莫旗政府投入大量资金用于改善民族学校硬件设施，截至2014年末，全旗8所民族学校全部通过了区级标准化学校验收，并已实现"班班通"，全部接入教育城域网。

莫旗现有义务教育阶段学校共计37所，其中，乡镇级中心小学13所（包括村小教学点共25所），初中10所，九年一贯制学校14所；其中，寄宿制学校23所。共有学生21561人，其中小学15115人，初中6446人。全旗共有8所民族学校，其中，初中1所，小学1所，一贯制学校6所。城镇民族学校有在校生3775人，其中，达斡尔族1091人，其他少数民族602人；乡镇民族学校有在校生1234人，其中，达斡尔族602人，其他少数民族230人。莫旗对高中阶段"三少民族"学生实施了"两免"政策，以保证"三少民族"学生在高中阶段的学习，提高少数民族素质和人才的培养水平。

《莫力达瓦达斡尔族自治旗民族教育条例》规定中小学可以使用民族语言辅助教学，并提倡利用活动课学习本民族语言。据调查，达斡尔族学校民

族文化传承内容主要集中在民族语言、民族习俗、民族舞蹈、民族体育和民族音乐等方面，懂得达斡尔语言文化的教师利用上课时间教授学生一些达斡尔日常用语。民族音乐的传承主要通过音乐课教学生传统的达斡尔民族舞蹈等艺术，民族体育则是通过体育课教学生传统的达斡尔族体育项目，如曲棍球、颈力、陶力棒、扳棍等。2014 年政府投资 50 万元硬化宝山小学、巴彦中心校曲棍球场地，很多学生都在全国青少年曲棍球比赛中取得了优异成绩。民族美术的教授主要是通过美术课教学生达斡尔剪纸等手工艺，学校还通过组织兴趣班传承民族习俗等，每周 1 节课。另外，基层的民族学校开始使用《达斡尔语汉译教程》及图木热编著的《达斡尔语会话本》进行达斡尔语教学，每周安排 1～2 节课。

3. 高等教育

进入高等教育阶段的达斡尔族学生，各级政府都给予了极大的重视和关怀。2004 年成立了达斡尔族教育基金会，确立了《达斡尔族教育基金会章程》，基金全部用于资助贫困大学生上学，现累计帮助学生达到 880 人，有力地支持了达斡尔民族教育事业，取得了良好的社会效益。据 2010 年全国人口普查，达斡尔族具有本科学历人数为 2879 人，本科以上学历人数为 132 人（包括硕士研究生和博士研究生）。

三 需要解决的问题

1. 基层牧区民族学校与城镇民族学校的差距大

基层牧区地处偏远，生活条件相对较差，师资配备不合理。教学条件差，具体表现在缺乏教学硬件设施、图书、音像资源等方面。教师各方面问题凸显，具体表现为综合能力不足。据调查，莫旗民族中小学专任教师的学历合格率为 89% 和 83.3%，而且大部分是后取得学历，正规师范学校的毕业生比例偏低。由民办和代课教师转正的教师问题较多，如教师的工资待遇、职称评聘、职务晋升等问题。学生居住分散，多数学生寄宿在学校。

与之相比，城镇学校的各方面条件较为优越，有条件的学生大量流入城镇，优秀教师也往城镇和附近调动，导致留在基层的高水平教师较少、基层学校生源严重不足等问题。

2. 教师的民族文化传承能力不强

达斡尔民族文化作为一种课程资源进入学校教学，现仅仅停留在浅层，需要进一步深入和拓展。这就需要民族文化传承的重要力量——教师能够最大限度地参与民族课程的开发和建设。但是据调查，在学校里能够担当传承达斡尔民族文化任务的人，仅限于极少数专任教师和部分学校领导，且缺乏科学的、系统的、自发的对民族文化资源的开发和使用。

3. 偏远地区的民族教育没有得到足够重视，发展缓慢

因为自然条件、历史遗留以及教育观念等原因，偏远地区的民族教育在不同的程度上都存在落后的现象。达斡尔族生活的地理环境寒冷，多为偏远山区，且居住分散，经济结构存在差异，这些都客观上造成了民族地区的办学基础薄弱，另外再加上受落后观念影响，主观努力不够，民族地区教育落后于整体的教育水平。

4. 缺乏专门的民族文化课程评价体系

课程评价体系不仅用于对课程开发和建设以及实施效果的评价，而且从另一个方面也会影响课程开发主体的态度和认识。民族文化课程的开发和建设需要不断回应社会的变化和需求，始终处于动态的发展中。因此，课程评价的标准也应不断进行更新调整。虽然部分达斡尔族学校已经开发了自己的民族文化课程，但是尚没有一套客观的、专门的课程评价体系去衡量得失。这一方面影响了民族文化课程开发的质量，另一方面也影响了教师开发民族文化课程，传承民族文化的热情。因此，亟须形成独特的民族文化课程评价体系。

5. 部分少数民族群众教育观念落后

中华人民共和国成立以后，内蒙古的民族地区经济发生了翻天覆地的变化，但是经济的发展并没有带来人们教育观念的革新。一些偏远地区的少数民族群众教育观念仍然陈旧落后，他们缺乏长远的眼光，不愿对教育进行投入，对子女的教育也往往持消极的态度，这严重地影响了教育质量的提升。

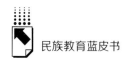

四 政策建议

1. 对于民族文化传承的认识有待于进一步提高

学校教育是民族文化传承的重要阵地，教师在其中担当着特殊的角色。因此，教师对待民族文化传承的态度以及能力直接影响民族文化的前途和命运。但是，受诸多特殊因素的影响，目前达斡尔族的部分教师没有认识到自己担负的传承民族文化的重任，民族文化传承意识薄弱，甚至认为"大民族（汉族）同化少数民族（达斡尔族）是很正常的事情，同化是必然的，所以保留达斡尔民族文化是不切合实际的事情"。还有部分教师民族文化知识薄弱，一些年轻的达斡尔族教师不知道诸如"围鹿棋""哈尼卡"等传统民族游戏，直接影响了民族文化的传承。因此，应该通过各种宣传渠道提高民族教师对民族文化的认识，提升他们学习民族文化的热情。另外，学校还应该从学习资源和教学设施等条件入手保证教师能够更方便地传承民族文化。

2. 积极探索适合民族地区特点的教育模式

民族教育的发展决定于民族地区的政治、经济和文化。因此，民族地区的特殊性决定民族教育有着自身的发展特点，民族教育的发展不能简单照搬其他固有的教育模式。发展民族教育应该努力探索基于民族地区特点的模式。这也就意味着教育主管部门应该给予民族地区更多的自主权，支持和鼓励民族教育进行改革试验。多年来，达斡尔族虽然一直不断进行教育改革，进行了孜孜不倦的努力探索，但是因为种种因素，尚未形成独特的发展道路。未来还需多方力量支持做进一步的试验。

3. 优化民族地区的教育资源配置

民族教育的发展一直受制于教育资源的缺乏，这主要因为民族地区的经济发展缓慢，整体教育资源分配不公正、不合理。因此，为了实现少数民族教育的跨越式发展，应该基于公正和科学两个维度重新调整教育资源的分配模式，从根本上扭转教育资源配置不公正、不合理的现状。

参考文献

［1］《达斡尔族简史》编写组：《达斡尔族简史》，民族出版社，2008 年。

［2］毅松：《达斡尔族的私塾教育》，《民族教育研究》2000 年第 1 期。

［3］张雪娟、赵鹤龄：《达斡尔族学校民族文化传承的选择》，《教育评论》2009 年第 1 期。

B.14
鄂温克族民族教育事业发展报告

娜敏 韩猛*

摘　要：　鄂温克族的学校教育经过几十年的发展，已经形成了从学前
教育到中等教育、从普通教育到职业教育等较为系统的民族
教育体系。学校注重民族文化的传承和发展，无论从政策和
制度还是师资和课程上都保证了民族学校特色的构建，但依
然存在师资力量不足、政策引导不够、民族语言的使用与传
承前景不容乐观等问题，需要在教师补充机制、突出民族学
校办学特色、推行蒙古语和鄂温克语双语教学模式等方面予
以政策支持。

关键词：　鄂温克族　民族教育　双语特色

一　中华人民共和国建立前的鄂温克族教育

中华人民共和国建立以前的鄂温克族教育，可分为古代教育和清朝以后
的教育，划分的依据为有无正规的学校教育。

1. 古代鄂温克族的教育

鄂温克族有本民族语言但无文字，其文化属于口传文化。在相当长的历
史阶段里，鄂温克族通过口传身授的方式，将民族历史、传统文化、生产生
活技能、审美、宗教信仰等民族知识传授给下一代。"古代鄂温克族的社会

---

* 娜敏，博士，呼伦贝尔学院民族历史文化研究院讲师；韩猛，呼伦贝尔学院党委书记，教授。

教育是相对于学校教育而言的，它是近代鄂温克族新式学校教育兴起之前为维护和发扬民族文化传统而进行的教育。确切地说，就是指保持以渔猎文化为核心的民族文化而进行的传统教育。"① 这种古代传统的教育方式，维系了鄂温克民族文化的传承，其部分内容与形式一直延续至今，影响着鄂温克族对其文化的继承与发展。

2. 清朝以后鄂温克族的教育

鄂温克族的学校教育始于清朝，清朝以前各朝未见史载。清朝政府大体上沿用了明朝学制，在全国范围内建立了一套完整的学校制度。鄂温克族的学校，大都建在鄂温克人聚居的地区，主要有黑龙江城（今瑷珲区）、墨尔根城（今嫩江县）、呼兰城（今呼兰区）、齐齐哈尔城（今齐齐哈尔）、布特哈地区（嫩江右支流各流域）、呼伦贝尔城及索伦八旗（今海拉尔区及鄂温克族自治旗）、惠远城（今新疆霍城县）等地。

民国以后，全国各地掀起了新文化运动的高潮，中国的教育事业出现了前所未有的新气象。此时，鄂温克人的八旗组织大部分已解体，鄂温克人的聚居区也发生了变化，鄂温克族的教育总体上虽得到了发展，但学校的数量有所减少。

1931 年，日本发动九一八事变，侵占我国东北地区，成立伪满洲国，将东北地区划归"满洲帝国"的版图中。日本帝国主义为了统治的需要，广设学校，进行奴化教育。此时，鄂温克族聚居地区的学校与民国时期比较，在数量上略有增加。

二 鄂温克族教育现状——以鄂温克族自治旗为例

1949 年中华人民共和国成立，国家各项事业百废待兴，民族教育还未步入正轨。1958 年鄂温克族自治旗（以下酌情简称为鄂温克旗）成立，其时，教育事业还处于低水平，只有 9 所小学，学生仅 956 人。经过近 60

---

① 麻秀荣、那晓波：《古代鄂温克族的社会教育》，《内蒙古社会科学》（汉文版）2000 年第 3 期。

年的发展，鄂温克旗的民族教育有了长足的发展。目前，鄂温克旗有中小学校、学前学校 46 所，其中普通高中 3 所，职业高中 1 所，初中 8 所（九年一贯制学校 3 所），小学 10 所（其中 4 所附设幼儿园），公办学前学校 9 所，民办幼儿园 13 所，企业办幼儿园 2 所。全旗有自治区级示范园 3 所，市级示范园 8 所，一类甲级幼儿园 5 所。义务教育学校全部达到标准化学校标准。全旗有在校（园）生 11223 人、教职工 2213 人、专任教师 1835 人。

鄂温克族自治旗政府和文化教育部门十分重视鄂温克族文化教育。为进一步落实"优先重点"发展民族教育和义务教育均衡发展，2003 年颁布《鄂温克族自治旗民族教育条例》，2011 年修订、完善《鄂温克族自治旗民族教育条例》。条例规定，对在旗内中小学就读的少数民族学生予以资助和助学金补助。按鄂温克族和鄂伦春族学生小学每生 200 元/年、初中每生 300 元/年、高中每生 400 元/年的标准发放民族助学金；对达斡尔族学生以初中每生 50 元/年、高中每生 70 元/年的标准发放民族助学金。条例规定，按照小学 600 元/年、初中 800 元/年的标准为"三少民族"寄宿生发放住宿补贴。

1. 学前教育

全旗少数民族 3~5 周岁人口共 1546 人，其中在园幼儿为 1477 人，学前三年入园率达 95.5%。"十二五"期间，全旗少数民族学前三年教育迅速发展，旗政府结合自治旗实际，制定并实施《鄂温克旗学前教育三年行动计划》和《鄂温克旗第二期学前教育三年行动计划》，充分利用中小学布局调整后的闲置教育资源，积极争取上级资金项目，加大本级财政投入，2011~2014 年新建、改扩建 9 所少数民族幼儿园，改善了办学条件。公办乡镇苏木中心幼儿园（包括民办公助幼儿园）覆盖率已达到 100%，解决了广大牧区孩子入园难问题。旗教育局根据《鄂温克族自治旗民族教育条例》规定，依据地方财力，为学前教育蒙古语授课幼儿发放助学金。

在全旗幼儿园中，鄂温克旗第一民族幼儿园在师资力量及民族教育等方面名列前茅。鄂温克旗第一民族幼儿园的前身是 1956 年由鄂温克旗妇联在巴彦托海镇创办的托儿所。1992 年，改称为鄂温克族自治旗民族幼儿园，开设语言、数学、美术、音乐、体育常识等课程。2000 年晋级为内蒙古自治区示范性幼儿园。在园幼儿 360 余人，少数民族幼儿占 90% 以上。在编教师 48 人，少数民族教师占 95% 以上，教师学历合格率达 100%。鄂温克旗第一民族幼儿园积极探索，开发出师生喜爱且具有民族特色的本土化课程，强化民族教育，引导幼儿从多层面、多角度了解民族传统和文化。

此外，鄂温克旗电视台每天 18:30 播放鄂温克语动画教程，为学前儿童学习鄂温克族语言创造了良好的媒介条件。

2. 小学教育

鄂温克旗对义务教育阶段的民族学校在建设项目上优先安排，在资金上予以倾斜。坚持保留并办好 2 所在校生不足 50 人的牧区民族小学，以方便牧民子女就近入学。

鄂温克旗第一实验小学创建于 1932 年 8 月，是一所有 80 多年教育历史的蒙古语授课小学。目前，该校在校学生为 763 人，其中鄂温克族 347 人。第一实验小学自 1997 年开始开展艺术特色教育，开设了舞蹈班、合唱班、马头琴班、古筝班、好来宝班、美术班等 12 个艺术训练班。学校在高年级学生中，开设鄂温克语课程。2013 年，与鄂温克族研究会联合举办了鄂温克语诗歌朗诵和讲故事活动，调动了鄂温克族学生学习和掌握本民族语言的热情和积极性。

鄂温克旗第二实验小学，学生总人数共 1000 人，其中鄂温克族学生 254 人。第二实验小学十分重视将民族教育与本土教育相结合，开设"乡土教材课"，讲授《中国鄂温克——一个被世界传唱的地方》乡土教材。在全校范围内开设"民族教育课"，内容为民族团结、民族区域自治等。教师带领学生参观德育基地鄂温克博物馆，通过观看和听讲解，让学生们了解鄂温克族的历史、传统生产生活、民俗以及鄂温克族自治旗发展现状。学校成功申请自治区级课题"三少民族歌曲走进课堂"，2008 年开始开展"三少民族"歌曲教学。

3.中学教育

鄂温克旗大力推行义务教育，各学校校园网全覆盖，实现了"宽带网络校校通，优质教学资源班班通"。积极开发创建具有学校和地方特色的课程，鄂温克语、"三少民族"民歌、搏克、射箭、马头琴、抢枢等课程对传承发扬民族语言和民族文化起到积极作用。

鄂温克中学是一所富有鲜明民族特色的内蒙古"三少民族"中学，建立于1984年9月，至今已经有30多年的历史，是一所自治旗打造的民族品牌学校。目前，学校有23个教学班，其中蒙古语授课班17个，汉语授课班6个。全校有教职工183人，在校学生547人。学校坚持特色化办学之路，努力推动民族传统教育发展，确立了"传承民族文化，弘扬民族精神，凸显民族教育，培育民族人才"的办学理念，积极组织开发校本课程，开设了鄂温克语、"三少民族"民歌、抢枢等传统教学校本课程，取得了良好的效果，被鄂温克族自治旗教育科技局评为"鄂温克民族体育特色学校"。1996~1997年，鄂温克中学对鄂温克族传统体育"抢枢"进行了教学整理，编写了教材，将其列入体育课堂。除"抢枢"体育教学之外，学校将鄂温克族传统游戏"围鹿棋"列为第二课堂教学。从2008年开始，学校专门为鄂温克族学生开设了鄂温克语课程，每周一节课。教师还在美术课上教学生以桦树皮为原料制作手工艺品、缝纫技术、剪纸等。

4.职业教育

鄂温克旗重视特色职业教育，先后投入1290余万元，在自治旗职业中学新建标准化马厩、室外训练场和2700平方米的马术训练馆，购买20匹英国纯血马，力争将职业中学马术专业逐步打造为品牌专业，对于探索民族地区职业教育发展、传承草原马文化和发展马产业起到了积极推动作用。在全国速度赛马巡回赛、俱乐部赛、民运会等赛事中，职业中学马术队均取得优异成绩。

5.高等教育

对于进入高等教育阶段的鄂温克族学生，鄂温克旗给予了极大的重视和关怀。2001年11月，鄂温克旗鄂温克族研究会成立"鄂温克民族教育基金会"，其宗旨是扶持民族文化教育事业，资助考入大专院校的鄂温克族贫困生。基金会自 2003 年启动以来，截至 2016 年底共资助和奖励贫困及优秀大学生、研究生 1585 人，累计资助金额 163.3 万元。

三 民族教育面临的问题

1. 师资力量不足

牧区民族幼儿园、民族中小学校均为寄宿制学校，在园幼儿、在校生数量相对较少，按在校生或班级数核定的教职工编制，不能满足开足开齐课程和生活服务的要求，影响了教育教学质量。此外，牧区民族幼儿园、民族中小学校的教师与城镇学校教师在工资待遇、职称评聘、职务晋升和专业化发展等方面存在客观差距，到牧区任教对优秀教师的吸引力不足。民族教育教师更是严重匮乏，熟练掌握鄂温克语、鄂温克族历史文化的教师很少，专门从事鄂温克族文化传承教育的教师少之又少。

2. 政策引导不够

尽管鄂温克旗政府、教科局、鄂温克族研究会等单位做了不少积极有效的工作，但是鄂温克族文化传承教育还缺乏有力的政策引导。学校由于升学压力以及经费、师资等问题，对开展民族文化传承教育缺乏主动性和积极性。目前，一部分民族学校积极配合开展民族文化传承教育教学活动，一部分学校象征性地开展了一些民族文化传承教育教学活动，有些学校则至今还未开展任何有关鄂温克民族历史文化的教育教学活动。

3. 鄂温克族民族语言的使用与传承前景不容乐观

民族语言是一个民族文化传承的重要载体，但受大环境影响，部分少数民族群众特别是学生家长对"双语"教学认识不够。鄂温克语、达斡尔语、蒙古语等少数民族语言在社会生活中使用逐渐弱化，给"双语"教学带来严重困难。现在即便是鄂温克族聚居最为集中的鄂温克族自治旗，鄂温克语的使用和传承情况近年来也不容乐观。同时，少数民族学生生源逐年减少，部分少数民族适龄少年儿童到汉语授课学校就读，以及族际婚、寄宿教育等因素，都在不同程度上影响了鄂温克语的使用和传承。

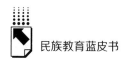

四 政策建议

1. 完善教师补充机制

及时从大学毕业生中招聘教师，在新招聘教师分配上向偏远乡镇学校倾斜。推进师资交流，开展"支教"和"送课下乡"活动，优化教师资源配置。为基层牧区中小学教师提供更多的学习培训机会。在鄂温克族自治旗教师招聘中，建议设立民族文化教师专岗，要求精通鄂温克语，熟悉鄂温克族历史文化，优先从鄂温克族青年大学生中选拔。

2. 鄂温克旗政府出台相关政策条例，将鄂温克族文化传承教育列为鄂温克族中小学校教学工作的重要内容和职责

将鄂温克族语言文化教育经费纳入旗政府财政预算，每年拨付给旗教育局，由教育局按需分配给各中小学校，专款专用。开展此项教育的经费开支应包括教材、图书、音体美教学器材、民族服装、开展活动的场所、参加各类活动经费、教师培训等方面内容。

3. 突出民族学校办学特色

鄂温克族自治旗可以学习借鉴国内外民族教育方面的成功经验，丰富完善鄂温克语言教材，编制适合不同年龄段儿童认知需要的语言教程。拓展民族教育形式，以实践、体验、互动等多样多元的形式，开展关于鄂温克族民俗、歌舞、传统生活方式的教育教学活动。将鄂温克族非物质文化遗产项目引进学校，通过第二课堂使学生了解、学习鄂温克族传统文化，从而使民族学校真正成为自治旗民族文化传承的重要阵地。

4. 推行蒙古语和鄂温克语双语教学模式

事实证明，生活在辉苏木、伊敏苏木的鄂温克族儿童，在蒙语文教学的环境下，能够更好地使用和传承鄂温克语。因此，推行蒙古语和鄂温克语的双语教学模式，不但有利于促进地区多元文化的发展，还能有效地保护和传承鄂温克民族的语言。建议政府尽快组织编写一批符合自治旗实际的幼儿园及小学低年级"双语文"教材，加强"双语"教学。

参考文献

［1］麻秀荣、那晓波：《古代鄂温克族的社会教育》，《内蒙古社会科学》（汉文版）2000 年第 3 期。

［2］波·少布：《黑龙江鄂温克族》，哈尔滨出版社，2008 年。

B.15
鄂伦春族民族教育事业发展报告

乌日汗　韩猛*

摘　要：　鄂伦春族的民族教育从基础教育到中等教育构建起民族特色
鲜明的学校体系，民族教育在各个方面都取得巨大的进步。
但是受历史、自然等条件的制约，民族教育发展中存在师资
配置不合理、民族文化教育教师匮乏、民族文化传承困难、
家庭教育欠缺、贫困制约教育发展等问题。需要政府在完善
鄂伦春民族师资培训机制、鼓励教师在偏远猎区从事民族教
育工作、针对少数民族制定特殊帮扶举措等方面予以政策支
持，并积极寻求社会帮助。

关键词：　鄂伦春族　民族教育　政策扶持

一　中华人民共和国成立前的鄂伦春族教育

1. 早期的鄂伦春族教育

鄂伦春族分布于大兴安岭密林深处，世世代代以狩猎为生。鄂伦春族只
有语言，没有本民族的文字，因此，通过言传身教向年轻一代传授狩猎技能
等生产知识，就是早期鄂伦春族社会教育和家庭教育的重要内容。鄂伦春族
青少年除了掌握狩猎技能以外，还要掌握皮制品制作、熟识可食野菜野果等
技能。他们还通过由"穆昆达"召开的氏族会议，对年轻人进行思想、品

---

* 乌日汗，硕士，呼伦贝尔学院初等教育学院讲师；韩猛，呼伦贝尔学院党委书记，教授。

德教育，使他们懂得和承袭氏族的习俗和做人的准则。

2. 清代的鄂伦春族教育

为巩固边疆统治，清政府先后在墨尔根（今嫩江县）、齐齐哈尔、瑷珲城各设立官学 1 所。后来为了进一步收拢鄂伦春族人心，1906 年在瑷珲城、墨尔根增设初等小学各 1 所。

辛亥革命以后，民国政府向西方资本主义国家学习，提倡在边疆少数民族地区兴办新式小学，先后设立 3 所只招收鄂伦春学生的公费学校，分别为在嫩江县设立的省立第三鄂伦春初等小学、在车陆屯设立的省立第二鄂伦春国民学校、在瑷珲县设立的省立第一鄂伦春国民学校。这些学校培养出一批有文化的鄂伦春人，有力地推进了鄂伦春族教育和文化的发展。

伪满时期日本侵略者实施"不开化其文化"政策，鄂伦春族学校教育的发展遭受严重挫折，学校教育时断时续。初期曾开办了几所学校，但因为条件极其恶劣，且学习费用全部由家长承担而难以维持。后来虽又办起了 3 所学校，但大部分是用日文授课，纯粹是奴化教育，开办的时间也很短。

二 鄂伦春族教育现状——以鄂伦春自治旗为例

党和政府在自治旗成立初期就十分重视少数民族教育事业。1948 年春，率先在纳文慕仁盟所在地扎兰屯的纳文中学专门开设"鄂伦春青年班"。当年就有年龄不等的 28 名鄂伦春少年入班学习。第二年增加了 80 余名。这些学生由国家免费供给吃、穿、用，读完小学后，有的升入中学或师范和卫生学校，有的被送到中央民族学院继续深造。因为当时人才匮乏，这些受过教育的青年人才为鄂伦春族从过去旧的生产关系直接过渡到社会主义新的生产关系提供了重要的人才保障。特别是在鄂伦春自治旗的成立以及后来的建设中，他们都发挥了关键性的作用。在党和政府的大力支持和帮助下，鄂伦春族实现了定居，完成了社会改革，民族教育也逐步走上了全面发展的新历程。

1951 年，鄂伦春自治旗成立时，只建有 1 所鄂伦春族小学。经过 60 多年的发展，鄂伦春的民族教育取得了突破性的进展。目前，鄂伦春自治旗的

民族中小学已经发展到 8 所，分布在阿里河镇、大杨树镇、诺敏镇、乌鲁布铁镇和托扎敏乡。全旗民族学校有在校生 4332 人，其中高中生 1067 人，初中生 341 人，小学生 2924 人。全旗民族学校有教职工 700 人，其中高中教职工 147 人，初中教职工 96 人，小学教职工 457 人。全旗民族学校专职教师共有 659 人，其中高中阶段教师 139 人，学历合格率为 85%；初中阶段教师 87 人，学历合格率为 97.73%；小学专职教师 433 人，学历合格率为 100%。全旗有民族幼儿园 10 所，分布在全旗 10 个乡镇。全旗在园幼儿共 1401 人，教职工共 289 人，其中专职教师 169 人，专职教师学历合格率为 100%。

鄂伦春自治旗旗委、旗政府为进一步补充和完善发展民族教育的政策措施，巩固和坚持行之有效的措施和借鉴成功的经验，将民族教育纳入法制化的轨道，2002 年颁布施行《鄂伦春自治旗民族教育条例》，标志着自治旗民族教育结束了没有教育法规的历史，开始进入了依法管理和发展的新阶段。另外，旗政府还基于自治旗实际情况制定了《鄂伦春族大中专学生和其他少数民族特困优秀学生助学奖励暂行办法》。该办法明确规定，鄂伦春族学生考入大中专院校均可享受一定的助学奖励。鄂伦春族的猎民子女可享受全额学费奖励，职工子女可享受学费 50% 的奖励支持。与此同时，根据学生的学业成绩还可进一步享受 1000～5000 元的特殊性奖励。鄂伦春族初高中学生在鄂伦春中学就读的，其学习和生活费用全部由政府承担。另外，该办法还规定了其他少数民族学生依法享有的助学金以及少数民族贫困学生可优先得到的资助。

（一）学前教育

1960 年鄂伦春自治旗第一个幼儿园"鄂伦春自治旗幼儿园"成立，当年招收 3 个班，在园幼儿 75 人，教职工 12 人。其后由于三年灾害而停办。1963 年秋恢复并新建了园舍，开设了语言、计算、美工、常识、体育和游戏等课程。1980 年鄂伦春自治旗幼儿园已经达到 7 个班，共有 212 名在园幼儿、35 名教职工。1989 年旗幼儿园以 91.2 分的优异成绩被呼伦贝尔盟评为一类甲级幼儿园，1990 年旗人民政府荣获内蒙古自治区"幼教先进集体"称号。

鄂伦春自治旗 10 个乡镇、办事处全部建立了中心幼儿园。2010 年全旗共有幼儿园 49 所（教育部门办幼儿园 14 所），其中呼伦贝尔市示范幼儿园 2 所，一类甲级幼儿园 7 所，规范化幼儿园 5 所，二类幼儿园 9 所，三类幼儿园 1 所。全旗学前三年入园率达到 79.72%，其中城镇学前三年入园率达到 89.94%，农村学前三年入园率达到 78.05%。民族幼儿园共 10 所，分布在全旗 10 个乡镇、办事处。全旗在园幼儿共 1401 人，教职工共 289 人，其中专职教师 169 人，专职教师学历合格率为 100%。

目前，鄂伦春自治旗民族幼儿园共有幼儿 311 人，其中少数民族幼儿 130 人，鄂伦春族幼儿 30 人，少数民族幼儿占全园幼儿总人数的 41.8%。共有教学班 10 个，其中小班 3 个，中班 3 个，大班 4 个。教职工编制 43 人，在编职工 37 人，专职教师 31 人，聘用临时职工 16 人，现有在岗教职工 55 人。学校有独立的音乐教室、舞蹈教室、美术教室、幼儿图书室、感觉综合室、淘气包室、教师健身室等，并配齐了音乐器材、舞蹈服装、美术桌椅画架、幼儿图书、教师图书、教师健身器等设备和教材。

近年，旗政府启动和实施了《鄂伦春自治旗（第二期）学前教育三年行动计划实施方案》，2014~2016 年，新建、扩建公办幼儿园共投入资金 3325 万元，购置设备设施、玩教具投入资金 663 万元。全旗教办幼儿园硬件设施的不断完善，为鄂伦春自治旗学前教育的快速发展提供了坚实的物质保障。

（二）中小学教育

鄂伦春族 1966 年普及了小学教育，1982 年新建的鄂伦春中学开始招生，民族教育进入新的发展时期，1988 年普及了初中教育。每个猎民村都有一所小学，鄂伦春族小学生可就近入学读书。在《鄂伦春自治旗民族教育条例》的指导下，自治旗落实民族教育政策措施，全力打造民族教育特色。

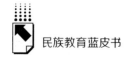

鄂伦春自治旗现有民族中小学校 8 所,分布在阿里河镇、大杨树镇、诺敏镇、乌鲁布铁镇和托扎敏乡。全旗民族学校有在校生 4332 人、教学班 117 个。其中,高中生 1067 人、高中教学班 24 个,初中生 341 人、初中教学班 13 个,小学生 2924 人、小学教学班 80 个。全旗民族学校有住校生 799 人,其中高中住校生 447 人,初中住校生 89 人,小学住校生 263 人。全旗民族学校有教职工 700 人,其中高中教职工 147 人,初中教职工 96 人,小学教职工 457 人。

以鄂伦春中学和实验小学率先实现的"班班通"为标志,民族中小学办学水平有明显提升。

据调查,早在 2002 年鄂伦春中学已经开设鄂伦春语课程。2008 年实验小学为进一步凸显鄂伦春民族传统文化教育的特色,自主开发了两本校本教材《鄂伦春语》和《鄂伦春民族体育校本教材》,并逐步在全旗民族学校推广使用。2009 年全旗民族学校均开设了民族语言、民族歌舞和民族手工艺制作课程,并把民族文化传承课列入学校课程总表,一周至少 1～2 节。2011 年,《鄂伦春语释译》问世。全书收集了近 3 万条鄂伦春语词条,完整保留了狩猎环境下原生态的鄂伦春族语言。因为其通俗易懂、便于普及,很快就成为鄂伦春族语言学习的优秀教辅材料。2013 年实验小学在原有校本教材的基本上编写的《鄂伦春语》和《鄂伦春民族手工艺制作》也被民族学校广泛使用。目前鄂伦春族使用民族语言授课学生已达 226 人,能够使用鄂伦春语进行简单短语对话的学生已经达到鄂伦春族学生的 50%。

(三)高等教育

2014 年,鄂伦春自治旗为了保障少数民族大学生能够顺利完成高等教育阶段课程任务,发放助学贷款合计资金 166.11 万元,贷款人数 289 人,已全部发放到学生所在高校;拨付"三少民族"助学金 5.749 万元,惠及"三少民族"学生 1580 人;发放大学新生入学路费资助资金 3 万元,保障 36 名家庭经济困难大学新生到校顺利报到;同时积极开展城乡低保家庭大学生入学资助。

三 民族教育面临的问题

1. 师资配置不合理，民族文化教育教师匮乏

各学科教师配置不合理，导致学校教师学科结构不齐不全，直接影响了民族学校课程开设。也有个别学校教师紧缺，学科较为集中，只能用非所学，在现有的管理体制下，不能及时调剂，学科结构性矛盾日益突出。

猎区教师师资力量薄弱，不能满足开设课程要求，影响教育教学质量。此外，民族幼儿园、民族中小学校的教师与城镇学校教师在工资待遇、职称评聘、职务晋升和专业化发展等方面存在差距，林区、猎区对优秀教师的吸引力不足。民族教育教师更是严重匮乏，熟练掌握鄂伦春语、鄂伦春族历史文化的教师很少。

2. 民族文化传承困难

经过多年的实践，鄂伦春族民族中小学开设的民族语言、民族舞蹈等特色鲜明的民族传统文化教育课程已经取得丰硕的成果。但学校受升学压力、经费、师资等问题影响，对民族传统文化教育课程的开设和文化传承教育活动的开展还不够主动和积极，加上鄂伦春族社会环境和生活方式的改变，狩猎文化的传承存在很大的困难。举个简单的例子，禁猎以后，很难用直观生动的方式传授狩猎技能，难以获得进行传统手工艺制作的兽皮原料。另外，桦树皮雕刻技艺的传承由于林业部门的限制也受到了很大影响。这些因素导致学校开设的民族文化课程往往是阶段性的，不是持续性的。

3. 部分家长教育观念落后，家庭教育欠缺

如单亲家庭、离异家庭、重组家庭的孩子很难获得父母的关爱，甚至有的孩子居无定所。还有部分猎民家庭的孩子因为父母禁猎后不善耕种，只能靠把土地出租生活，其余时间无所事事，给孩子带来诸多不良影响。另外，还有部分家长自身文化水平较低且不肯学习，教育观念落后，法律意识淡漠，甚至不知道儿童不接受义务教育是违法行为，因此很多儿童不能上学。这些不同的情况，都影响了少数民族儿童的发展和民族教育的进步。

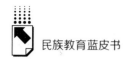

4. 贫困制约民族教育的发展

鄂伦春族多数生活在偏远山区，且居住分散，经济结构存在差异，恶劣的自然环境直接影响着鄂伦春族猎民生活质量和水平。为了方便鄂伦春族学生入学，鄂伦春族民族中小学一般都分布在靠近聚居点的偏远地区，但教育基础较为薄弱。有些民族学生来自更偏远的山区，生活条件异常艰苦。虽然国家已经提供了民族助学金以保证基本的教育需要，但是因为自然条件恶劣，经常不能及时发放使用，给学生正常的学校生活带了极大的影响。诸多客观因素直接或间接地阻碍了民族教育的发展。

四 政策建议

1. 完善鄂伦春民族师资培训机制

一支通晓民族语言和文化的少数民族教师队伍对于发展民族教育和传承传统文化至关重要。教育部门应该重视民族语言师资队伍建设，改变民族语言教师偏少的现状，鼓励并资助鄂伦春族教师学习和进修。教育部门应该出台相关政策调动鄂伦春族教师学习民族语言和文化、使用民族语言教学的积极性。在教师招聘和分配上应向偏远牧区和林区倾斜。在鄂伦春自治旗教师招聘中，建议设立民族文化教育教师专岗，优先选聘那些精通鄂伦春语、熟悉鄂伦春族历史文化的鄂伦春族或当地少数民族青年大学生。

2. 制定在偏远猎区从事民族教育工作的鼓励政策

针对猎区民族中小学校的教师与城镇学校教师在工资待遇、职称评聘、职务晋升和专业化发展等方面存在较大差距，到猎区任教对优秀教师的吸引力不足等问题，建议政府制定有针对性的鼓励政策，例如提高相关待遇水平，改善居住条件，提高奖励等。

3. 针对少数民族制定特殊帮扶举措

相关高校及政府部门应该针对鄂伦春族等人口较少民族贫困生制定特殊帮扶措施，实施"优先享受国家资助"政策，如奖学金、学生贷款、勤工助学基金、特别困难学生补助和学费减免，人口较少民族贫困学生申请助学贷款由生源地提供并由当地财政给予贴息补助。

4. 指导民族学生的家庭教育

政府相关部门应该采取有效的帮助手段，提升家长尤其是鄂伦春族学生家长的认识，帮助家长树立正确的观念，进而指导鄂伦春族家长为子女构建良好的成长环境。

参考文献

［1］陈石、袁同凯：《论政治与经济对民族地区教育发展的影响——以鄂伦春地区为例》，《云南民族大学学报》（哲学社会科学版）2013 年第 2 期。

［2］孟和、何文柱、关红英：《鄂伦春自治旗的变迁与发展》，内蒙古文化出版社，2016年。

［3］闫立华主编《鄂伦春族发展问题研究》，内蒙古文化出版社，2010 年。

［4］闫沙庆：《鄂伦春民族教育现状调查与发展对策研究》，《民族论坛》2011 年第 22 期。

特色教育篇

Education with Special Features

B.16

内蒙古民族美术教育的历史、
现状与发展前景

色音乌力吉*

摘　要：　内蒙古民族美术教育经过70年的发展，无论是中小学美术教育还是美术高等教育，都在加快现代化发展的过程中呈现鲜明的民族特色。特别是在民族美术教育师资、民族美术教育结构以及民族美术教材方面取得了显著的成绩。但未来还需在优化专业设置、优化教材内容设计以及提高师资队伍整体水平等方面继续努力。

关键词：　内蒙古　民族美术教育　师资教材

---

* 色音乌力吉，博士，内蒙古师范大学美术学院院长，教授。

内蒙古自治区成立于 1947 年 5 月 1 日，至今已有 70 年的历史。在这 70 年的发展过程中，民族美术教育经历了从形成到发展的漫长时期。虽然无法确切地说明民族美术教育的诞生之日，但可以说民族文化和民族艺术从存在之时起，民族美术教育即已诞生。时至今日，自治区美术教育仍在不断发展，发展的突出特点就是在现代化的同时不断民族化。

一　内蒙古民族美术教育的历史回顾

内蒙古自治区民族美术教育已经经历了 70 年的发展历程。自治区建立之初，还没有系统的教学部门，而是通过一些文工团普及绘画基本知识。如 1946 年成立的"内蒙古文化工作团"，其中包括美术组，举办一些美术训练班，任务主要是宣传党的政策，同时也培养了一些少数民族美术工作者，为自治区美术教育事业的发展做出了重要贡献。

（一）民间美术与传承

在一般的术语或概念中，通常会说民间美术的传承，而不会说民间美术的教育。传承一词中的"传"有着传授的意思，"承"即延续、继承。因此，传承本身是教育方式的一种。民间美术之所以用"传承"一词是由于它更倾向于民族技艺方面的内容，它的教育方式以师徒传授为主。这是民间美术与学院美术之间最显著的区别。

在自治区成立之初，没有系统的美术教育院校与科系。艺术教育主要以民间艺术的形式存在。从历史的角度去审视，自治区民间艺术的发展往往与北方草原各个历史时期的不同民族的文化艺术有密切联系。同时，与黄河流域的中原文化的交汇，也对民间艺术的形成有着促进作用。在中华人民共和国成立之前，全国文化进入了一个低谷时期，但对内蒙古民间艺术来说，似乎并没有受到很大的影响。

蒙古族民间美术由于其特殊的地理环境、经济基础、民俗习惯和民族心理等复杂的社会属性而有着自身的特点。它直接反映蒙古族的心理特点和审

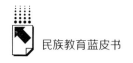

美意识，这种不同的历史环境中形成的民族特色，成为蒙古族民间美术的主要内容。蒙古族民间艺术有其自身的丰富性，它继承了匈奴、鲜卑、突厥、契丹等曾经活跃在蒙古高原上的诸多民族的文化艺术遗产。它的种类也非常多，如刺绣、服饰、金属工艺、雕刻等。在系统的教育体系建立之前，这些民间艺术种类主要以口头流传或古老的师徒传授方式存留于民间，形成特殊的教育现象。

9世纪左右，随着蒙古部落的建立，民间文化也逐步形成。蒙古族民间文化是草原文化的一部分。草原文化的时间跨度较久远，包括远古时期至今的北方草原各个历史时期的文化。它是相对于农耕文化而言的，其重点在于生产方式的不同。

蒙古族民间美术已由原来的师徒传授或口头传授方式逐渐进入学院教学体系中。当然，这与中国近代教育体系的变化有关。20世纪，从欧洲和日本引进"美术"一词，对中国传统艺术的结构产生巨大影响，其中尤其对学院学科体系的结构产生不可忽视的影响。传统的中国艺术被分成众多学科，如绘画、雕塑、工艺美术、建筑等。这种分类方式在内蒙古各大艺术院校中普遍使用。蒙古族民间美术被划归美术这一大的体系中，成为学院教学中的组成部分，这不仅丰富了学院教学的主体内容，同时也对民间传统文化的传承有着积极作用。

（二）宗教美术的发展

自古以来，宗教美术可以说是蒙古族美术最重要的内容，曾经是美术创作活动传播最重要的途径。宗教美术教育不同于现代美术教育模式，而是以寺庙教育的形式展开。目前所留下来的很多优秀的民族艺术作品，如宗教绘画、雕塑、工艺品等都是在寺庙美术教育的传承之下形成的。因此，与其他地区不同，寺庙教育对蒙古地区来说也是重要的基础，其创作者是出家为僧的草原牧民，这一点与民间美术教育相同。追溯内蒙古美术教育的根源，宗教美术教育是不可忽视的内容。

寺庙教育的形成没有确切的起源时间，应与藏传佛教传入之后大范围建立寺庙的活动相关。而寺庙教育并不是只有技法类的艺术活动，还有语言、天文、佛学等，艺术活动只是其中一项内容。内蒙古自治区建立之前，蒙古地区没有正规的学校可以供牧民学习美术，除去一小部分王公贵族以外，普通老百姓无法得到正规的教育，而寺庙是接受教育的最好去处。与民间美术的师徒相传或口头相传的方式有所不同，寺庙教育的形式显得较正规一些。

从目前留下来的寺庙来看，蒙古各地建立的寺庙数量较多，对僧徒的需求量也较大，这也推动了当时的民族美术的教育。当时的寺庙教育中虽然有类似今天美术类的学习内容，但这并不能与佛学或其他学科相比拟，寺庙教育对佛学、天文、历算等的学问要求较高，必须苦修研习，而绘画、雕塑等技法类的内容主要是为了传播佛教或建立寺庙等，因此其正规性也无法与今天相比较。虽然如此，但从遗留的一些作品来看，当时的僧徒工匠的才华造诣也是令今天的艺术家或艺术工作者所叹服的。

寺庙美术教育的内容一般都与宗教有关，如佛传故事、佛本生、经变故事等，这些宗教内容都来源于藏传佛教，所以对藏式文化的传播显得更普遍一些，很少涉及蒙古族民俗文化或其他文化元素的教育。因此，寺庙美术教育本身在教育内容方面有着自身的局限性，无论是绘画、雕塑、工艺还是建筑基本以藏传佛教内容为主。

寺庙美术教育一般在实际的创作活动中由年老的师傅传授给年轻的僧徒。学习过程也是从最初的基本功开始，造型手法和整体布局都要求高度精确，这也是宗教美术的一个突出特点，很少自由发挥，严格按照规定好的度量进行绘制。如佛像必须严格按照造像度量经等进行制作，而不能随意进行创造、改动。因此，寺庙美术教育模式是在实践中师徒相传或父子相传的，具有严格规定性的教育形式。寺庙美术教育还有一个特点，教育的双方都是佛教僧人，他们有着共同的信仰，即对佛教的坚定执着的追求。与今天的美术创作活动不同，对僧徒们来说创作艺术作品也是一种对佛学的研习，是一种宗教活动。

虽然寺庙美术教育主要为佛教的传播服务，带有浓厚的藏传佛教文化的

属性，但也对蒙古族美术教育起到了重要的传承与推动作用。寺庙中僧徒们学成之后既可以离开寺庙，也可以继续待在寺庙。其中，有一些僧徒学业完成之后离开寺庙流散在民间，将所学的技法运用于民间艺术活动。他们与单纯的民间艺人不同，所接受的教育方式使他们在进行其他创作的时候更有创造性。因此，宗教美术教育对现代美术教育的意义非常重要，它是古老的蒙古族艺术的传承方式之一，也成为现代美术教育发展的重要前提。

（三）美术院校的发展

回顾 70 年的民族美术教育发展历程，取得了许多成果。从最早成立的内蒙古师范学院艺术系美术专业开始，自治区高等美术院校一直推行专业美术教育。虽然民族美术这一文化类型一直存在，但其教育的形成和发展起步较晚。20 世纪 50 年代，中国正进入教育改革时期。这一时期的特点是强调师范教育，培养优质师资，"这个时期，全国高校进行了院系调整，在一些师范院校里，陆续增设了十几个美术系科"，在这种历史环境之下，1954年，内蒙古师范学院艺术系成立，并成为内蒙古自治区建立最早、规模最大的美术系。

艺术院校的产生，改变了原来的民间艺术的教育方式，有了一定的专业性，对专业的划分较为清晰。

1. 内蒙古师范大学美术学院

内蒙古师范大学美术学院（前身为内蒙古师范学院艺术系美术专业）自1954 年建立以来，距今已有 60 余年的历史。最初内蒙古师范学院艺术系设立了美术专业。教师团队中有很大一部分是从内地艺术院校调过来任教，从这里毕业的首届毕业生有 40 名，他们毕业后分别到全区各个美术岗位工作。

目前，美术学院设有版画、水彩画、中国画、油画、环境艺术设计、工业设计、平面设计、动画及美术理论等 9 个系及教研室，1 个实验教学中心。共有美术学（中国画、油画、版画、水彩画）、绘画（中国画、油画、版画、水彩画）、平面设计、环境艺术设计、产品设计及动画等 6 个专业 12个专业方向，1 个教育部教师教育实验班。还设有学院行政、教学管理办公室，学工办，团总支及美术馆等管理机构。于 1978 年开始招收硕士研究生，1986 年获得美术学硕士学位授予权；2000 年获得艺术设计学硕士学位授予权；2000 年获得少数民族艺术硕士学位授予权；2002 年获得教育硕士（学科教育美术）硕士学位授予权；2009 年获得艺术硕士（MFA）学位授予权。现有美术学、设计学 2 个一级硕士学位授权点，艺术硕士（MFA）、教育硕士（学科教育美术）2 个硕士学位授权点，有中国少数民族艺术、中国画、油画、版画、水彩画、动画、美术史论、北方少数民族美术研究、视觉传达与媒体设计、环境设计、工业设计等 10 多个二级学科专业学位点。

2. 内蒙古艺术学院

创建于 1957 年，原为内蒙古艺术学校，现为自治区综合性艺术院校之一。1987 年 3 月，在内蒙古艺术学校的基础上建立了内蒙古大学艺术学院。专业的划分方面有音乐学院、美术系、艺术设计系、舞蹈系、影视戏剧系、文化艺术管理系、新媒体艺术系、公共课教学部等 8 个教学系部及 1 所附属中等艺术学校。艺术学院在 60 年的办学历程中形成了鲜明的民族特色和地区特色，特别是在民族艺术的传承与发展、民族高水平艺术人才的培养方面做出了重要的贡献，被誉为"内蒙古民族艺术人才的摇篮"。

1994 年开始招收本科生，2007 年开始招收硕士研究生，2012 年开始招收博士研究生，2015 年脱离内蒙古大学，成为独立的艺术类本科学校。

3. 内蒙古师范大学国际现代设计艺术学院

内蒙古师范大学国际现代设计艺术学院是内蒙古师范大学和马来西亚国际现代设计集团联合创办的一所新型学院。教学体系中艺术设计本科专业有 5 个，正在建设 1 个，有研究生研究方向 4 个。设有服装设计系、室内设计系、视觉传达设计系、现代媒体设计系、公共艺术系、基础部、设计研究所等机构。

国际现代设计艺术学院属于国内成立最早的中外合作办学院校之一，是内蒙古自治区目前最大的一所专业设计学院。建院以来，一直把培养创新型设计人才放到首位，不断加大教育改革力度，办学效益不断提高。

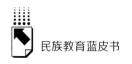
4.内蒙古师范大学民族艺术学院

2010年4月，按照"公办民助"的模式，由内蒙古师范大学和内蒙古兆君房地产开发有限责任公司合作共建成立内蒙古师范大学民族艺术学院。学院现有28000平方米的教学楼，内设美术展厅、音乐厅、壁画工作室、工艺工作室、服饰机房、琴房、电钢琴教室、美术机房、音乐机房、多媒体教室等。还有北方少数民族美术研究所、艺术心理学研究中心、书画创作中心、妥木斯美术研究所和妥木斯油画工作室等。学院秉承"高起点运作、高水平发展、高品质目标"的办学理念，整合内蒙古师范大学优质的教育资源，建立了一支具有高级专业职称的师资队伍。

目前，民族艺术学院设有音乐、美术两个系。美术系有艺术设计专业的壁画艺术、民族工艺、民族服饰3个专业方向和绘画艺术专业的油画、中国画2个专业方向。音乐系有音乐学和音乐表演两个专业，音乐表演专业有声乐、器乐、钢琴、流行音乐、民族民间音乐表演等专业方向。

5.内蒙古民族大学美术学院

内蒙古民族大学美术学院前身为成立于1995年的艺术学院。2000年通辽地区3所高校合并后，改为内蒙古民族大学直属艺术系。2002年在此基础上，成立了内蒙古民族大学艺术学院，2010年改为内蒙古民族大学美术学院。学院现有美术学（师范类）、视觉传达设计（原艺术设计专业）2个本科专业，拥有1个硕士点北方少数民族美术研究。美术学专业始建于1997年，招收培养专科生，2000年晋升为本科；2003年又设立艺术设计专业（本科），美术学、艺术设计是内蒙古东部区域艺术教育设立最早的本科专业。

教学楼总面积为13017平方米。内设天光画室、多媒体教室、图书资料室、油画室、水彩画室、国画室、版画工作室、雕塑室、国画托裱室、暗室、艺术设计实验室微机室、展览厅、陈列厅。同时拥有价值200多万元的先进教学设备以及丰富的图书音像资料。

6.内蒙古农业大学艺术设计专业

现名为"材料科学与艺术设计学院"，1990年设立工艺木工师资专科专业，1994年转为本科专业。1997年设立室内与家具设计本科专业，1999年转为艺术设计本科专业（下设环境艺术、视觉传达、家具设计 3 个方向），2002 年设立服装设计师资本科专业，2007 年设立服装设计与制造本科专业，2012 年调整为环境艺术、视觉传达、产品设计和服装设计 4 个本科专业。

提供学院式的美术教育的有美术学院和艺术学院，目的是培养艺术家和艺术工作者。目前，学院美术教育专业种类较多，包括中国画、油画、版画、雕塑、设计、史论等，其内容更加科学和更加系统，从根本上改变了传统教学方式。

二　现状分析

（一）自治区高等美术院校及专业设置

随着教育改革的不断深化，自治区美术教育和民族美术教育领域得到不同程度的发展。有关内蒙古民族美术的中坚力量大部分集中于自治区各教学单位，只有一小部分在其他行业。因此，民族美术教育集中在这些教学单位中。在自治区众多的教学单位中最早的美术工作队伍应该在内蒙古师范学院艺术系美术教研室（今天的内蒙古师范大学）。

发展到今天，内蒙古自治区民族美术教育得到了长足的发展，办学规模不断扩大，层次不断提高。

20 世纪 50 年代，即内蒙古自治区成立之后的 10 年中，全区共建立 3 所普通高等学校。其中，包括 1952 年成立的兴安盟师范学校美术组（后改为兴安职业技术学院）、1954 年建立的内蒙古师范学院（现在的内蒙古师范大学）、1957 年建立的内蒙古艺术学校（现在的内蒙古艺术学院）。60 年代，有 1968 年成立的扎兰屯师范学校美术系，后改为扎兰屯职业学院。80 年代，有 1985 年成立的呼伦贝尔学院美术系、1987 年成立的包头师范学院美术系、1988 年成立的赤峰学院美术系。90 年代，有 1997 年成立的集宁师范学院美术系。进入 21 世纪，建立了很多符合新的社会结构与人才需要的

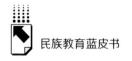

新型美术院校，如 2003 年成立了呼和浩特民族学院美术系，2004 年成立了内蒙古工业大学轻工与纺织学院，2006 年成立了内蒙古师范大学鸿德学院艺术系，2008 年成立了呼和浩特职业学院的二级学院美术与传媒学院，2010 年成立了内蒙古师范大学民族艺术学院，2011 年成立了内蒙古科技大学艺术与设计学院。

统计以上数据，在自治区开设美术专业的院校共有 10 余所，采用蒙汉双语授课模式的院校有 5 所，即内蒙古师范大学、内蒙古艺术学院、内蒙古民族大学、呼和浩特民族学院、赤峰学院。

从第一所美术院校的建立到今天，高等院校在学科建设、培养目标与教学成果等方面取得了显著的成绩。

从自治区美术院校的课程设置可以看出，专业结构越来越精细，重视对美术基本理论和基本技能的培养，符合本科教学注重基本知识和基本技能的要求。同时，随着现代社会经济飞速发展，知识的竞争日趋强烈，院校的专业结构也出现了很大的调整，出现了新兴的交叉学科专业，不同学科之间相互渗透，美术的创作也走向综合化的方向，这也满足了现代社会市场对不同人才的需求。

首先，专业设置方面结构多元。从表 1 可以看出，各大院校按造型艺术专业和设计专业设置相应的课程，相关专业的基础课相互交叉，不同的院校依据自身的特点和需求开设不同的专业课程，这对学生全面了解美术教育体系和进行美术门类之间的交叉学习有着积极的作用。自治区各大美术院校的专业设置有一部分是根据现代社会和学校实际情况而确定的，如中国画、版画、油画、水彩画、艺术设计、影视动画等；还有一些是具有地域性特点的专业，如民族服饰、民族工艺、民族装饰、巴林石雕刻等。其次，专业结构中课程设置比例合理。专业课与基础课的比例合理，技法类与理论知识类课程的比例合理。随着新材料和新技术的不断出现，课程内容出现了多种多样的特点。当然这也造成一些课程的内容在不同程度上出现了重复的现象。

表 1 内蒙古自治区各大院校美术专业学科分类

院校	学科分类
内蒙古师范大学美术学院	中国画、油画、版画、水彩画、平面设计、环境艺术设计、工业设计、动画及美术理论等
内蒙古师范大学国际现代设计艺术学院	视觉传达设计、服装设计、室内设计、现代媒体设计、公共艺术、广告策划与设计等
内蒙古艺术学院	动画、绘画、视觉传达设计、服装与服饰设计、文化产业管理等
内蒙古民族大学美术学院	美术基础、中国画、理论、水彩、油画、版画、雕塑、视觉传达设计、民族工艺美术等
内蒙古师范大学民族艺术学院	中国画、民族工艺、民族服饰、壁画艺术与保护等
内蒙古农业大学材料科学与艺术设计学院	木材科学与工程、环境艺术设计、材料科学与工程、视觉传达设计、产品设计、工程造价、风景园林、服装设计与工程
赤峰学院	中国画、油画、版画、雕塑、陶艺、室内设计、视觉传达、影视动画、珠宝设计、巴林石雕刻等
呼和浩特民族学院美术系	版画、油画、中国画、环境艺术设计、广告设计、民族服装设计、民族装饰艺术设计、民族服饰艺术设计等

（二）中小学民族美术新课程设置

自治区中小学民族美术新课程的改革本身是一项持久而庞大的教学改革。它是对原有的民族教学内容、教学方法进行诸多调整。新的课程改革并不是编译一套具有民族地域性的教材或引进一批双语授课教师那么简单。中小学美术课程的改革，应该涉及更深层的民族地区教育观念的改革。现行的中小学民族美术教育已经形成一定教育规模以及审美模式。中小学民族美术教育的目的在于使儿童具有基本绘画能力的同时通过造型艺术对本民族的文化艺术有所了解，并逐步提升该学龄阶段儿童的审美能力、创造能力和想象能力。

目前，自治区中小学民族美术教育的指导思想已经逐渐确立。在教材的编写和出版方面，所有的中小学美术教材均通过国家级审查，教材的编排内容均以动手实践能力为基础。从表 2 中可以看到，在课程设置方面中小学美术课程课时较少，课余实践活动有限。教材虽然不断更新改编、不断结合少数民族文化艺术的内容，但教学模式的调整没有明显的效果。

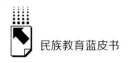

表2　内蒙古自治区九年义务教育学校课程设置（小学）

单位：节

年级	语文	数学	英语	音乐	体育	美术	品德	科学
一年级	8	5		2	4	2	2	
二年级	8	5		2	4	2	2	
三年级	8	5	3	2	3	2	2	2
四年级	7	5	3	2	3	2	2	2
五年级	7	5	3	2	3	2	2	2
六年级	7	5	3	2	3	2	2	2

中小学美术与其他课程的学习不同，教材的作用虽然很重要，但一本教材并不能满足美术教学的所有需求，美术教师应充分开发和利用课程资源。目前，各中小学美术课程也引进多媒体技术、网络、计算机等现代教育媒介和技术获得新的美术教育资源，开发一些新的教育内容，使教育方法具有灵活性，培养方式更具有创造性。

三　成绩与经验总结

（一）民族教育师资队伍建设

内蒙古自治区属于少数民族聚居的边疆地带，人口密度较低，尤其少数民族人口密度更低，加之原先教育基础就比较薄弱，美术院校教师的配备比例相对来说不平衡，这种现象对自治区民族美术教育的发展或多或少造成影响。蒙古语授课教师的比例也出现不均衡的现象。

自治区建立之初，由于美术院校的数量较少，民族美术教育中的教师队伍人数较少。自治区教育部门在教育部的领导下，采取突出民族特点和地区特点的教育方针，制定了一系列政策和措施，到今天已经取得了一定成绩，建立了具有民族文化修养和现代知识结构的教师队伍。

表3只是反映了内蒙古自治区高等美术学校目前的教师资历，可以看出教师结构已经相当优化，教师水平与过去相比较提高了很多。各高校在美术

教师队伍的建设方面专职人员的数量已经满足了学校师资需求，并且从教师队伍的职称以及学历方面来看专业性也较强。因此，自治区民族美术教育工作队伍已经相当稳定。作为高等美术教育的重要角色，民族美术教育师资队伍直接影响自治区民族美术教育的质量和效果。自治区不断出台加强民族教育的政策，这对美术教育师资队伍的学历背景和职称体系不断提出更加专业化的要求。师资队伍的建设是自治区民族美术教育的关键所在，尤其在民族美术高等教育领域内，师资的需求量和师资水平的平衡问题显得尤为重要。

表3　自治区高校民族美术教育师资队伍

单位：人

院校	教授	副教授	讲师	博士	硕士
内蒙古师范大学美术学院	15	16	35	5	53
内蒙古艺术学院	15	12	32	8	51
内蒙古农业大学材料科学与艺术设计学院	13	23	18	16	28
内蒙古民族大学美术学院	3	12	22	1	39
赤峰学院	3	9	27	2	28
呼和浩特民族学院美术系		9	16	1	17

从目前民族美术教育教师队伍的情况来看，其数量已经能够满足教学要求。就内蒙古师范大学美术学院来说，有在职教师66人，外聘教师20余人，全日制本科生1300余人，各类硕士研究生150余人。内蒙古艺术学院有在校生5092人，其中本科生3921人，研究生125人，中专生1046人；有教职工595人，其中专任教师445人。师生比例较符合教育部普通本科教学评估的合格标准。

师资队伍结构也较为合理。从表3可以了解到各大院校高职称教师的数量合理，如内蒙古师范大学美术学院，全院66名在职教师中副教授以上教师为31人，占总人数的近一半；从学历层次来看，全院有博士5名、硕士50余名。教师学历符合高等美术院校标准。由于要求美术专业本身，有博士学位的教师总数偏低，自治区第一位美术学博士是现内蒙古师范大学美术学院院长色音乌力吉教授，2006年毕业于中央美术学院美术史专业。从

2006 年到 2016 年的 10 年间，自治区美术教师队伍中拥有博士学历的教授仅 3 名，显然博士学历教师的总数较低。

从民族美术教师队伍的科研水平来看，成果较可观。

自治区中小学美术教育师资队伍的建设与高校比较相对来说要简单一些。目前自治区中小学美术教师以硕士以上学历为主，接受了专业美术教育的培训，尤其在基础造型技能方面造诣较深。但总的来说对蒙古族民族美术的了解或者在民族性这一方面的要求与高校比较要更低一些。能接触蒙古族造型美术的教师较少。造成这一现象与中小学美术课程结构有关，中小学美术课程相对来说内容单一化，对蒙古族文化和民间艺术不够重视。最近几年随着自治区对民族文化的重视，美术领域内也出现了民族民间文化的渗透，但从学校的教育方面来讲还是微不足道的，可以说一直处在边缘状态。因此，很多中小学教师对民族传统文化和艺术没有很深的了解，也影响了中小学民族美术教育的整体发展。

（二）民族美术教育的结构（蒙古语授课）

民族美术教育中以民族语言授课是主要的条件，这就对师资队伍的双语结构提出了较高的要求。双语授课对教师队伍的整体水平要求较高，双语水平和实践能力以及对专业科研能力的培养都是主要内容。从目前的各高校美术专业双语授课教师队伍的整体情况来看，存在中青年骨干教师数量不足的现象。如以内蒙古师范大学美术学院为例，有教师 66 人，其中有副教授以上职称者 31 人，双语授课教师 11 人，蒙古语授课学生 120 余人。

对高等美术院校来说，其实对双语授课的标准并没有明确的要求。最主要的条件是以蒙古语授课，或者不会说蒙古语但民族为蒙古族的教师也包括在双语教师的范畴。因此，双语教师的蒙汉兼通专业水平需要进一步考量。另一种现象是由于美术课程的教育模式，无论是蒙古语还是汉语，在很多情况下，老师和学生已经不再重视，以技法为主的课程尤其不重视语言的选择。

2004～2016 年，内蒙古师范大学美术学院蒙古语授课人数比例从 5.5%

增长至 12.7%，最高的时候占总人数的 18.1%，而内蒙古自治区蒙古族人口占总人口的 17%，与这一数值相符。从招生专业方面看，2004 年只招美术学专业学生，从 2007 年开始总共招收环境艺术设计和平面设计专业学生 10 人，其中 2013～2015 年招收产品设计专业学生 5 人。但由于专业情况和师资队伍的短缺，平面设计、环境艺术设计和产品设计专业虽然每年招收 15 名蒙古语授课学生，但其性质与美术学不同，属于蒙生汉授。

内蒙古艺术学院 2016 年蒙古语授课学生人数比例为 58.4%，占总人数的一半以上，比内蒙古师范大学 18.1% 高出许多。从招生专业与人数比例来看，绘画与设计类专业招生人数均衡，可以看出蒙古语授课专业是为了适应社会需求而设立的。

从内蒙古自治区各美术院校招收蒙古语授课学生人数比例来看，基本与自治区蒙古族人口占总人口的比例相符合，表明民族美术教育状况良好。其中，招收人数最少的占总人数的 12%，最多的占总人数的 56%。人数比例相差较大，其中有各种各样的实际问题。如蒙古语授课人数逐年减少，而美术专业能招收的生源更少。

从严格意义上讲，各大美术院校蒙古语授课学生的招收情况并不能完全反映双语教育的现状，这不是完全意义上的蒙古语授课，很多专业还是以汉语授课为主。除了一些公共课程有区别外，其他方面基本与汉语授课没有差别。

内蒙古自治区民族美术教育的突出特点在于双语授课方式，除了各大高校美术专业以外，中小学美术教育中对双语教学方式也在积极的探索中。其中，最重要的除了专业与课程设置方面加大调整力度之外，为满足各专业对蒙古语授课教师的需求，加强了蒙古语授课教师队伍建设。

双语教学是内蒙古民族教育的重要特点，也是内蒙古民族美术教育的组成部分和主要方法，并对民族美术的传承和发展有重要的意义。采用双语教学模式符合内蒙古地区民族美术教育的实际情况，有利于教学效果的提升。这种教学模式要求教育思想与教育方式也要相应地进行改革，有利于民族艺术的发展和民族文化的传承、发展。

蒙汉双语教学模式的确立，必须在美术教育学科内有高层次的双语师资

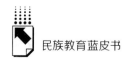

队伍，这是双语教学模式得以顺利推进的基础。在自治区各大高校和各中小学，双语教师资质不断提高，基本以硕士以上学历为主，在实施双语教学模式的基础上，培养出一批蒙汉兼通的高层次师资队伍。这种教学模式从小学开始一直延续到高等美术院校，坚持以双语教学，争取对主干课程进行双语授课，增加蒙古语授课学生的人数。

双语教学的模式在民族美术教育领域内容多种多样，随着教学改革和教学现代化，这种模式不断丰富。例如，网络和多媒体等现代化的教学方式为双语教学模式带来了新的内容。新的教学方式比旧有的方式更灵活，但这种现代化的教学方式还没有完全与双语教学模式融合在一起，一般只适用于汉语授课，而蒙古语授课在利用网络或多媒体等现代教学方式上还存在不同程度的局限。因此，在学校教学中实施双语授课模式首先要与现代教学方式相融合，加大科研投入，这有利于提高教学的效率和效益。

（三）蒙文教材的建设

教材集中体现教学内容，与教学同步发展。随着科学技术的不断发展，作为民族美术教育的教学媒体的教材也不断优化，其中蒙文教材的建设也取得了可观的成绩，成为最主要的教学媒体。蒙文教材的建设是内蒙古自治区教育事业中的重要内容之一，也是民族教育顺利进行的重要条件之一。

1947 年，内蒙古自治区蒙古语文各科教材编写组成立，这一教材编写机构是自治区最早成立的蒙文教材编写机构。中华人民共和国成立后，成立了人民教育出版社，并在全国范围内制定了研究和编写各科教材的任务，尤其以中小学教材为主。在国家教育方针的指导下，内蒙古地区民族美术教材的编写和出版有了一定的发展，但美术类教材还是残缺不全，不具系统性。1960 年，内蒙古教育出版社成立，开始系统地组织教材的编写和编译工作。这一新的变化推动了教材整体质量的提高。

《国务院关于深化改革加快发展民族教育的决定》中指出，要尊重和保障少数民族使用本民族语文接受教育的权利，加强民族文字教材建设；编译具有当地特色的民族文字教材，不断提高教材的编译质量。要把民族文字教材建设所需经费列入教育经费预算，资助民族文字教材的编译、审定和出版，确保民族文字教材的足额供应。经内蒙古自治区人民政府批准，于1980年7月1日成立了内蒙古自治区高等学校蒙文教材编审委员会，其主要任务是组织编译、出版高校蒙文教材，同时也对自编教材加大了审查力度。

美术课程教学已成为大中小学课程教学的重要组成部分，它可提高学生各方面的素质，也提升学生的审美能力和创新能力。自1997年颁发了《全日制普通高中艺术欣赏课程教学大纲》之后，美术课真正进入普通高等中学课程系统，也使我国基础教育中美术课程相对完善。

目前自治区普遍使用的中小学蒙语文美术教材共有两套。一套为义务教育课程标准实验教科书，2001年通过全国中小学教材编审委员会的编审。本套教材由课程教材研究所、美术课程教材研究开发中心和上海书画出版社共同编著，由内蒙古教育出版社翻译出版。另一套为义务教育教科书《美术》，2012年通过全国中小学教材编审委员会的编审。该教材由人民教育出版社、课程教材研究所、美术课程教材研究开发中心和上海书画出版社共同编著，由内蒙古教育出版社翻译出版。两套教材内容均涵盖一年级到九年级，每年级分为上下两册。教材以适应学生普遍兴趣爱好为主，也考虑到中小学学龄儿童的具体学习水平，避免过于专业或体现目的性。目前，普通中学蒙古族学生在校人数将近4万人左右，蒙古语美术教材发行量足够供应在校蒙古语授课学生。

适应不同学习阶段的不同需求，在九年义务教育美术课程的基础上，高中美术教材以趣味性为主，它是对小学美术教材的一种深化。目前在高中蒙语文美术教材中包括普通高中课程标准实验教科书《美术》中的选修教材《美术鉴赏》和《书法篆刻》等。《美术鉴赏》为人民教育出版社、课程教材研究所、美术课程教材研究开发中心编著，由内蒙古教育出版社翻译出版；《书法篆刻》为内蒙古教育出版社编著，内蒙古教育出版社出版。

高等学校美术教材是供应大学美术课程的教材，这一阶段的教材更注重专业性的加强，更具有系统性、历史性和逻辑性。目前属于高等学校美术教材的实验教科书有《中国美术史》《外国美术史》《美术概论》（见表4、表

5)。《中国美术史》是美术专业学科必修的基础课程,尤其《外国美术史》是自治区首次用蒙语文翻译出版。《中国美术史》和《外国美术史》的教材结构、内容编排和书写方式都是由内蒙古师范大学美术学院院长色音乌力吉教授拟定书名。这两套教材适应了我国课程教学改革需要,也有助于少数民族学者对外来文化的吸收与了解。

表4 高校美术教育主要蒙语文教材

书名	作者	出版社
艺术创作论	乌力吉巴雅尔	内蒙古教育出版社
艺术理论	乌力吉巴雅尔	内蒙古大学出版社
蒙古族美术研究	阿木尔巴图	辽宁民族出版社
外国美术史	色音乌力吉	内蒙古人民出版社
中国美术史	色音乌力吉	内蒙古人民出版社
图案设计基础	阿木尔巴图	中央民族学院出版社
工笔画基础知识	萨·苏和	内蒙古少年儿童出版社
蒙古文书法学	白·布和	辽宁民族出版社
绘画透视学	那日松	内蒙古师范大学
素描基础知识	呼木吉乐图	内蒙古少年儿童出版社
乌敦珠拉剪纸艺术	乌敦珠拉	内蒙古教育出版社

表5 其他蒙语文美术书籍

书名	作者/译者	出版社
蒙古民间图案	宝力道	远方出版社
美学概论	拉给苏荣	内蒙古教育出版社
民间图案集	宝音格希格	内蒙古艺术出版社
蒙古文书法发展史	白·布和	民族出版社
艺术	色音乌力吉、色·奥特根巴雅尔、白钢、叁布拉诺尔布	内蒙古教育出版社
内蒙古工艺美术史	阿木尔巴图	内蒙古科技出版社
蒙古民间图	古日扎布	民族出版社
艺术美	蔡仪主编,哈斯尔德尼译	内蒙古教育出版社
美感教育	占布拉译	内蒙古教育出版社
中国古代美学概观	勃·格日乐图译	内蒙古教育出版社

书名	作者/译者	出版社
什么是美学	巴特尔译	内蒙古教育出版社
美感	朝克苏勒德译	内蒙古教育出版社
自然美	巴干那、尼玛诺尔布译	内蒙古教育出版社
美的欣赏	笔勃和	内蒙古教育出版社
西方美学史概观	吉格吉德译	内蒙古教育出版社
美学	魏秀兰	内蒙古大学出版社
蒙古文书法欣赏	巴图巴雅尔	内蒙古人民出版社
蒙古人的石像	德·巴特尔、胡·额日很巴特译	内蒙古人民出版社
蒙文书法	齐·宝德	民族出版社
蒙文篆刻	朝洛蒙	内蒙古教育出版社
莫日根版画选	莫日根	内蒙古少年儿童出版社
美术名词术语	齐·照日格图	内蒙古教育出版社
蒙古服饰裁剪技巧	娜仁图亚	内蒙古人民出版社

在美术教材方面，自治区蒙古语美术教材的更新较快，虽然翻译的教材占很大的比例，但近年编写的教材注重吸收国内外最新研究成果，参考数据较为全面，尤其注重结合民族文化和民族美术的内容，对自治区民族美术教育的发展起到重要的推动作用。

（四）待解决的问题与未来发展

目前，内蒙古自治区民族美术教育的发展已经有了很大的进步，其中蒙古语授课人数也在逐年增长。各大高校美术专业不断完善基本教育体系并取得了丰硕的成果。但从总体情况来看，内蒙古自治区民族美术教育的发展过程中，还存在一些问题，如教材内容的结构、师资队伍的年龄结构、双语授课模式的优化等都在不同程度上制约和阻碍自治区民族美术教育的发展。

从全国美术教育的范围来讲，内蒙古自治区美术教育相对落后一些，在美术领域内的成果，或者具有民族特色的成果并不多。但民族美术教育一直不断地进行改革和创新，也更重视民族美术教育的民族性和传承性的问题。自治区建立以来，对民族美术教育的整体结构做了很多次的调整，从几十年

的发展过程来看，仍存在一些需要我们去重视和解决的问题。

1. 重视教材内容结构的调整

内蒙古自治区民族美术的教育体系已基本确立，但在教学方式和媒介资源方面还存在一些不足。教材是民族美术重要的教学媒介与资源，对民族美术教育的完善具有重要作用。虽然在不同的阶段都有一些优秀的教材资源，也试图突破或改进原有的内容结构，并不断结合民族文化艺术，但作为民族美术教育的重要媒介，教材必须调整好美术与民族文化之间的关系，不断地进行完善和创新。

民族美术与造型艺术两种内容的安排是教材内容合理性的重点，从目前编译的中小学民族美术教材来看，现有教材关于民族美术的内容较少，不利于培养学生对民族美术的认知。因此，调整现行民族美术教材具有非常重要的意义。

首先，对当前基础教育阶段使用的民族美术教材的内容进行充实。目前自治区基础教育使用的民族美术教材基本是国家通用教材的蒙文版，在修订新的民族美术教材时不宜对当前体系严谨的结构和内容做太大的调整或改动，而应尽可能在原有内容的基础上增加或穿插一些具有地域性特点的内容，将民族性美术因素有机融入，在教材内容上呈现地方和民族特色。

其次，改进民族美术教材的版面设计与图文编排。注重中小学美术教材的视觉效果和趣味性，选取一些与内容高度匹配的清晰图片，最好是那些具有鲜明的地域特点和民族特点的图片，通过强烈的视觉吸引力激发学生的学习兴趣。

再次，加强民族美术教育的教材开发和教学资源建设。系统性的蒙汉双语教材及其教学资源建设是双语教学模式不可缺少的前提条件，今后编写民族美术教材时，要不断提高编写和编译水平，注意优化和筛选编写内容，将民族传统文化和现代美术新成果有机融合在一起，将理论与实践相结合，有利于学生获得更全面的美术知识。

2. 重视课程设置的专业化

自治区高等院校的民族美术教育应重视课程设置的专业化，突出本专业的特色。虽然目前各大院校民族美术专业分类精细、内容优化，但在课程设置方面，并未将地域性、民族性特色完全凸显出来，因此有必要对课程设置进行改革，对陈旧的课程内容进行更新，并与民族文化和民族艺术进一步融合。内蒙古师范大学的师范类美术专业，近年设置了许多体现地区性特点的课程，但由于课时安排和师资队伍的问题，这些课程开设后未取得明显效果。在今后的民族美术教学实践中，不但要落实好相应的教学内容，还应注意科学合理地安排课程实施进程。

内蒙古自治区与内地各大美术院校情况有所不同，对人才的需求有明显的地域和民族特点，因此在专业课程设置上应注重实际的社会需求。目前，自治区美术院校优势明显的专业课程集中在素描、色彩、国画、油画和设计类专业，而在突出本民族特点的课程方面则显得较薄弱。民族美术教育今后在课程设置方面需要调整课程结构，尽快建立起具有地域或民族特色的美术教育课程体系。加强专业性和民族性的融合、传统与创新的结合，解决跨学科和交叉学科的问题，逐步走向综合化的教育目标。

3. 把师资队伍建设作为民族地区美术教育的首要任务

为了保证自治区民族美术教育的可持续发展，自治区应加强民族美术双语教师队伍建设。通过制定合理的师资发展规划，创造有利于教师自我发展的条件，保证并适当提高民族美术教育中双语教师的数量，鼓励中青年骨干教师通过外出攻读博士学位提高学历层次，或从区外各大高校引进急需的专业突出的高学历人才，从根本上解决民族美术教育高学历教师欠缺的问题，进而更好地安排教育资源，推动自治区民族美术教育的健康发展。

B.17
内蒙古民族音乐舞蹈教育的
历史、现状与发展前景

董 波[*]

摘 要： 内蒙古民族音乐教育根植于民族传统文化的滋养，民族音乐
历史悠久，发展成就斐然。民族传统音乐和舞蹈旨在发挥民
族音乐教育和艺术教育的育人作用，增强师生对本民族传统
文化的认同，培育师生热爱民族音乐的素养，通过完善民族
音乐教育理论，丰富民族音乐的校本课程门类，完善软硬件
建设，积极发展内蒙古民族音乐教育。

关键词： 内蒙古 民族音乐教育 民族舞蹈 文化认同

内蒙古民族传统音乐资源十分丰富，民族音乐教育在内蒙古自治区具有
悠久的历史。其中，民间音乐、宗教音乐和宫廷音乐是蒙古族传统音乐的三
大类，民间音乐特别丰富并有特色，按其体裁可以分为民间民歌、民间器
乐、舞蹈音乐、说唱音乐和戏剧音乐等五种。

内蒙古民族传统音乐和民族传统舞蹈，是各民族音乐文化交互融合形
成的艺术殿堂。完满丰富的民族传统音乐和舞蹈，植根于各民族丰厚的文
化土壤中，表达着各民族人民对完满生活的向往。少数民族传统音乐和传
统舞蹈在我国及自治区的音乐教育中不可或缺，而且具有重要的地位。从

---

* 董波，内蒙古师范大学教授，艺术人类学博士，民族音乐学博士后。

内蒙古自治区成立到改革开放，自治区民族音乐教育取得了很大成绩，但少数民族音乐在音乐教育中的地位和重要性没有引起足够的重视，与理想的目标存在一些差距，因此需要进一步调查研究，以期引起社会各方面的关注。

一 少数民族传统音乐教育取得的成就

内蒙古自治区少数民族传统音乐教育分为三个层面，即自治区、各盟市和学校层面，但三个层面的实施状况不均衡，相对来说，学校层面比较活跃，地方政府层面热情高，自治区政府层面顶层设计需要加强。

（一）自治区政府层面

自治区政府层面采取两种途径实施少数民族传统音乐舞蹈教育。一是在美育中渗透。根据《国务院办公厅关于全面加强和改进学校美育工作的意见》（国办发〔2015〕71 号）和《内蒙古自治区办公厅关于全面加强和改进学校美育工作的实施意见》（内政办发〔2015〕148 号）精神，要求提升学校美育质量，大力提高学生审美和人文素养，促进学生德智体美全面发展。自治区将美育作为实现教育改革发展的一项重要任务，纳入政府发展教育的重要议事日程，建立由教育行政管理部门牵头、各相关部门各负其责、全社会共同发展学校美育的协同机制。发展改革部门高度重视学校美育质量工程并纳入各地域经济社会发展纲要；要求财政部门加大对美育投入；要求人力资源和社会保障部门采取措施解决中小学美育师资问题；要求文化部门组织选派卓越文化艺术工作者参与文艺支教志愿服务项目；要求宣传部门充分利用互联网及媒介，加大对美育的宣传，引导全社会关怀、支持学校美育工作，为加强和改进学校美育工作营造良好的舆论氛围；要求成立教育督导部门，将学校美育工作纳入各级督导范围之内，并不定期地开展专项督导。还要制定学校美育评价等级，将美育工作督导的成绩作为衡量学校办学水平的评价内容。在美育实施中连带出台了加强学校民族音乐教育的关键举措，

加强民族音乐课程建设，开展民族音乐教育活动，加快民族音乐教师队伍建设。

二是开展活动教育。内蒙古作为少数民族地区，由蒙古、汉、满、回、达斡尔、鄂温克、鄂伦春、朝鲜等49个民族组成。多年来，自治区坚决落实民族政策，优先重点发展民族教育，把尊重、继承和弘扬少数民族优秀传统文化作为一项重点工作来抓，采取多项措施，取得突出成效。自治区教育厅作为全区教育主管部门，始终把发展民族特色文化艺术工作作为繁荣校园文化、建设特色校园的重要工作来抓，利用学校教育的优势，积极挖掘、整理、开发民族传统文化艺术项目，组织开展丰富多彩的民族文化艺术活动，使民族传统文化得以传承与发展。近年来，自治区加大了对民族教育投入力度，加快推进了民族学校标准化建设，突出民族特色教育，民族教育事业蓬勃发展。目前，全区范围内的蒙古族等少数民族幼儿园、小学、中学以及高校，普遍开展了民族文化特色教育，开设了以民族优秀传统文化为内容的课程，马头琴、呼麦、蒙古长调、蒙古族舞蹈等内容走进了课堂。一批民族特色教育实践基地的建立，在弘扬民族优秀传统文化，促进民族团结方面发挥了重要作用。

（二）各盟市地方层面

各盟市地方政府实施少数民族传统音乐舞蹈教育基本上与自治区政府同步，采取在美育中渗透和开展活动教育两种形式。

一是在美育中渗透。如赤峰市政府颁布《赤峰市关于全面加强和改进学校美育工作的指导意见》。锡林郭勒盟行署制定出台了《锡林郭勒盟关于加强学校体育卫生艺术教育工作的实施意见》，建立了体育、卫生和艺术教育联席会议制度，联络各旗县市区均成立了加强学校体育、卫生和艺术教育工作组织机构，促进民族文化艺术进入课堂。各地积极创造中小学生学习蒙古族传统艺术文化的生态环境，培育学生审美意识、审美情趣，增强学生对民族的热爱和情感。各学校结合学校办学的特色，结合学生的个性全面发展创设校本课程，开设传统艺术教育课，如蒙古长调、蒙古族民乐和蒙古族歌舞。学校在保证完成国家规定的艺术课的具体教学任务外，还结合艺术培育课、校本课和课外活动，安排蒙古族文化艺术教育课，民族学校每周要求不少于 1 课时，时间上给予了保障。民族小学开设的课程丰富多彩，如民族歌舞和民族乐器演奏等；中学增设长调、呼麦等。通过多年的努力，锡林郭勒盟民族学校成为传承当地优秀民族艺术文化的主阵地，所有民族学校均有学校民族舞蹈队、民族合唱队；50% 以上的民族学校成立了蒙古族长调队、马头琴队。呼和浩特市玉泉区将美育工作与非物质文化遗产传承相结合，通过课题研究的形式提升广大中小学生的艺术素养。2011 年玉泉区教育局在全区中小学中开展非物质文化遗产校园传承工作，并立项"十二五"教育部重点课题"非物质文化遗产校园传承"。几年来在课题研究的引领下，玉泉区各中小学非物质文化遗产进校园活动异彩纷呈，安代舞、马头琴、呼麦、长调等非物质文化遗产深受广大学生的喜爱，在传承中华民族优秀文化活动的过程中，孩子们的传统艺术素质不断提高，进一步打造了民族学校的办学特色，使玉泉区艺术教育蒸蒸日上。这项教育活动所取得的研究成果，得到了社会的广泛关注和认可。其他各盟市也纷纷制定和出台加强和改进学校美育工作的指导意见，在美育中实施民族传统音乐和舞蹈教育并取得了可喜的成果。

二是开展活动教育。各盟市（如兴安盟、呼伦贝尔市、锡林郭勒盟、通辽市和乌兰察布市）民族传统音乐舞蹈教育各有特色。

1. 兴安盟将民族艺术传统项目引进学校的特色课堂

兴安盟高度重视民族传统艺术文化进校园活动，将民族舞蹈等项目引进课堂，丰富了艺术课内容，促进了学生的全面发展，同时使学生对民族传统文化有了初步的了解和兴趣。2014 年，兴安盟开展了"民族艺术进校园活动"。本次活动由兴安盟民族歌舞团、扎赉特旗乌兰牧骑分别承担演出任务，两个艺术团体分别在 4 个旗县市的 4 所中小学校及 1 所盟直学校进行了演出，为广大师生以及学生家长呈现了一场又一场精彩的民族艺术盛宴。两个艺术团体为充分展现蒙古民族艺术与文化，精心为师生编排节目。盟民族歌舞团带有浓郁蒙古民族特色的节目四胡独奏、蒙古长调、马头琴独奏以及

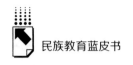

筷子舞等不仅赢得了在场师生的阵阵掌声，而且通过主持人简短的解说，师生们对蒙古族民族艺术有了深入的认识与了解。全体演员的精湛表演，让中小学生不仅了解了蒙古民族艺术与文化，而且更加了解和热爱自己的家乡、祖国。

2. 呼伦贝尔市教育局高度重视中小学少数民族特色文化艺术活动

几年来，呼伦贝尔市教育局高度重视中小学少数民族特色文化艺术活动，各旗市区根据本地实际，通过校本课程、第二课堂等多种形式，开展民族特色文化教育，对中小学少数民族特色文化艺术活动发展提出了明确的要求，使中小学少数民族特色文化艺术活动取得了长足发展。新巴尔虎左旗将民族传统艺术的开发与校本课程的建设有机结合，以民族传统文化艺术项目的形式选择不同内容的校本课程，并发掘、传承和创新，构建新的校本课程体系，突出地方教育特色。通过几年的探索和实践，各学校均出版以民族优秀艺术为内容的校本教材并广泛应用，并开设了蒙古长调、马头琴、民族舞蹈等民族特色教学课程，以活动课的形式开展丰富多彩的教育实践活动。民族学校还开设丰富多彩的特长班。各学校均设立蒙古长调、呼麦、马头琴等具有民族特色的兴趣班，学生参与率达到80%，在传承民族文化、提高学生素质和丰富校园文化内涵方面效果明显。此外，还在大课间操活动中融入民族舞蹈元素。如阿一中、阿一小结合民族舞蹈元素，编创了富有民族特色的大课间操《哲仁嘿》，体现了蒙古族热情奔放的性格，深受学生的喜爱。

3. 锡林郭勒盟教育局高度重视学校民族特色文化的艺术教育

锡林郭勒盟高度重视学校民族特色文化的艺术教育，始终把艺术教育当作贯彻党立德树人的方针，全面推进个性全面和谐发展的重要内容，确保艺术教育在素质教育中的重要地位。各学校把民族特色文化的艺术教育纳入"十三五"教育发展规划，根据民族地域发展的具体实际情况，开展民族特色文化课程，通过开展多种多样的课外文化艺术活动，将文化艺术活动纳入教育培育的过程，为民族特色文化艺术活动开展创设了良好的地域条件，为扎根开展民族特色文化艺术活动营造了良好的精神氛围，充分发挥课堂教学的作用，推进文化艺术教育。锡林郭勒盟高度重视音乐、美术学科教学及科研工作，充分建设音乐、美术专业教师队伍，认真落实新课程标准，提高课堂教学质量。首先，从硬件上保证音乐、美术学科教学有效进行，各校均有专任音乐、美术教师，部分学校有专业舞蹈室、马头琴室、合唱室、学校演播厅等，为学生创造了优越的学习环境。其次，重视教学研究，采取教师集体备课方式，挖掘优质教学资源；加强教师队伍建设，现有艺术教师队伍基本满足教学需求，在此基础上每一所民族学校根据各自需求，均聘请了民族艺术类专业人员，现全盟共聘请 57 名民族艺术类专业教师。为了全面开展艺术教育活动，优化课堂教学手段，广泛运用投影仪、计算机、音响等多媒体设备。在教育教学活动中，积极传授民族音乐知识和技能，通过对民族优秀艺术作品的诠释唤醒学生的心灵，提升学生的审美情感，丰富学生的情感世界，增强学生的艺术表现力和艺术创造力。近几年针对当地需求，先后在内师大等地举办了音乐、舞蹈教师培训班。另外，盟教育局投入 10 万余元经费举办了全盟首届马头琴教师培训班、舞蹈教师培训班，在现有音乐教师中培养了 21 名马头琴专业教师。

（三）学校层面

学校层面主要包括普通中小学和高等院校。学校中进行少数民族传统音乐舞蹈教育除了传授音乐知识与技能之外，还侧重活动教育。具体表现在开设综合实践活动课程、进行各类比赛和演出。

1. 中小学

中小学生是国家的栋梁，中小学音乐教师是传承民族音乐文化的重要使者，对内蒙古地区的中小学生加强母语音乐教育就是传承和发展蒙古族音乐文化。提高音乐教师对传承蒙古族音乐教育重要性的认识，加强教师自身对蒙古族音乐的认知和学习，在教学过程中根据中小学生的特点重视课程设置，运用新的教育理念加强民族音乐教育，拓展学生对蒙古族音乐的认知，为中小学生了解民族音乐创造条件，达到发展蒙古族音乐教育的目标。

各地各校严格按照《国家基础教育课程改革纲要》规定的课程标准和

课程计划，开齐开足美育课程，构建以音乐、美术教学为主，舞蹈、戏剧、戏曲等其他教学为辅，涵盖国家课程、地方课程和校本课程的中小学美育教学体系。在弘扬中华优秀传统文化和民族优秀传统文化上，以马头琴、四胡、长调、呼麦、民歌、蒙古舞等民族地区传统文化艺术为重点，形成了本地域与特色学校相互濡染文化的传统。以学校为载体，促进民族音乐、舞蹈等课程发展，围绕校本教材的使用和第二课堂的开设，努力传承和弘扬民族优秀文化。例如，一些民族学校结合民族学生的特长与爱好，详细制订具体工作计划，对课程设置、授课时间、授课内容做了详细的安排，开设了长调、呼麦、萨吾尔登舞蹈、马头琴等课程。以班级、年级为单位，开展了演唱比赛等。通过系列活动，激发学生对中国传统艺术和民族传统艺术的热情，培养学生的审美情操和良好的艺术修养，使其更加健康、快乐、自信、活泼，在弘扬、传承蒙古族传统文化方面起到了积极的推动作用。

呼和浩特市赛罕区民族小学作为一所有着60多年悠久历史的民族小学，随着当今的教育教学改革，音乐教育也由过去的传统走向了现代。除了按照国家的规定开足音乐课之外，还注重音乐课外活动的开展，由过去的第二课堂发展为现在的多个音乐社团，较其他学校而言，音乐环境建设也可谓独树一帜。首先，对音乐课堂教学进行大胆调整：在保证完成国家音乐课标规定的音乐教学任务之外，结合学校加授蒙古语班和纯蒙古语授课班蒙古族学生比较集中的实际情况，把音乐教材大胆地校本化，增加了一定内容的蒙古族歌曲及舞蹈，为传承和弘扬蒙古族文化竭尽所能。学校规定不同的年级要学会不同的蒙古族民歌，比如一年级有《字母歌》，二年级有《希格尔》，三年级有《春天来了》，四年级有《亲爱的老师》，五年级有《高高的兴安岭》，六年级有《美丽的草原我的家》等。一到六年级的孩子都要在音乐课上学会安代舞，由此还创编了课间的安代操，与广播体操一并成为大课间的内容；孩子们升到高年级的时候，按年级分别有四年级筷子舞、五年级骑马舞、六年级顶碗舞。可谓做到了普及音乐教育与彰显民族特色相结合。

其次，音乐课还上到了加授蒙古语班以及纯蒙古语班的语文、数学以及其他课程的课堂上，根据教学内容的需要会适时地穿插蒙古族的歌曲和舞蹈，使学生在民族歌舞的相伴下完成其他课程内容的学习。除课堂上的大胆改革之外，还做到了课内与课外的协调发展。继承学校以往有丰富的第二课堂活动这一优良传统，近几年，在课外活动方面又做了进一步的推进，即组建大量的社团，特别是具有民族特色的社团，有呼哈合唱团、指尖上的哆咪咪、艾莉手风琴、梦的翅膀、舞动的精灵、马头琴社团，这样就会使一部分对民族文化感兴趣的学生有进一步发展的机会。该校民族特色音乐环境的营造也无处不在，随着校门打开迎接全校师生，小广播就会响起响彻校园的嘹亮的蒙古族歌曲；每一节课随着《草原晨曲》的铃声开始学习；大课间时间，两千多名学生手舞红绸随音乐起舞，堪称一道亮丽的风景！音乐教育为该校营造了浓浓的民族氛围。

为进一步弘扬鄂伦春民族文化，鄂伦春中学围绕民族教育主题，整合发掘教育资源，继续推行"五个一"民族教育工程，即学生通过搜集鄂伦春族的神话故事、民间传说了解鄂伦春族的历史文化；通过学会一种民族体育游戏，体会鄂伦春人的性格特点；通过会唱一首鄂伦春族民歌，体会深厚的民族文化底蕴；通过会表演一段鄂伦春族民族舞蹈，了解鄂伦春风俗习惯；通过知道一位鄂伦春民族英雄，增强民族自豪感。

莫力达瓦达斡尔族自治旗中小学在传承和弘扬优秀民族传统文化上采取了许多措施。学校聘请非物质文化遗产传承人、本地民间艺人担任辅导员，在全体师生中开展"鲁日格勒"舞蹈教学、达斡尔族歌曲传唱等活动，使非物质文化遗产找到了"传人"，实现非物质文化遗产在青少年寓教于乐中得以传承和发展。结合达斡尔族民族风情浓郁、非物质文化遗产项目较多的实际，坚持非物质文化遗产传承从娃娃抓起，以传承达斡尔语说唱等为切入点，培养孩子们对优秀民族民间文化的认知和爱好，同时，把积极挖掘传承达斡尔族民间歌舞作为学校的又一特色，搜集整理民间乐谱、歌调，刻录成光碟，广泛开展"民族歌舞进校园"活动，使"非遗"项目在学校寓教于乐中得以传承和发展。民族实验小学区级课题"达斡尔民间音乐引进小学音乐课的探索"正准备结题。课题研究中，音乐教师注重在实践中探索，使孩子们对达斡尔民间音乐耳熟能详，音乐教师多次做课达斡尔民间音乐，

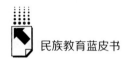

丰富了音乐课的内容,音乐课深受孩子们喜爱。

另外,通辽市中小学生综合社会实践基地位于扎鲁特旗境内的嘎达苏种畜场管委会所在地。据通辽市教育局介绍,在这里青少年能够在草原上学习蒙古族乐器、曲艺、舞蹈、民歌,还能了解蒙古人的生活、蒙古族建筑文化、科尔沁蒙古史,使传统教育教学活动与现代教育有机融合,走出了民族教育品牌之路。

阿拉善左旗蒙古族学校将长调民歌、蒙古族传统舞蹈、马头琴演奏、陶布秀尔弹奏等民族艺术活动纳入课堂教学及第二课堂活动。在一年当中,根据不同的季节,让孩子们走进社区、自然、农社、牧宅,寻觅生活本源,了解传统文化。

总之,教育是传承文化的关键,内蒙古中小学开展丰富多彩的唱蒙古族歌曲、跳蒙古族舞等教育活动,使蒙古族传统文化教育能够深入学校、深入教师、深入学生。在中小学举办民间传统文化培训,将少数民族的舞蹈、音乐等传统文化分阶段、分层次、有规律地传授给学生,有助于培育蒙古族学生的民族文化自觉和发展本民族传统文化,增强学生对本民族传统文化的认同,升华他们热爱家乡、热爱文化的情感。

2. 普通高校

内蒙古是我国56个民族中历史最为悠久、文化积淀最为深厚的少数民族地区之一。21世纪初,随着全国音乐、舞蹈高等教育的蓬勃发展,各省市高校纷纷设立了民族音乐和舞蹈专业。内蒙古的民族音乐、舞蹈高等教育展现了欣欣向荣的景象。从21世纪初开始,内蒙古各高校都纷纷开设民族音乐教育和舞蹈教育专业。

2003年,内蒙古师范大学音乐学院开设民族音乐学本科和硕士专业。硕士阶段设立民族音乐学、蒙古族民间音乐、非物质(音乐)文化遗产、内蒙古"三少民族"音乐和蒙古族音乐史等研究方向。在中国少数民族艺术专业学位点设蒙古及北方少数民族音乐研究、长调演唱与理论研究和马头琴演奏与理论研究三个方向。内蒙古现在有6所高校设立了舞蹈专业,即内蒙古艺术学院舞蹈系、内蒙古师范大学(内蒙古师范大学音乐学院舞蹈系、内蒙古师范大学民族艺术学院舞蹈系、内蒙古师范大学二连浩特国际学院舞蹈系）、包头师范学院音乐学院舞蹈系、内蒙古民族大学音乐学院舞蹈系、内蒙古大学鄂尔多斯学院舞蹈系、呼伦贝尔学院舞蹈系。内蒙古艺术学院在2002年首先设立了舞蹈本科专业。内蒙古艺术学院舞蹈系专业实践课有蒙古舞风格课、蒙古舞技能课、蒙古舞教学剧目、蒙古舞组合编排法、各族民间舞等。赤峰学院音乐表演专业（舞蹈方向）培养方案中专业选修课设民族民间舞蹈，专业必修课设蒙古族舞蹈。

内蒙古师范大学音乐学院舞蹈系获全国少数民族运动会民族健身操舞全国亚军。近年来内蒙古艺术学院舞蹈系取得了以蒙古舞为核心的系列教学、科研、创作、表演成果，如：蒙古舞获批国家级精品资源共享课程；由教师创作、学生表演的舞蹈作品《草原酒歌》《马背上的女人》等获得中国舞蹈专业最高奖"荷花奖"金奖；出版特色教材《蒙古舞精品课教程》《蒙古舞技能训练教材》等。包头师范学院音乐学院舞蹈系师生积极开展学术性和原创性的艺术创作活动，合作演出大型舞剧《敖包相会》等一批极富民族特色和区域特色的原创作品，在华北五省舞蹈比赛、全国大学生艺术展演、内蒙古舞蹈比赛等多项国家、省级重要比赛中获得较好成绩。舞蹈系积极拓展并加强与地方政府、各专业院团、企事业单位的合作，创作了一系列舞蹈作品，成功公演并获奖，如包头市青山区建区60周年晚会、包头歌剧舞剧院大型歌舞剧《草原恋》等。

二　少数民族传统音乐和舞蹈教育存在的问题

内蒙古自治区党委和政府、各盟市政府以及各级各类学校经过努力，在少数民族传统音乐和舞蹈教育方面取得了很大的成就，硕果累累，但也存在一些不可忽视的问题。

（一）民族音乐教育裹挟在美育之中

一方面，部分管理干部和教师对音乐教育的范畴和实现途径理解过于宽

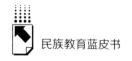

泛，片面地认为美育就是艺术教育，实施美育就是实施音乐教育，有些学校把音乐教育工作的对象确定为艺术领域的特长生。另一方面，音乐教育学科渗透主渠道作用发挥不够，音乐教育在各学科中的渗透限于表面，没有深化。受音乐素养的限制和应试教育观念的影响，许多其他学科教师把音乐教育看成可有可无的"软任务"，作为一门学科的音乐教育基本处于自生状态，内容不系统、不细致。

（二）对民族传统音乐教育的理解、认识不到位

一些教育行政部门、学校领导、师生、学生家长对于民族传统音乐及舞蹈教育在实施素质教育、促进人的全面发展中的地位和作用认识不足，存在"说起来重要，做起来次要，忙起来不要"的现象。部分学校领导对民族传统音乐及舞蹈教育工作认识不到位，导致个别学校存在"双课表"和音乐教师从事其他学科教学的现象。音乐课被挤占的问题还在一定程度上存在，教育教学质量得不到保障。

（三）民族音乐教育投入存在不平衡现象

全区中小学校音乐器材配备已基本达标，但部分学校对音乐活动和教师培训经费投入不足。地区之间、学校之间音乐教育功能教室和教学设备等硬件资源配备不均衡，一些学校特别是农村牧区学校受教育经费紧张制约，缺乏音乐活动场地、功能用房、设施器材，音乐教室也达不到配备标准，艺术类教学器械缺口较大。有些学校虽然有专用场室，但项目发展比较薄弱，学校器乐教学种类单一，乐队数量少，质量不高。

（四）民族音乐、舞蹈教师队伍建设有待加强

一是专职音乐和舞蹈教师总量不足，全区音乐和舞蹈教师虽然近年有所增加，但与实际需求仍有较大缺口。学校音乐和舞蹈教师兼职情况较为突出，且多数兼职教师年龄偏大。二是校与校之间师资力量配置不均衡，存在专职音乐和舞蹈教师转岗兼任其他学科教师的情况，影响了学校音乐

和舞蹈教育教学工作的开展。三是教师专业化发展不足，名优教师数量有限，一些教师的专业技能水平、教育教学能力还不够高，教育教学理念还比较陈旧，未能跟上学科发展的步伐。一些农村牧区学校存在专职音乐和舞蹈教师数量不足，现任音乐和舞蹈教师专业不对口、专业水平低，代课教师比例大的问题。

（五）民族音乐、舞蹈教研机制不健全

一些学校和教师对民族音乐、舞蹈教育目标不清楚，在实施过程中违背学生的认知和心理基础。艺术教育多偏重于传授技法，对艺术的文化精神挖掘不够，使美感教育弱化。农村牧区学校由于专任教师少，专业基础差，音乐和舞蹈教研开展较困难，更缺乏区域内教研机制，教师普遍期盼通过参加培训、专家指导、校际交流等途径提高音乐教育能力。一些地区和学校对音乐教育评价的层次仅局限于对既定目标的完成情况和活动取得的成绩，评价结果在年终目标考核中所占权重也较低。

（六）民族音乐教育内容及活动不够深入

在音乐教育中，民族音乐的教育教学内容不能够有效地得到保证，造成学生无法全面系统地学习民族音乐，学习蒙古族音乐的环境难以创设，民族音乐特色课程开设较少，彰显地域文化的民族音乐发展环境不佳。目前内蒙古普通高校，均已开设"音乐欣赏"和"音乐概论"艺术选修课，这些音乐选修课的开设受到广大学生的欢迎，发挥了重要的作用。但课程标准的制定是以西方音乐为主线，诠释了从巴洛克时期到 20 世纪的流行音乐，对中国的民族音乐，特别是蒙古族音乐，从理论体系构建上未作全面体现。因此，蒙古族音乐教育处于最原始的自然状态，甚至原已开展蒙古族音乐教育的地域，本来实行"双语"音乐教育的民族学校，也由"双语"变成了"单语"教育教学，因各种困难制约不能继续发展，处于起始阶段。一些学校开展了各种民族传统音乐和舞蹈主题活动或相关活动，受到学生的欢迎，但很多活动随机性强，对教育功能挖掘不够，与教育目标的结合度低，活动

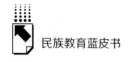

的序列化、整体化、个性化需要加强。一些学校对社会资源调动不足，学生参加社会实践少。

三 自治区政府应采取推动少数民族 传统音乐、舞蹈教育发展的顶层设计

内蒙古地区民族音乐教育发展比较滞后，这与内蒙古独有的民族音乐文化资源不相称，客观分析内蒙古地区民族传统音乐教育的现实情况，研究切实可行的发展机制，调整目前民族传统音乐教学和科研体制，对自治区培养更多蒙汉兼通的人才，促进自治区绿色生态和谐发展有着举足轻重的作用。

民族音乐、舞蹈教育在内蒙古分三个层次，即自治区政府、各盟市地方政府和学校（中小学和高校）。近年来尽管取得了很大的成就，但存在的问题也不少，其原因十分复杂，但其中最主要的原因是在自治区层面缺少针对民族传统音乐、舞蹈教育的专项的顶层设计和规划。把音乐等艺术教育包含在美育发展规划中具有很大的局限性，因此建议自治区政府在充分调查和掌握全区民族传统音乐、舞蹈教育资源的基础上，专门针对全区民族传统音乐、舞蹈教育进行顶层设计，制定和出台专项规划和指导纲要。这有助于更好地促进和推动民族传统音乐、舞蹈教育的可持续发展。为此应着重明确和把握以下几个方面。

（一）确立民族传统音乐教育自信

各级教育管理部门和学校、教师要加强民族传统音乐、舞蹈教育理论学习，从落实国家教育规划纲要、全面实施素质教育、促进人的全面发展的高度，切实把民族音乐教育贯穿于教育全过程。健全民族音乐教育工作机构，完善民族音乐教育实施管理体系，构建"课程引领、活动推动、创设环境、学科相融"的民族音乐教育发展体系，将民族音乐教学、各学科教育过程和综合实践活动有机结合，形成全区各有关方面重视民族音乐教育、研究民族音乐教育、推进民族音乐教育的浓厚氛围。

（二）建立健全民族音乐教育管理机构

针对民族音乐教育管理机构薄弱的现状，应建立健全民族音乐教育管理机构。旗县、盟市教育行政部门或教研机构加强民族音乐教育管理，配备专业人员对各学校民族音乐教育进行指导管理和评价。明确学校、旗县、盟市、自治区级民族音乐展演周期，定期开展民族音乐展演，尤其是自治区层次的展演。自治区要建立盟市之间的民族音乐教育交流学习机制和平台。盟市、旗县要建立本地区之内的学校交流机制和平台。

（三）整合资源，全面实施民族音乐教育

根据国家课程标准，制定更加明确的民族音乐教育分学段和分学科课程目标，与各学科教学三维目标相结合，形成科学规范、可操作性强的民族音乐教育评价体系，引导和要求全体教师重视民族音乐教育功能，挖掘民族音乐教育的教学内容，优化学习氛围，激发学生学习积极性，培养其创造意识，寓教于乐，将民族音乐教育与德育、智育、美育和体育有机结合，协调实施，整合资源，发挥合力，克服厚此薄彼、各自为政的弊端。

（四）加大民族音乐教育投入力度

旗县市区、盟市、自治区财政应设立中小学民族音乐教育专项资金，主要用于地方和校本教材编写，民族文化艺术传承教育器材、服装，展演场地音响灯光设备，艺术教育观摩学习，艺术特色夏令营，艺术教育管理人员培训等费用。加大经费投入，强化民族音乐教育场地设施建设，合理确定民族音乐教育支出在生均公用经费中所占的比例。进一步加强对学校民族音乐教育专用场室、硬件设备的统计检查，促使学校重视民族音乐教育专用场室的建设，为学生配备高质量的教学设备，如钢琴、多媒体平台、音响设备、课堂器乐等，为学生提供良好的民族音乐教育环境和氛围。建议编制艺术教育地方课程和校本教材。组织力量编写本地区、本民族文化艺术传承教育教材，并免费发放和广泛使用。

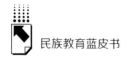
（五）加大民族音乐师资建设力度

音乐学科教师肩负着传播和传承民族音乐的任务，只有发展民族音乐教师专业化队伍，才能够保障优质的教育教学，最终提升学生的音乐素养。自治区民族音乐教师存在总体数量不足、专业性不强的问题，建议与体育教师编制的计算一样，单独划定和计算民族音乐教师编制，并与普通音乐和美术教师编制分开计算。逐步配足、配齐学校民族音乐教师，不因专业师资的缺乏而影响学校民族音乐教育工作。保证专职民族音乐教师专职专用，不再兼任其他学科的教师，能够专心搞好学校民族音乐教学工作。进一步加大力度对民族音乐教师进行培训，通过短期培训、邀请民间艺术家、专家指点，学术讲座，经验总结，实地考察等各种渠道，培训一批卓越的民族音乐教师，努力建设一支具有高民族音乐素养的团队，促进专业教师成长。

（六）就民族传统音乐教育大力开展科研工作

自治区各民族音乐理论工作者，规划自己的科研工作，以饱满的精神状态投入学术研究中。依托专业教师团队，组织学术骨干编写民族特色教材。通过科研立项、学术沙龙、著书立说，对博大精深的少数民族传统音乐理论与实践进行梳理和挖掘，按照民族聚居地区学生身心发展的特点，从丰富的民族音乐题材中选取适应学生的内容全面、特色鲜明、具有代表性的音乐作品作为学生的教材，形成具有自治区民族特色的音乐教育理论体系。加大力度设立不同级别的民族音乐教育专项课题，并予以一定倾斜。充分发挥高等学校建设特色学科的优势，以服务政府决策为导向，整合校内外资源，科研协同创新，深入研究高校民族传统音乐教育改革中的现实问题，加强民族传统音乐教学研究和地方校本课程及教材建设研究，形成民族地域特色系列专业教材。探索建立自治区教研协作机制，发挥民族音乐教学学科带头人的辐射作用。优化网络教学、学科团队教研和送课走基层等协同教研模式，开展协作教研、联合教研活动，构建自治区科研资源的共建共享团队合作机制。

（七）开展各种形式的民族传统音乐实践活动

学校充分利用课堂内外，精心策划、组织、指导，通过校园文化艺术节等载体，开展声乐、器乐、舞蹈比赛等活动，吸引绝大多数学生进入艺术天地。组织各学科兴趣小组和各类社团活动，用好乡村牧区少年宫、社会培训机构等民族音乐资源，丰富课内外、校内外民族音乐教育平台，开展丰富多彩的民族音乐实践活动，力求取得实效。

参考文献

[1] 桑德诺瓦：《中国少数民族音乐文化》，中央民族大学出版社，2004 年。
[2] 《内蒙古自治区学校美育工作自查报告》，2017 年 5 月 20 日。
[3] 《内蒙古自治区开展民族特色传统文化体育活动工作专题报告》，2015 年 8 月 13日。
[4] 《赤峰市关于全面加强和改进学校美育工作的指导意见》，2016 年。
[5] 锡林郭勒盟教育局：《学校民族特色文化体育艺术活动工作总结》，2016 年 8 月 10日。
[6] 呼和浩特市赛罕区民族小学特色音乐教育汇报材料。
[7] 《文化繁荣玉泉　艺术灵动校园——玉泉区加强学校美育工作的具体举措》。

B.18
内蒙古民族体育教育的历史、
现状与发展前景

包呼格吉乐图*

摘　要：　内蒙古民族体育教育从发展初期的整体水平低下，经过恢复、调整、提高和整体的深化改革，进入了高速发展时期。现阶段内蒙古民族体育高等教育发展到了一定水平，民族体育项目也得到全面改革与发展。但依然存在民族特色欠突出、体育教育的基础能力不够、培养人才的适应能力不足、师资队伍的整体素质不高、体育教育的品牌效应不明显、民族体育运动项目不够规范等问题。需要为民族体育教育的发展提供更多政策支持。

关键词：　内蒙古　民族体育　体育教育　以人为本

体育有竞技体育（competitive sports）、学校体育（或体育教育，physical education）和群众体育（mass sport），虽然它们所侧重的目标、手段各异，肩负的社会使命不同，但在教育活动和对人的塑造作用方面是相通的，亦即体育教育。几十年来，民族体育教育不仅在器械和形式上有了很大的发展，更重要的是，各族人民在这方面的精神也发展了。

---

* 包呼格吉乐图，博士，内蒙古师范大学体育学院教授、博士生导师。

一 内蒙古民族体育教育的历史与沿革

在内蒙古这片广袤的土地上休养生息的各族人民都有自己的生活方式和传统，尤以蒙古族为甚。千百年来，他们从生活、生产、行军打仗和社会生活中提炼出各具特色的体育内容，其中蒙古族的奈日·那达幕更具特色。每逢草原上要举行奈日·那达幕时一个地区的人们全家出动汇聚一处参与各类奈日，参加各项体育比赛。当举行奈日时，人们品尝醇香的美酒、丰盛的食物的同时讨论时局，作出今后发展的决定；当举行那达幕时，不管男女老少、本地人抑或外乡人，都一律平等地参加诸如搏克、赛马和射箭等各类项目，胜者获得草原上的最高礼遇，是众人的英雄。

内蒙古自治区成立后，随着民族教育工作的开展，民族体育事业也获得了新生。

在某种程度上，大型比赛活动能够带动相应项目的教学。因此，在各级各类学校中以田径、体操、球类等项目为龙头，在民族学校中开展了相应的蒙古语教学，同时开展了蒙古族传统体育项目搏克的教学，赛马、射箭、蒙古象棋和赛布鲁等民族传统体育项目教学也进入了学校。作为民族自治地区，内蒙古在高等教育和基础教育领域均采用蒙汉双语进行体育教学，所开展的民族传统体育项目的教学和比赛是自治区教育中的一件大事，也是一个创举。

1. 民族体育教育的起步时期

随着我国教育事业的蓬勃发展，体育事业也获得了活力。1952年6月10日，毛泽东同志在中华全国体育总会成立之际为中华人民共和国体育工作题写了"发展体育运动，增强人民体质"12个大字。由于中华人民共和国刚刚成立，百废待兴，一切从头开始，教育事业缺乏专业人才，尤其从事民族体育教育的人员寥寥无几且整体水平低下，从业者大多由军转人员或者是高小、初中毕业生来担任。

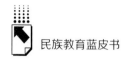

2. 民族体育教育的徘徊时期

1970年9月九届二中全会召开，体育教育事业开始恢复和发展。从球类项目开始，首先加入学生的军体课中，并且出现各种业余体校。第一届全国中学生运动会于1973年召开，在1974年的第一届世界中学生运动会中，我国运动健儿在田径和体操两个项目中共斩获14块金牌。20世纪70年代，"四人帮"使我国体育赛事、体育教育工作受到干扰，竞技体育再次跌入低谷。此时仍有一定数量的非专业人员从事民族体育教学工作。

3. 民族体育教育的恢复、调整与提高时期

1982年9月2日，内蒙古自治区第二届全国少数民族传统体育运动会在呼和浩特市召开，首次邀请了55个少数民族的代表团。党和国家领导人乌兰夫、万里、阿沛·阿旺晋美等出席了运动会开幕式。此时，民族体育项目如雨后春笋般地涌现，从事民族体育教学的人员的积极性也高涨起来。

4. 民族体育教育的深化改革和高速发展时期

进入新世纪，随着我国教育事业的飞速发展，内蒙古民族体育教育事业焕发了新的生命力，在办学条件、办学水平、人才培养等诸多方面发展迅速，北京奥运会上自治区运动员张小平获得金牌，这也说明自治区体育教育在竞技体育领域取得一定的成效。2016年自治区印发了《内蒙古自治区"十三五"体育事业发展规划》，同时印发了《关于强化学校体育促进学生身心健康全面发展的实施方案》，进一步指明自治区体育发展方向和人才培养方式等。

二 内蒙古民族体育教育现状

在我国北部边陲广袤的土地上，经过几十年的发展，民族体育教育这个在旧中国从没有过的新生事物，在党的民族政策的照耀下，从无到有，从小到大，直到现在，已经成为自治区教育事业的重要部分。无论其种类、办学历史，还是所取得的成绩都让人骄傲。经过70年艰苦卓绝的努力，在党和国家的领导下，经过全区各族人民的共同奋斗，目前，内蒙古自治区已建立起以高等体育教育、职业体育教育、中小学体育教育和蒙古族传统体育项目为主的民族体育教育体系。

（一）高等体育教育

1.学校数量

到目前为止，在内蒙古自治区用蒙古语讲授体育专业课的院系有内蒙古师范大学体育学院、内蒙古师范大学二连浩特学院、内蒙古民族大学体育学院、呼伦贝尔学院体育系、呼和浩特民族学院体育系等。用蒙古语讲授公共体育课的学校除上述学校以外还有赤峰学院。

2.办学条件

自治区开展民族体育教育的高等院系经过长时间的发展，在教学设施和办学条件上都取得了很大进步，并得到了进一步的完善。在教学训练场地方面，各个院系都有室内综合性场馆、室外标准田径场、室外篮球场、室外排球场、室外网球场，个别院系还有天然草坪足球场等。其中内蒙古民族大学就有室内外运动场馆总面积104000平方米，包括1个奥体中心综合馆（篮球、排球、室内田径场、摔跤），1个体育场，1个室外400米标准田径场，1个篮球馆，1个投掷场，23个室外篮球场，24个室外排球场，12个室外网球场，2个天然草坪足球场，8个室外7人制足球场。

在教学设施方面，基本上分为基础理论、专业理论、球类、小球、田径等教研室，不过根据院系规模不同，教研室分配不同。其中，内蒙古民族大学有基础理论、专业理论等6个教研室。呼和浩特民族学院虽然成立时间相对较晚，但是教研科室完善，主要分为术科教研室、基础理论教研室、公共体育教研室、民族传统体育研究所、实验中心等几个标准教研室、研究所、实验中心。

除此之外，各个院系还设有相关研究和训练基地以及体育科学实验室。其中，内蒙古民族大学体育学院有1个省级科研平台——体育社会科学研究基地，1个中央与地方共建体育健康促进实验室，1个内蒙古一级社会体育指导员培训基地，1个心理咨询室，2个校级研究所（乒乓球训练新概念和体育科学研究），1门自治区级精品课程，2门校级精品课程，1个自治区级

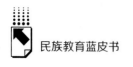

优秀教学团队，23 个教学实习训练实践基地。

自治区民族体育高等教育成立最早的院系——内蒙古师范大学体育学院，其实验室建设对运动队的科学研究提供基础保障，对运动员医务监督、身心康复、运动恢复等进行科学控制，训练设施配备齐全，设备先进，学院现有仪器设备价值 1100 多万元。训练辅助设施价值 270 万元。内蒙古师范大学体育学院是国家社会体育指导员培训基地、国家体育总局文化研究中心、国际田联少儿田径研究和推广基地、全国体育传统项目学校体育师资内蒙古培训基地和内蒙古体育社会科学研究基地，是全国推广健身气功先进单位、全国乒乓球运动贡献单位、全国推广脚斗士运动杰出贡献单位和内蒙古体育教学训练研究会挂靠单位。

自治区具有民族体育高等教育专业的院系，在办学条件上虽然存在相对差距，但是都能满足现阶段自治区体育人才培养的基本需求，是民族体育教育发展的重要基础。

3. 专业设置及培养目标

民族体育高等教育在与全国体育高等教育专业同步设置的基础上，同等专业还使用蒙古语授课，使自治区体育高等教育具有一定的民族特色。在专业设置方面，本科教育主要分为体育教育专业、运动训练专业、社会体育专业 3 个专业。

民族地区的体育高等教育，能够具有与全国体育院校相接轨的专业设置，并且采用蒙古语教学，对提高民族地区的体育教学及训练水平起到了重要作用，更是建设国家北部亮丽边疆的坚实基础。

4. 研究生教育

随着教育事业的发展，自治区体育高等教育也取得了很大的进步，相关院系也获得了硕士学位授予权，设有体育教育训练学、民族传统体育学、体育人文社会学、运动人体科学、体育硕士专业学位（运动训练和体育教学）。

其中，内蒙古民族大学体育学院设有体育教育训练学专业，有体育教育训练理论与方法、体育教育训练改革与发展两个研究方向。内蒙古师范大学体育学院研究生教育专业以及培养计划较为健全，其中体育教育训练学硕士学位授予点于 1998 年经国务院学位办批准设立。于 1999 年开始招收全日制攻读硕士学位研究生，设 7 个研究方向。有研究生导师 10 人，其中教授 6 人。民族传统体育学硕士学位点于 2006 年获批，2007 年开始招收攻读硕士学位研究生，设 3 个研究方向。2009 年获批体育硕士专业学位授予权，下设体育教育和运动训练两个研究方向。从 2010 年开始招收全日制体育硕士专业学位研究生。体育人文社会学于 2010 年获批设立，2012 年开始招生，设立 3 个研究方向。运动人体科学于 2010 年获批设立，2012 年开始招生，设立 4 个研究方向。

5.蒙古语授课的发展——内蒙古师范大学体育学院

在 1954 年内蒙古师范学院成立之后的几年里，年轻的学校为了推动蒙古族教育事业的发展，号召各系科成立蒙古语授课班（以下简称蒙授班），校内数个专业随之开办了蒙授班。对当时的体育科而言，当时自治区各地的蒙古族中学能进行蒙古语授课的体育教师寥寥无几，开办蒙授班也显得非常必要。

1956 年内蒙古师范学院体育科录取新生 60 余人，全部编入一个班，所有课程均使用汉语授课。大班中约有 10 名蒙古族学生不通汉语，这给他们的学习造成了很大的困难，有些同学甚至产生了退学的想法。

时任内蒙古师范学院党委副书记的特木尔巴根同志在走访体育科学生了解到这一情况之后，学院领导专门开会研究，决定体育科增设蒙授班：原来的一个班分为蒙古语、汉语授课两个班，蒙古族学生自愿选择是否进入蒙授班学习。最终 17 名蒙古族学生进入蒙授班学习。经由学校上报内蒙古自治区教育委员会得到批准之后，内蒙古师范学院体育科蒙授班正式成立了。

蒙授班有近半数学生不能用汉语交流，这给汉语授课教师的教学造成了很大的障碍。蒙授班的教学都面临没有现成蒙文教材可用的情况，所以自力更生编写蒙文教材是蒙授班教学工作中的一个不可缺少的重要环节，同时蒙文教材的建设也是一个不断进步的长期过程。大量蒙古语授课教师为此付出了辛勤的劳动。20 世纪 90 年代之前，蒙授班的蒙文教材多以内部油印资料的形式出现和使用，90 年代之后，随着师范大学支持、奖励编写蒙文教材的力度不断加大，公开出版的蒙文教材明显增多，这一方面为蒙授班的教学提供较为坚实的基础,另一方面也为社会上和其他学校里的蒙古族读者、学生提供了宝贵的专业文献。

为了不断改进蒙授班和其他专业、班级的教学,不断提高少数民族教师的业务水平和教学能力,体育学院历来重视推动少数民族教师的进修、培训工作。体育学院积极从各方面争取支持,创造机会,提供便利,数十年间促成20余名教师完成了在国内外高校的培训、进修,并保证了进修教师顺利返回工作岗位,为学院发展带来更强大的动力。

60多年来,随着蒙授班课程的丰富,总体上看,蒙授班任课教师逐渐增多。不管是蒙古语授课老师还是汉语授课老师,他们从四面八方而来,各具所长,相继不断,为蒙授班的持续发展贡献着力量。体育科蒙授班的成立,开了内蒙古教育史上体育专业民族教育的先河,即使在全国的民族教育史上,也是走在前列的创新之举。

6. 师资队伍

民族体育高等教育中,师资配置也是各个院系不可或缺的重要因素,几所体育院系的师资队伍也是随着教育的发展日益扩大,形成了一支结构合理、业务精湛、团结务实、师德高尚、学风严谨、专业基础扎实、业务素质较高的师资队伍,并且蒙古族教师占有一定比例,对自治区体育教育事业的发展起到重要促进作用。以其中几所院系为例,师资队伍情况如表1所示。

表1　民族体育高等教育院系师资基本情况

单位:人

院系名称	内蒙古师范大学体育学院	内蒙古民族大学体育学院	赤峰学院体育学院	呼和浩特民族学院体育系	呼伦贝尔学院体育系
教职工	67	60	59	23	44
专任教师	57	52	55	23	44
教授	12	7	2	2	4
副教授	21	24	24	7	8
讲师	8	11	20	10	30
其他	10	10	9	3	2
博士/硕士	3/32	24	22	12	14

7. 招生与就业

根据内蒙古教育厅统计，目前为止，内蒙古一共有 161 所使用少数民族语言授课中学，其中含高级中学 52 所。平均各个盟市和旗县都有一所蒙古族中学，为自治区的中学民族体育教育打下坚实的基础。

通过每年的体育专业招生考试，有一大批体育特长生进入高校体育专业院系学习，其中蒙古族学生也是蒙古语授课班的主要学生来源。

经过民族体育高等教育的蒙古族毕业生，主要从事中小学的体育教育和研究工作，或者活动在运动队、业余体校、企事业单位代表队、各类体育俱乐部和各类群众体育组织等有关领域。同时还是蒙古族学校的主要教师来源，拥有很高的就业率。

（二）蒙古族体育运动项目

蒙古族传统体育项目包括骑马、射箭、摔跤、马术、马球、赛骆驼、赛布鲁等，其中骑马、射箭和摔跤还被称为"男儿三技"。从这些传统项目中能体现出蒙古族人民的生活智慧和文化底蕴。

蒙古族传统马术运动主要包括速度赛马、障碍赛马、马球、盛装舞步、马上技巧 5 个分项。传统马术这项运动也是随着自治区的发展一点点进步。由于生产和生活的需要，内蒙古地区人民很早就与马结下了不解之缘。除了在军队中行军打仗以外，还有赛马、马术表演等。中华人民共和国成立以前，在绥远省归绥地区的回族牧民及蒙古族牧民中就有赛马活动。1930～1937 年，绥远省建设厅在归绥市（今呼和浩特市）新旧城之间修建了一个赛马场，每年秋季举行一次赛马大会，分为跑马和走马两项。在抗日战争期间还出现过夺彩赛马活动，但不久就停止了。中华人民共和国成立后，绥远省的马术有所发展。1951 年冬，在察哈尔军分区司令员王海山的支持下，从军队中挑选出 12 名运动员及 24 匹马，进行全天候马球试点训练，当时任命庞复庭为主教练。1957 年，国家体委下令内蒙古自治区体委编写马球、赛马、障碍比赛的规则，由内蒙古自治区马术队队长兼教练员庞复庭编写，1959 年春，经国家体委审定后由人民体育出版社出版发行了这三种

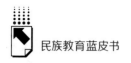

比赛规则。20 世纪 50 年代，在一些兄弟省市的请求下，内蒙古自治区体委派出刘万良（马球）、王安帮（马上技巧）、道尔基（马球）、李伯勋（障碍）等人支援上海、河北、安徽等地，为这些地区马术水平的提高作出了贡献。

三　内蒙古民族体育教育的问题与对策

（一）体育教育的民族特色欠突出，整体功能需进一步发挥

随着全球化日益深入人心和我国经济社会的高速发展，民族地区各族人民的民族认同感也逐渐强烈起来，内蒙古地区也不例外。以往全民开展三大球和乒乓球运动，欣赏三大球和乒乓球比赛是时尚的，而现在由于各种媒体的发达以及对各种文化现象的深度挖掘，人们除了欣赏各自喜爱的体育节目之外也开始有了亲身体验某一项目的体育运动甚至参加本民族传统体育运动的冲动。因此，在自治区各地进一步开展全民普及的体育运动的同时人们的民族体育意识也得以激发和觉醒，尤其在内蒙古草原上盛行的那达幕文化现象在各级各类学校中有一定的复制，并且其理论意义和实践价值在社会各界也有了有力的回应。近年来，自治区各级各类学校中除了应用蒙古语教授体育课之外具有民族特色的体育运动也如火如荼地开展起来了。如逢纪念中国文化遗产日（每年 6 月的第二个星期六）之际，内蒙古师范大学每年举办哈日巴（射箭）比赛，选派运动员参加全国大学生蒙古象棋锦标赛，驻呼和浩特各高校大学生开展搏克比赛。自治区一些中学，如通辽市蒙古族中学、锡林郭勒盟蒙古族中学、赤峰市蒙古族中学展演安代课间健身操等。现在民族体育教育的开展有一定的发展空间。具体说来，大多数地区的人们虽有保护和发扬本民族文化传统的愿望并在诸多方面进行实践，但他们对民族体育教育的传播力量及其对民族文化传播的载体功能的认识有待于进一步提高，假如这一短板在一定时期内得以弥补，必将对自治区教育事业的发展产生深远的影响。

（二）体育教育的基础能力不够强，办学条件需进一步提升

民族体育教育的基础能力不够强会使办学条件达不到应有的水平，找出基础能力不够强的原因并寻求解决方法是提升办学条件从而提高整体教育水平的关键。体育教育的基础能力薄弱，主要体现在以下两个方面。首先，民族体育项目种类繁多，各族各地都发展出了能够适应本民族风俗习惯和当地地理环境的体育项目，相应项目的配套器材也往往取材于当地特色动、植、矿物，相比配套器材单一的体育项目，民族体育项目的器材大小规格、弹性硬度、材质重量等都难以把控，为了满足实际教学需求，民族体育器材的标准化就成了急需解决的问题。其次，部分民族地区的基础设施建设相对比较滞后，虽然大多数民族体育项目可以在有限场地完成教学，但仍有部分民族体育项目对场地的面积要求比较高，标准化场地的建设费用比较昂贵，场地的维护成本也比较高（如蒙古族民族体育项目赛马、骑射等），这些客观限制条件使得此类民族体育项目的场地条件在短期之内得到提升存在困难。体育教育基础能力和办学条件在现阶段存在的问题，单纯靠加大资金投入难以得到根本解决，仍需要因地制宜，结合民族地区的人文、自然地理特点，寻求低成本、高效率、可操作性强的解决办法，才能使办学条件得到进一步提升。

（三）培养人才的适应能力不够强，课程设置需进一步优化

民族体育项目在实际教学过程中更加重视项目本身，部分教职人员只从本民族体育项目着手进行教学，对于体能训练和其他基础运动素养的培训相对欠缺，根基不扎实是导致培训人才的适应能力不够强的重要原因之一。因此，民族体育教育不能仅仅从项目着手，运动员的体能条件、理论知识等基础培训同样是人才培养过程中不可或缺的部分。课程内容机械单一也是人才适应能力不强的原因之一，民族体育项目的人才培训，也应该遵循现代体育人才培训选拔的科学方法，既要重点突出、有针对性，也要全面发展、有全局感，避免运动员只能适应单一不变的项目规则，无法应对更多形式和具体

情况的变化。目前选拔和考量体育人才维度同样过于单一,主要参考因素即当下的竞技成绩,对于运动员心理素质、抗压能力、逻辑能力、发展潜力等综合素质重视程度不高,这就容易导致人才后继无力。克服选拔体育人才维度单一这一弊端,可以使用综合素质玫瑰图、综合素质量表等多维度工具作为辅助,改变现在过于单一的人才选拔标准,筛选出具有更强适应能力的竞技体育人才。

(四)师资队伍的整体素质不够高,教学能力需进一步提高

目前从事民族体育教育的教师此前多为优秀运动员或其他与民族体育关联度不高的教育工作者。其中,优秀运动员自身体育技能过硬、实战经验丰富,但是存在理论基础弱、教学经验欠缺等不足,正如文学不等于语文教育,体育教育和竞技体育之间也有一定差别,这些不足和自身限制使这部分体育教育教师把自身成功经验转化为知识和技能传授给学生的水平有限;与民族体育关联度不高的教育工作者往往有比较丰富的教学经验和扎实的理论知识,能够深入浅出地教授知识,因材施教地培养学生兴趣,但由于没有或较少有体育项目竞技经验,自身体能和技巧相对较差,对于有发展潜力学生的判别能力也比较低。总的来说,二者都有自己独特的优势,但也有所欠缺,前者需要对教育学知识进行一定补充,而后者更需要通过提升具体项目技能突破教育瓶颈,进一步提升教学能力就需要从各自特点入手,提升师资队伍的整体素质。与此同时,师资队伍整体素质不仅受到教师自身能力的限制,还受到现阶段民族体育发展不成熟的制约。现阶段体育教育理论体系不完备,部分欠发达地区的体育教育仍然停留在"师傅带徒弟"的传统模式,缺乏科学的现代化体育教育理念,为了更好地提升师资队伍整体素质,民族体育理论部分仍需要进一步完善。

(五)体育教育的品牌效应不够明显,社会各界需进一步关注

体育教育的品牌主要界定于体育产业及其相关产业范畴,建立、发展及壮大体育教育品牌与培养体育教育专业的毕业生是良性循环共存体。就内蒙

古地区而言，目前首先需要解决的就是"没有本土的体育教育品牌"这一问题，行业现在的空白就代表着未来具有巨大的发展空间，同时也意味着开拓这片领域时存在巨大挑战。要想打造具有内蒙古特色的体育教育品牌，重要的是要明确内蒙古地区体育教育的品牌理念，明确品牌的特色。内蒙古地区具有多种民族传统体育项目，是无形的瑰宝，可以将这些传统体育项目作为创立品牌时的特色。学习内蒙古民族传统体育项目的学生将来的就业也有多种途径：可作为专业的民族体育教师进入中小学，教授传统的民族体育项目；亦可继续深造，钻研民族体育项目。课程设置模块化，在课程设置中更注重知识、技能及动作应用。体育教育的品牌学校，着重强调学生的动作的规范性、对传统体育项目的继承性等。其次，解决体育教育的品牌效应不明显的问题，则需要社会各界进一步的关注及帮助，增加有效的融资渠道、开设储蓄业务、发行债券，利用金融手段为品牌筹资；转变社会观念，营造公平、良好的社会环境，为体育教育品牌的生存和发展提供必要条件。品牌用优异的教育教学质量证明自身的价值，同时，社会各界应给予足够的宽容与接纳，以质量取人，而非以牌子取人。最后，可借鉴经营模式已经成熟的其他品牌，从中汲取精华，用以建立内蒙古特色体育教育品牌的框架，在教学内容、方式及学生的毕业走向等问题上，根据内蒙古实际情况加以调整。在内蒙古，除体育学校内部做出积极的应对措施外，政府等有关部门还应进一步制定和完善法律法规和相关政策，将体育学校品牌的建设和发展纳入法制化道路上来，为体育学校的品牌建设提供必要的法律保障，且体育教育的品牌建设所面临的问题需要市场、政府和社会三方面共同努力才能得到有效的解决。若存在政府和社会捐助少、保障性法律政策体制不完善等问题，则相当于在体育教育的品牌建设道路上增加了无形的障碍。相信体育教育品牌以自身良好的口碑及信誉，加以社会各界的关注及扶持，其品牌效应定会凸显。

（六）民族体育运动项目不够规范，专家学者需进一步挖掘

关于民族传统体育，学术界有众多的阐述，尚没有一个相对统一的概

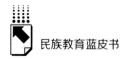

念。石鸿儒指出，中华民族传统体育是相对于起源于希腊、发展成熟于西方文化氛围中的现代体育而言的，指包括汉民族在内的中国各民族在本民族居住地内共同创造、形成、继承和延续带有浓郁的民族文化色彩和特征的传统体育活动。① 从中可以看出，民族体育运动不仅要从上一辈中继承而来，更要将其延续下去。教育部颁布的《全国普通高等学校体育课程指导纲要》中明确指出，要"弘扬我国民族传统体育"。因此，学校广泛地开展民族体育教学是国家和时代的要求，是民族文化发展到一定阶段的趋势。然而，目前不仅教学大纲中少数民族体育教育所占比例不高，而且对为数不多的民族体育项目的规定也不规范。在内蒙古东部地区，民族体育项目为赛马、摔跤等，年龄大的人群没有足够的体力来完成这项活动，所以，参加及继承民族体育项目的重担就落在中学生及大学生的身上。目前，内蒙古民族项目在中学的推广却困难重重，主要存在如下阻力。内蒙古大多数中学中，民族体育运动项目不够规范，会陷入不良循环；少数民族体育项目越来越透明，越来越多的人却忘记了传承民族体育运动项目；民族体育内容在多方面的影响下挖掘不够，面临失传和弱化的危险，随着我国经济的快速增长，城镇人民的生活水平显著提高，中学生参与娱乐活动的热情越来越高，因此参与民族体育项目的人数在锐减；国内举办的大小运动会其初衷在于鼓励发展体育，提高身体素质，增强体质，但运动会带来的负面影响却是为争夺名次，只注重培养当地运动员的技能，忽视了向中学生宣传民族体育项目，提高中学生的身体素质，进一步限制了民族体育运动在中学生中的推广；民族体育项目的优化和改造的节奏缓慢。民族体育项目是传承多年的精华，而面对时刻变化的社会环境，将民族体育项目进行适当的优化是大势所趋。我国根据社会的发展变化，对体育项目的优化改造提出一定的要求以适应时代发展，要推广一些中学生感兴趣的、愿意参加的，娱乐性强且传播范围广的项目，民族体育项目仍依照传

---

① 石鸿儒：《全球化背景下中国传统体育文化的发展》，《体育文化导刊》2004年第4期，第27~28页。

统方式并不能吸引中学生参与。

所以，针对以上的几点阻碍因素，应着重增加中学体育教师的民族体育项目知识，将其培养为具有民族体育项目知识的民族体育项目传承者，只有将体育知识的传播者变为民族体育知识的传播者，才能扩大民族体育项目在中学生中的影响；调整体育锻炼的作用的宣传重点，弱化运动比赛中的名次观念，强化民族体育项目的锻炼作用，用全民参与民族体育项目的大氛围感染中学生参与民族体育项目，提高中学生参与民族体育项目的可行性；对民族体育项目进行优化，取其精华，将精华融入现在中学生可以接受的运动形式或项目中，完成对民族体育项目的传承。综上，最急需解决的问题是对专家学者及真正懂得民族体育运动项目魅力的人才的深入挖掘，从无到有地建立起民族体育运动的规范，只有这样我国的民族体育运动项目才不会消失，才会得到发扬及传承。只有有了民族体育运动的规范，才能步步推进对民族体育运动项目的传承及普及。

四 内蒙古民族体育教育的发展机遇

（一）党的民族教育政策为民族体育教育的发展注入了新的生命力

我国几千年的悠久历史，造就了源远流长且不断演化的体育文化。据统计我国传统的民族体育项目多达 977 种，其中汉族的项目为 301 项，少数民族项目为 676 项。这些民族体育项目，不仅有养生健身的，还有休闲娱乐的，它们是民族文化的重要组成部分，也是中华民族文化的精髓所在。而在这些民族体育项目的传承与发展中，民族体育教育起到了举足轻重的作用。在我国的民族教育学论著里，民族体育教育正式被纳为一个分支学科。但是在经济全球化的大环境下，我国的民族体育文化受到外来文化的强烈冲击，民族体育教育举步维艰。

改革开放以来，党和国家根据民族教育事业各个方面的发展需要，制定和采取了一系列的政策和措施。将民族基础教育作为重中之重，逐渐完善教

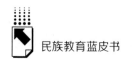

育体系，这为民族体育教育的发展提供了动力；加强民族教育法制建设，通过立法保障和推动民族教育的改革和发展，这为民族体育教育的健康发展提供了保障；加大对民族教育的财政投入，带动了民族体育教育的持续发展；加强民族语文授课和民族教材建设，实施双语教学，不仅加强了民族团结，还促进了我国南北民族体育融合，为体育教育发展增加了新的色彩。这些政策给处在困境中的民族体育教育增添了新的活力，让体育教育的发展更具生命力。

（二）"一带一路"国际合作为民族体育教育的发展提供了新的动力

随着"一带一路"建设的不断加快，经济全球化进程亦不断向前推进，这为民族传统体育文化在世界范围内进行交流传播提供了便利条件。随着"一带一路"建设的全面展开，我们要走出去，让世界人民了解中国文化，可以减少对中国的误会。现如今大多数国家对我国民族传统体育认识比较缺乏，应借助"一带一路"建设对民族传统体育的带动作用，充分弘扬我国传统文化，使参加传统体育项目的人数越来越多，增加民族传统体育的后备力量，使我国的民族传统体育得到传承，民族体育教育具有中华民族的民族气派和民族风格，成为民族传统文化的重要组成部分。从体育活动或体育运动的层面上，反映中华民族的文化传统和民俗习惯，从最根本的角度展示中华民族广大民众的喜好。

（三）人民生活水平的提高为发展民族体育项目提供了广阔的前景

经济的发展提高了人们的生活质量，人们过上了较好的生活，并且有能力去支付一些民族体育项目的学习费用。经济发展推动了各项民族体育赛事的举办，包括专业性赛事、群众性赛事、商业性赛事等。例如，内蒙古举办的"那达慕"大会。在现代社会经济蓬勃发展的驱动下，人们的物质水平得到了很大提高，营养丰富，健康饮食使得人们的体质有所增强，然而只靠食补还是不够的，必须加强体育锻炼。增强人民体质的意义一方面在于减轻国家与社会的负担与家庭的负担，例如医疗保险，另一方面增加了劳动力的劳动时间。经济的发展使得群众过上了丰衣足食的生活，人们也因此拥有了更高层次的追求，而不是仅限于吃饱肚子。现在人们希望自己长寿，树立了健康的生活理念。现代生活节奏的加快使人们疲劳感加重，一些体育锻炼是必不可少的。民族体育项目能使人们在参与的过程中得到身体锻炼，获得身心愉悦，例如，骑马、射箭、搏克、赛布鲁等。加强民族体育教育，大力发展民族体育事业，可以很好地提升民族凝聚力。

（四）国家足球发展战略为民族体育教育的发展提供了新的机遇

当前我国足球运动在群众基础、产业规模以及国际交流等方面取得一些进展，具备了一定的基础。目前我国经济社会快速发展，人民生活水平显著提高，群众对体育健身需求日益增长，因此适应国情、满足人民需求的"国家足球发展战略"的出台势在必行。在国家足球发展战略目标中，近期目标（2016～2020年）、中期目标（2021～2030年）着重强调保基本、强基层、打基础。要求加快校园足球的发展，加大校园足球场地及设施的建设力度，全国特色足球学校达到2万所，中小学生经常参加足球运动人数超过3000万人。内蒙古自治区作为我国首个足球改革试点地区，其特有的民族文化和思想形态的融入为我国足球事业发展提供了思想观念文化基础。作为培育民族体育人才、发展民族传统体育的基石，民族体育教育对于足球发展战略在内蒙古自治区的顺利持续实施与向群众宣传普及起到决定性的作用。民族体育教育是具有东方文化代表性的中华传统文化继承发展的特点，是保证传播民族文化、保持优良传统、维护不卑不亢的民族自主性和独立性的教育阵地。要将国家足球发展战略与民族传统体育融合，在教育资源充足、教育平台宽广的情况下，寻求新的民族体育教育方法，开创新颖、高效的教育模式，增强教育本身的趣味性及实用性。用国家足球发展战略推动民族传统体育发展，真正为民族传统体育发展带来新的契机，为民族体育教育的发展提供新的机遇。

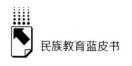
五 发展内蒙古民族体育教育的建议

（一）辩证认识内蒙古民族体育教育的地位，为民族体育教育事业提供合格人才

1. 明确民族体育教育的特殊意义要对普遍意义辩证运动过程加以理解

民族体育教育包含在体育教育这个更为广泛的概念之内，但对民族体育教育的理解却只能根植于对体育教育乃至教育之本质的深刻理解之中，亦即在教育的普遍意义下突出民族教育的特色。普遍意义所形成的合题是辩证运动的结果，但不是辩证运动的终结，教育所面对的辩证发展过程是一条艰难的路，它甚至是永无止境的。每一个普遍意义的确立都是对原有观念矛盾之处的扬弃，但同时也产生新的问题。时代精神要求我们对自己所处时代的问题作出回答，而所谓的特殊意义就是对此时此地的回答所产生的结果。明确民族体育教育的特殊意义需要重新审视很多问题，尤其不能僵化与教条地理解教育的本质，不能将一种教育理念所倡导的形式不假思索地堆砌在这片特殊的土壤之上，它应该是时代所要求的教育理念在教育者心中自然生长的结果，它是一个有机的体系，而非结构化的要求；当然，体系本身仍然可以被视为结构化的，但是这只是由我们的目光所决定的，人的观看将理念层层盘剥，形成分层的结构，它们之间的关系类似于整体之于局部。明确民族体育教育的特殊意义需要勇于探索，这种探索不可避免地带来犯错的风险，但对于风险的回避就是对于探索的回避。试错并不是鲁莽，它要基于前人的历史经验，基于教育者自身的经验，总之它应该是对更为广泛的经验所作出的全新解释，它应该立足于时代但不受限于时代。

2. 明确民族体育教育的特殊意义要基于对历史的重新思考

宏观的逻辑发展将历史的细琐之处一笔带过，而立足于时代精神的教育理念绝不可忽略历史的细节。对于教育与历史逻辑化的思考有助于我们理清方向，但对于历史的重新思考是我们理解我们所面对的教育对象究竟是谁的唯一方法。教育所面对的人，并不是物理学、心理学、生物学或人类学意义上的人，而是一个立足于自身存在的人。他不仅存在于一个相对和谐稳定的伦理系统中，也存在于超越中。然而这些都无法最终确立一个人的存在，一个人的存在如何决定于他和外在世界的目光。人用自己的目光理解世界，用自己的实践改造世界，但人也在世界之中，人并不在世界之外，人的认识混杂在这样一种特殊的生存状态中，他无法不用一个人的目光去观看，而这种目光首先是历史性的。教育者需要有一种遥远的目光，这种目光是哲学化的，但这目光却总要明白，它的对象只是自己，也应该明白，从某种意义上，我就是我们。在这个意义上，一个教育者才可能从抽象的教育理念回归到对人的教育，从抽象的人回归到具体的人。历史构成了人的眼睛，同时也展现了眼前意义世界的原型。没有事实，而只有某种意义上的事实，但它归根到底只是一种意义。对于历史的思索，是回答时代精神所提出的问题的一个前提，只有在历史中，问题才能被看见。

3. 明确民族体育教育的特殊意义要回归人的存在本身

从历史层面谈论人仍然没有绝对清晰地看到每一个人，而教育对每个人而言成败的关键却在于认识每一个单独个体的独特性。强调个体的教育似乎是精英教育的前提，却也是优质教育的前提。无论如何，人的存在不能被他所处时代一笔带过，不能被一个逻辑观念就加以概括，人只是人自身，教育应该让这样的一个人变得可见。逻辑的思考、历史的回顾都并不是为了模糊一个人、概念化一个人，而是为了看见一个人。教育在最高意义上是要教会一个受教育者对待生命的方式，这样一种方式促使他看到自己。它不再局限于时代与周遭的目光，人要求完全确立其自身的存在。这样教育对于世界而言才发挥了最为重要的一个作用，只有确立了人的存在，马克思主义所谓改造世界的理想才能实现。教育是对人的理解，也是对人的塑造，但这两个过程并不是简单地在主体与客体的分野上徘徊，它要求在更高的第三层次上统摄二者，对这种矛盾的解决，就是教育所面对的最大的困难，也是明确其意义的必由之路。

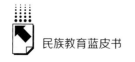

（二）进一步明确内蒙古民族体育教育的宗旨，为中华民族伟大复兴添砖加瓦

直至党的十八大，我国教育方针依然是"坚持教育为社会主义现代化服务、为人民服务，把立德、树人作为教育的根本任务，全面实施素质教育，培养德智体美全面发展的社会主义建设者和接班人，努力办好人民满意的教育"。

1. 培养德智体美全面发展的人也是民族体育教育的立足点

一个完善的人具有发达的能力，这个能力包括身体能力和精神能力，两者平衡，不可以有偏颇，可谓无身体能力的精神能力是空的，无精神能力的身体能力则是盲的，若择其一必弃其彼，势必与培养完善人的宗旨背道而驰。然而一个完善的人，必须两者相互协调与发达才能形成统一的整体，其中身体能力为精神能力的发挥提供物质基础，而后者为智力、感情以及意志所在，相应生发出真美善，"真"者为智力之理想，"美"者为感情之理想，"善"者为意志之理想，为身体能力之更好的发挥提供根据。完善之人不可谓不备这真美善，欲达此理想者，于教育之事起。但一切从身体教育开始则不能不说是一条捷径。如此看来，作为体育这一共相之殊相的民族体育对于塑造本民族个体之完善的人具有重要的作用。

2. 大力发展民族体育是办好人民满意教育的前提

在国家层面和自治区范围内办好人民满意的教育已经成为大家的共识，为了达到此目的各类教育也迎头赶上，民族体育教育更不能拖大家的后腿。力促教育公平、提高教育质量和"立德树人"为本是发展民族体育教育的出发点。所谓的公平包括受教育者有接受公平教育的权利，各类教育也有公平发展的权利。在目前数理化和语文等教育一统天下的情况下，体育教育，尤其是民族体育教育能够冲破时代的限制而自由发展对于每一个受教育者、每一个教育者和每一级教育管理者来说都是挑战。唯有充分认识民族体育教育的"立德树人"功能，努力提高教学质量，这个问题才能有解。

3. 发展民族体育教育，为中华民族伟大复兴作出贡献

全面贯彻落实党的十八大和十八届三中、四中、五中全会及习近平总书记系列重要讲话精神，全面贯彻党的教育方针，按照《国家中长期教育改革和发展规划纲要（2010—2020年）》的要求，以"天天锻炼、健康成长、终身受益"为目标，改革创新体制机制，全面提升体育教育质量，健全学生人格品质，切实发挥体育在培育和践行社会主义核心价值观、推进素质教育中的综合作用，培养德智体美全面发展的社会主义建设者和接班人，为中华民族伟大复兴做出贡献。

案 例 篇

Case Studies

B.19

内蒙古民族幼儿园调研报告

—— 以呼和浩特市蒙古族幼儿园为例

朱晓红 *

摘　要：　蒙古族幼儿园作为民族幼儿教育的重要组成部分，为自治区幼
　　　　　教事业的繁荣做出了独特的贡献。本文以呼和浩特市蒙古族幼
　　　　　儿园为例，在彰显蒙古族文化特色的教育环境下，回顾其规模
　　　　　与质量并举的办园历程和管理理念，梳理其基于民族文化传承
　　　　　的蒙古族幼儿教育发展模式，旨在引领民族幼儿园的发展。

关键词：　内蒙古　民族幼儿教育　蒙古族幼儿园　文化传承

* 朱晓红，内蒙古师范大学教育科学学院学前与特殊教育系主任，副教授。

《国家中长期教育改革和发展规划纲要（2010—2020 年)》提出要积极发展民族地区学前教育。内蒙古自治区是以蒙古族为主体的多民族地区，坚持"优先重点"发展民族教育一直是内蒙古教育发展坚持不变的重要方针。幼儿教育是人生中最早的教育，是民族教育的奠基阶段。发展民族地区幼儿教育关键在于通过幼儿园民族文化特色教育提升幼儿园教育质量。

自治区成立 70 年来，民族幼儿园取得了巨大发展，截至 2015 年，民族幼儿园从 1979 年的 18 所增加到 427 所，民族幼儿园数量增长了 22.7 倍，其中蒙古族幼儿园数量为 202 所，在园幼儿总数为 138441 人，蒙古语授课幼儿总数为 43258 人，少数民族学前教育普及率高于全区平均水平。

蒙古族幼儿园作为民族幼儿教育体系的重要组成部分，为内蒙古的幼教事业的发展做出了巨大的贡献。呼和浩特市蒙古族幼儿园是内蒙古自治区区级示范园中的翘楚和典范，以其富有民族特色和现代气息的办园特色，充分发挥了在业内和业外的示范作用，提升了呼和浩特市民族幼儿教育的整体水平，使政府对民族幼儿教育的投入得到辐射，堪称民族地区和谐社会建设的一项重要教育行动。

一 呼和浩特市蒙古族幼儿园的办园历程

呼和浩特市蒙古族幼儿园（以下酌情简称为蒙幼）筹建于 1979 年，在党的民族教育政策的指引下，时为新城区蒙古族幼儿园园长的延安干部韩秀英，率先从桥靠批了 20 亩菜地，开启了呼和浩特市蒙幼筹建与创办的征途。1981～1993 年，第二任园长斯琴高娃不断加强和改进幼儿园的各项工作，并于 1982 年 6 月 1 日正式开园，这一天后来成为蒙幼建园纪念日。当时全园教学班共有 12 个，蒙古语班 3 个，加授蒙古语班 9 个。1993 年，蒙幼第三园长吴海棠接手幼儿园管理工作时，蒙幼仍然处于低水平运转阶段，尚未达到市级示范园标准。吴园长带领全园教职工潜心致力于提高幼儿园的办园水平和管理建设、管理水平，制订了两个"三年计划"。1996 年，第一个"三年计划"结束时，蒙幼被评为市级示范幼儿园。接下来的三年，吴园长

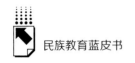
和她的团队毫不懈怠，再接再厉，进一步加强和完善了园内各项工作，1999年蒙幼顺利晋级为自治区级示范幼儿园，圆满地完成了两个"三年计划"，同时，呼和浩特市蒙古族幼儿园成为蒙古语授课的内蒙古自治区、呼和浩特市两级重点一类甲级寄宿制幼儿园。

2000年呼和浩特市蒙古族幼儿园被划归到赛罕区，以其鲜明的民族文化特色，被赛罕区政府视为幼教事业发展的"掌上明珠"。2001年赛罕区政府专门为蒙幼拨款100万元进行校园文化建设，为幼儿园创设富有民族特色的园所文化与教育氛围提供了有力的保障，充分体现了政府对蒙幼发展的重视。从2007年开始，政府继续投入2500万元对北园进行园所整体改造，通过一年多的建设与改造，园内包括教学楼和其他公共设施的占地面积增加了6000平方米，北园的硬件配备进一步完善，2008年正式投入使用，教学班增加到18个，及时地解决了蒙古族幼儿入园难的问题。

随着民族学前教育事业的迅速发展，为满足适龄蒙古族幼儿学习使用本民族语言的需求，2013年在呼和浩特市与赛罕区两级政府的领导下，呼和浩特市蒙古族幼儿园开始筹建南园区，2016年正式投入使用。现北园区、南园区共有大、中、小3个年级36个教学班，在园幼儿近1200名，在编职工87名，聘用教师85名，在编教师全部为蒙古族。呼和浩特市蒙古族幼儿园30多年的创新发展不但得到了社会各界的好评，也充分体现了党和政府对民族幼儿园发展的高度重视与人文关怀。

作为自治区级示范性幼儿园，呼和浩特市蒙古族幼儿园有效地发挥了民族地区示范性幼儿园的辐射引领作用，以科学的管理实现高质量的素质教育，现已发展成为自治区一流的、富有蒙古族特色的民族幼儿园，为呼和浩特市地区民族幼儿教育做出了突出的贡献，得到了各级政府、主管部门及社会的肯定。2000年被评为自治区文明单位；2006年被评为内蒙古人民满意的"金牌形象使者"；2008年被呼和浩特市教育局、呼和浩特市民委认证为民族学校内部管理水平"5A"级；2012年被呼和浩特市教育局评为"五星级放心食堂""绿色生态校园"；2013年荣获乌兰夫蒙古语语言文字奖；连续23年被上级部门评为"教育先进单位"。

二　呼和浩特市蒙古族幼儿园的办园特色

呼和浩特市蒙古族幼儿园坚持探索和建立蒙古族优秀传统文化与现代教育理念相吻合的园本课程体系，以"培养健康、睿智、富有创造性的新一代蒙古族儿童"为办园宗旨，以"倾心于孩子的今天，着眼于孩子的明天"，促进蒙古族儿童身心和谐全面发展为教育目标，通过三年的幼儿园教育，使蒙古族幼儿掌握本民族语言，养成良好的生活习惯及个性品质，为其继续学习和使用本民族语言及今后的发展奠定基础。可以说，经过三十几年的探索，呼和浩特市蒙古族幼儿园以现代教育和管理理念为指引，建设了一支高素质的双语师资队伍，打造了一个既有地区特色又有时代特征的民族幼儿园现代教育品牌，用行动和智慧为边疆地区民族幼儿园均衡化发展、标准化建设树立了一面崭新的旗帜，引领着自治区民族幼儿园的建设与发展。

（一）凝练办园理念，规范幼儿园管理

办园理念是幼儿园办园思想的集中体现，是幼儿园的灵魂，它对幼儿园的长远发展起着引领作用，决定着办园方向和教育质量。它作为一种精神信仰与教育理想，展示着幼儿园的整体发展水平和认识高度，是实现幼儿园跨越式发展的关键因素。呼和浩特市蒙古族幼儿园在反思自身发展定位，总结自身发展经验中提炼出独特而科学的办园理念——"一切为了孩子，为了孩子的一切"。其核心价值观为爱心与责任，具体而言是将爱心倾注在每一位儿童的身上，通过儿童的成长让教师的爱得以升华和延续；责任是传递爱心的保证和行为准则，在传递爱心的每一时刻都坚持教师的责任与承诺。这一办园理念充分体现了《幼儿园教师专业标准》的基本理念"幼儿为本"。现任园长吴海棠用自己的行动诠释了何谓幼儿教育的"师德为先"，她说："我始终认为，一个人的爱心、责任心远比一个人的技艺和才能更为重要，一所幼儿园的管理，教师的爱心、责任心，远比一所幼儿园外表的漂亮更为重要；孩子在幼儿园通过教育逐渐养成良好的品格、健康的身体、快乐的情绪，远比

学习技能要重要得多！我们将会用心中的爱与肩上责任努力做到更好！"

将管理者富有教育情怀的办园理念传递给每一位教职工，将其内化为大家的教育信念，是幼儿园科学管理的关键。蒙幼管理者运用多元人本的管理举措，争取全体教职工的理解与认同，逐步实现了办园理念的可行性与可操作性。幼儿园管理者将办园理念细化为富有实践驱动力的十个行动理念（见图1），具体包括：教育理念——让孩子在快乐中体验、学习、成长；教育目标——培养健康、快乐、有竞争力的儿童；经营理念——快乐服务，孩子至上；管理理念——规范制度，人性管理；发展理念——基业长青，追求卓越；协作理念——竞争合作，确保共赢；沟通理念——相互理解，相互帮助；学习理念——相互学习，共享知识；工作理念——快乐工作，有效执行；服务理念——用心浇慧，用爱感动等。管理理念的核心价值观是爱心与责任，即将爱心倾注在每一位儿童的身上。

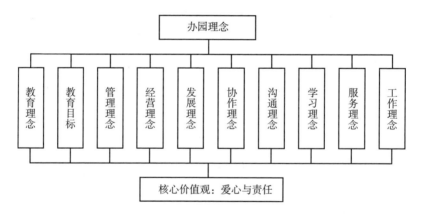

图1　呼和浩特市蒙古族幼儿园办园理念

（二）创优教育环境，彰显民族文化特色

幼儿期是个体接受各种文化熏陶的启蒙时期，幼儿园的环境对儿童产生潜移默化的影响，是一种间接的、内隐的，通过受教育者无意识的、非特定的心理反应发生作用的教育影响因素，可以说幼儿园的环境是重要的教育资源，是促进幼儿发展的沃土。《幼儿园教育指导纲要（试行）》提出："环境

是重要的教育资源，应通过创设并有效地利用环境促进幼儿的发展。"

幼儿教育家陈鹤琴先生指出："幼儿园环境创设要考虑当地的风土民情、文化底蕴、气候条件。"① 呼和浩特市蒙幼环境创设遵循民族性、人文性和现代性的原则，推行"大环境"的观念，创优物质环境和文化环境，合理运筹资金，有步骤地调整和改善办园条件。

1. 重视物质环境建设，以生态视野促进幼儿自然发展

呼和浩特市蒙古族幼儿园完全按照省级示范园的标准进行规划和配置，园址共有三处——北园、南园和民族儿童体验馆，三地总建筑面积分别为12800、23480.77 和 17632.21 平方米。38 年来，在自治区注重民族幼儿教育发展的背景下，不断改善办园条件，逐步达到了园所设施齐全、整体布局合理、生均户外活动面积充裕的示范园标准。

北园自 1979 年开始筹建，经呼和浩特市城市规划局批准，将郊区巧报公社新城大队土地 13200 平万米划拨给民族幼儿园，当时幼儿园建筑面积为 4009.75 平方米，其中教学楼为 2257.75 平方米、住宅楼为 1362 平方米、其他房屋为 390 平方米。2001 年，又增加建筑面积为 1320 平方米的商业、教学综合用房。2002 年，根据赛罕区区委、区政府《校园文化建设示范校建设标准》，呼和浩特市蒙古族幼儿园进行大规模规划建设，栽植树木、绿化园景、硬化场地、更换雕塑、装修排练厅、购置伙食用具等，幼儿园条件得到进一步改善。

南园占地面积 45 亩，总建筑面积为 23480.77 平方米，可容纳 18 个教学班 600 名幼儿，是政府投资 1.3 亿元建设的自治区一流民族幼儿园。从建筑外观看，蒙幼南园宛若坐落于蓝色天空下的蒙古包群落，蜿蜒的河流在草原上曲折延伸（见图 2）。无论在户外还是园内，每到一处，都能让人感受到像置身于蓝天白云的绿色草原一般欢欣自由。校园设计以蒙古包群落为核心，以圆为主要元素，各式建筑高低错落，巧妙地融合五彩缤纷的颜色，彰显了富有童趣的蒙古族幼儿园特色。

---

① 转引自张卫民、曾虹、詹霞《基于民俗文化传承的幼儿园环境创设》，《学前教育研究》2011 年第 6 期。

图2　呼和浩特市蒙古族幼儿园南园

与南园同时筹建、互为一体的是"赛罕区民族儿童体验馆"。新建教学楼外观造型独特、色彩绚丽、民族特色浓郁，绿草、蓝天、白云清新的视觉效应随处可见。室内设计以柔和线条和温馨色调营造出暖暖的"爱乐"（蒙古语"家"）氛围。同时还设有极具特色的美术创意吧、民俗棋牌室、生活体验馆等多种专用功能室，突出了幼儿教育活动的操作性、体验性、"玩中学、学中玩"的特点。户外设置了蒙古文化区、富有蒙古族特色的"男儿三艺"运动平台、集中活动场地、幼儿篮球场区、游乐场、拓展训练场、陶艺堡、森林木屋、攀爬营、植物认知园等娱乐体验设施，努力营造出让孩子们的晶莹汗水与智慧火花融合碰撞的乐园。

为了让幼儿身心和谐发展，蒙幼环境建设秉承优秀民族传统文化与现代教育理念融合的风格，在各个角落和细节的设计中均体现出民族化、艺术化、现代化、儿童化的有机结合，高端、精致的幼儿园内外环境中显现出浓郁的民族文化元素。

走近幼儿园，北园门卫处的设计是一个完整的"马鞍"，昭示蒙古族是马背上的民族。教学楼入口处的顶端是一个圆锥形的蒙古包顶，以蓝白两色镶嵌；建筑物和室内走廊的每一面墙壁都在讲述蒙古民族的历史故事，户外大型玩具的许多制作材料选于蒙古族民间生活用品，如秋千的座位用马拉车时使用的皮带制成，既实用又美观。

呼和浩特市蒙古族幼儿园的班级名称也体现出蒙古族的文化内涵，小班称德格德海，汉语译为幼鸟；中班称塔格塔，汉语译为鸽子；大班称布日古格，汉语译为老鹰。班级的门口悬挂着蒙文版的教学计划和教学日记等材料。

进入教室，各个活动区教具投放种类繁多，创设中均体现出鲜明的民族特色，如反映蒙古族生活的图书、服饰、头饰，以及蒙古民族特有的玩具嘎拉哈、蒙古象棋等。区角内容丰富，宛若一幅幅生动的蒙古族歌舞、服饰和饮食等生活习俗教育画卷。语言区里的蒙古族民间故事《折箭教子》，讲述着蒙古族的传统美德；美工区里放着孩子们自制的蒙古包等手工作品和各种玩教具；表演区里身着蒙古族盛装的教师和幼儿，以蒙古族歌舞颂扬着本民族的优秀文化，蒙古语版的奥尔夫音乐别具一格；民俗文化室洋溢着浓郁的民族风情，独具特色的蒙餐及其他蒙古族生活习俗活动课程令人印象深刻。

2. 营造良好的精神环境，多元共生视阈下促进师幼和谐发展

幼儿园环境既包括园所、活动场地等显性的物质环境，也包括幼儿园文化、幼儿园人际关系等隐性的精神环境。幼儿园能在拥有优越的物质环境的基础上创设良好的精神环境，对于保教作用的发挥和保教目标的实现将起到事半功倍的作用。龙应台说："人本是散落的珠子，随地乱滚。文化是那根柔弱又强韧的细丝，将珠子串起来成为社会。"蒙古族文化是蒙古族幼儿园环境创设的强韧细丝，将幼儿园环境创设的所有细节统筹为促进园所可持续发展的精神动力。

多年来，幼儿园在落实国家和自治区的教育方针政策的同时，根据本园实际与时俱进，建设具有浓厚蒙古族特色的制度文化，为传承和发扬蒙古族文化提供保障。在教师管理上践行"以人为本"的现代理念，把教师的主体性发展作为核心目标，注重内在激励，减轻教师心理压力，积极创设能充分调动教师积极性的环境和氛围，使幼儿园的发展成为广大教师共同努力的目标和方向。蒙幼的历届园长都十分注重建设和谐的干群关系、同事关系和师幼关系，通过营造共生共荣的心理环境、文化认同的空间环境、激发活力的活动环境和开放的制度环境，使幼儿园精神环境潜移默化地引导着教师的价值追求，培育着教师的职业精神。蒙幼注重团队建设，在团结合作方针的

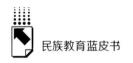

引领下，采取目标考核制度与寻找闪光点等人性化的管理激励制度，尽可能地调动每位员工的多元智能，充分发挥每个人的优势和积极性。幼儿园管理团队支持教师合理规划自己的职业生涯，使其能以积极的态度体验工作的愉快和幸福，形成深得蒙古族文化精髓的幼儿教育价值观及信念。让教师用游牧民族的爱心浸润孩子的童年生活，使其置身于多元文化的冲击之下，积淀支撑未来成长的民族认同感与归属感。

（三）实施多元分层培养策略，建设师资队伍

教师素质的优劣，是幼儿园教育终极目标能否实现的关键，提高教师的专业素养是幼儿园教育质量的根本保障，亦是幼儿园教师队伍建设的重点任务。

呼和浩特市蒙古族幼儿园现有在编教师87人，其中女教师82人，男教师5人。本科及以上学历教师46人，占总人数的53%，大专学历教师29人，占总人数的33%，学历层次较高。职前学历为学前教育的教师64人，占总人数的74%。在园年限10年以上的老教师45人，占总人数的52%，这部分中青年教师作为幼儿园的骨干，充分发挥着传、帮、带和示范引领作用。在这支队伍中，曾先后涌现出全国优秀教师2人，全国"五一劳动奖章"获得者1人，市级模范教师3人，呼和浩特市优秀园长1人。

呼和浩特市蒙古族幼儿园深入领会《关于加强幼儿园教师队伍建设的意见》《幼儿园教职工配置标准》《幼儿园工作规程》等文件精神，立足于园所师资队伍的数量、结构、资质、配置等方面的具体要求，实施分层培养策略。基于《幼儿园教师专业标准》的要求，以幼儿教师师德和专业理念养成为核心，着力提高幼儿园教师的专业能力，强调幼儿园教师从入职之日起，就应依据七项专业能力的基本要求在实践中对照与检查自己，不断改进自己的工作，提高自身的专业水平。

1. 注重养成幼儿教师的师德及专业理念

幼儿园管理者潜心于"唤醒每个教师的工作活力，激发每个教师的工作热情，享受专业提升的幸福愉悦"。积极引导教师认识到自己专业发展的价值所在，关注教师的精神需求，树立正确的教育价值观，明确自己的专业

定位，努力完善自我，拥有强烈的专业发展内驱力。

每学期初幼儿园都要与每位教师签订"教师职业道德责任状"，并加强日常的检查、评比、考核与督促工作，还通过"家长调查问卷"和家长来信、来访、来电接待等形式让家长参与教师职业道德的监督、考核。同时开展各种职业道德方面的培训，进一步强化教师对职业道德的认识。如邀请内蒙古教科所所长进行了"琐事育英才，小力擎栋梁"的专题讲座，邀请鄂尔多斯教育局讲师团奇斯琴老师进行题为《创造并享受幼儿教师工作的美丽》的专题讲座，组织教师参加教育局组织的钱志亮教授在赛罕区少年宫进行的"教师生命教育"的培训，邀请蒙古国幼教专家乌云格日乐老师进行"教师的素养"专题讲座，邀请锡林郭勒盟教研室达日玛主任进行题为《在工作中体现自己的人生价值》的专题讲座。

2. 遵循幼儿教师专业成长规律的多元分层培训

幼儿教师专业成长一般要经历新手、熟手、骨干到名师的不同阶段，处于不同专业发展阶段的教师其专业成长需求是不同的，因而园本培训的方法也必须是多元的。

首先，严把入口关，选聘精通蒙古语而且有一定文化水平的教师，调用业务水平较高、教学经验丰富的蒙古族教师。为了尽快促进新教师的成长，制订了"新教师培养方案"，并采用"师徒结对"的方法，让有经验的骨干教师通过传、帮、带促进青年教师成长。以2014年为例，幼儿园新招进的18位教师，平均年龄25岁，学历层次高，本科学历12名，占67%；学前专业毕业11名，占61%。教师中第一次出现了男老师和艺术专业毕业生，这批年轻的教师活力四射，具备较强的现代化教育技术能力，善于接受新信息、新事物。然而，新入职的教师由于实践经验少，在实际的操作过程中存在理论与实际相脱节的现象。如对幼儿园一日各环节的组织流程及实施方法不够熟悉，对如何抓好班级常规工作比较困惑；缺乏班级管理经验和与家长交流、沟通的经验，对于幼儿园案头工作不熟悉，书写过程中存在不规范的现象；男教师虽然在带班过程中思维活跃，勇于带领幼儿探索、创新，但在观察、照顾幼儿方面还不够细致、耐心、到位；艺术专业毕业的教师幼教理

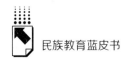

论知识有待丰富，专业能力也有待提高等。

根据每位新教师的具体情况，园里制定了针对性较强的培训措施：以教学实践为中心，确定学习内容，将教师日常的工作环境作为培训基本场所，手把手地传授，让师徒在教育教学实践中相互促进、共同成长；开展教师间的基本功竞赛和"教学新秀""最受家长、幼儿喜爱的老师""优秀带教教师"及案头工作等评比活动。此外，还组织青年教师观摩蒙古国幼教专家的半日活动，组织全体新教师开展"一课多研"活动，配合区教研室对新教师进行了课堂教学验收工作。

其次，打造名师。根据《呼和浩特市教育事业"十二五"发展规划》《呼和浩特市教师专业化发展行动计划》等文件精神，按照《呼和浩特市"名师工程"实施意见》及《赛罕区教育局"名师工程"实施方案》的要求，制定呼和浩特市蒙古族幼儿园"名师工程"实施方案和呼和浩特"名师培养"三年规划，旨在发现和选拔师德高尚、教育教学业绩突出、具有先进教育理念和创新精神的名师，及在幼教界具有一定知名度、影响力的名师；通过名师工程的实施，探索有利于幼儿园教师成长的激励和管理机制，充分发挥名师的示范、引领和辐射作用，带动全园教师的专业能力发展，促进幼儿园教师队伍素质的不断提高。

最后，强化在职中青年教师的培训。在职中青年教师已具备较为扎实的基本功。其中，要以骨干教师为榜样，发挥其引领作用。一方面，继续给他们创造外出研修、培训的机会，提升他们的引领能力，鼓励他们向专家型教师发展。另一方面，引导他们注重课堂教学的研究，做到立足于课堂、成才于课堂、服务于课堂，带头上好各类公开课、示范课，主动听课、评课，给新教师、青年教师做教学讲座，积极承担幼儿园课题研究，在园内充分发挥榜样示范作用，在辅导其他教师的过程中发展自己。

如图3所示，2011～2015年，蒙幼培训教师人数和培训经费逐年增加。如表1所示，培训内容丰富，形式多样，包括国际、港台区际幼教经验交流与培训，蒙古族文化教育素养培训，科学教育理念培训，师德及幼教专业能力培训以及现代教育技术培训等；遵循"走出去，请进来"原则，采取

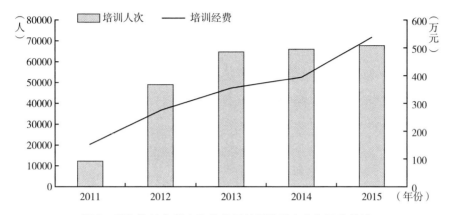

图 3　呼和浩特市蒙古族幼儿园教师培训人次与经费统计

表 1　呼和浩特市蒙古族幼儿园师资培训主要内容

项目类型	主要培训内容
国际、港台区际幼教经验交流与培训	德国·中国内蒙古奥尔夫音乐教师研修班培训;内蒙古教育学会学前教育委员会第一届理事会暨海峡两岸教育交流研讨会;八省区蒙古语学前教育研讨会;香港活知识教育机构培训;"全国幼儿名师巡讲团"走进呼和浩特讲学活动暨"幼儿教师成长、课堂教学观摩及专题报告活动";全国幼儿园优秀班级管理工作高级研修班;美国奥尔夫儿童音乐舞蹈国际教育机构培训;赴上海骨干教师培训;赴北京六一幼儿园学习卫生保健及常规管理
蒙古族文化教育素养培训	全区蒙古语授课幼儿园专任教师培训;蒙汉双语教师普通话培训;蒙古国原生态舞蹈——"贝勒格"培训;八省区蒙古族幼儿园协会幼儿舞蹈培训;观摩蒙古国幼教专家乌云格日乐老师半日活动;锡林郭勒盟课题结题及参观蒙古语授课幼儿园
科学教育理念培训	奥尔夫音乐教学法;蒙特梭利教学培训;幼儿足球活动培训;6S 管理培训;3～6 岁儿童学习发展指南培训;"333"系列智能学习班
师德及幼教专业能力培训	"美丽教师训练营"骨干教师研修班;教师——爱生命的教育;幼儿园教师礼仪培训;"快乐工作、快乐生活";幼儿园数学活动的开展;幼儿园家长工作研修班;钢琴即兴伴奏;分级阅读与蒙氏数学培训;新教师岗前培训;幼儿园骨干教师艺术提升高级研修班;第二届音乐教育高峰培训班;分级阅读与蒙氏数学培训;新教师岗前培训;幼儿园骨干教师艺术提升高级研修班
现代教育技术培训	微型课题的五个步骤与常用方法;八省区蒙古族学前教育研究会动画软件八省区蒙古族幼儿园协会动漫美术培训;蒙语电脑软件培训

讲座、观摩、竞赛、专项培训、外出交流等多种形式,培养与建设蒙古族幼儿教师队伍。如选派教师参加"蒙汉双语普通话"培训,加强与呼和浩特地区民族幼儿园的交流与学习,组织全园保教人员去新城区蒙古

族幼儿园参观学习幼儿一日生活管理；选派教师赴锡林郭勒盟西乌旗参加蒙古语授课"蒙特梭利教学"的培训，准确地了解了教学名词与术语的蒙古语名称；全体教师分批到锡林郭勒盟参加锡林郭勒盟二连浩特地区蒙古族幼儿园课题结题及培训活动。为提高教职员工的蒙古语教育水平，呼和浩特蒙古族幼儿园与蒙古国新蒙古学校建立长期互联友好关系，邀请蒙古国幼教专家乌云格日乐老师入园进行培训指导；选派教师赴蒙古国参加"贝勒格"蒙古族原生态舞蹈培训；此外，教职员工分批赴蒙古国参观学习，树立教师研究蒙古族语言的信心，提升教师对蒙古族文化的解读、传承能力。

通过学习和培训，教师、保育员在教育观念、教育行为、教育研究、教学水平等方面发生了很大变化，一批中青年骨干教师脱颖而出，多名教师获市级、自治区级、国家级荣誉称号。

3. 以教育科研为突破口的内涵发展之路

科研与教学是相互促进的关系，幼儿园的科研课题从教学中来，又回到教学中去。选好科研课题，扎实推进，就会促进教学实践，提高教学质量；教学工作抓得好，教师的专业思考能力强，也会对科研课题的生成和科研过程的顺利进行起到促进作用，形成良性循环。呼和浩特市蒙古族幼儿园坚持"教育科研为幼儿园发展、教师发展、幼儿发展服务"的基本思想，以教育科研为突破口，以课题研究为载体，走内涵发展之路，突出幼儿园鲜明的民族教研特色，不断改善教育科研条件，健全教育科研管理制度，开展教育科研骨干培训，广泛联系各级教育专家普及教育科研理论知识，营造浓厚的教育科研氛围，强化教师的科研意识，使教师自觉养成科学研究的习惯。

蒙古族幼儿园选择科研课题始终坚持从本园实际出发，鼓励骨干教师进行课题规划、实施到独立承担课题，对教师群体起到引领和示范作用。要求教师对待各级各类科研课题都采取严谨认真的态度扎实展开研究，在科研工作中提高素质和认识。如通过"蒙古族幼儿园课程资源的开发利用""蒙古族传统幼儿游戏资源的开发研究"等课题的开展，有效提升了幼儿园教师的教育科研水平，拓展了研究的范围，体现了科学研究对实际教学工作的指导意义。

运用多种途径开展形式多样、内容丰富的教研活动。加强教研组建设，给教师提供教学研究、学习、研讨、交流教学经验的阵地。幼儿园按年龄段成立了大班教研组、中班教研组、小班教研组，又按学科成立了"蒙氏教学"教研组、"主题教学教研组"、"区域活动"教研组、"美术活动"教研组、"体育教学"教研组和"音乐特色教学"教研组，使幼儿园的教研活动更有针对性。定期开展专题教研与案例解剖分析。根据大家普遍存在和急需解决的问题进行专题研讨，对具有代表性的案例进行解剖分析，讨论中鼓励教师大胆表达自己的看法和见解，积极提出各种问题，通过大家的共同参与，将案例分析得更直观、更形象，使教师学会发现问题、解决问题。

（四）开发蒙古族课程资源，实施具有民族特色的教育教学模式

蒙古族幼儿园遵循民族性、科学性和适宜性原则，不断开发蒙古族文化资源，探索和建立蒙古族优秀的传统文化与现代教育理念相契合的蒙古族幼儿教育体系。始终坚持以促进蒙古族儿童身心和谐全面发展为教育目标，通过三年的学龄前教育，使蒙古族幼儿掌握本民族语言，养成良好的生活习惯和个性品质，为其继续学习和使用本民族语言及其今后的成长打好基础。

1. 积极推进蒙古语授课为主的蒙汉双语教学模式

贯彻《内蒙古自治区民族教育发展水平提升工程实施方案（2011—2015年)》的文件要求，呼和浩特市蒙古族幼儿园不断探索学前双语教育改革，全面推进蒙汉双语教学模式。蒙幼现有8个纯蒙古语授课班，18个加授蒙语班，混龄蒙氏班均为蒙古语授课班。幼儿园努力构建适应蒙古族幼儿身心发展规律的园本课程体系，在自编出版《城镇蒙古族幼儿园教师用书》（蒙文版）一书的基础上，承担了全国蒙古语文办公室的幼儿蒙文课件的编写制作任务，正式出版了《幼儿蒙古文教育资源》课件，填补了内蒙古自治区幼儿蒙文课件的空白。

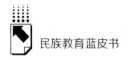

2. 开发与应用蒙古族课程资源

《国家中长期教育改革和发展规划纲要（2010—2020年）》中指出："民族传统文化是中华民族文化宝库中珍贵的财富，承担着对儿童进行社会化教育重要职责。"蒙古族历史悠久，文化积淀深厚，幼儿在早期教育中接触本民族文化，有益于形成孩子鲜明的民族特征，对幼儿的启蒙成长具有重要意义。幼儿园注重将蒙古族传统的民族习俗、民族节日、民族歌舞、民族工艺、民族服饰、民族建筑等文化因素融入各项教学活动中，幼儿园把每周一定为"蒙古族传统文化教育日"，这一天全园师生穿蒙古袍升国旗、唱国歌、园歌，跳蒙古族集体舞，开展蒙古族传统礼仪、民俗、文学、艺术、饮食、游戏等多种活动，培养幼儿的民族归属感。为培养幼儿的母语会话能力，幼儿园努力营造良好的母语学习环境，给幼儿提供充分运用母语表达的条件和机会，如定期开展蒙古语诗歌和故事朗诵活动等，在历届全区"达尔罕杯"蒙古语诗歌朗诵会上，参赛幼儿均取得了好成绩。

幼儿园坚持使用蒙古族语言授课，在教学方面大胆改革。由过去专门的蒙古语课用蒙古语授课改为所有课程用蒙古语授课，在大、中、小各班级采用小学蒙古语会话课本；组织教师编写《城镇蒙古族幼儿园教师用书》（蒙文版）。具体包括：搜集了大量的民间故事丰富课程内容，如《阿伦高娃的故事》《折箭教子》《五畜的传说》《巴拉根仓的故事》《成吉思汗的传说》《马头琴的故事》等；把"好来宝"这种蒙古族民间曲艺形式运用到教学中，老师和小朋友根据自己的生活、学习内容创编"好来宝"内容，并及时记录、搜集民间谚语、谜语、绕口令等；认识蒙古族图案云纹、火纹、回纹、指纹、角形纹、鼻形纹等；学习蒙古族歌曲与舞蹈，如《鸿嘎鲁》《阿哈咳》《宝他根的声音》和筷子舞、摔跤舞、安代舞等。为了丰富幼儿园的课程资源，老师们不断挖掘和创新蒙古族传统游戏的玩法，如"鹿棋""嘎拉哈""赛马""赶羊"等游戏。

3. 加强户外活动，增强幼儿的体能训练

在严格按照《幼儿园工作规程》要求每日户外活动不少于2小时的基础上，根据《3~6岁儿童学习与发展指南》对不同年龄段的要求，每周至

少开展两次集体体育教育活动，每日至少组织一次户外体育游戏。幼儿园根据幼儿身体、动作发展特点及年龄特点，结合蒙古族传统文化元素，分别编排了大、中、小三套艺术操，利用每天的课间操时间开展艺术操活动，既增强了幼儿的体质，又激发了幼儿参与体育活动的兴趣。

作为自治区首批幼儿园足球活动试点单位，呼和浩特市蒙古族幼儿园专门组建了足球队，由擅长足球运动的教师担任教练，还邀请内蒙古体育学院的教练定期对幼儿园足球活动进行系统、科学的培训。在2015年六一儿童节举办的呼和浩特市"娜荷芽杯"幼儿趣味足球大赛中，蒙幼获得了全胜的好成绩。幼儿园在开展足球活动时不仅进行技能传授，而且为了激发幼儿对足球的兴趣，根据幼儿年龄特点和身心发展规律，将足球作为载体，开展了系列游戏化教育活动。如编排了一套足球操，在全园范围内推广；举办"幼儿足球节"活动，组织了系列趣味足球闯关亲子游戏；每年春季在大班组织开展一次"呼市蒙幼'园长杯'趣味足球赛"。通过丰富有趣的足球活动增强了幼儿的体质，培养了幼儿的规则意识和团队精神，打造了幼儿坚强、勇敢、不怕困难的意志品质，通过足球运动促进幼儿身心全面发展。

《3~6岁儿童学习与发展指南》中强调，幼儿园应重视幼儿的心理需求，促进幼儿心理健康发展。为了提升幼儿自信心、想象力和创造力，促进幼儿的个性、情绪情感、自我意识以及社会适应能力的良好发展，幼儿园开设了心理沙盘游戏室，对幼儿心理健康教育积极探索。

4. 异彩纷呈的音乐教育活动

蒙幼的音乐教育活动贯穿于幼儿园一日活动的各个环节，通过丰富多彩的活动丰富音乐教育的内容与形式。如开展"三分钟"音乐活动，利用每天来园和离园的时间开展"三分钟名曲欣赏"活动，在每周升国旗仪式后开展"三分钟安代舞"活动，在集体教育活动前开展"三分钟节奏游戏"活动，利用餐前等待时间开展"三分钟手指游戏"活动，利用午睡起床后时间开展"三分钟集体唱歌"活动，利用离园前等待时间开展"三分钟讲故事"活动等，培养幼儿的音乐欣赏力、感受力和创造力。

成立教师与幼儿的"音乐社团"，包括教师合唱团、教师舞蹈团、教师

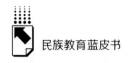

打击乐团、教师"原生态"组合、幼儿合唱团、幼儿舞蹈团、幼儿打击乐团、幼儿绘本表演社团等多种社团。每天下午集体教学结束后为社团活动时间，教师和幼儿根据自己的兴趣、爱好选择相应社团开展各种音乐特色活动。定期开展形式多样的艺术展演活动，如邀请安达组合、艺术学院著名长调选手扎拉嘎胡教授、内蒙古无伴奏合唱团、八骏马头琴乐团等多位艺术家来园演出，让幼儿欣赏高水平的艺术表演活动，组织全园师生开展"春天来了""童年的旋律"等主题音乐表演活动，根据幼儿不同年龄段特点开展幼儿节奏展示活动，组织中、大班幼儿进行绘本剧表演等。每周五为幼儿园的音乐教研时间，组织研讨音乐教育方法、制订幼儿园音乐教育方案、研讨音乐精品课、观摩教师音乐教学、制作音乐教具、开展音乐教育培训等活动，促使幼儿园音乐特色教育活动水平不断提升。

（五）家长、幼儿园和社区三方一体的协同育儿机制

《幼儿园教育指导纲要（试行）》总则里提出："幼儿园应与家庭、社区密切合作，与小学衔接，综合利用各种教育资源，共同为幼儿的发展创造良好的条件。"幼儿园教育的成功与否，在很大程度上取决于幼儿园与家庭的联系和配合。

1.明确办学思想，建立健全各项规章制度，建立家长学校

为了切实贯彻纲要精神，充分发挥家庭环境教育的功能，幼儿园举办家长学校，成立家长委员会。不断提高家庭教育水平和自身素质，树立正确的儿童观，掌握科学的教育方法。同时为确保家长学校每项工作落到实处，幼儿园成立了以园长为组长，以幼儿园行政班子、授课教师为成员的家长学校领导小组。通过制度设立保障家长学校工作，先后制定了《呼市蒙幼家长学校工作制度》《家园联系常规工作管理制度》《家访工作及家园交流的原则、要求及注意事项》《呼市蒙古族幼儿园家长委员会职责》等，建立健全了家长学校计划、总结制度，每学年初制订家长学校工作计划，期末认真做好总结。每学年进行家长问卷调查，广泛听取家长的意见和建议，提高工作的实效性。经过多年的探索和发展，家长学校呈现了良好的循环效应，接受

培训后的家长在道德素质和家教水平上有了较大提高，幼儿园的办学效益稳步提高。

小班新生家长是幼儿园每学年的培训重点，孩子入学，家长也随之入学。中、大班的家长则采取分班办学和家长座谈会的形式进行培训。幼儿园针对问题孩子建立了帮教制度，与家长及时互动交流。为不断深化家教工作，幼儿园要求班主任保持与家长的密切联系，经常到孩子家中进行家访或通过电话、微信、校信通等渠道与家长联系，及时更换家长园地的内容，完善家园联系册，积极主动了解孩子在家中的表现和家长对幼儿园的意见与建议，以便及时教育和引导孩子。幼儿园通过多种途径检查和反馈，促使"家园共管，家园合力"，共同做好教育工作。

多年来，幼儿园充分调动家长主动参与幼儿园教学的积极性，每学年均开展家长开放日观摩活动，保证每一位家长可以走进教育教学的一线场域，了解、参与和监督幼儿园的教育教学；很多家长自愿进园进班为幼儿服务，很多著名的蒙古族艺术家，如德德玛、奇峰、阿拉泰、安达组合都曾纷纷走进幼儿园，与幼儿共同欢聚、载歌载舞；蒙幼承办的第八十届省区蒙古语研究会十周年庆典晚会，在家长们的通力合作下演出取得了圆满成功。

2.广泛汲取社区教育的丰富资源

当幼儿园将培养孩子的核心素养作为幼儿园教育的目标时，这些目标的实现仅靠幼儿园的教育是远远不够的，需要探索一条幼儿园、家庭和社区教育有机结合的教育之路。为此，蒙幼积极联系社区部门，邀请热心幼儿教育的各界人士配合幼儿园教育。如幼儿园与蒙牛、伊利共同举办"感恩的心"等亲子活动，加强爱的交流与表达；组织全园幼儿及家长、社区的工作人员开展"欢乐相聚"蒙古族传统文化教育主题活动，活动中由幼儿园老师介绍蒙古族传统"白食"文化习俗及用餐礼仪，孩子及家长们现场品尝各种奶食品，同时还邀请了马头琴手现场演奏蒙古族经典曲目，并向孩子们介绍了马头琴的历史及相关乐器知识。通过活动让孩子们在轻松愉悦的氛围中学习、体验到了本民族传统文化，充分发挥了家长、幼儿园和社区三方一体的协同育儿功能。

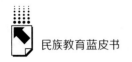

三 民族幼儿园发展中的问题

正视存在的问题，才能珍惜取得的成就，才能为实现预定的目标去努力奋斗。

（一）创建分园稀释了优质师资力量，蒙古语师资队伍建设极为紧迫

《国家中长期教育改革与发展规划纲要（2010—2020年)》明确提出了普及学前教育的目标，并指出"重视加强学前双语教育"。实现民族地区双语幼儿园的特色化发展，是保证民族地区幼儿教育高质量发展的关键。随着呼和浩特市蒙古族幼儿园办园规模的不断扩大，特别是南园和体验区投入使用后，优质师资被分散，新建幼儿园和原有幼儿园都增加了大量的幼儿教师，但新教师的执教能力与经验仍显欠缺，特别是教师的双语教育能力比较薄弱，远远不能满足发展高质量幼儿教育的需要。同时由于编制紧缺，外聘教师增加，教师流失率高，新选聘的教师和保育人员经验不足，幼儿园在培训和管理新人方面，需要花费管理者和老教师大量精力。

（二）幼儿教师关于蒙古族文化课程资源的解读与践行能力亟待提高

呼和浩特市蒙古族幼儿园开设的蒙古族文化课程，民族文化因素大多流于表面化、静态化，缺乏深层的文化活动，这主要缘于教师对于蒙古族民族文化内涵的解读能力还有待提高，目前还不能做到将蒙古族的文化精华与幼儿教育基本特色有机结合起来。调查显示，部分教师在将民族文化融入幼儿园课程和教学方面存在零星、不成系统的特点。在谈到蒙古族文化应如何融入幼儿园课程时，一位老师说：我们觉得民族文化中有很多内容是可以进入幼儿园的，但是我们不知道该怎么选择、怎么设计，最多就是通过墙饰、壁画、悬挂民族物件等让幼儿有初步的认识。

四　促进民族幼儿园发展的建议

（一）完善相关制度，做好顶层设计，切实加强民族幼儿园的宏观管理

国家及自治区要大力发展学前教育，继续实行"地方负责、分级管理，有关部门分工负责"的学前教育管理体制。完善政府统筹、教育部门主管、各有关部门协调配合、社区内各类幼儿园和家长共同参与的管理机制。加强蒙古族幼儿教育专项研究规划，为蒙古族文化全面融入幼儿园教育教学提供必要保障。

加快内蒙古自治区高校对幼儿教师培养的教育改革步伐，重视蒙古族等少数民族幼儿教师的职前培养工作，通过签订定向委培协议等推进免费民族师范生教育，吸引优秀人才加入幼儿教师队伍；出台促进幼儿教师稳定及职业生涯发展的相关政策；充分发挥自治区民族示范园的辐射作用，建立、完善民族幼儿教师培训机制，继续加强民族幼儿园的师资交流。

教育部门通过出台政策继续加大对民族幼儿园的扶持与引领。重视民族幼儿园的建设、双语课程的开发和指导，加强民族地区双语幼儿教育师资的培养，设立专项资金扶持蒙古族等民族幼儿园进行母语教育，把民族文化元素纳入园本课程，挖掘和创新课程内容和课程实施方式，探索民族文化在幼儿园教育中传承的有效途径。

（二）民族幼儿园要走一条根植于民族文化的发展之路

一所幼儿园的发展，关涉到幼儿园的办园理念、环境建设、课程的设计与实施及管理等一系列问题，民族幼儿园的发展应遵循民族性原则，只有根植于悠远而厚重的民族文化土壤，树立民族文化建园理念，才能孕育出优质民族幼儿教育的满树繁花。

乌申斯基说过，教育的本质就是民族性。在多元文化的背景下，少数

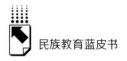

民族地区的幼儿教育必须在学习和借鉴其他优秀文化的基础上，构建属于本民族的特色文化，并把本民族的优秀文化发扬光大。只有通过富有民族特色的幼儿园课程和双语教学，才能实现民族地区幼儿教育的特色化发展。

要提升民族幼儿园管理者的教育情怀，实现幼儿园管理人本化。多元民族文化背景对民族幼儿园管理者的素养提出了更高的要求，要树立终身学习的目标，丰富自己的管理学知识，拓宽管理视角，提升自身的管理能力，建立科学的管理制度，推进民主决策、科学评价和精神激励等管理措施，激发教职工的工作热情与动力，建设幼儿园师资队伍。同时，鉴于蒙古族幼儿园对蒙古族文化的开发与利用还有很大提升空间，建议强化幼儿教师文化选择、解读和执教能力，让他们深刻地理解本民族文化的丰富与美好，在良好的物质环境基础上，真正发挥蒙古族幼儿园对幼儿精神的教育功能。

B.20
内蒙古民族小学调研报告
——以内蒙古通辽市科尔沁左翼后旗蒙古族实验小学为例

桑志坚*

摘　要：　科左后旗蒙古族实验小学依托得天独厚的科尔沁草原文化，
经过多年探索，发展成为一所具有蒙古族特色的民族学校。
学校努力建设具有民族文化的特色班作为学校特色的立足点，
让学生沉浸在民族文化生活中从而打造学校特色的生长线，
组建"联盟学校"进一步拓展学校特色的辐射面，最终形成
多层次、立体式的特色办学格局。

关键词：　内蒙古　民族文化　民族小学

一　学校概况

科左后旗蒙古族实验小学位于科尔沁草原的腹地，这里是蒙古族文化底蕴最为深厚的地区之一。在悠久的历史长河中，蒙古、汉等各族人民创造了享誉中华的科尔沁文化。这里是"中国安代艺术之乡""中国民族曲艺之乡""中国少儿版画之乡"，还被誉为"民歌之乡"。

科左后旗蒙古族实验小学在这片草原的东部，内蒙古通辽市科左后旗甘旗卡镇。科左后旗是内蒙古县域蒙古族人口居住最为集中的地区之一。在全

---

* 桑志坚，博士，内蒙古师范大学教育科学学院副教授。

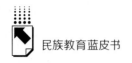

旗40.9万总人口中，蒙古族人口约占74.74%，其余还有汉、回、满、朝鲜等19个民族聚居。近年来，科左后旗努力发展民族教育，不断加大民族教育投入，优化调整民族学校布局，已初步建立了符合本地区实际的民族教育体系。

二 发展历程

科左后旗蒙古族实验小学作为甘旗卡唯一的蒙古族小学，是民族基础教育的中心、是全旗民族教育的示范，有着举足轻重的特殊地位。学校以"为了每一个孩子终身幸福负责，夯实教育事业的坚实基础"为办学理念，以"针对民族振兴办学校，担负国家昌盛育人才"为办学宗旨。其前身是蒙汉合校的甘旗卡区中心小学，建校于1948年，首任校长为王丙仁。1950年升为完全小学。1978年被列为全国首批办好的20所重点小学之一。同年蒙汉分校，另设汉语授课实验小学，该校成为纯蒙古语授课小学。1981年，又列为自治区首批办好的104所小学之一。2000年，蒙古族实验小学和甘旗卡第四中学共同组建了"科左后旗蒙古族实验学校"。2004年，旗政府决定将学校的"初中部"整体划出成立蒙古族实验初级中学，蒙古族实验小学又恢复为"科左后旗蒙古族实验小学"。2013年9月，学校整体搬入位于甘旗卡镇博王街南段的新教育园区。

新学校占地面积9.07万平方米，建筑面积3.17万平方米。校园硬化面积占总面积的67%。学校建筑全部为楼房，其中教学楼两座，学生公寓楼两座，餐厅一座，办公楼一座。学校现有56个教学班，2815名学生，全部为蒙古族学生。现有256名教职工，其中拥有大学本科以上学历的92名，专科以上学历的160名。在专任教师中，有自治区级骨干教师26人，自治区级教学能手52人，自治区级学科带头人35人，中学高级教师56人，中级教师134人。学校现任校长是七斤宝。学校先后被授予全国中小学图书馆先进集体、内蒙古民族教育先进集体、内蒙古教育科学研究实验基地、内蒙古民族教育科学技术实验示范校、通辽市先进集体等荣誉。

三 学校特色

教育家苏霍姆林斯基谈道："办学特色是在长期办学过程中积淀形成的，本校特有的，优于其他学校的独特优质风貌。"① 科左后旗蒙古族实验小学拥有的得天独厚的蒙古族文化环境，成为学校形象塑造和搭建高台的地基，也是学校特色发展的核心资源。围绕民族文化的传承和发展，科左后旗蒙古族实验小学摆脱模仿式的办学模式，基于地区实际，遵循教育规律，努力创建"民族文化的特色班"作为学校特色的立足点，实行"民族文化沉浸式教育"打造学校特色的生长线，打造"联盟学校"拓展学校特色的辐射面，从而构建起"立体式"的特色办学格局。

（一）学校特色的立足点：特色班教学实验

科左后旗蒙古族实验小学在确立民族教育特色目标后，积极寻找构建特色格局的突破口，带动学校特色发展的核心"抓手"，多方面寻求构建特色格局的支持力量。2011 年，在旗政府的鼎力支持下，特别是在旗民族宗教事务管理局拨款 32 万元的直接帮助下，学校于当年 10 月建立起极具民族特色的"特色班级"。

特色班级建设紧紧围绕"一班一特色"的原则，在全校遴选具有相关基础的班级参与。特色班级的建设内容主要以蒙古族文化为核心，分别为"马头琴""四胡""蒙古象棋""蒙古族舞蹈""蒙文书法""蒙古摔跤""蒙古诗朗诵""蒙古族民歌""小记者小主持人""美术"等。后来，又增设了"射箭""踢毽子"等 4 个民族传统体育特色班。为了满足教育教学要求，先后购置了蒙古袍演出服装 400 余套，蒙古象棋 40 余套，马头琴 40 余个，四胡 40 余个，蒙古摔跤服装 24 套，另外，还购置了特色班专用的箱柜、桌椅等。在这个基础上，2014 年，学校又筹备资金购置了 50 台电子

---

① 苏霍姆林斯基：《教育论》，高等教育出版社，1999 年，第 36 页。

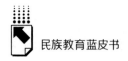

琴，开设了"电子琴"班。为了进一步推动民族特色班级的建设，旗民族宗教事务管理局又拨款 12 万元，支持学校购置电子设备服务教育教学，其中有计算机 10 台，以及扩音器、功放等设备。

在各级政府和民族事务机构的支持下以及全校师生共同努力下，特色班级建设很快就取得阶段性的成果，产生了积极的影响。2012 年，全市义务教育阶段蒙语授课学校交流研讨会在科左后旗蒙古族实验小学召开，特色班级的建设成果得到了与会人员的一致认可和肯定。同时特色班级教学实验也获得了社会各界以及兄弟学校的赞誉，库伦旗、奈曼旗以及辽宁阜新蒙古族自治旗等地区的民族事务机构以及学校先后来学校参观和访问。蒙古象棋班在市和旗级多次比赛中取得优异的成绩；蒙古舞蹈班的演出荣获市级、区级以及国家级的奖励，并赴香港演出；美术班的学生作品荣获了国家级一等奖。2014 年 6 月 1 日，在六一儿童节的庆祝活动中，科左后旗蒙古族实验小学蒙古族诗词朗诵特色班、蒙古族民歌特色班、蒙古族舞蹈特色班、四胡特色班的精彩演出通过通辽市电视台的播出在社会上引起了极大的反响。学校也因此获得了"全国爱国主义教育先进单位""通辽市先进集体"等诸多荣誉。

特色班级的建设，对于增强学生民族意识、培养学生热爱民族的情感以及弘扬民族传统文化具有画龙点睛的作用。厚重的科尔沁草原文化是学校源源不断的精神源泉，蒙古族传统的音乐、美术、诗歌、绘画、体育，这些浸透着民族和乡土特色的文化元素，成为学生认识民族文化的起点，成为热爱民族文化的突破口，成为弘扬传统文化的着力点。在蒙古族传统文化的学习、展演以及创造中，蒙古族学生增强了对本民族文化的信心，增强了作为本民族成员的自豪感。这对于培养优秀的民族人才有着至关重要的影响。因为文化认同是民族认同和国家认同的重要基础。

特色班级的建设，对于提升学校的校园文化氛围，提升学校的地位，扩大学校的社会影响力，构建特色鲜明的学校品牌具有以点带面的作用。科左后旗蒙古族实验小学以"特色班级"建设为"抓手"，提升学校的文化氛围，使得学校办学特色得到进一步的凸显。"当一所学校品牌文化被认同之后，它就会以一种独特的方式来沟通人们的思想、产生对学校品牌的认同感，从而形成强大的凝聚力，使品牌的'张力'不断放大。"① 特色班级的建设，一方面提高了学校师生的凝聚力、认同感；另一方面，扩大了学校的社会知名度、美誉度，有利地促进了学校、社会以及政府之间的良性互动，成为学校亮丽的名片。"学校品牌形象好，容易获得社会的支持，家长的信任，师生的认同，它可以盘活办学资源，为学校赢得更多的发展机遇。"因此，特色班的建设，成为科左后旗蒙古族实验小学构建学校特色和品牌的重要立足点。

（二）学校特色的生长线：民族文化沉浸式教育

如果说特色班级的建设只是科左后旗蒙古族实验小学学校特色的一个亮点，那么学校特色的生长线则深刻地体现在学校民族文化沉浸式的教育教学中。所谓民族文化沉浸式教育，也就是指学校并不仅仅通过特色班级建设直接促进学生对民族文化的学习，更重要的是让学生在学校中的每时每刻，在日常教育生活中都能得到民族文化的熏陶和感染，起到"润物细无声"的作用。

1. 校园物质文化的民族化

校园文化是体现学校民族特色的主阵地。"校园文化是指学校内部所特有的人际关系、行为方式、行为规范、价值观体系、文化设施等的综合。"② 一所学校的校园文化建设，就彰显了学校的特色和风格，因此科左后旗蒙古族实验小学在建设之初就注重基础设施的建设要融入民族元素。"民族特色的标志性设计，可以起到树立学校民族标志、唤醒师生民族意识、改善学校办学条件的作用。"例如，学校的主要建筑物教学楼、宿舍楼以及餐厅等从外形设计以及粉刷颜色等都融入"蒙古包"的元素以及蒙古族崇尚的颜色。更为突出的是矗立在学校校门口的巨型雕塑更是彰显民族文化内涵。雕塑以

---

① 闫德明：《学校品牌的涵义、特性及其创建思路》，《教育研究》2006 年第 8 期。
② 滕星、张俊豪：《试论民族学校的校园文化建设》，《中央民族大学学报》（哲学社会科学版）1997 年第 3 期。

被誉为"草原圣母"的阿阑豁阿五箭训子的故事为主题，向学生传达了团结的生活哲理。除此之外，在学校的走廊、楼梯间等地方，都悬挂着蒙文格言名句或者师生创作的蒙古族书法以及蒙古族美术作品；在各个教室里悬挂着成吉思汗图像；另外，针对居住在城镇里的蒙古孩子从小并没有牧区生活经历的现实，学校专门建设了民族文化展示教室，将蒙古族传统生活用品（比如马鞍、马鞭、马镫、蒙古刀等）陈列展示，让学生从日常生活中感受民族传统文化。

2.校园制度文化的民族化

科左后旗蒙古族实验小学依托丰富的地区文化资源，结合自身的实际情况，构建了诸多符合自身特点的制度文化，以利于民族文化的传播。在《学校管理制度》《中小学日常行为规范》中增加了一些本地少数民族都认可的良好的行为习惯和习俗。例如，制定校园内必须用蒙古语交流的制度。这项制度不仅要求学生在校日常交流和学习必须用蒙古语，同时也要求教师在各种会议和研讨会中也必须用蒙古语交流。之所以制定这项制度，主要是因为作为民族基础教育基地，学校培养学生热爱、学习和使用本民族语言的习惯具有重要的意义；另外，主要源于校外蒙古语使用环境不利于蒙古语学习和使用。再如：学校规定学生在每周一以及其他重大节日必须穿蒙古袍。为此，学校专门为学生定制了冬夏两套蒙古袍。民族服饰是一个民族文化的结晶，学生经常穿戴统一的民族服装，不仅展示本民族在长期的生活中创造出的优美服饰，更有利于塑造学生的民族意识，传递民族优良传统。除此之外，学校经过研讨决定把每天的课间操改为蒙古族传统舞蹈安代舞。安代舞是发祥于科尔沁草原的传统民族民间舞蹈。跳安代舞不仅能够健身强体，同时还能传承和弘扬民族民间传统文化，更重要的是备受学生喜爱。

3.校园文体活动的民族化

学校重视以重大节日活动为契机抓好各种特色活动，努力使民族文化渗透进各种活动中，使文体活动成为传承民族文化的载体。通过精心策划，开展丰富多彩的文体活动，营造浓厚的文化氛围，夯实民族基础教育的文化基础。每年的6月1日学校举办为期一周的"蒙古族传统文化节"。目前已经连续举办了五届。"蒙古族传统文化节"是在校园开展的一次"那达慕",一次民族文化汇聚的盛会,也是民族素质教育成果的集中展示。全校师生员工以及学生家长全员参加,分为:民族艺术展演,主要包括民族歌曲演唱会、民族传统服饰展示会、民族舞蹈表演等;民族体育比赛,主要包括蒙古族"男儿三艺",即摔跤比赛、射箭比赛和赛马;民族知识竞赛,主要包括传统文化知识比赛、蒙古象棋比赛、蒙古族礼仪知识比赛等。学生在教师的指导和家长的帮助下,将传统民族节目进行汇编、展演,亲身去感受民族文化艺术的熏陶,使得民族文化在文体活动中得到传承和发展。

4. 学校教学活动的民族化

学校教学活动是民族文化传递和文化整合的重要基地。只有深刻把握课堂教学与民族文化传承的关系,才能推进民族教育的深入发展。科左后旗蒙古族实验小学集合学校的特点,放弃开发单一的传递民族文化的校本课程,而是让学科教学与民族文化相互渗透,开展蒙古族特色突出的教育教学活动。例如,①将蒙语文课与蒙古族经典诵读相结合。学校针对不同年级的学生选择蒙古警句格言以及蒙古族经典著作、蒙古族寓言故事等作为蒙语文课的选读和必读选文,让学生在经典的海洋中徜徉,在圣贤的指引下行走。学校坚持利用早上30分钟组织全校师生诵读,并开展"阅读点亮人生"活动作为学校的特色。为此,每个班级都成立"图书角",学校设有阅览室,让学生自由阅读。②将音乐课与蒙古族传统音乐器具融合。在学校的音乐课上教授学生学习蒙古族民歌、呼麦、蒙古长调以及蒙古族传统乐器马头琴、四胡等。③将体育课与蒙古族传统体育项目结合。在教学内容中纳入蒙古象棋、射箭等民族传统体育项目,在完成教育教学任务的同时,实现民族传统文化的传承。通过上述举措,让学生在不增加课业负担的同时,以一种喜闻乐见的方式接受民族文化的教育。

科左后旗蒙古族实验小学作为民族基础教育重要基地,担负着蒙古文化传播传承的重要职责。只有让广大蒙古族儿童对本民族的文化有深刻的感悟,才有可能继承并发扬本民族文化,未来才能建设和创新本民族的文化。但这并不意味着蒙古族文化的传承应该成为他们学习和成长的负担,也不意味着

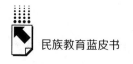

通过简单的一门课程和一次活动就可以完成这项艰巨的任务。科左后旗蒙古族实验小学选择把优秀的蒙古族传统文化融入学生日常的教育生活中，让学生在日常的教育教学中，在学校的例行活动中，在校园的建筑风貌中，实现文化的传播传承，让民族文化在校园中"静悄悄"地发挥着"春风化雨，润物无声"的作用；同时这也成为构建民族文化特色的重要生长线。

（三）学校特色的辐射面：构建协同联盟学校

科左后旗蒙古族实验小学所归属的科左后旗是国家级贫困地区，经济欠发达，政府财力不充足，这制约了本地区各级各类学校的发展。科左后旗蒙古族实验小学因为位于科左后旗的政治、经济和文化中心甘旗卡镇，所以较之其他乡镇的蒙古族小学，且作为甘旗卡镇唯一的蒙古族小学，在获得教育资源和教育支持方面具有明显的优势。但是科左后旗蒙古族实验小学并没有"独善其身"，自顾发展，而是以自身为中心，建立起学校发展的校际联盟。

在科左后旗教育局的指导下，科左后旗蒙古族实验小学与附近乡镇几所较为薄弱的蒙古族小学建立起学校发展的校际联盟。联盟学校遵循"以校为本、校际联动、资源共享、优势互补、相互促进、合作共赢"的原则，推动联盟学校间进行交流，通过交流，推进联盟学校共同进步和发展。为了保证联盟学校活动能够落到实处，以科左后旗蒙古族小学为中心，联盟学校间共同制定相关的制度，设计了活动的会徽，制定了联盟学校发展和交流规划方案。目前联盟学校主要通过以下几种形式开展活动。

（1）共同教研活动。联盟学校定期举办学科教学研讨活动。采取同课异构、讲课、说课、议课以及邀请学科专家点评等方式让教师在实战中借鉴别人、反思自我、提升自我。

（2）共同科研活动。联盟学校针对教育教学过程中存在的问题，共同申报课题，联盟学校分别承担子课题，开展教育教学相关研究。

（3）开展校际联考。联盟学校根据教学进度安排，共同组织考试，共同评议试卷，共同分析诊断，提升教育教学质量。

（4）共谋学校发展。联盟学校在专家团队的指导下，共同商讨各个学校的发展对策，凝集智力资源，共谋学校发展规划，共同承担改善民族教育的责任。同时，也使联盟学校的各位校长能够"跳出"自己管理的学校，"回望"自己管理的学校。

（5）共享教育资源。科左后旗蒙古族实验小学利用自身的优势积极主动地为联盟学校提供资源共享的机会。邀请联盟学校的教师共享专家讲学、共享学校的图书资源以及共享研修机会。

作为校际联盟的核心，科左后旗蒙古族实验小学不但努力提升学校自身的发展水平和凝练本校的发展特色，而且将自身的优势辐射给联盟学校，担负起更多的民族教育发展的使命，促进联盟学校共同进步、协同发展。通过校际联盟，有效地改善了本地区薄弱学校的教学现状，提升了教师的教育教学能力，实现了民族基础教育办学质量的整体提升。科左后旗蒙古族实验小学不追求在本地区民族基础教育发展中"一枝独秀"，而是期待能够为科尔沁草原上民族基础教育发展的"花开烂漫"贡献自己力所能及的力量。

四　问题与思考

经过 60 多年的传承与发展，科左后旗蒙古族实验小学的各项事业发展都取得显著的成就，学校已经基本建设成为一所具有鲜明蒙古族特色的民族小学。但不可否认的是，学校与一流的民族学校还存在不少差距，学校的发展还面临诸多亟待解决的难题，学校办学水平的进一步提升还需要各级政府、部门以及社会各界的大力支持。

（一）存在问题

1. 学校办学理念和思想还需提升

学校的办学理念是办学者经过对学校的理性审视所形成的学校的理想追求；它是一所学校的核心价值和本质特征的体现，是学校办学特色、校

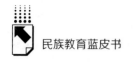

训、校风以及教风的基础和源泉，也是学校的核心指导思想。科左后旗蒙古族实验小学作为科尔沁草原民族基础教育的代表，需要在办学的理念上凸显民族特色、民族精神、民族文化。但现在学校"为每一个孩子的终身幸福负责，夯实教育事业的坚实基础"的办学理念还需加强民族特色，应与学校鲜明的民族特色相符合。目前的校训"团结、勤奋、活跃、创新"、校风"廉洁、奉献、和谐、文明"等尚未展现出民族基础教育特有的风貌。

2. 学校教育投入不够充足

近年来，自治区以中小学校舍安全工程建设和标准化建设工程为契机，加大了民族基础教育的投入，进一步改善了民族基础教育的办学条件。但是科左后旗蒙古族实验小学地处国家级贫困地区，加之学校校址几经变迁，历史上教育投入欠账较多，学校教育投入不足等问题仍然是制约学校发展尤其是民族特色持续发展的瓶颈。学校基础设施还不够完备，由于校址调整、规划调整等方面的原因，学校还没有标准化的操场，很多体育设施缺乏。另外，因为经费紧张等原因，学校的办公设施也并不完备，学校的校内及周边环境还需进一步整治、改善和提升。

3. 学校教师队伍质量偏低

近几年，虽然一些新毕业的大学生不断输送到旗县的中小学教师队伍中来，民族基础教育的教师队伍整体素质有所提高，但学校因为受"撤点并校"以及诸多历史因素影响，原有的老教师总体上学历都比较低，这使得学校整体学历并没有得到明显提高。虽然学校教师的学历合格率较高，但是拥有硕士学历的教师寥寥无几，使得现有教师难以适应"新课程"改革、"三语教育"以及其他教育改革的需要。另外，从教师的学科结构上看，专职的现代教育技术教师及音乐、体育、美术老师数量不足，也将影响学校民族特色的持续发展。

4. 学校寄宿学生管理压力大

与其他乡镇民族小学相比，科左后旗蒙古族实验小学在学校的硬件实施、教学管理以及住宿条件方面都具有明显的优势，吸引了很多乡镇的孩子相继转学寄宿到科左后旗蒙古族实验小学就读。学校有在校生 2800 多名，其中有 1/2 需要寄宿在学校。为了照顾家庭离学校较远的孩子，减轻家长负担，学校每半个月放一次假，一次放假四天，这也给学校管理以及教学带来一系列的问题。首先，住宿生饮食和住宿管理给学校以及教师带来很大的压力。其次，连续性的教学造成教师和学生的身体疲劳，影响了教学效果。再次，寄宿生在校期间的生活以及心理关爱成为教育难题。

（二）发展思考

在思想层面上，学校要充分认识到作为民族小学的重要使命和责任，深刻领悟国家关于民族教育发展的思想和精神，凝练学校的办学理念，提升学校的办学特色，在尊重教育发展一般规律的同时凸显民族学校的特殊性，不断提升学校的办学层次，促进本地区民族基础教育的发展。

在实践层面上，学校要不断完善内部管理结构，推动学校向精细化管理、人性化管理、特色化方向迈进，不断提升民族教育质量，促进民族基础教育全面发展。同时，学校要不断建立学校发展的外部社会支持系统，千方百计调动政府、社会、家长等各方面力量促进学校不断向前发展。

B.21
内蒙古民族中学调研报告
——以内蒙古兴安盟科尔沁右翼前旗察尔森中学为例

周立权 常柱*

摘 要： 内蒙古兴安盟科尔沁右翼前旗察尔森中学突出文化立校、特色亮校的办学思路，依托实力雄厚的优秀师资团队和学校历年来教育取得的成绩，进一步挖掘察尔森中学深厚的具有民族特色的文化底蕴，更新育人模式。以教学为先导，大力倡导民族教育，以发展的眼光，努力培育民族学生成长的平台，走民族特色兴校之路。

关键词： 内蒙古 民族中学 察尔森中学

一 学校概况

1956 年 9 月 6 日，内蒙古兴安盟科尔沁右翼前旗（以下简称科右前旗）第一所中学——察尔森中学在美丽的洮儿河畔察尔森大地上诞生了。

建校 60 多年来，在党的教育方针和民族政策的指引下，在各级党委、政府和教育行政部门及社会各界人民群众的关心支持下，学校为国家培养了一批又一批合格的建设者和接班人，为提高劳动者科学文化素质，弘扬和传承民族文化，促进地区经济繁荣、社会进步做出了历史性贡献。在改革开放的新形势下，察尔森中学锐意进取、不断改进办学理念，全面提高教学质

---

* 周立权，硕士，兴安盟科右前旗察尔森中学校长；常柱，博士，内蒙古自治区教育厅高校思政与学工处原处长。

量，不断突出"文化立校""特色亮校"的办学思路，已形成了立足当地实际、具有民族文化特色的办学风格。

察尔森中学地处基层嘎查，缺乏先天的优势。但多年来学校继承和发扬了勤工俭学的优良传统，采取多种经营，有效地改善了教学和生活环境。现有校产水田 76 亩、林地 700 余亩，植物园 45 亩，对外出租的门市楼 840 平方米，师生勤工俭学平均年收入 10 万余元。学校占地面积 98725 平方米，有 2418 平方米的教学楼、1695 平方米的办公楼、3488 平方米的学生宿舍楼、1100 平方米的教师标准化公寓、1300 平方米的餐厅、260 平方米的大礼堂、室外悬浮塑胶篮排球场地、300 米的天然绿茵环形跑道运动场，还有正在建设中的 2200 平方米的体育馆。配有齐备的音、体、美、劳、卫、心理咨询等教学器材，物理、化学、生物、地理实验室及实验器材和录播教室，实验开出率达 100%。礼堂、微机室、图书室、阅览室均已配套，教育教学管理已步入制度化、科学化、规范化轨道。

学校领导班子集思广益、理清思路，提出了学校近期和中长期发展目标。近期目标即竭尽全力狠抓各项管理，扭转生源危机局面。2014 年在全盟中考中，察尔森中学成绩在全盟 35 所民族初中中排第 10 位，超过 600 分的有 3 人，使学校的新生报名人数达 171 人，彻底扭转了被动局面；全旗排名第四，被科右前旗教育局授予育才杯"优秀学校"称号。2015 年学校保持了上一年的成绩，新生报到人数达 156 人，2016 年新生报到人数达 143人，为完成中长期目标奠定了坚实的基础。

学校现有 12 个教学班，470 名在校生，99 名教职员工。其中，中学高级教师 36 人，中学一级教师 35 人，获旗级"教学能手"称号的 20 人，获得区级"创新课""优质课"荣誉的 39 人，辅导学生获得自治区级、国家级辅导奖的 92 人次，自治区级教改课题结题 4 项，国家级课题结题 1 项。诸多成果，标志着学校已形成了一支学历合格、教学经验丰富的教师队伍。

二 教改研究成果

1993 年 8 月科右前旗首届蒙语授课"三加一"职业班在学校正式招生。

1995 年在全盟率先试办蒙、汉、英"三语"授课实验班获得成功。

2000 年 9 月至 2003 年 7 月，成功进行了"初中蒙古语文课内外阅读相结合，提高学生语文能力"的教改实验，经检查验收，圆满结题，达到自治区级标准。

2000 年 3 月承担了"如何利用本地区文化艺术资源开展农牧区课外艺术教育活动"试验任务，经过验收达到国家级标准。

2009 年 9 月由少年军校负责人主持的全国教育科学"十一五"规划课题子课题"义务教育阶段少数民族学困生学困成因及转化策略研究"，经全国教育科学规划课题"教与学研究"总课题组、内蒙古自治区教育科学规划领导小组办公室鉴定验收，于 2012 年 7 月准予结题。

2010 年 9 月至 2013 年 12 月成功地完成了"蒙语授课初中数学学困生转化策略的研究"课题，经过自治区教育科学规划领导小组办公室鉴定验收，准予结题。

2013 年 9 月承担"信息技术环境下初中物理（力和运动）探究性教学策略的研究"的课题，有待于自治区教育科学规划领导小组办公室鉴定验收。

三 荣誉

国家级奖励：

——全国少先队活动"创造杯"奖；

——全国少年军校示范校；

——全国青少年文明礼仪教育示范基地；

——足球特色学校。

自治区级奖励：

——自治区文明单位；

——义务教育示范学校、义务教育实验学校；

——勤工俭学工作先进学校；

——少先队工作红旗单位；

——现代教育技术优秀学校；

——初中蒙古语教学改革先进学校；

——教育科学研究实验基地学校。

盟市级奖励：

——甲类一级学校；

——绿色学校；

——全盟民族初中教育管理综合评估先进学校；

——勤工俭学工作先进单位；

——农村教育综合改革先进单位；

——特色民族学校。

四 学校60多年的发展历程

60多年的办学历程中，学校经历了艰苦创业、负重前行、恢复发展的办学历程。半个多世纪以来，察尔森中学始终坚持了为社会主义建设服务、为人民群众服务的办学方向；始终坚持了全面贯彻党的民族教育方针，促进学生全面发展、终身发展的办学目标；始终坚持了不断提高教育教学质量的办学思想；始终坚持了学校规模效益发展、内涵发展和特色发展的发展理念。学校历届领导班子和全体教职工，不忘初心，克服困难，自强不息，不断开创了学校发展各个时期的历史新局面。

（一）建校之初前辈们艰苦创业、勤俭办学

1956年9月，在原西科后旗镇国公府遗址、侵华日军遗弃的废墟、呼伦贝尔师范旧址及科右后旗政府所在地原址上，由副校长赵宇清、首任校长白富凌阿等组织成立了察尔森中学。学校从全旗农村、牧区招收蒙汉学生4个班240余人，选调19名教职工，成立党支部，建起学生食堂和宿舍。师生自己动手，自力更生开辟学校园田，逐步发展养殖业，不断扩大校办产业。1959年第一届毕业生，在全区统考中取得呼伦贝尔盟中考第一名的优

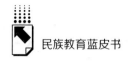
异成绩，得到上级教育主管部门的重视和支持。1956～1966年，本校毕业生保持了较高的升学率，教育教学质量和学校声誉全面提升。这是学校办学历程中初步辉煌的时期。

（二）"文化大革命"中受到严重干扰，艰难办学

1966年6月爆发的"文化大革命"，严重冲击了学校的各项工作，打乱了学校正常秩序，直到1968年9月才勉强复课招收新生。1970年起，该校改为完全中学。但学校师资短缺，设备不足，教育教学质量受到严重制约和影响。党支部书记毛林扎布、教导副主任那仁朝克图带领党员和教职工，认真执行党的民族政策，恢复使用蒙语授课，保持了民族学校的特色。1971年，总务主任包金山，主持扩大农田面积达到1000亩，同时扩大养殖业，全面增加了勤工俭学收入，保证了学校的各项开支，使教育教学得到保障。从1974年4月起，在旗教育局和当地政府的支持下，建立了校外牧业基地，办起机械维修、电焊、锻工、制砖等校办工厂，开展勤工俭学活动，积极创收，不断改善办学条件。师生自己动手，砌筑学校院墙、打深水井等，开展基础设施建设，确保了学校教育教学秩序，学校发展形成了一定规模，为长足发展打下了坚实的基础。

（三）恢复发展民族教育，迈开了争创一流的坚实脚步

党的十一届三中全会以后，民族教育得到恢复发展，学校逐步强化使用民族母语授课，1980年转为完全民族中学。学校重视充实提高师资队伍，逐步形成了一支以老教师为骨干、老中青结合、素质相对较高的教师队伍，迎来了察尔森中学民族教育蓬勃向上发展的新局面。中高考升学率逐步攀升，教学质量上了新台阶，学校在旗内外赢得了良好的社会声誉。1984年，科右前旗第一中学成立，察尔森中学部分骨干教师被调出，学校及时调整了办学思路，从学校实际出发，大胆培养和使用青年教师担任领导职务，大力提高青年教师教学水平和业务能力，形成了新的教学骨干队伍。及时确立了"向管理要质量"的办学理念，强化内部管理，建立和完善了各项管理制

度，全面推进了学校规范化建设。

进入 90 年代，在各级党委、政府和教育主管部门的高度重视和支持下，不断加大对学校的投入，新建教学楼、学生宿舍楼、办公室等基础设施，学校的校容校貌发生了新的变化。特别是 1996 年实施"普及九年义务教育"达标工程以来，学校基础设施设备日臻完善，办学条件进一步改观，达到了国家义务教育一类学校标准。

与此同时，学校进一步突出"以教学为中心"的办学思想，制定完善了教学工作全过程管理制度、教学成果评估奖励制度等有力的配套措施，充分调动教师课堂教学的积极性、主动性和创造性。学校通过不断加强教学研究，改进教学方法，提高了课堂教学效率，提升了教学质量。

随着教改的深入，察尔森中学于 1995 年在全盟率先试办蒙、汉、英"三语"教学实验班，以此为突破口全面带动了各科教改的深入发展。中考成绩明显提高，升学人数逐年增多，在全盟同类学校中居于前列。师生在各级各类竞赛中多次获得优异成绩，涌现出许多尖子学生和优秀教师。到 2006 年，学校教育教学设备基本齐全，校园环境得到全面优化。学校坚持以德育为核心，以教学改革为切入点，把物质文明、人文精神和制度文化有机融合，在创新中稳步发展，在发展中彰显特色。

（四）科学引领、抓住机遇、克服困难，为重振雄风顽强拼搏

近 10 年来，学校毕业了 11 届学生，毕业生达 3000 余人，学校进入了办学历程中新的发展时期。

（1）2006 年成功举办了 50 周年校庆活动，总结了 50 年来的办学经验，进一步明确发展目标。1100 余名在校师生、1500 余名历届校友、600 多名家长参加活动，时任自治区教育厅厅长郭明伦为校庆题词"构建民族教育的坚实基础，培养社会需求的高素质人才"，教育厅常柱处长、兴安盟审计局局长陈锁等上级有关领导及老校长、老教师代表到会祝贺。这次校庆活动极大地提高了察尔森中学的知名度，收到了良好的社会效果。

（2）近 10 年来，学校 40 余名优秀教师被先后调入旗直属学校工作，张

巴根、韩太平等7名学校领导班子成员也相继被调整到兄弟学校担任校长。输送人才是学校的光荣，但人才的流失致使学校教学受到不小的影响：骨干教师不足，学科教师短缺，尖子学生外流，生源明显减少。面对困难，学校几任领导班子，以高度的责任感和使命感，顶住了压力和影响，稳定了大局，勇敢地树立起"重振察尔森中学大校风采"的奋斗目标，保证了察尔森中学人心凝聚力不散，保障了正常的教育教学秩序，使学校战胜了困难，走出了困境和低谷。

（3）创新思路、质量强校、特色发展。近10年来，察尔森中学以振奋精神、坚定办学信心为支撑，确立"在运动中感受快乐，在快乐中工作学习"的办学理念；通过开展丰富多彩的教研活动和文体活动极大地鼓舞了全体师生积极向上、乐于奉献的工作学习热情。用先进教育理念武装教师头脑，指导教师教学行为；以质量强校为主线，突出和弘扬民族文化为特色，树立了坚定地服务本地、面向周边的办学思想；将先进科学的办学思想贯穿于教育教学管理与各项工作中，使教师队伍适应教育教学改革与发展要求。经过多年来不懈的探索与实践，基本形成了"以发展为动力，以质量为生命，以安全为保证，以德育为首位，以教学为中心，以学生为主体，以教师为核心，以管理为保障"的工作思路与工作格局。

（4）进一步改善办学条件，全面提高办学水平。近10年来，学校结合国家校安工程、薄弱学校改造工程等项目的全面实施，陆续新建了综合楼、宿舍楼、餐厅、教师周转房、门卫房、大门、铁艺院墙、室外悬浮塑胶篮排球场地、体育馆等基础设施，维修了大礼堂、加固了教学楼和宿舍楼、新建了可供向外出租的门市楼，建设了校园文化长廊、硬化了多条校园通道，发展学校林地、开发75亩水田、实现了45亩植物园种植多样化；不断添置和更新教育教学仪器设备，多功能会议室、播录教室、理化生及地理教室、音体美教学与课外兴趣小组活动专用教室、现代教育技术专用教室、图书阅览室、国防教育展室、马头琴培训教室等已经达到了国家标准和自治区民族学校配备标准，现代化教育教学技术水平得到全面提升，全面实现了办学条件大改善、校容校貌大改观的美好愿望。学校固定资产从10年前的200多万元增长到现在的1228多万元。

（5）加强学校领导班子与教师队伍建设，保障学校管理与教学质量的稳定。学校高度重视领导班子建设，大胆培养锻炼和使用青年骨干教师充实领导班子，注重领导班子的团结与建设，不断提高领导能力，充分发挥了核心引领作用。学校从充分调动现有教师工作积极性入手，通过召开教代会征求意见，开展思想工作，为教师解决工作和生活中的实际困难，增强学校凝聚力。挖掘潜力、提升素质，大力支持教师参加区内外参观考察与培训学习，鼓励教师深入学习研究新课标，大胆探索创新课堂教学，逐步形成了具有察尔森中学特色的以"导学案"为标志，以学生为主体、教师为主导、练习为主线的师生互动课堂教学模式。近 10 年来，本校的教学研究水平不断提高。涌现出了佟玉兰、玲喜、李叶、伍金宝、苏布道、张领小、哈申其木格、莫日根高娃、包高娃、肖银、宝金、葛春亮、敖金荣、包玉花、葛根哈斯、梁秀荣、李银龙、六十三、白音宝力高等一大批教学改革与研究骨干教师和职工。在推进教学改革创新研究的同时，学校狠抓课堂常规教学管理，突出"勤、严、实"的工作作风，不断提高教学质量，近些年中考成绩始终位于全旗乃至全盟中上水平，取得了良好的社会效益。2007 年中考，澈乐木格、陈丽文、敖敦格日勒、董秀伟等 4 名同学名列全盟前 10 名；2008 年中考，郭彦君同学名列全盟第 8 名；2014 年中考，金芝同学进入全盟前 6 名。2007 年学校获全盟"育才杯"奖，2006 ~ 2016 年 7 次获得全旗"教育教学先进学校"称号。

（6）提高服务意识，加强特色校园文化建设，促进学生全面发展。学校牢固树立"一切为师生服务"的思想意识，每项工作都围绕"社会认可，家长满意，吸引学生"这个宗旨来开展。2015 年察尔森中学率先开通校车运营，为学生提供了极大方便。近几年，每年免收 60 ~ 70 名学生的伙食费，资助了多名困难学生。

学校注重校园文化建设，坚持以德育人，培育学生全面发展。注重学生心理健康和安全教育，对校园安全常抓不懈，积极创建安全校园、书香校园、绿色校园、特色校园，全面提高校园文化品位和营造育人环境。创新德育方法，构建社会、家庭、学校同步教育网络，将德育贯穿于学校教育教学的全

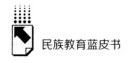

过程和学生日常生活的各个方面。开展丰富多彩的校园文体活动，如大课间活动、课外兴趣小组、团队主题活动、体育运动会、艺术节、合唱节、家长会文艺会演，以及阅读、写作、演讲、民族艺术、少年军校等多种活动，激发和培养学生兴趣及爱好，为他们提供展示自我的舞台与空间；培养学生健康的体魄、完整的人格、高尚的道德情操，为学生终身发展打下良好的基础。

察尔森中学少年军校是在科右前旗人民武装部和民政局的大力支持下成立的，是自治区第一所农村牧区少年军校，也是"全国少年军校示范校"。少年军校自创办以来，一直在学校的日常管理中发挥着独特的育人功能，得到了上级有关部门的大力支持与高度评价。少年军校因此也成为察尔森中学校园文化的特色和亮点。在兴安盟军分区首长的大力支持下，2015年布置了少年军校展室。

五 桃李芬芳

察尔森中学60多年来的办学历程中，培养了大批优秀人才，可谓桃李满天下。

在60多年中，输送出初中生57届，毕业生18000余人，高中生27届，毕业生2200人，共20000余人，很多毕业生先后考入区内外大中专院校，他们分布在全区乃至全国各条战线、各行各业，有各级政府领导如许传智、赵晓光、哈斯巴根、常柱、魏革命、王英杰、代钦、洪满堂等，有高级记者和医务工作者那顺乌日图、吴喜、沈广泰等，有科研人员、教育专家博士生导师阿拉坦仓、王纯杰等，有开发商和总经理于伟、额尔顿等，有高素质的工商业经营者与企业家代连成等。他们为祖国的繁荣发展贡献着自己的聪明才智，是察尔森中学的名片和骄傲，也是学校办学水平的集中体现。

六 60多年办学的体会

学校教育是一个地区经济发展、社会进步的基础工程，是提高公民素质的希望工程。只有得到各级党委和政府、教育主管部门和广大人民群众的关心和支持，学校才能得到良好的生存和发展；先进的办学理念、严谨的学校管理和求真务实的工作作风是学校长足发展的关键；建设一个（支）爱岗敬业、肯于奉献、业务过硬、素质优良、品德高尚、作风顽强的领导班子和教师队伍，是办好学校的根本保证；健康优越的周边环境和积极向上的校园风气，是学校正常运营和健康发展的基础保障。具有优越的办学条件、幽雅安全的育人环境、充满浓郁民族特色的校园文化，保证优异的教育教学质量，才能赢得信誉、赢得学生、赢得发展。

教育事业是寄托民族兴旺发达期望的希望工程，在新的历史时期，相信察尔森中学将不辜负察尔森人民的希望，在保持鲜明的民族特色基础上，与时俱进，在察尔森这片沃土上播种希望、拓展未来、不断前行！

B.22
锡林郭勒职业学院发展报告

斯日古楞 特力更*

摘 要： 锡林郭勒职业学院作为内蒙古自治区示范性高职院校，积极
发挥自身优势，突出民族区域特色，不断扩大办学规模，稳
步提升教育教学质量，努力为地方经济建设和社会事业发展
服务，取得了显著成效，其知名度和社会影响力也得到前所
未有的提高。本文以调研报告形式对锡林郭勒职业学院办学
质量进行综合评估，分析学院发展基本现状与存在的主要问
题，总结办学过程中的典型经验，并提出了学院未来发展策
略，进行未来展望。

关键词： 内蒙古 民族职业教育 办学策略

一 学院基本情况

锡林郭勒职业学院是 2003 年 5 月由原锡林郭勒盟教育学院、内蒙古电
视大学锡林郭勒盟分校、锡林郭勒盟卫生学校、锡林郭勒盟民族财贸学校合
并组建，并经内蒙古自治区人民政府批准、国家教育部备案的全日制普通高
等职业院校。2006 年，原内蒙古锡林浩特牧业学校、内蒙古锡林浩特牧业
机械化学校并入学院，2009 年，锡林郭勒盟民族体育学校并入学院。

---

* 斯日古楞，锡林郭勒职业学院科研处，教授；特力更，锡林郭勒职业学院党委副书记、院长，
副教授。

学院现有占地面积 2000 亩，校舍建筑面积 45 万平方米。设有医学院、机械与电力工程学院、草原生态与畜牧兽医学院、蒙古语言文化与艺术学院、体育学院、齐·宝力高国际马头琴学院、师范教育系、信息技术工程系、经济管理系、民族中等职业学校、继续教育学院、广播电视大学和驾驶员培训中心等 13 个教学单位。

（一）办学定位、人才培养目标及发展方向定位

办学类型定位：全日制综合型高等职业院校。

办学目标定位：立足内蒙古地区经济社会发展，辐射周边地区和少数民族八省区，培养高技能应用型人才。

人才培养层次定位：职业本科、高职、中职等全日制教育和成人教育、短期培训并举，学历教育和非学历教育并重。

人才培养模式定位：理论与实践教育相结合，职业素质与综合素质相结合，融"教、学、做"于一体，工学结合，强化实训实践环节，突出民族性、职业性、技能型和应用性特点，着力培养学生职业道德、就业和创业能力。

发展方向定位：将学院建设成为锡林郭勒盟未来发展的人才教育基地，建设新农村、新牧区，提高农牧民素质的培训教育基地，提升职工专业技能的继续教育基地和民族职业教育示范基地，成为区内一流、国内知名、特色鲜明的应用型本科院校。

（二）办学规模与生源分布

学院现有各类在校生 21608 人。其中，全日制在校生 14584 人，成人学历教育在校生 7024 人。年均完成各类培训 3 万多人次、技能培训与鉴定 1 万多人次。国内生源主要来源于内蒙古、新疆、青海、甘肃、黑龙江、吉林、辽宁、山西、云南、河北、广东、江西、贵州等 13 个省、自治区，留学生来自蒙古国、德国、加纳、俄罗斯、尼日利亚等 5 个国家。内蒙古自治区内生源占比 92.3%，盟内占比 29.3%，区外占比 7.7%。

（三）专业建设与特色

学院与吉林大学、内蒙古师范大学联合举办工程硕士和教育硕士研究生学位班；与内蒙古工业大学、内蒙古医科大学、内蒙古农业大学等联合举办电气自动化及其应用、热能动力工程、蒙医学、学前教育（蒙、汉）、体育教育（足球）、食品质量与安全、护理等本科8个专业；开设护理、电厂设备运行与维护、畜牧兽医、蒙古语播音与节目主持等40个高职专业及火电厂热力设备运行与检修、农村医学、足球等28个中职专业。机电一体化、畜牧兽医、民族特色教育、护理专业群成为自治区示范校重点建设专业群；学前教育等5个专业成为自治区级品牌专业；煤炭深加工与利用、风力发电设备及电网自动化为教育部、财政部"高等职业学校提升专业服务产业发展能力"的建设项目专业；电厂设备运行与维护、信息管理、煤炭深加工与利用、康复治疗技术、会计、学前教育、机电一体化技术、主持与播音、软件技术为学院重点建设专业；艺术、民族体育类是学院重点打造的民族特色专业群。

（四）教职工队伍建设

学院有教职工1315人，其中，专业技术人员948人，副高及以上职称人员332人，硕士及以上学历人员206人（其中博士和在读博士21人），"双师素质"专任教师比例为48.08%。

（五）基本办学条件

学院各项办学条件指标达到或超出了教育部《普通高等学校基本办学条件指标（试行）》对综合类高职院校基本办学条件的要求。

学院在生均占地面积、生均教学行政用房面积、生均宿舍面积、生均实践教学面积等方面都得到明显改善。其中，学院生均教学行政用房22.64平方米；生均图书80册；生均教学科研仪器设备值29031.28元；生师比例为17.36∶1。

（六）办学经费及效率

1. 2014~2016年度办学经费总收入及其构成

2014年度：学院办学经费总收入为32061.83万元，其中，学费收入占17.08%，财政经常性补助收入占45.49%，中央、地方财政专项投入占37.43%。

2015年度：学院办学经费总收入为29728.26万元，其中，学费收入占19.15%，财政经常性补助收入占61.72%。

2016年度：学院办学经费总收入47030.97万元，其中，学费收入占12.47%，财政经常性补助收入占55.14%。

2. 2014~2016年度办学经费总支出及其构成

2014年度：学院办学经费总支出为32634.72万元。其中，日常教学经费2043.20万元；教学改革及研究经费577.05万元；图书购置经费96.91万元；其他经费用于基础建设、人员工资、奖助学金、日常运行开支等。

2015年度：学院办学经费总支出为28810.45万元。其中，日常教学经费2343.20万元；教学改革及研究经费400.25万元；图书购置经费104万元；其他经费用于基础建设、人员工资、奖助学金、日常运行开支等。

2016年度：学院办学经费总支出为43617.08万元。其中，日常教学经费2461.20万元；教学改革及研究经费420.75万元；图书购置经费177.25万元；其他经费用于基础建设、人员工资、奖助学金、日常运行开支等。

3. 生均培养成本

办学经费能够满足日常运行、教科研经费及部分教学仪器、图书购置，保障了学院教学工作健康、可持续地发展。近三年生均培养成本具体如下。

2014年度：生均培养成本为14500.00元。

2015年度：生均培养成本为14600.00元。

2016年度：生均培养成本为16000.00元。

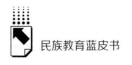

（七）实践教学条件

已建成民族艺术实训中心、机电一体化实训中心、民族体育实训中心、医学院实验实训中心、畜牧业工程实训中心等21个融教学、实训、职业技能鉴定和技术研发等多种功能于一体的校内实践基地，建筑面积达到21余万平方米，设备总值达4.1亿多元。2016年，设备使用频率达191.46万人时。全天候、全功能实训室开放工作稳步推进，为人才培养质量提升带来巨大支撑。同时，各专业选择有实力的企业或单位作为校企合作对象，与125家企业和单位合作建立了校外实习实训基地，与盟内13个旗县签署战略合作协议，实现了合作共赢。

（八）招生与就业工作

1. 2014~2016年招生工作情况

2014年度：招生总计划为4222人（其中三年制高职2100人，五年制高职1000人，五年制高职第四年612人，三校生510人），其中区内4106人，区外116人；第一志愿报考率为100%，无补录，合作办学五年制高职招生404人；三年制大专共录取2903人，实际报到人数为2762人，其中区内2706人，区外56人，报到率为95.14%。

2015年度：高职专业招生计划为2747人，录取人数为2717人，录取率为98.91%，报到率为96.14%。

2016年度：高职专业招生计划为2899人，录取人数为2793人，录取率为96.34%，报到率为93.52%。

2. 2014~2016年就业工作情况

2014年度：高职毕业生涉及27个专业，毕业生2345人，就业率为97.30%；全日制中专共21个专业，毕业生431人，就业率为92.4%（102人升学）。

2015年度：毕业生共有2509人，其中，高职毕业生2054人，就业1980人，就业率为96.40%；中职毕业生455人，就业率为92%。

2016 年度：高职毕业生总数为 2514 人，涉及 32 个专业，就业 2379 人，一次性就业率为 94.6%。

二 主要办学经验和成就

建院 13 年来，学院坚持以服务为宗旨，以就业为导向，实现了办学历史的跨越式发展。相继完成了筹备组建、四轮全员竞聘，通过国家教育部人才培养工作水平和人才培养工作两轮评估、校区迁建等，办学规模不断扩大，实现了办学条件的显著改善、学校内涵建设成效和社会服务能力的显著提升。学院先后被自治区授予"五一劳动奖状""全区就业培训先进院校""自治区普通高校就业工作先进集体""全区普通高校学生工作先进单位""远东教育家联盟高职核心圈成员""全区思想政治工作先进集体"等荣誉称号，被地区党委、政府命名为"社会治安综合治理先进单位"。2013 年10 月，被确定为自治区示范性高职院校立项建设学校，2014 年 7 月，荣获"全国毕业生就业典型经验高校"荣誉称号。

纵观锡林郭勒职业学院十几年的发展历程，就是不断突出和强化民族区域办学特色，不断提高办学质量和办学水平，不断助推地方经济社会发展的过程。

（一）各级政府部门大力支持，学院领导班子开拓进取

学院组建以来，国家、自治区以及地方党委、政府对学院的建设与发展给予了大力的关怀与支持，中共中央政治局委员、国务院副总理刘延东2012 年和 2014 年先后两次到学院检查指导工作，国家有关部委、自治区党委、政府领导多次亲临学院视察，对学院办学方向、办学定位、发展目标等给予了具体指导。特别是在学院组建、校区迁建和办学过程中，地区党委、政府对于存在的诸多实际困难给予了及时解决，对学院的快速发展起到了关键性作用。锡林郭勒盟党委、政府优先批复办学急需用地，以满足学院新校区及各实训基地建设需要；下放人事权力，使学院拥有更大的用人空间，保

障急需专业人才的及时引进；通过多项举措化解办学债务，为学院减轻包袱，让学院轻装上阵；引导和协调相关企业及用人单位与学院洽谈，为毕业生提供更多的就业机会；划拨公共资源，让学院获得优先享用社会公共设施和公共资源的机会，提高学院实践教学水平及社会服务能力。地区政府的担当与主动作为以及所采取的一系列重要举措，使学院得到更多的优惠政策及便利条件，为可持续发展打下了坚实的基础。

学院领导班子以极高的创业热情和非凡的管理能力带领全体师生不断超越自我，突破现状，在各项事业中屡创新高。目前，学院知名度和社会影响力得到空前的提高，已成为一所特色鲜明、充满活力、办学格局和能力不断拓展的地方高职院校。学院组建以来，充分发挥广大教职工的积极性与潜能，圆满完成新校区建设与搬迁任务，大力改善办学条件，迅速扩大办学规模，通过努力，校园面貌日新月异，主要发展指标发生了根本性的改变。与建院初期相比，目前学院校舍面积从不足 4 万平方米增加到 45 万平方米，固定资产从 2.6 亿元增加到 32 亿元（包括体育场馆，其中实验实训设备总值从 4500 万元增加到 5 亿元），馆藏纸质图书从 17 万多册增加到 100 万多册，在校学生数从不足 2000 人增加到了 21608 人。在各项事业骄人成就的基础上，学院将以更大的办学自信和更广阔的胸怀继续开拓进取，凝重规划二次提升宏伟蓝图，为将学院建设成民族地区具有较大影响力和示范作用的应用型本科院校而努力奋斗。

（二）发挥自身优势，坚持特色办学

学院地处祖国北疆，办学环境具有浓厚的地域和民族特色。建院以来，学院积极依托区域优势和民族文化遗产条件，抢抓地方经济和社会发展的机遇，选择了一条符合自身实际的发展道路，办学实力和办学水平不断提高。

1. 坚持双语教学模式，拓展职业教育发展空间

充分利用民族师资资源优势，坚持蒙汉双语教学是学院办学的一个鲜明特色。锡林郭勒职业学院由 9 所院校合并而建，而这些院校在合并之前均有

较强的蒙汉双语教学能力。学院将蒙汉双语教学实力作为宝贵的办学资源来传承和增强，并以此作为重要的教育教学模式贯穿于整个办学过程中。

为培育民族教育师资队伍和蒙汉兼备的少数民族高技能人才，学院先后成立了蒙古语言文化与艺术学院、体育学院、齐·宝力高国际马头琴学院、蒙古语标准音水平培训测试工作站、蒙文教材编委会等相关机构。这些具有浓郁民族语言文化特色的教学单位和专业部门为双语教学的实施、双语教育人才的培训等提供了必要条件和保障。目前，学院各专业的专业带头人、骨干教师中少数民族教师占 60% 以上，已有 18 个专业采用蒙汉双语教学形式。

学院通过为蒙古语授课学生开设多门应用类选修课及建立少数民族毕业生就业服务平台等措施，促使蒙古语授课毕业生充分就业。在"十二五"期间，共培养全日制高职毕业生 10494 人，其中少数民族毕业生 4930 人，占毕业生总数的 47%，毕业生就业率始终稳定在 95% 以上。学院通过举办形式多样、内容丰富的双语教育校园文化活动，提高少数民族学生的综合素质。学院把学习使用蒙古语言文字纳入年度"大学生科技文化艺术节"活动，举办了蒙文诗歌朗诵、书法、小品、心理剧、校园歌曲等比赛；选派学生参加自治区、盟市举办的各类民族文体比赛，获得各级各类奖 100 余项。由于成绩突出学院多次获得自治区"民族团结进步先进单位"和"内蒙古自治区蒙古语标准音工作先进集体"等荣誉称号。

2. 弘扬民族传统文化，服务经济社会发展

学院积极依靠当地丰富的历史文化及自然资源，努力开展民族文化传承与研究活动，在为地区经济建设和社会事业服务方面做出了一定成就。

（1）建设民族特色专业群。学院加强对民族艺术、民族体育、畜牧兽医、蒙医学及蒙古语播音与主持等专业的建设力度，开设蒙古宫廷音乐、蒙古舞、长调、呼麦、潮尔道、马头琴、搏克、射箭、赛马等民族文化特色浓郁的课程，将蒙古族传统文化教育引入课堂教学，为民族地区非物质遗产的传承与发展创造了有利条件。

（2）搭建民族文化服务平台。2016 年 6 月开馆的"成吉思汗文献博物馆"是世界第一个也是唯一的以成吉思汗文献为专题的博物馆，收藏着世界上最多的成吉思汗及蒙古历史方面的图书、文献和图片，总量达10000多册，类别达5000余种，涉及50多个国家和地区的50多种语言文字，专题收藏量创造了"世界之最"；2016年初建设成立的"民族手工艺创业园"，目前有毡艺、蒙古族服饰、头饰制作、皮画等10家创业企业入驻，带动学生创业团队2个，拥有专业设计团队和加工基地，能策划、承办各类大型服装展演和民族手工艺品的设计与制作；学院"内蒙古蒙餐研发中心"、蒙锡雅饭店、锡林河草原文化旅游度假区等蒙餐研发与制作基地举办了"舌尖上的草原味道·蒙餐技艺大赛"等大型活动，2016年在上海举办的国际餐饮美食暨中华好饭店年度盛会上获得"全球中华好饭店·百强饭店""全球中华好饭店·中国十佳特色餐饮店"荣誉称号。这些服务平台建设在提高学院知名度的同时也为弘扬民族文化精髓发挥着积极作用。

（3）开展民族文化与地方经济专项研究。学院组建和成立了"蒙古文化研究所""内蒙古草原畜牧业工程研究院""蒙古族科学史与游牧文明研究院""元上都遗址与文化研究中心""马文化研究中心""锡林郭勒盟传统乳制品研究中心""生物工程研究院""褐煤综合利用研究中心"等30多个科研机构与平台，围绕锡林郭勒盟民族历史文化资源和畜牧业、矿产、能源资源优势积极开展蒙元历史文化、察哈尔文化、蒙餐文化、蒙古马文化等具有地区特点和民族特色的研究工作。目前，"三个'100'口述史"研究项目、褐煤综合利用、传统乳制品、生物学等科研方面已取得阶段性成果。学院依托各研究平台先后主办"内陆欧亚历史文化国际学术研讨会""首届中国·国际马头琴学术研讨会""纳·赛音朝克图研究国际学术研讨会""国际民族传统赛马研讨会""首届察哈尔历史文化学术研讨会""元上都遗址与文化研讨会""中国蒙古语言文化学术研讨会""中国少数民族双语教学学术研讨会""蒙古餐饮文化传承与发展研讨会"等国际和国家级学术研讨会几十次，为教师科研水平的提高及社会各界人士进行相关领域的研究提供了有利条件。

（三）狠抓质量工程建设，提高综合办学能力

1. 实施"三项工程"建设，夯实内涵提升基础

学院每年投入 1000 万元用于人才储备、引进高端人才和专业急需人才的"人才工程"；每三年投入 1000 万元实施教育教学"质量工程"；每年投入 200 万元实施以社会主义核心价值观为主要内容的"德育工程"。"三大工程"的实施更加突出教育教学的中心地位，加大学院内部改革与创新力度，大力提升了办学能力。通过质量工程项目的实施，学院课程建设和校内教学环境得到改善，教师服务社会能力与学生综合素质得到较大提高。

2. 实施人才兴校战略，提升办学软实力

按照"引进优秀人才，用好现有人才，培养未来人才"的原则，学院出台并实施了一系列提高师资队伍能力水平的制度和优惠政策。依托国家、自治区两级教师培训项目，近几年累计完成国内外培训 1300 余人次，其中完成国家培训项目 70 多人次、省培训项目 150 人次，境外培训 40 人次，学院自主派出培训、企业挂职、其他高校挂职等 1000 余人次；聘请教育部、清华大学等单位的 100 余名专家、教授来学院讲学，有针对性地开展了爱岗敬业、师德师风、心理健康、课程建设与教学改革等方面的培训指导。聘请中国科学研究院过程工程研究所马淑花教授等多位国内外知名专家对学院粉煤灰研究等项目进行专业指导，对相关研究人员的业务能力与素质的提高起到很大作用。目前，学院师资队伍中，有自治区级突出贡献中青年专家、教学名师和教坛新秀 11 名，自治区级优秀教学团队 4 个，院级名师、杰出青年教师 30 名。各专业聘请行业企业优秀专业人才、能工巧匠等兼职教师、专业建设指导专家 151 人，基本形成了一支满足学院人才培养需要的专兼结合的师资队伍。

3. 改善实验实训条件，加强实践教学

结合学院专业建设实际，优化配置，整合形成了机电一体化实训中心、化工实训中心、能源与电力实训中心、畜牧业工程实训中心、医学实训中心、民族体育实训中心、民族艺术实训中心等与区域经济社会重要领域高度吻合的实验实训中心，先后投入近 2 亿元建设了学院康复医院、锡林河草原文化旅游度假

区、福达驾驶员培训中心、福达机动车检测中心等校内实训基地。这些融教学、实训、职业技能鉴定和技术研发等多种功能于一体的校内实践基地，实现学院教学环境与工作环境"零缝隙"对接，实现了教学过程和生产过程的紧密结合。

4. 创新校企合作办学机制，重视学生职业技能培养

在地区党委、政府的协调下，学院附属医院在锡林郭勒盟医院、锡林郭勒国际蒙医医院挂牌，选择生产设备先进、技术先进的100多家单位作为校企合作单位，与行业、企业共同开发课程达到96门，共同开发教材49种，按照"专业融入产业、规格服从岗位、教学对接生产"的原则，对机电一体化技术、焊接技术与自动化、畜牧兽医、食品加工技术等10个专业进行了"学徒制""厂中校""校中厂""订单培养"等培养模式改革，人才培养质量的针对性、时效性得到显著提高。

（四）坚持多层次、多渠道办学模式，培养多规格人才

学院已形成了高职、中职、继续教育、短期培训并举并重，学历教育与非学历教育协调发展的可持续发展办学格局。

1. 中、高级全日制职业教育实现了规模化发展

近年来，学院在校生数逐年增加，目前中、高级全日制职业教育在校生已达到14000多人。同时，毕业生就业率也每年稳定保持在95%以上，就业质量也不断提高。2014年学院被教育部评选为"全国毕业生就业典型经验高校"，2015年学院就业指导中心被自治区教育厅授予"全区普通高校示范性就业指导中心"称号。

2. 联合办学取得较大成效

与沈阳大学、沈阳农业大学、内蒙古农业大学、内蒙古工业大学、内蒙古民族大学、内蒙古医科大学、内蒙古科技大学、包头师范学院、辽宁工程技术大学、对外经济贸易大学等院校开展联合办学，设立了会计学、高级护理、蒙医学等30多个专业。

3. 成人学历继续教育工作稳步推进

充分利用学院技术人才比较集中和实验实习设备先进的优势，开展全盟

成人本专科学历教育、研究生学位教育和各类短期培训。在成人学历教育招生工作面临政策调整、生源萎缩严重的情况下，开拓新市场，寻求新途径，保持了目前的成人学历教育在校生数 7000 人以上水平。

4. 做好非学历培训教育工作

学院主动走出校门，深入机关厂矿社区，开展职工岗位培训、岗前培训、各类专业技能培训等。各类职业技能培训、鉴定涉及八大类 68 个专业，涵盖 121 个工种，每年完成职业技能鉴定 1 万余人次。

5. 留学生教育实现由派出向招收的转变

目前学院已成为自治区唯一开展国外学员培训的高职学院。2012 年以来，在积极发展对日留学生的同时，加强国际交流与合作，已有近 200 名来源于蒙古国、德国、加纳、俄罗斯和尼日利亚等国家的留学生在校学习。学院为 2000 多名蒙古国专业人员开展了"蒙医五疗术""现代畜牧业实用技术"等 12 个专业领域的技术培训，还与蒙古国、俄罗斯、德国等国家的 20 多所院校和科研机构签订了协议，在师资培训、互派留学生、科技合作等方面进一步开展合作。

6. 向社会开放教育资源

学院积极向公众开放体育中心、图书馆、综合实训室等资源平台，与社会共享资源，为地区人民的文体娱乐、继续教育、终身教育和创建学习型社会做出了积极贡献。

（五）开展农牧民培训，服务"三农三牧"

学院以职业教育优势反哺农牧区和农牧民，为推进城镇化建设、转移农牧区富余劳动力人口服务，培育了大批农牧区实用型人才，提升了脱贫致富的效果，促进了地区和社会稳定。

1. 加强区域合作，推动农村牧区职业教育发展

依托学院现有在师资、教学、实训等方面的资源优势，学院先后与盟内 13 个旗（县、市）签署合作办学战略协议，采取"2＋3"的形式开展长期合作办学，使旗县职教中心、职业高中避免了高额实训设备投入，发挥了自

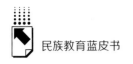

身基础教育的职能，解决了生源紧张问题。同时也形成了区域联动的职业教育合作办学模式，使就业能力不强的农牧民子女提高了综合素质，拓展了职业能力，确保了受训农牧民适应转移就业的需要，达到"培训一人，富裕一家；转移一户，带动一村"的效果。

2. 加强科技宣传，主动服务农牧民生产生活

学院充分利用专业教师优势，积极与内蒙古电视台蒙古语言文化频道的《身边科技》栏目组合作，已为十几位专业教师录制科技普及电视节目。现已播出关于"马的针灸治疗法""羊的机械化药浴与传统药浴""羊驱虫""风光互补发电系统使用与保养""风力提水机""剪毛机""汽车变速箱保养与维修""秸秆青储饲料"等内容的专题节目。由于这些节目对科学知识的普及、民族传统工艺的传承以及对农牧民生产和生活具有很大的技术指导作用，播出以后获得区内外许多观众的认可，甚至得到了蒙古国观众的好评。同时，又组织专人编写出版了涵盖现代新牧区家畜养殖、疫病防控、饲草料种植加工、牧业机械、畜产品加工、经营管理等内容的一套20册《现代牧民实用技术读本》丛书，为地区经济发展和牧民致富奔小康做出了贡献。

三 办学中存在的主要问题及解决措施

经过建校后十余年的努力，学院教育教学基本设施不断完善，综合办学水平有了大幅度的提升。但是，随着经济社会对人才素质要求的进一步提高和高等职业教育自身改革的不断深入，学院办学过程中也出现了一些问题。最为突出的就是在学院内部存在各部门间发展水平不平衡和学院育人体系结构性不合理的问题。

（一）专业布局中存在的问题

学院专业布局中存在的问题表现在以下两个方面。

一是设置专业较分散，布局有不合理之处。学院是由9所院校陆续合并而成，客观的历史因素导致了设置专业数量较多。现共有高职专业 40 个，分属 14 个大类，超出全区高职院校校均 19.2 个专业和分属 19 个大类的数量。从布局上看，专业设置过于分散，很多专业在师资或其他教学资源管理方面相对独立，造成了资源共享能力与抗风险能力降低。

二是生源向少数专业集中，各专业招生不平衡。近年来，学院护理专业每年招生 2000 人以上，占全院学生总数的 30% 以上。占比高的主要原因是本专业历史悠久、办学实力强、培养定位高（为京、津地区培养护理人才）、市场需求量大（与区域内医疗机构形成常年稳定的合作关系）、2008 年被确定为自治区品牌专业、2013 年成为首批自治区示范校中重点专业，且该专业毕业生就业形势好，2014 年应届毕业生就业率为 97.49% 等。此外，机电一体化、学前教育等少数专业也呈现生源相对集中的情况。生源向少数专业集中，各专业招生不平衡，增加了学院将来招生的潜在风险，优势专业招生一旦趋于饱和，可能导致其他专业招生衔接不及的状况。

对于上述问题，解决措施及建议如下：学院要以整体发展思路进行长远规划，加大专业调整力度，通过停招部分潜力不足专业和扶持发展前景广阔专业的方式使专业布局更趋合理。如通过对民族文化旅游、民族传统工艺等具有地方及民族特色的潜力专业的扶持来补充专业设置及课程建设方面的短板。与此同时，加大对专业群的建设力度，形成优势专业群。比如，在护理专业的基础上，对人才培养方向进行调整，逐步形成包括社区护理、乡村护理、助产、康复等在内的护理专业群。

（二）师资队伍结构中存在的问题

学院师资队伍年龄结构呈"哑铃型"，46～60 岁占 39.0%，36～45 岁占 18.6%，35 岁及以下占 42.2%。职称结构受此影响，也存在相应问题。师资队伍中"双师素质"教师的数量、质量均有待提高；"双师结构"的教学团队少；年富力强、教学经验丰富的专业带头人数量不足；缺少拥有丰富行业企业背景、能够产生明显带动作用的教学名师。

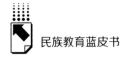
具体原因如下：①近几年，由于学院规模迅速扩大，教师数量增长较快，新进教师中青年教师居多；②学院在原9所老牌院校的基础上合并组建，诸多历史因素造成了师资队伍建设中的相关问题。

师资队伍结构中存在的问题，对教师队伍的新老衔接，最大限度地发挥教师教育教学整体作用有一定的不利影响。

师资队伍建设工作，要坚持"规模适度、优化结构、调整布局、提升内涵"的原则，在学生规模基本稳定的前提下，保持教师队伍总量的适度增长。具体改进措施包括：①加大对年轻教师专业培训力度，帮助他们尽快提高专业能力、知识水平和学历水平；②完善教师培训体系，以"双师素质"教师队伍建设为重点，提高"双师素质"教师比例，鼓励专业教师获取职业资格证书，培养一支教学能力与专业技能兼具的师资队伍；③以聘请行业、企业兼职教师为突破口，创新用人机制和师资队伍建设机制，以引进高端人才和专业带头人、教学名师，培养优秀教学团队、科研团队为重点，培育技术研发、文化研究高端人才。

（三）校企合作中存在的问题

学院在人才培养过程中与行业、企业和学校合作深度不够，校企共育共管的模式需要创新，校企双方共同开展的人才培养过程中专业建设、课程建设等能力不足、成果不突出，资源共享等方面还缺乏深入系统的有效合作。学生顶岗实习管理难度大，顶岗实习质量受到一定影响。

对于上述问题，可从以下两个方面予以改进。①根据《教育部关于推进高等职业教育改革创新引领职业教育科学发展的若干意见》（教职成〔2011〕12号），建立教育与行业对接协作机制，创新体制机制，探索充满活力的多元办学模式，形成学校、行业企业和地方政府多方参与、共同建设、多元评价的高职教育运行机制。②积极探索招生与企业用工相结合模式，进一步扩大"订单培养"规模，努力做到教学与就业岗位"零距离"对接，切实提高学生的职业技能和就业创业能力。

四 学院未来发展展望与策略

学院在未来的发展过程中，以立德树人为根本，坚持"成就每一个人"的办学理念，以"以服务发展为宗旨，以促进就业为导向，坚持走内涵式发展道路"为引领，以"促进学院可持续发展与服务区域经济社会发展，培养所需人才"为着力点，以"提高人才培养质量和促进学生就业与创业"为根本出发点和落脚点，以"团结、实干、改革、创新"作为强大内生动力，确保内涵建设和办学实力得到进一步提升，更加彰显学院办学特色，科学谋划适时完成"升本"工作。

（一）学院将实现二次提升发展目标

为确保本地区高等教育健康、可持续发展，为区域经济社会事业发展提供高素质、高技能专业人才，学院结合自己办学实际，根据锡林郭勒盟盟委行署的要求，在"十三五"期间着力实施二次提升工程，努力实现提升为应用型本科院校的发展目标。

1. 二次提升总目标

（1）在校生数量：全日制在校生达到 20000 人，其中全日制本科生 2000 人，高职高专在校生 12000 人，中职生 5000 人，留学生 1000 人。

（2）专业建设目标：力争在能源电力、畜牧、教育（包括体育教育）、医学方面形成 10 个本科专业的办学规模；形成能源电力、机械与加工制造、畜牧、民族文化、医学 5 个重点专业群，医学、民族文化、畜牧 3 个专业群成为国家重点专业群；新增航空、影视艺术、马术、电子竞技 4 个新的专业（群）。

（3）人才培养水平：办学综合实力、办学水平显著提升，取得显著经济和社会效益。学院整体实力进入全国高职院校 100 强，社会服务能力、创新创业能力进入全国 50 强；就业率稳定在 95% 以上，大学毕业生创业率超过教育部规定额度的 50%。

2.二次提升重点

（1）专业与产业结合。①在传统优势专业方面，以护理、康复、蒙医学等专业为依托，将医学类专业打造成国内同类专业中的品牌；将附属康复医院建设成为内蒙古自治区特色康复医院；建设一所容量达2000户左右的养老社区，并增设相应的社区大学，为社会提供高水平养老社区样板点。②在新开专业方面，在现有蒙古语言文化与艺术学院基础上，整合组建影视文化艺术学院，增设影视表演、编导等专业，形成新的专业群，培育新型文化业态人才，形成基地，助推本地区影视产业发展；抓住内蒙古作为国家推进发展通用航空试点的机遇，依托现有机电类专业基础，组建通用航空学院，增设飞行员、地勤服务、机务维修、空乘服务等通用航空类专业，促进本地区航空及航空服务新业态发展；以"中国马都"品牌为依托建设马术学校，增设马术专业，培养马术和马产业方面的专业人才，打造马的品种培育、驯养、竞赛等为主的马产业链；增设一所义务教育阶段附属国际学校，适应国际交流需要，提升适应国内外体育、艺术教育要求的国际化办学水平。

（2）社会服务。①研发服务。褐煤粉煤灰开发利用、生物工程、绿色食品加工等方面取得显著进展，每年获得10项以上的专利发明。②技术服务。利用现有实验实训设备和附属康复医院、食品药品检测中心等机构，打造有影响力的服务平台，为企业和社会提供技术服务。畜牧疫病远程诊疗技术服务团队开展面向全国的疫病诊疗服务，逐步开展面向蒙古国畜牧业的疫病诊疗服务。③社会科学服务。以游牧文化研究院、蒙古文化研究所等机构为平台，利用成吉思汗文献博物馆、马大正边疆文库等资源，在民族文化、区域历史文化研究等领域取得3~5项具有国家水平的成果，切实提升文化软实力和文化影响力。④文化服务。利用民族文化与艺术教学团队和体育场馆、音乐厅等教学设施，开展丰富多彩的文体活动，服务本地区群众体育文化事业。⑤人才培训服务。将自治区"对蒙人才培训基地"打造成对北开放的文化教育品牌，推出适合蒙古国经济社会需要的若干个成熟、高层次的培训项目。

（3）信息技术建设。结合教育部制定的《教育信息化"十三五"规划》精神，积极迎接"互联网＋"时代，促进信息技术与教育教学深度融合，完成技术水平提高与思维方式转变的双重变革，以加强信息化建设为传统地方高职院校发展的重要机遇与突破口，实现"弯道超车"。

加强学院开发的"蒙语授课教师信息技术应用能力提升平台"建设，进一步完善平台中的"蒙文组卷系统""在线考试系统""中小学课本素材""各类教学资源""电子图书馆""教师工作坊""名师讲堂""信息技术基础知识"和各学科"微课"等18个栏目的功能，提高蒙语授课师生在线学习、在线评价及在线调查能力，为全国各级各类蒙语授课学校实现智慧型教育发展战略服务。

（二）学院未来发展主要策略

1. 探索集团化办学道路，适应现代高职教育发展趋势

推进现代职业教育体系建设，深化高等职业教育办学体制机制改革，是提升高职院校办学理念、战略思维和科学决策水平的重要体现，而职业教育集团化办学是当前职业教育改革发展的新举措，也是现代职业教育发展的必然趋势。

学院以《教育部关于深入推进职业教育集团化办学的意见》（教职成〔2015〕4号）精神为指导，深刻领会职业教育集团化办学的科学内涵和运行机制，积极参与由地方政府、行业企业、事业单位、科研机构和兄弟院校共同构成的高等职业教育联合体运行机制，积极发挥高职院校应有的作用，加快推进集团化办学。学院将积极探索集团化办学的内在规律，倡导合作办学、合作育人、合作就业和合作发展理念，创新教育教学体制机制改革，深化现代职业教育体系建设。要积极引导行业企业、事业单位、科研院所在集团化框架内与学院优化整合资源，通过共同改革人才培养模式，共同制定人才评定标准，共建融生产性、教学性、研发性于一体的实训基地，共建共享研究中心、重点实验室及实验检测中心，共同开发教学资源，共同培训教师，共同开发教材，共同开展科技项目研究，促进与行业企业、事业单位和科研院所的深度融合，逐步适应现代职业教育办学趋势。

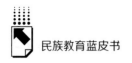
2. 提高自我完善能力，实现可持续发展

学院坚持走可持续发展道路，客观分析和面对现有发展状况，正确处理办学过程中诸要素之间的特殊关系，从而不断提高自我完善和自我提升能力。对此，必须实现"三个统一"。

（1）实现整体发展水平提高与内部结构优化的统一。学院经过十余年的发展，取得了令人瞩目的成就。但是，随着教育教学改革的深入，学院发展规模与内部结构缺乏协调一致的问题逐步显现出来，并成为学院未来发展中必须面对和解决的重大问题。

学院内部结构的改进和完善必须考虑整个高等职业院校的发展战略。在发展规模上，由数量扩展型向质量提高型转变；在办学形式上，将更加注重非学历教育规模的发展；在管理模式上，由资源管理向知识管理转变。具体来说，在调整和提升内部结构时，要全面考虑社会各种需求，主动适应社会结构、经济结构、产业结构和技术结构的变化，使学院内部结构的综合功能得到充分发挥。

（2）实现坚持特色办学与发挥自身优势的统一。学院在发展中逐步形成了一系列的特色，这些在长期的办学过程中积淀形成的、自身特有的和优于其他学校的优质风貌是学校的宝贵财富和资源。特色不仅是学院的重要标识，更是发展的核心竞争力。学院坚持"以特色铸就优势，用优势保障发展"的原则，充分认识自己的个性，凝练自身特色，将真正有竞争潜力的特色发扬光大，凭借特色优势、特色资源寻找最适合本校发展的道路。学院要把蒙汉双语教学优势、现有在校生规模、毕业生高就业率、针对地方经济社会建设和民族文化发展的专业设置、良好的办学声誉等自身特色真正转化为发展的有利条件，努力实现可持续发展。

（3）实现规模化发展与加强内涵建设的统一。坚持内涵发展是提升职业院校核心竞争力的决定性一步。学院将实现从规模发展到质量发展的转变，从粗放型发展到精细化发展的转变，从最初的模仿性发展到创新性发展的转变。具体来说，在办学过程中，从人力、物力、财力投入的规模化发展向更加注重教育思想、办学理念、制度、决策、管理、校园文化建设转变；

在教育活动内容中，从专业、课程及课时数量设置转向教育教学内容、方法的合理选择和设计以及教育教学科研能力的提高；在办学结果上，从强调学生毕业率、就业率、升学率转变为更加注重学生的身心发展水平、综合素质、适应能力以及可持续发展能力的培养。

学院在未来的发展中更加注重自身"软实力"的提升，使发展规模与提高质量和效益统一，学院每一项工作要精益求精，在发展动力上挖掘、利用和整合现有资源，用自身的创新形成内部变革的强大力量，实现可持续发展。

3. 坚持开放办学，培育适应社会需求的应用型人才

学院继续坚持多层次、多类型开放办学模式，继续向社会、向经济界和文化界开放，达到资源共享和共同发展的目的。

要扩大对外交流合作，服务国家"一带一路"建设和自治区"一带一堡""向北开放"发展策略。依靠学院现有的国内外合作院校，分层次、分步骤地重点建设与国内外各10所左右的学校以及社会机构、团体间长期稳定的战略合作伙伴关系。继续拓宽与蒙古国、俄罗斯、日本、德国等国家的教育合作领域。支持与合作伙伴院校之间开展校际互访、人员交流和科研等活动。

积极构建现代职业教育体系，办学层次实现突破，为学生多样成才搭建"立交桥"。在中专、专科层次高职教育基础上，依托联办"3+2"职业本科教育，积极争取学院自主招收职业本科生，实现办学层次的提升，并逐步扩大本科生招生规模。

拓展继续教育领域，服务终身学习型社会。继续办好电大与继续教育，及时掌握成人教育的发展变化动态，根据学生需求，与联办院校联合举办专升本、研究生等成人继续教育和网络与远程教育等形式多样的成人教育学历班；在满足人民群众对文化、体育及专业技能培训等方面要求的同时，开展形式多样的继续教育，扩大继续教育的规模与服务范围，为社会（社区）成员提供多样化、个性化学习与培训服务；要探索集教学、实习实训、技术服务、企业员工及农牧民培训于一体的教育教学模式，开创与企业"资源

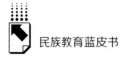

共享、合作双赢"的共赢局面；依托校外培训基地构成的培训网络，建立校企、校地、校军等战略合作伙伴关系，充分利用好国家相关政策，为行业企业进行各级各类专项技能培训和技术培训；针对市民、农牧民及企业员工的需求开展形式多样的生产、生活技术及法律知识普及等培训工作。

作为内蒙古地区高职高专示范院校，锡林郭勒职业学院正面临前所未有的历史发展机遇。学院将积极承担高等教育所赋予的使命，秉承以社会需求和就业为导向，服务地区经济建设的办学宗旨，紧紧围绕地方经济社会发展需要和产业布局开办专业，切实提高教育教学质量和科研水平，进一步增强核心竞争力，办人民满意的教育，努力把锡林郭勒职业学院全面建设成为区内一流、国内知名、特色鲜明的应用型本科院校！

B.23
阿荣旗民族教育工作调研报告

王贵和 *

摘　要：　呼伦贝尔阿荣旗少数民族乡共有 6 所学校，形成了包括学前教育在内的完整的基础教育办学体系。近些年学校的教学设施、教师队伍建设、民族团结教育及双语教学等进步明显，但在资金投入、师资培训、师资队伍、教育观念与文化方面还存在问题，需要从观念转变做起，不断解决存在的问题，持续提高民族教育质量。

关键词：　内蒙古　阿荣旗　民族教育　义务教育

阿荣旗是呼伦贝尔市的南大门，素有"粮豆之乡、肉乳故里、绿色宝库"的美誉。全旗总面积 1.36 万平方公里，人口 32 万，是全国文明县城、全国卫生县城，是英雄王杰的故乡，是东北抗日联军三进呼伦贝尔的主战场，被自治区人民政府确认为革命老区。旗政府所在地那吉镇是自治区十大魅力名镇之一。阿荣旗是以汉族为多数，满、蒙古、回、朝鲜、达斡尔、鄂伦春、鄂温克等 18 个少数民族聚居的旗县。全旗有 4 个少数民族乡（新发朝鲜民族乡、音河达斡尔鄂温克民族乡、得力其尔鄂温克民族乡、查巴奇鄂温克民族乡），少数民族人口 4.4 万。

---

* 王贵和，阿荣旗教育局局长。

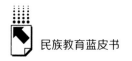

一　基本情况

阿荣旗现有各级各类教育机构 46 所、教育所属事业单位 3 所（考试中心、教育财务结算中心、学生资助管理中心）。教育机构中，义务教育学校 37 所（小学 20 所，初中 12 所，九年一贯制学校 5 所），公办幼儿园 3 所（不含 18 所乡镇小学附属幼儿园），普通高中、职业中专、特殊教育学校、青少年校外活动中心、教师培训中心、民办学校各 1 所。全旗现有教职工 2998 人，在校生 35000 余人。先后荣获"全国推进义务教育均衡发展先进地区""全国社区教育先进单位""全国职业教育先进单位""全国特殊教育先进单位""国家级农村职业教育和成人教育示范县"等荣誉。

全旗少数民族乡共有 6 所学校，其中，小学 2 所（音河小学、得力其尔小学）、初中 2 所（音河中学、得力其尔中学）、九年一贯制学校 2 所（朝鲜族学校、查巴奇民族学校）。民族乡小学有在校生 1558 人，专职教师 179 人；初中有在校生 345 人，专职教师 100 人。全旗少数民族学生共计 475 人。

二　主要的少数民族学校发展简史

（一）朝鲜族学校

新发村的朝鲜族村民绝大多数是从 1948 年开始，相继从黑龙江省牡丹江市、甘南察哈阳农场、内蒙古通辽市等地集体迁移到这里定居的。1948 年，在临时住地那吉屯借用日伪时期的草袋厂的厂房做教室，建立了朝鲜族民办小学，拉开了阿荣旗朝鲜族教育的序幕。当时只有 2 个教学班，2 名教师。

2005 年，在那吉屯二中院内新建了集教学用房和生活用房为一体的 1500 平方米的四层教学楼，朝鲜中学、新发朝鲜族小学和东光分校迁入新校舍，实现了三校合一。全校共有教职工 27 人，学生 57 人，教学班 7 个。

学校设有学生宿舍和食堂。

目前，学校实行"三语"（朝鲜语、汉语、英语）教学，现有教职工17人，1~5年级共5个教学班，学生58人，其中朝鲜族学生13人。

（二）音河中学

音河中学位于音河达斡尔鄂温克民族乡，始建于1932年7月。当时伪旗公署在"旧三站"建立起了第一所"旗立第五初级小学"。到1936年该校又被改为"旗立第一初级小学"。

中华人民共和国成立后，全乡教育事业蓬勃发展，民族教育呈现欣欣向荣的局面，到60年代初期增设初中部和高中部，改名"音河人民公社学校"。1970年改为独立初中，定名为"音河中学"。

70年代初期教育规模已经形成。1977年，由于受全国"上小学不出屯，上初中不出村"思潮的影响，全乡中学迅速发展到10所，初、高中在校生猛增到872名，其中达斡尔、鄂温克、蒙古族等其他少数民族学生281名，占在校生总数的32.2%。全乡中学教职工共66名，其中少数民族教师11名，占全乡中学教职工总数的16.7%。

1982年至今，受计划生育政策的贯彻执行以及人们生育观念的改变，加之学校布局的调整等多方面因素的影响，全乡各村（屯）的初中完全合并到乡所在地九三站。

目前，学校有4个教学班，在校生共计105名，其中少数民族学生21名，占在校生总人数的20%；在校住宿生74名；教职工34名，其中少数民族教师2名，占教师总人数的5.9%。

（三）音河小学

1947年由农会创办了一所小学，同年又先后兴办了2所小学，当时全乡共有5名教师、150名学生。

1956年，成立音河索伦达斡尔民族乡，共建6所学校，共有教师11名，其中达斡尔族3名、蒙古族1名；在校生180名，其中达斡尔族50名、

鄂温克族 20 名。

2016 年，音河小学综合教学楼落成竣工，中小学 600 余名学生进入新楼上课。

音河小学现有教职工 71 人，教学班 12 个，在校生 493 人，其中少数民族学生 107 人。现已将中小学资源整合，校区合并，中学院内新建教学楼 2600 平方米，维修各种功能室 16 个，小学院内兴建 1820 平方米学生宿舍楼、1470 平方米的教师周转宿舍和 1053 平方米的体育馆，维修了 503 平方米的学生食堂，合并后的音河民族学校布局合理、功能齐全，逐步向管理科学化、教师专业化、设备现代化迈进。

（四）查巴奇民族学校

1970 年以前，查巴奇乡没有初级中学，小学毕业生绝大多数回家务农。1970 年，查巴奇中学正式建立，只开设初一 1 个班级，学生仅 12 人，校舍是村中一个废弃多年的三间土坯毛草房。1971 年，开设了初一、初二两个班级。

目前，学校校园面积为 7.045 万平方米，校舍建筑面积为 5705.5 平方米，其中教学楼 2892 平方米，厨房餐厅 270 平方米。全校现有 19 个教学班，701 名学生。全校教职工共 91 人，其中专任教师 90 人，教师学历合格率为 100%。现有民族幼儿园 1 所，乡所在地还有 3 所个体幼儿园。现有在园幼儿 140 名，教职工 13 名。

（五）得力其尔中学

1965 年，在得力其尔中心小学的基础上成立了得力其尔中学，隶属中心小学领导。当时只有 1 个班，22 名学生，其中女生 5 名、少数民族学生 2 名。

1998 年，学校买地扩建校园 15000 平方米，建成了一幢四层教学楼。2010 年，"校安工程"为得力其尔中学新建一栋教学楼，并加固了旧教学楼。

2002 年，办学规模达到高峰，共有教学班 17 个，学生 908 名，教职工52 名。

（六）得力其尔小学

1949 年，得力其尔管区小学合并为 4 所。1954 年，得力其尔管区共有小学 6 所，学生 437 名，教师 8 名，其中鄂温克族教师 1 名。

2016 年，得力其尔小学搬迁至得力其尔中学教学楼，在原址建设了现代化的民族幼儿园教学楼，建筑面积 1300 平方米，总投资 240 万元，进一步改善了得力其尔乡民族幼儿园的办学条件。

三 取得的成就

近年来，在各级党委、政府的正确领导下，全旗教育战线以高度的政治责任感和历史使命感，坚持"优先重点"的发展方针，在民族教育工作方面取得了巨大成绩，为促进民族团结进步、实现共同繁荣发展做出了重要贡献。

（一）教学条件不断改善

近年来，是民族教育投入最多、资助力度最大、办学条件改善最显著的时期，健全了义务教育保障机制，完善了资助政策体系，对各学段寄宿民族学生全部给予生活补助，对家庭经济困难学生做到了应助尽助，真正实现了义务教育的免费教育。先后实施了中小学校舍安全工程、农村义务教育薄弱学校改造计划、学前教育三年行动计划等重大工程，民族学校办学条件得到明显改善，学校已成为民族乡镇一道亮丽的风景线。目前，少数民族在校生所占比例超出其人口所占比例，各项主要教育指标均高于全旗平均水平，少数民族受教育规模和程度实现历史新高，为全旗经济发展、民族团结、社会稳定、边疆安宁做出了应有贡献。

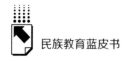

（二）教师队伍建设不断加强

坚持把提高教师水平作为发展民族教育的重中之重，通过定向培养、交流轮岗、培训进修等多种方式，先后实施了"特岗计划""国培计划"和乡村教师支持计划、农村教师周转房建设等项目，向民族乡镇倾斜，进一步提升了民族教育教师队伍的整体素质，民族乡镇教育质量得到稳步提升。民族中小学、幼儿园专任教师学历合格率高于全旗平均水平，成为提高民族教育质量的"关键先生"。

（三）民族团结教育深入开展

民族团结是各族人民的生命线。全区教育系统和各级各类学校按照打牢中华民族共同体思想基础的要求，广泛开展中国梦、社会主义核心价值观、中华优秀传统文化教育，积极推进"三个离不开""五个认同"的思想意识教育和党的民族理论、民族政策相关知识"进教材、进课堂、进头脑"，不断丰富民族团结教育内容，着力创新民族团结教育形式，积极推动民族团结教育常态化，使各级各类学校成为促进各民族人际交往、感情交流、文化交融的重要阵地。

（四）双语教育全面推进

认真贯彻落实党和国家的民族语言文字政策，贯彻落实《内蒙古自治区蒙古语言文字工作条例》，依据法律、遵循规律、结合实际，积极探索多种形式的双语教育模式，稳步推进少数民族语言文字教学和国家通用语言文字教学。个别学校探索了三语教学，即汉语、民族语言和英语，取得了良好效果。总体上看，接受双语教学的学生数量止跌回升，双语教育质量不断提高。

（五）民族教育政策支持不断强化

旗委、旗政府始终把发展民族教育作为提高全旗少数民族科学文化素养、传承繁荣民族优秀传统文化、维护边疆和谐稳定的重要基石，不断提高政策支持的含金量。始终坚持"优先重点"发展方针，即事业发展规划优先谋划民族教育，财政资金投入优先保障民族教育，公共资源配置优先安排民族教育，从政策设计、经费支持、资源配置等方面向民族教育倾斜，在办学条件改善、学生资助、就业、教师队伍建设等方面予以重点保障。组织实施了"民族教育发展水平提升工程""少数民族专业技术人才特培计划""少数民族高层次骨干人才计划"等重大工程，有力推动了民族教育又好又快发展。在规范和减少高考加分后，继续保留对蒙古族、鄂伦春族、鄂温克族、达斡尔族考生实行加分录取政策，对少数民族学生升高中实行加分政策。在事业单位招聘时，对少数民族考生实行加分政策，进一步拓宽了少数民族毕业生就业渠道，提升了少数民族毕业生的就业能力和就业质量。

在国家、自治区、呼伦贝尔市、阿荣旗各级党委、政府的高度重视下，全旗民族教育经过几代人的艰苦努力取得了辉煌的成就。朝鲜族学校先后荣获呼盟民族教育先进校、盟级文明单位等殊荣；查巴奇民族学校先后获得呼盟民族教育先进校、市级文明单位、自治区档案工作二级先进单位等荣誉；得力其尔中学先后荣获盟级义务教育模范校、机关档案工作目标管理自治区二级先进单位、旗级绿色学校等荣誉；音河小学先后荣获盟级文明单位、盟级义务教育示范校、市级小学语文整体改革先进学校、全国小学课堂教学先进校、市级少先队红旗大队、自治区优秀实验学校、全国教育改革创新发展基地试点学校等荣誉；音河中学先后获得盟级文明单位、自治区特色教育示范校等荣誉。

在全旗民族教育大发展的背景下，民族乡镇也涌现出一大批优秀人才。得力其尔乡鄂温克族少年边强为救4名落水同学献出了年仅13岁的生命，被呼伦贝尔市、阿荣旗两级党委、政府评为见义勇为道德模范，被自治区评为第二届"感动内蒙古人物"，被民政部授予"革命烈士"称号。查巴奇民族学校蔡奇和于海晴同学在北京参加青年艺术英才全国总决赛，获得金奖。音河中学"清蓝轩"文学社团被授予"自治区青少年优秀文学社团"称号。

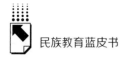

民族教育蓝皮书

四 发展现状

阿荣旗高度重视少数民族乡教育的发展，优先发展民族教育，发展态势良好。

（一）学前教育

阿荣旗不断加大学前教育投入力度，积极鼓励和引导社会力量参与，形成了以公办园为主导、民办园为补充的公办与民办相结合的办园格局。目前，全旗共有民族乡幼儿园6所，其中，民族乡学校附属幼儿园3所，民办幼儿园3所。民族乡幼儿园学前两年、三年毛入园率分别为92.3%和89.2%。总体来说，近年来呈现两个特点。一是公办幼儿园迅速发展。得力其尔乡民族幼儿园是一类甲级幼儿园，2007年投入资金30万元建成，建筑面积275平方米，共有4个幼儿班；音河乡民族幼儿园是市级示范园，2010年新建，共4个幼儿班；查巴奇乡民族幼儿园是市级示范园，2012年投入资金35万元改扩建而成，建筑面积210平方米，共3个幼儿班。3所公办附属幼儿园共有在园幼儿263名，教师27名，配备了相应的幼儿图书、玩教具，教室宽敞，教育教学设施较为齐全。二是民办幼儿园办园水平不断提升。通过"名园长"工作室、"手拉手"活动等，鼓励和引导民办幼儿园发展和壮大，成为公办幼儿园的有力补充。3所民办幼儿园中，查巴奇鄂温克民族乡2所，音河达斡尔鄂温克民族乡1所，在园幼儿共150名。

（二）义务教育阶段

阿荣旗认真落实民族教育相关政策，设立民族教育发展专项资金，以义务教育均衡县创建为契机，积极改善办学条件，加强教师队伍建设，开展具有民族特色的教研活动，不断提高少数民族学校的办学水平。主要表现在以下几个方面。一是少数民族学生入学得到优先保障。严格实行划片就近入学政策，并优先满足少数民族学生的入学需求，实现少数民族学生零辍学。少数民族小学有在校生 1558 人，其中蒙古族 149 人，少数民族小学入学率达 100%，升学率达 100%；少数民族初中有在校生 345 人，其中蒙古族 14 人，少数民族初中毛入学率达 100%，升学率为 89%。二是民族乡镇办学条件得到改善。2012 年以来，累计投入资金 2727 万元改善民族学校办学条件。2012～2015 年民族学校校舍建设与安全改造工程分别投入资金 41 万元、103 万元、1098 万元、1185 万元，新建了民族幼儿园 1 所，民族学校教学楼、风雨场馆、学生宿舍楼各 1 栋，学生食堂 2 栋，教师周转宿舍 3 栋，并维修了部分校舍；民族学校标准化建设投入资金 300 万元，6 所民族学校中，已有 2 所通过标准化学校验收。三是民族教育师资队伍得到加强。实施了校长交流制和末位淘汰制，2015 年将 3 所成绩靠后的民族学校校长予以免职。实施奖励性绩效考核机制，有效提高了教职工的工作热情。完善教师补充长效机制，通过公开招聘，近两年为 6 所民族学校考录教师 37 名。加大对民族教师的培训力度，近三年民族学校参加盟市级以上教育行政部门组织的培训的教师 256 人次，培训比例达 90%，有效保证了民族教师素质逐年提高。四是民族教育助学政策得到有效落实。认真落实义务教育阶段寄宿制学生助学金制度，同时助学金向民族学校倾斜。2013 年中央、自治区、旗级共发放助学金 771.7 万元，其中，为民族学校 991 名学生资助 107.05 万元。2014 年自治区投入民族教育助学金 40 万元，补助少数民族学生 1600 名。"十二五"期间，得到上级民族教育专项资金 50 万元，用于得力其尔中学仪器设备购置、教师培训，受益学生 724 名。地方财政每年安排民族教育专项资金 31 万元，实现了专款专用。五是少数民族文化得到大力弘扬。推进和规范民族学校双语教学，推进民族学校课程改革，通过招录教师实行少数民族考生加分政策及外聘少数民族教师等方式解决了师资短缺问题。朝鲜族学校开设了朝鲜语课程、朝鲜族民俗文化和礼仪课程，查巴奇民族学校开设了鄂温克语研习班，音河中学开设了达斡尔语课程，重点发展和保留少数民族语言文字。朝鲜族学校

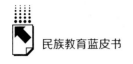

还通过环境创设、开展民族歌曲比赛和朝鲜族文化知识竞赛等方式，深度挖掘民族文化元素，大力弘扬、保护和传承民族文化、民族语言和民族艺术，创建特色学校。

五　存在的问题

从阿荣旗民族教育事业取得的发展成果来看，民族教育发展成效显著，但与全区相比，还存在许多差距和问题，制约着全旗民族教育事业的持续发展。

（一）重视不够，民族教育地位还不够突出

在党和政府对少数民族的关怀和大力支持下，民族教育事业得到了较快发展。但是，受经济发展的制约以及人们传统价值观念的影响，少数民族乡镇的人民群众以及乡镇政府对教育重要性的认识还不够，急功近利的短期行为阻碍了少数民族乡镇基础教育的发展。与其他地区相比，民族教育特殊政策还不到位，特殊地位还不突出，特色发展还不明显。

（二）投入不足，民族教育基础设施相对薄弱

由于各级财政设立的发展民族教育的专项补助资金不足，同时，阿荣旗生产力发展水平较低，经济发展缓慢，财政自给率低，教育长期投入不足，加上少数民族地区教育事业基础薄弱，办学硬件设施建设欠账较多，经费缺口较大，严重制约着少数民族教育事业的发展。民族乡镇中小学校舍、实验室、图书馆严重不足，普遍缺乏实验仪器、图书资料，与一般乡镇相比，教育基础设施更为薄弱。

（三）缺乏培训，民族教育师资力量非常薄弱

由于民族乡镇生活条件和工作条件艰苦，特别是偏远的民族乡村教师很难安心于教学工作，教师流动性高，民族教育师资编制短缺，特需教师严重

缺乏，很多学校无专职音、体、美教师，严重缺乏学历合格的民汉"双语"和民族民间文化特需教师，教师跑教、走教现象十分普遍，严重制约了民族乡镇教育教学质量的提高。

（四）民族教育观念相对滞后，生源不足

当前，阿荣旗少数民族人口比例高，劳动者的科技文化素质相对较低，一些家长、群众对发展教育重视不够，认为读书无用，加上广大少数民族群众居住分散，送子女上学接受教育的积极性不高，导致民族学校普遍规模偏小、班额不足，办学效益低下。办学思路与指导思想也相对落后，办学活力不足，有关政策规划和法规未能有效实施，影响了教育改革进程。

（五）师资不足，双语教学实施困难

在双语教学方面，虽然经过多年的实践并取得了很大的成就，但是大多数民族由于教育条件的限制，双语教学仍面临很多困难。在少数民族地区能用双语进行教学的教师比较缺乏，双语师资培训机构较少。在少数民族小聚居区、散杂区则缺乏民族语教师，致使民族语言班不能开设，影响了民族学生的民族语言学习。在岗的双语师资缺乏学习、进修的机会，教学水平很难得到提高，严重影响了双语教学的开展和民族教育的质量。当前的双语课程资源还不够丰富，双语教材、教学参考书及课外阅读物等种类偏少，网络教学资源也亟待开发完善。

（六）民族文化教育匮乏，教育体系不完善

专项经费支持不足，专门教师、教材和教学设备不够齐备，开展民族文化教育缺乏整体性、连续性、稳定性和系统性。少数民族地区学校的德育、政治思想教育，特别是爱国主义教育和党的民族宗教政策的教育有待于进一步加强，学前教育、社会教育、家庭教育、职业技术教育也相对薄弱。

六 对策及建议

（一）加强宣传，提高对民族教育事业的认识

克服旧的教育观念，正确认识教育功能，树立民族繁荣、教育领先的思想，把发展民族教育放在突出的战略位置。通过广播、电视、报刊、标语、会议等形式，大力宣传《中华人民共和国义务教育法》及其实施细则，使《中华人民共和国义务教育法》家喻户晓。努力抓好"三教统筹"和"农、科、教"结合，抓好科技致富典型的宣传，使群众亲自感受到教育对经济发展、脱贫致富的巨大作用，深刻认识发展民族教育事业的重要性，改变轻视知识的错误观念。在政策上对民族乡镇基础教育给予优惠，努力营造重视基础教育、支持基础教育的良好环境，牢固树立"教育兴旗"思想，使广大群众都来热爱民族教育、关心民族教育、支持民族教育。

（二）加大投入，拓宽民族教育事业融资渠道

继续加大对民族地区教育事业的投入力度，改善办学条件，鼓励民族乡镇学校适度超前发展。积极建立公共财政体制下的民族教育投入机制，逐步提高民族教育经费的支出比例，做到财政投入与民族教育事业发展相一致。推行普通高中招生对少数民族考生倾斜政策，确保少数民族在普通高中就读的人数比例不少于少数民族人口所占的比例，使民族乡镇教育在县域内保持均衡发展。同时，在认真落实和兑现"两免一补"教育专项资金的基础上，设立民族教育专项资金和贫困学生助学金、奖学金，组织开展帮困济贫活动，提高民族乡中小学学生入学率，减少失学、辍学人数。鼓励多渠道、多形式筹集民族教育资金，特别是引导民间资金加大向民族教育的投入，比如成立民族教育彩票基金为民族教育筹措资金；发动私营企业和个人募捐等活动，增加对民族教育的投入。同时，加强监督管理制度，形成合理的监督机制，保障资金的有效使用。

（三）合理布局，不断优化配置民族教育资源

关注西部民族教育的地方差异以及多元文化特点，构建既能满足国家需求也能适应西部民族教育发展的现代学校教育。加强民族乡镇义务教育的管理，科学合理地做好学校的发展、布局规划，合理调整民族乡镇中小学校布局，优化教育资源，提升办学条件和教育教学水平。根据民族乡学校的地理位置、人口分布、师资等办学条件，在每个民族乡政府所在地积极创办中心幼儿园，大力发展学前幼儿教育。强化师资力量，切实解决城区少数民族学生上学难的问题。重视支持民族学校的发展，重点办好一所民族小学和民族中学，把民族学校办成基础教育的示范校。同时，为了拓宽少数民族学生的就业渠道，应大力发展民族职业教育，培养地区发展需要的多方面人才。

（四）改善师资待遇，提高民族师资水平和办学质量

教师待遇直接影响着民族教师队伍的稳定，今后应大力提高乡村教师的社会地位和经济待遇，解决教师住房难、子女就业难、求医难等实际问题。同时，做好教师的思想工作，让他们安心于民族教育岗位。

对少数民族地区农村教师定期进行培训，扎扎实实地做好民族教育师资的基本功训练及考核工作。遵循分级培训原则，采取多种形式积极培养民族地区的"双语"教师、民族民间文化教师、幼儿和学前"双语"教师，提高他们的学历和教学水平。

（五）重视双语教学课程资源的开发与利用

切实把双语教育作为少数民族教育的基本教育形式，加强双语教学课程资源的建设，大力开发贴近生活贴近时代的双语教材、教学参考书、课外阅读物，发掘少数民族文字的网络课程资源。在双语教学中采用"民汉交融"的教学方法，使少数民族儿童从小接受民汉两种语言的教育，从而达到"民汉兼通"的目标。根据学科特点，如体育、音乐、美术、社会实践等课程要求动手动口能力较强，充分体现少数民族能歌善舞的特点，采用母语进

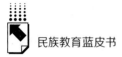
行教育教学，有利于保护少数民族的文化特色。针对人口较少的少数民族，在幼儿园和小学低年级时，以母语为启蒙语言，同时加授汉语课，小学高年级则采用汉语授课模式。这样既能保持和发展本民族的传统文化，又能与主体民族同步发展。面向少数民族学生开设语言文化课程，让学生了解自己民族的历史、传统和文化习俗，热爱自己的母语。

B.24
内蒙古师范大学附属中学
三语教学调查报告

张 伟　乌仁图亚　特木尔巴根　额尔敦巴雅尔　宋丽霞　张志刚*

摘　要： 内蒙古师大附中蒙语授课学生在双语教学的基础上实施三语教学已有20多年，形成了较成熟的教学体系和管理模式。学校注重环境育人，关注学生能力提升，不断提高师资水平，结合信息技术探索新的教学模式。但在创造蒙古语学习机会、提高学生综合能力以及保证师资力量等方面还有改进空间，需明确目标继续保持高水平民族教育。

关键词： 内师大附中　蒙古语授课　三语教学

一　内师大附中三语教学的发展历程

内蒙古师范大学附属中学（简称"内师大附中"）是"全国基础教育名校"，是自治区一所蒙汉合校的民族中学，是自治区首批重点中学和首批示范性普通高级中学，是具有地区特点、时代特征和民族特色的自治区窗口学校。该校的蒙古语授课部在三语教学中以民族性、示范性、前瞻性的优势，成为自

---
* 张伟，博士，内蒙古师范大学附属中学校长，教授；乌仁图亚，内蒙古师范大学附属中学党委书记，副高；特木尔巴根，内蒙古师范大学附属中学教科处主任，正高；额尔敦巴雅尔，内蒙古师范大学附属中学教务处副主任，副高；宋丽霞，内蒙古师范大学附属中学教研组组长，副高；张志刚，内蒙古师范大学附属中学学生处主任，副高。

治区双语教学的典范，为自治区民族教育事业的发展和进步做出了重要贡献。

内师大附中的三语教学至今已走过了 50 多年的历程，取得了许多骄人的成绩（见表 1），这与党的正确的民族教育政策是分不开的。例如，学校蒙古语授课部的所有学生入学全部减免学费，每生每学期补贴生活费 1000元，生活困难的学生还发放一定数量的助学金，这使得蒙古语授课部的学生可以安心学习，无后顾之忧。可以说，内师大附中从一棵幼苗成长为参天大树，本身就是党的民族教育政策光辉照耀的结果。一批批来自草原的农牧民的孩子，从这里起飞，成为国家的栋梁之材。

表 1　内师大附中三语教学基本情况（2016 年）

学校类型	蒙古语授课学生数量（人）	教师数量（人）	蒙古文图书（册）	蒙古文期刊（本）	学校建筑面积（平方米）
蒙汉合校	844	71	21829	144	76000（含校安工程）

双语或双语现象的出现，是由多民族社会的语言背景和实际交流需要决定的。内师大附中的三语教学是专门为少数民族学生而设的，在母语或第一语言学习的基础上学习掌握不同语言的教育形式。在学好母语的同时，能学习并使用国家通用语——汉语，加授一门英语。

（一）初中三语教学的发展

内师大附中在建立之初，面向呼和浩特市区招收蒙古族应届小学毕业生，分为两种教学模式：城市加授蒙古语班和城市蒙古语授课班。前者与汉授初中基本相同，加授一门蒙古语，不设外语；后者所学课程多以蒙古语讲授，增加一门汉语文课程。之后，受"文化大革命"影响，城市蒙古语授课初中班停办；城市加授蒙古语班也出现诸多问题。从 1985 年起，加授蒙古语班的学生分散到汉授初中班学习，学习蒙古语时再将学生集中起来授课。

1990 年 7 月，经自治区教育厅批准，学校恢复城市蒙古语授课初中班招生，采用蒙古语授课为主、加授汉语的双语教学模式。每年招收 30 人左右，生源主要来自呼和浩特市兴安路民族小学。2000 年后，初中增加英语课，配备专职英语教师。1994～2004 年，蒙古语授课初中部共毕业 11 个班 514 名毕业生，其中 90% 的升入本校蒙古语授课高中部，少部分进入其他同级同类中学以及其他中等专业学校。截至 2014 年，初中每个年级一个教学班，2015～2016 年初一、初二增加为两个教学班。近些年，附中蒙古语授课初中班的中考成绩在呼和浩特市持续名列前茅，得到社会各界的充分肯定，到师大附中上蒙古语授课初中已成为呼和浩特市许多蒙古族家长和学生的美好愿望。

（二）高中三语教学的发展

学校最初建立时，面向呼和浩特市区招收蒙古族初中毕业生，分为两种教学模式：城市蒙古语授课班，以蒙古语授课为主，加授汉语，不设外语课；城市加授蒙古语班，课程与汉授高中相同，加授一门蒙古语，不设外语课。学生高考不考外语，以蒙古语文成绩计入总分。

1963 年 9 月，经乌兰夫主席倡导，自治区教育厅批准，内师大附中每年从牧区招收 50 名学生（称“牧区班”），以蒙古语授课为主，学校发给蒙汉两套课本。教学计划、教学大纲及教材与汉授班基本相同，加授汉语文，选修外语（英语或日语）。“文化大革命”开始后，城市蒙古语授课班停办。1980 年，在自治区政府关怀下，教育厅决定恢复附中蒙古语授课高中班招生。每年从内蒙古西部 5 个盟市招收 100 名学生，以蒙古语授课为主，加授汉语。1983～1993 年，蒙古语授课班培养毕业生上千名，升学率高达 93.2%，考入重点大学和汉授专业的学生比例非常高，先后有 10 人获自治区蒙古语授课高考状元。

1992 年，为使蒙古族学生在未来的人生中获得更广阔的发展空间，内师大附中蒙古语授课高中部决定在全区率先创办理科英语实验班，即蒙古语、汉语、英语教学实验班。从 1996 年开始，面向全区 12 个盟市招生，每年招收 120 名高中生。从 1998 年起，招收少量甘肃省籍蒙古族学生。1995 年到 2016 年，内师大附中蒙古语授课高中部为国家重点高校和区内高校输送了大批蒙汉双语兼通并有一门外语基础的高素质人才，毕业生中有 23 人考入清华大学和北京大学。目前学校三语教学高中部共有 15 个教学班，共计 525 名学生。

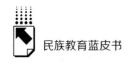

1984～1988 年，内师大附中受自治区教育厅委托为东北师大、内蒙古师大、内蒙古医学院、内蒙古工学院、内蒙古林学院代培民族预科班四期共 263 人，并先后为新疆、甘肃、青海等兄弟省区培养出 200 余名考入大学的高中生。现在学校每年从甘肃省肃北蒙古族自治县招一名高一新生，学校还与新疆巴音郭楞蒙古族自治州建立了兄弟学校关系。

总体来看，内师大附中初高中三语教学模式大体上经历了几个阶段。一是双轨制阶段，蒙古语授课为主，加授汉语；汉语授课为主，加授蒙古语；两种模式同时进行。这一时期外语属于选修科目。二是汉语授课为主的教学阶段，采取以汉语授课为主、兼顾蒙古语学习的双语教学模式。三是蒙古语授课为主的阶段，采取以蒙古语授课为主，加授汉语、英语的教学模式。事实证明，以蒙古语授课为主，加授汉语、英语的教学模式是适合学生发展的成功模式，是双语教学在新形势下的成功实践。

当前，内师大附中蒙古语授课高中部已成为自治区三语教学的典范，区内外许多学校纷纷效仿。该校的教学水平、管理水平、培养水平均得到社会的普遍好评。

二 内师大附中三语教学的成就

进入 21 世纪，第一次全国教育工作会议印发的《国家中长期教育改革和发展规划纲要（2010～2020 年)》第九章第 27 条指出，"全面提高少数民族和民族地区教育发展水平。公共教育资源要向民族地区倾斜"。"支持民族地区发展现代远程教育，扩大优质教育资源覆盖面。"内师大附中积极响应国家的教育改革号召，努力办好让人民满意的教育，大力推进三语教学在新时期的工作。

学校本着抓质量、重实效、创特色的发展宗旨，立足于首府呼和浩特，将丰富的民族教育资源辐射到全自治区。以提高学业水平为基础，以提升学生自主管理能力和综合素养为重点，以激发学生潜力实现全面发展和长远发展为目标，依靠集体智慧摸索新颖而富有活力的教学方法，成功开创蒙古语、汉语、英语教学实验班。在 20 多年的教学实践中，三语教学以成熟的体系、先进的管理模式彰显出巨大优势，学生的成绩在自治区三语教学领域一直保持较高水平。

（一）以高质量打造三语教学品牌

内师大附中从蒙古语、汉语、英语教学实验班的教改开始，致力于打造自治区三语教学品牌，带动了自治区同级同类学校争先创优的积极性。学校一直重视学生各科的均衡学习，努力提高学生学业水平，历届初高中毕业生均取得了较为理想的成绩。蒙古语、汉语、英语理科实验班模式荣获 1996 年"全国师范院校基础教育改革实验项目优秀成果三等奖"，成为自治区民族中学大力推广的成功模式，吸引了许多来自国内外、区内外的同行前来观摩学习。如：蒙古国国立师范大学参观团、新加坡华文教研中心先后到校参观，新疆、青海、辽宁、吉林等地的同行，鄂尔多斯市伊金霍洛旗蒙古族学校、通辽市蒙古族中学、西乌旗民族中学等同行也曾陆续来校考察。

双语教学的品牌效应建立在教学质量稳定上升的基础上。以近几年中考、高考的三语成绩为例。

第一，近四年初中毕业生的蒙古语文、汉语文、英语三科成绩，平均分在呼和浩特市一直处于领先位置。

表2　2013～2016 年中考内师大附中蒙古语文、汉语文、英语平均分情况

年份	蒙古语文	汉语文	英语
2013	89.6	98.3	66.4
2014	91.9	83.1	69.3
2015	90.5	92.6	76.3
2016	84.5	98.0	72.7

第二，近四年学校高中三语毕业生一本率连续达 100%，升入"985"名校的比例较大，三次获全区蒙古语授课理科总分状元，2015 年获文理科总分双状元，2016 年获文科总分状元。

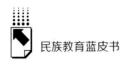

表3　内师大附中高考总分、三语单科的平均分的全区排名及升学情况

2013 年高考总分、三语单科的平均分的全区排名及升学情况					
班级		1班(理)	2班(理)	3班(普理)	4班(普文)	5班(文)
总分全区前十		9人(共 12 人)			5人(共 11 人)	
总分	平均分(分)	561.6	554	449	393.2	510.9
	全区排名	1	2	1	1	1
蒙古语文	平均分(分)	117.6	121.1	115.7	114.1	125.7
	全区排名	13	4	1	2	1
汉语文	平均分(分)	140.9	141.3	136.5	136.5	141.5
	全区排名	2	1	1	1	1
英语	平均分(分)	119.5	120.7	82.1	66	107.7
	全区排名	2	1	1	1	1
升学	汉授重点率(%)	94.29	97.14	25.00	7.32	85.29
	蒙授重点率(%)	100.00	100.00	100.00	85.37	100.00

2014 年高考总分、三语单科的平均分的全区排名及升学情况					
班级		1班(理)	2班(理)	3班(普理)	4班(普文)	5班(文)
总分全区前十		9人(共 14 人)			6人(共 10 人)	
总分	平均分(分)	563	570.7	447.9	437.9	545.64
	全区排名	2	1	1	1	1
蒙古语文	平均分(分)	127.28	132.09	117.96	125.03	132.76
	全区排名	5	1	5	1	1
汉语文	平均分(分)	142.51	142.15	138.57	140.41	143.03
	全区排名	3	4	2	1	1
英语	平均分(分)	121.6	127.5	90.57	82.83	122.31
	全区排名	2	1	1	1	1
升学	汉授重点率(%)	94.12	100.00	14.00	9.38	75.76
	蒙授重点率(%)	100.00	100.00	94.00	96.87	100.00

2015 年高考总分、三语单科的平均分的全区排名及升学情况					
班级		1班(理)	2班(理)	3班(普理)	4班(普文)	5班(文)
总分全区前十		9人(共 11 人)			8人(共 12 人)	
总分	平均分(分)	539	544	403	415	516
	全区排名	2	1	1	1	1
蒙古语文	平均分(分)	113.6	117	99.7	110.4	121
	全区排名	2	1	6	1	1

续表

2015 年高考总分、三语单科的平均分的全区排名及升学情况					
班级	1 班(理)	2 班(理)	3 班(普理)	4 班(普文)	5 班(文)
总分全区前十	9 人(共 11 人)			8 人(共 12 人)	
汉语文　平均分(分)	138.6	138.2	137.1	136.4	139.3
汉语文　全区排名	1	2	1	1	1
英语　平均分(分)	120.4	117	73	72.1	111.1
英语　全区排名	1	2	1	1	1
升学　汉授重点率(%)	94.44	100.00	13.21	0.00	88.46
升学　蒙授重点率(%)	100.00	100.00	100.00	100.00	100.00

注:1 班、2 班、5 班在全区范围内以班为单位进行比较;3 班、4 班在全区非重点班范围内以学校为单位进行比较。

从以上数据可知,内师大附中高中双语毕业生的高考总分、单科平均分、升学重点率在自治区均名列前茅,且三语优势明显,充分实现了学生各科学业水平的整体提升。

近年来,学校对蒙古语授课部的硬件建设加大投入。即将竣工的教学大楼为蒙古语授课部开辟了独立的教学区,有设备先进的多功能教室,教室内配备 84 英寸大屏幕电子黑板,全校实现网络全覆盖。大力发展线上教学,远程同频互动。蒙古语授课教学区在走廊文化中加大民族元素,体现蒙古族文化的风貌。学校为蒙古语授课部教师统一定制了民族服饰,提供营养早餐。学校还拟建少数民族民俗馆,充分展示少数民族生活习俗。校内众多的社团活动有效促进了蒙汉学生之间的交流,营造了多元语言学习环境。利用微信与网络技术,学校开展了"一起学蒙古语"活动,对于不同民族的教师之间和师生之间的沟通交流起到了良好的促进作用。

(二)奠定学生终身发展的坚实基础

1.注重人文环境育人的作用

学校历来重视校园文化建设,在软件和硬件方面都注重突出民族性、时代性、教育性。

学校利用地处大学区的独特优势,定期组织学生走进高校,了解高等院

校的科研和教学情况，对学生选择未来的专业和职业发展方向起到了良好的引导作用。

内师大附中始终以"立德树人"为办学宗旨，学校的各项活动均以培养品德高尚、人格健全的毕业生为出发点和着力点，尽力打造德育育人的良好氛围。

蒙古语授课部的学生在学校组织的各项活动中表现出色，如升旗仪式、成人仪式、毕业典礼、运动会、各种纪念活动中，蒙古族学生均体现出团结合作的集体意识和个人的拼搏精神的完美结合。校足球队全部由蒙古语授课部学生组成，在2016年的自治区"主席杯"比赛中荣获亚军。学校活动内容丰富，如学校在各年级开设了走廊图书角、班级定期举行读书报告会、邀请师大文学院教授做国学讲座、邀请中学名师示范整体阅读鉴赏等；学校还经常组织学生参加劳动，如清扫校园、植树、帮厨等，培养他们热爱劳动的好习惯。对高一新生进行军训，组织学生到草原牧区体验游牧民族的生活，到工厂、农村和社区做社会调查并撰写调查报告，参观访问市内的企事业单位等。

为了调动蒙古语授课部学生的学习主动性，激发学生通过三语学习保存民族文化与语言多样性的热情，学校经常为他们组织针对性较强的校园文化活动，如蒙汉双语诗文经典朗诵及歌唱比赛、三语课本剧表演、三语的硬笔书法及作文比赛、科技小制作比赛、主题活动宣传图册及视频制作、课间操"每日一句"成吉思汗箴言的学习等。

为了让蒙古语授课部的学生了解本民族的文化及风俗，学校利用校内外各种资源对学生进行生动的民族文化教育。例如，带领学生走出校园，参观昭君墓，了解民族团结的历史渊源；参观席力图召、五塔寺、白塔等名刹古寺，考察民族宗教的历史和现状；参观内蒙古博物院，了解自治区各民族的发展进程；参观企事业单位，认识自治区的经济社会发展现状。在校内，组织各种生动直观的民族文化活动，如鄂尔多斯婚礼、察哈尔祭火仪式、蒙古族传统游戏、搏克比赛、纪念成吉思汗诞辰、鄂尔多斯蒙古族祭火与新年礼仪、做毡子等，还邀请著名研究员做蒙古学讲座，通过这些趣味和知识融为一体的活动，学生们深刻地感知了民族传统文化，培养了具有民族特色的审美意识与能力。在每年的校园艺术节上，蒙古语授课部的孩子们表演的蒙古族精彩歌舞，成为学校一道亮丽的风景线。他们自编自演的具有民族特色的歌舞节目，内容健康，形式活泼，尤其是全班集体演出的壮观景象更体现出德智体美全面发展的优秀素质。

2. 关注学生的能力提升与长远发展

为了使学生在不同基础上得以均衡快速发展，学校成立了蒙古语、汉语、英语三语实验班，很好地实现了分层次教学，解决了因地区差异带来的学习水平参差不齐的问题。针对尖子生、学困生给予不同的辅导，通过小组合作的学习方式，使每一位学生都能获得较大提升。

以 2016 年高中班招生为例，内师大附中分配各盟市、地区的招生名额分别为呼和浩特市 3 人、包头市 3 人、呼伦贝尔市 10 人、兴安盟 15 人、通辽市 22 人、赤峰市 20 人、锡林郭勒盟 22 人、乌兰察布市 3 人、鄂尔多斯市 18 人、巴彦淖尔市 9 人、乌海市 1 人、阿拉善盟 8 人、甘肃省肃北蒙古族自治县 1 人，共计 135 人。这些学生在不同水平的教育背景下，带着鲜明的地方特色与个性印记从四面八方汇集到内师大附中。他们在学习上差异明显，尤其是英语、汉语、计算机应用能力方面的差异较大。内师大附中高中部通过分层次教学，使学生的学习能力得到明显提升，不但视野更开阔，而且个人素养与独立自主的能力均有明显进步。

经过长期不懈的努力，蒙古语授课部的三语毕业生中涌现出很多优秀的人才，许多毕业生获得了国内外著名高校的博士学位，进入职场后成就卓著，成长为知名的学者、管理者。这些杰出的校友时时激励着后来的双语学生，使他们以更加顽强的斗志勇敢拼搏，走向理想的人生发展之路。

（三）建设高水平的教学与科研团队

1. 注重师资队伍建设

内师大附中三语教学取得的辉煌成绩，与一批又一批三语教师无怨无悔甘于奉献是分不开的。长期以来，学校致力于建设素质高、能力强，敬业爱岗的蒙古语授课师资队伍。在三语专任教师队伍中，有自治区范围内颇具影

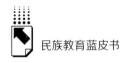

响力和知名度的特级教师与专家型教师，更有朝气蓬勃的骨干教师与教学能手。到目前为止，蒙古语授课部共培养了 8 位特级教师，多名教师获得全国优秀教育工作者、全国优秀教师、全国特色教育优秀教师、全国优秀科技辅导员（地理科技大赛）、苏步青数学教育奖、全国优秀指导教师、内蒙古自治区优秀教师等奖项与荣誉称号。现有在岗教师 71 名，其中正高级职称 1 名，副高级职称 30 名，自治区级名师工作室主持人两名，还有多位教师兼任内蒙古大学或内蒙古师范大学硕士生导师。有多名青年教师参加了由联合国教科文组织、中国联合国教科文组织全国委员会、教育部教育管理信息中心、山东省教育厅主办的国际教育信息化大会的展示课，有 14 名教师参加了双语教学多地同频互动的教学展示课。

2. 组织教师定期学习培训

三语教学部设有独立的蒙古语教研组和汉语教研组，英语、数学、物理、化学、生物、政治、历史、地理、音体美、信息技术、通用技术、心理学等学科都设有蒙古语备课组。学校在双语教学的经费投入、师资培训、设备更新、人员编制等方面都优先保障，经常组织各种类型的学习培训。先后选送专家级教师与学科带头人、备课组长、高三任课教师到长春、成都、上海、北京等地学习。建立以老带新的导师制度，鼓励青年教师形成自己的教学风格，并不断完善"青年教师汇报课""优质课""同频互动展示课"的竞赛奖励制度。

3. 大力提倡科研兴教

2016 年学校成立了"内蒙古师范大学附属中学学术委员会"，共 23 人，其中研究双语教学的老师 7 人。2005～2008 年，从事双语教学的 5 位教师先后承担完成了国家级课题并获奖；2014～2015 年，赵瑞峰老师组建的"以问题为导向的有效课堂教学理论研究与实践"课题小组，陆续出版了《基础教育改革丛书》；2015 年汉语教研组承担的课题"MHK 模式下汉语教学的主要变化与策略研究"，被自治区教育科学规划领导小组列为民族教育科学研究"十二五"规划课题。2015 年，校内科研立项中关于三语教学研究的有 3 项，包括汉语、数学、历史 3 个学科，参与人数达 29 人。

（四）三语教学的办学特色回顾

1.率先创办蒙古语、汉语、英语三语实验班教学模式

学校立足民族教育，实现了民族教育质量的提高。为了给学生日后发展提供更广阔的空间和更高的平台，首创三语实验班。在保证学生学业成绩优异的前提下，提高其竞争实力。目前，内师大附中的三语教学班不仅在高考成绩上一直居于自治区领先地位，而且凭借其教学模式的前瞻性、可行性、实效性等优势，成为学校与国际接轨、对外交流的一个主要内容。

2.学生的自主化管理和自我教育

内师大附中在60多年的办学历程中，矢志不渝地践行"为学生可持续发展和一生幸福奠基"的办学理念，倡导"自我服务、自我管理、自我教育"，重视学生自主能力的培养，不仅要求学生"学会"，还强调"会学"，引导学生真正成为自己生活、学习的主人，享受学习的乐趣，感受进步的喜悦。蒙古语授课部学生从宿舍、食堂的卫生秩序到课外各类文体活动、班会、社会实践等，全部由学生自主安排实施，为学生的发展提供各种有益的锻炼机会。毕业生走进高校、走上社会，都有较强的实践工作能力，很受欢迎。

3.加强内涵建设，加快信息化步伐

新时期，内师大附中三语教学的重点是加强"团结、奉献、尽责、求新"的精神建设，加大校园优质文化活动建设，加快三语教育信息化步伐。如今，校园内已实现全域网络覆盖，三语教学不但拥有丰富的网络课程资源，新教学大楼中多功能教室为学生个性化学习、教师在线辅导、实现"翻转课堂"提供了良好的条件。每层楼均安装了超星阅读机，开辟了课余阅读空间，图书馆丰富的蒙古文藏书和蒙古文阅览室、电子阅览室、信息技术教室、通用技术教室为学生提供了民族文化资源保障。

4.双语同频互动课堂教学发展迅猛

2015年8月，全校仅有5个学科参加同频展示。不到一年时间，蒙古语文、物理、化学、生物、数学、英语、汉语文、地理、历史、政治10个科目全部实现了同频互动。互动接收学校有呼和浩特市蒙中、包头蒙中、阿

拉善蒙中、鄂尔多斯蒙中、锡林郭勒盟蒙中、西乌旗综合学校等 6 所中学，今后还将进一步与自治区其他实行双语教学的学校连接。双语同频教学模式是"现代化远程教育"政策下，惠及少数民族地区的重要民生工程，对促进自治区民族教育的均衡发展具有非常重大的意义。这种教学模式有效促进了教师教学水平的提升，为备好一节课，教师们往往需要比传统教学付出更多的努力，大家都力求把每一节课上成精品课，所以，受益者不仅仅是学生，教师也同样受益。

5. 三语教学的国际化交流日渐增多

学校先后与蒙古国考察团、蒙古国国立师范大学参观团、蒙古国中央省艺术学校师生等来访的教研团体进行交流。近年与来自美国南卡罗来纳州的志愿者进行了英语教学交流，与上海德国国际学校进行了校级交流。当前，学校拟与蒙古国共建蒙古族双语教学分校，将双语教育的成功模式进一步向外推广，此项工作正在筹备中。

三 内师大附中双语教学面临的问题与展望

（一）双语教学发展中需要解决的几个问题

1. 为学生创造更多的学习蒙古语的机会

随着城市化进程的加快，纯蒙古语的环境越来越少，在今后的三语教学中，应优先保证学生母语的学习。在学好蒙古语的前提下，再加强汉语和英语的学习。学校应定期举办蒙古语的演讲、朗诵、书写比赛等，提高学生们学习蒙古语的热情。21 世纪全国教育工作会议印发的《国家中长期教育改革和发展规划纲要（2010～2020 年）》第九章第 27 条明确"尊重和保障少数民族使用本民族语言文字接受教育的权利"。学校应制订明确的教学活动计划，确保此项工作落到实处。

2. 加强学生的综合实力，培养有国际视野的学生

部分来自农村牧区或偏远落后地区的学生，对本民族、本地区、本国之外的文化知识缺少主动接触的积极性，阅读数量与质量明显低于城市的少数民族学生和汉语授课学生。外语和信息技术水平、社会交际等综合素质方面也有不足，接受名家点拨的机会很少。在这方面，学校各部门需要协调努力，尽快帮助他们开阔眼界，丰富知识储备，缩小差距，提高其综合实力。

3. 师资力量与师资结构需动态调整

目前，内师大附中三语教学的师资结构虽不尽合理，但可以基本满足教学及管理需要。随着三语教学信息化的推进、国际化发展步伐的加快或初高中班级扩班，师资力量将会明显不足。《国家中长期教育改革和发展规划纲要（2010～2020年）》第九章第27条规定"国家对双语教学的师资培养培训、教学研究、教材开发和出版给予支持"。《内蒙古自治区民族教育条例（草案）》（2010年9月）第33条中提出："自治区重视民族学校校长队伍和教师队伍的培养、培训工作。"条例指出，民族学校的教师编制、教师专业技术岗位均应高于同级同类其他学校。在政策支持的前提下，学校应以发展的眼光在这方面做好预案。

（二）双语教学发展的对策与前景

1. 明确发展目标

为更好地解决发展中面临的问题，学校应努力探索三语教育未来的发展道路。《内蒙古师范大学附属中学"十三五"发展规划（2016～2020年）》指出要"进一步加强民族教育"，"打造高质量高水平的民族教育"，树立双语教学工作的长远发展目标："把教师队伍建设作为民族教育发展的重点""积极推进民族教育手段现代化进程""大力加强民族团结教育和学校德育工作"等。作为自治区双语教育的先进单位，学校认真执行自治区民族教育发展工程的规定，培养"面向世界、面向全国、面向未来"的民族优秀人才。学校将以此为工作的出发点和基础，把规划的内容进一步落实到位。

2. 拟建立蒙古语授课的初中分校和小学部

学校依托国家政策和内蒙古自治区政府、内蒙古师范大学的大力支持，拟建立初中部、小学部并与蒙古国合作建立分校。

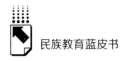

3. 搭建信息平台

综合利用校内外丰富的人文资源，积极响应《国家中长期教育改革和发展规划纲要（2010～2020 年）》"支持民族地区发展现代远程教育，扩大优质教育资源覆盖面"的精神，学校将努力完善蒙古语授课教学的资源库，通过同频互动向全区传送各学科的优质课程，实现资源共享。继续推进全区范围的民族教育数字化交流平台的建设，创建蒙古语授课双语教学的大数据库。促进微课、翻转课堂、校本课程、课题研究和远程教研的成果运用，惠及更多进行双语学习的少数民族学生。

4. 为三语学生创造更多的对外交流与实践机会

借助内蒙古师大等高校资源，让三语学生选修大学相关课程，也可尝试派遣蒙古语授课部三语师生赴蒙古国或英语国家参加校际互访或夏令营活动。加强与国内先进地区学校的交流合作，让学生进一步开阔视野，提升素质。

四 结语

最好的教育是适合学生发展的教育。内蒙古师大附中三语教学在现有的社会声誉和综合优势的前提下，致力于最大限度地为学生的可持续发展和人生的幸福奠定坚实基础，为学生健康发展开拓广阔的空间，让他们在内师大附中的学习生活中不断拓宽视野，全面提升个人的综合素质。内师大附中蒙古语授课部的发展目标是办好人民满意的教育，办好自治区民族发展需要的教育。今后，还将继续兢兢业业，为民族地区的发展培养更多的优秀人才。

B.25
内蒙古自治区蒙古国留学生教育调研报告

——以内蒙古师范大学二连浩特国际学院为例

周全胜　高海霞*

摘　要：　在内蒙古各高等院校学习的外国学生以蒙古国学生为主，内蒙古师范大学是自治区高校中吸收各类各层次留学生最多的学校之一。二连浩特国际学院针对留学生教育特点在基础设施、校园文化、师资及专业建设以及合作交流、协同创新等方面做了许多工作，但如何不断提高教学质量是需要持续关注的问题。

关键词：　留学生教育　蒙古国　二连浩特国际学院

随着高等教育国际化趋势日益明显，留学生教育有着广阔的发展前景和重要的现实意义。内蒙古自治区与蒙古国地域相连、人文相通，在与蒙古国开展交流合作中具有独特的优势。内蒙古高校为了把握机遇，更好地拓展留学生教育市场，必须树立教育的品牌意识，不断更新教育思想、教学观念和管理模式，以适应新形势下留学生教育的发展。

一　内蒙古自治区蒙古国留学生教育发展概况

蒙古国是我国的友好邻邦，与内蒙古接壤，有着独特的地缘优势。近年

---

* 周全胜，内蒙古师范大学二连浩特国际学院院长，副教授；高海霞，内蒙古师范大学二连浩特国际学院职业教育培训中心主任，副教授。

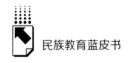

来，我国与蒙古国在教育领域合作交流不断加强，合作领域也在扩大，蒙古国大批自费、公费留学生就读于内蒙古自治区高校，人数逐年增加。最新统计数据显示，内蒙古18所高校、10个盟市教育局（34所幼儿园、小学和中学）共接收外国留学生3666名，其中2703人来自蒙古国，蒙古国留学生人数占外国学生总数的比例超过70%。

内蒙古师范大学成立于1952年，是中华人民共和国成立后党和国家在边疆少数民族地区最早建立的高等学校之一，承担着为内蒙古培养各类师资和为新疆、青海、甘肃、河北、辽宁、吉林、黑龙江等7个省区培养民族教育师资的重任，是培养基础教育、民族教育师资和蒙汉兼通少数民族复合型人才的重要基地，是自治区中学教师培养中心、中小学教师继续教育中心、基础教育与民族教育改革发展研究中心，被誉为"民族教育的摇篮"，是教育部批准的较早具有接收留学生资格的院校之一。内蒙古师范大学培养留学生的学院主要有两个：内蒙古师范大学国际交流学院和内蒙古师范大学与二连浩特市政府共建的二连浩特国际学院。

内蒙古师范大学国际交流学院于2003年招收留学生95人。在短短的几年中，学院留学生规模不断扩大，办学水平和教学质量显著提高，吸引了越来越多的留学生来该校学习。留学生招生也由原来只招收自费进修生扩展到招收政府奖学金学生、孔子学院奖学金学生、校际交流学生等。学校现有中国政府奖学金来华留学生、内蒙古政府奖学金来华留学生、校际交换生、实习生、自费来华留学生等各类留学生共540人，位居内蒙古自治区高校前列，是内蒙古自治区自费攻读学历人数最多的高等院校。

目前，内蒙古师范大学已经与蒙古国国立教育大学、蒙古国国立大学、国立生命科学大学、乌兰巴托大学、文化艺术大学、成吉思汗大扎撒大学、东方大学、科布多大学、蒙古国国家行政学院和蒙古国科学院等机构在教学科研文化方面进行交流合作。

"十二五"期间，内蒙古师范大学招收留学生人数共达1447人，分别来自五大洲的20余个国家和地区。同时，随着各个院系国际交流的进一步深化及国际交流格局的日趋成熟，留学生所涉及的专业领域日益广泛，所学专业涉及汉语言、蒙古语、艺术设计、美术、旅游管理、经济管理、地理、教育、科学技术史、计算机、体育等。同时借助中国政府奖学金、自治区政府奖学金及孔子学院奖学金等各类奖学金项目，本科生、研究生层次的留学生人数逐年递增，留学生规模稳步增长，其中蒙古国留学生人数占80%左右。

二 加强留学生教育的举措

面临当前教育国际化的严峻形势，内蒙古师范大学的留学生教育也经受着国内和国际范围内的激烈竞争和角逐。为了提高竞争能力，内蒙古师范大学注重立足现有基础，把握机遇应对新一轮挑战。如二连浩特国际学院采取了以下六个方面的举措，即：加强基础设施建设，提升校园国际文化品质；进一步完善管理体制，为教学提供可靠保障；完善专业建设，提高人才培养质量；加强教育交流；加强职业技能合作培训；加大留学生教育投入，拓展教育经费筹集渠道。

（一）加强基础设施建设，提升校园国际文化品质

1. 加强基础设施建设，提高各区域的功能

内蒙古师范大学二连浩特国际学院新校区一期于2016年9月竣工并正式投入使用。新校区一期包括教学楼一栋18000平方米，餐厅5325平方米，同时可容纳2000人就餐。男生公寓6495平方米，女生公寓6388平方米，男女生公寓共有房间394个，可容纳1576人住宿。图书馆160平方米。学院配备电钢琴教室，共有40架电钢琴。语音室4间，共有语音设备60套。供留学生教学使用的教室有12个，约4000平方米。每个班级均配备国内最先进的电子白板或多媒体设备。包含留学生公寓、外国专家公寓、智能化管理的图书大厦等二期正在建设当中，预计于2017年投入使用。

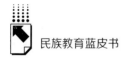

2.建设国际教育园区,提升校园国际文化品质

内蒙古师范大学二连浩特国际学院正在积极筹建总投资为 3000 万元、集留学生教学区、蒙俄汉语教师培训及蒙古国教师传统蒙古语培训区、中国文化体验区为一体的中国文化大厦,打造内蒙古自治区规模最大、功能性最强、设施最完备的国际教育园区,旨在传承创新中国传统文化艺术,适当吸收蒙古国、俄罗斯文化元素,营造中外文化和谐成趣的校园氛围,提升学院的国际文化内涵。

(二)进一步完善管理体制,为教学提供保障

1.进一步完善留学生管理制度

二连浩特国际学院自招收留学生以来,就设立外国学生管理办公室,采取"一体化"的管理体制,配备素质优秀、数量充裕的教学人员和经验丰富的专兼职留学生管理师资队伍,还聘请蒙古国公寓管理教师负责蒙古国留学生和俄罗斯留学生的日常生活管理。学校注重加强对留学生日常生活管理,确保留学生在"招、学、吃、住、行"几个方面得到可靠保障。为给留学生提供良好的住宿条件,学校不断改善留学生的生活服务设施。可以提供设施先进的单间、双人间和四人间等满足不同层次需求的留学生公寓。学校还协助那些租住在校外民居的留学生办理居住手续,为他们提供便利的学习和生活环境。科学完善的管理制度是学校实现教育目标、提高教学质量的重要保障,近年来根据实际情况学校进一步完善了《留学生入学协议》《留学生公寓管理细则》《留学生班级管理制度》《个人品行管理细则》四项管理制度。

2.深入开展留学生入学教育

为了使留学生尽快适应中国的学习生活环境,熟悉中国的法律,二连浩特国际学院注重深入开展留学生入学教育,将留学生入学教育纳入各专业培养方案之中。邀请公安局出入境管理办公室、外事办、蒙古国驻华领事馆相关人员为留学生做专题讲座,提高留学生跨文化交际的能力和遵纪守法的意识。

（三）完善专业建设，提高人才培养质量

1. 加强教师队伍建设

（1）提升现有师资的教学水平。内蒙古师范大学与汉语国际教育专业相关的中国语言文学、少数民族语言文学、对外汉语、教育学、心理学等学科具有实力很强的师资队伍，老一代有肖平、马国凡、雷成德、巴雅尔、赛西亚拉图等国内知名的学者。近年来，以嘎日迪、万奇、闫艳等为代表的优秀中青年学者也脱颖而出，已成为教学科研的中坚力量。

学校建有教师发展中心，主要工作是制订教师发展计划，分期、分批做好各类教师的岗位培训。积极拓展渠道，鼓励支持教师参与各类国际学术会议和汉语国际教育会议，进一步提高教师的专业技能，掌握先进的教学理念和教学方法。

（2）引进高层次专业人才，优化师资队伍结构。随着办学规模的逐渐扩大，二连浩特国际学院从实际出发，在专任教师队伍中积极引进结束海外服务已经回国的汉办志愿者教师和汉语国际教育硕士，计划到2021年，汉语国际教育专任教师和留学生专任管理教师增加至35人，师生比达到1∶14。

2. 课程建设

积极探索新的办学模式并进行教学研究，以本专科教育为主，兼顾职业技能培训和成人教育，招收和培养外国留学生，整合国内外优质教育资源进行合作办学。

学校现拥有一批经验丰富的高水平对外汉语教师，多年来在师资培训、专业设置、教材教法、培养模式等方面积极探索，开拓创新，形成了一套行之有效的教学模式。如在课程设置上除为留学生开设汉语听、说、读、写等基础语言课程外，还开设了中国概况、中国文化、中国历史、中国经济、书法、太极拳等选修课和专题讲座，采取语言教学、文化讲座和参观考察相结合的形式，使留学生不仅学习中国语言，还能亲身感受中国悠久的历史文化和现实国情。学校凭借灵活的教学方式、丰富的教学内容和超高的教学水平，深受留学生的欢迎。

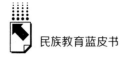

（1）深化教研活动与课程体系改革，加强针对蒙俄留学生的汉语教材建设。学校定期组织开展教研活动，注重加强教师教学法的学习与培训。根据人才培养目标，大力推进本科专业的课程建设，完善课程体系，努力建设精品课程。尤其重视针对蒙俄留学生的汉语教材建设，引导教师树立精品教材意识，积极培育打造学校的品牌教材。

（2）加强语言知识教学与专业知识教学相结合。二连浩特国际学院在课程设置方面重视留学生汉语语言知识的学习，开设汉语综合、听力、口语、书写等汉语技能课程和相关专业课程。在留学生具有一定汉语水平的基础上，进一步进行专业课程的学习。如商务汉语和汉语国际教育专业在大学一年级进行汉语基础课程学习，开设的主要课程有：初级综合、初级口语、初级听力、中级综合、中级口语、中级听力、高级综合、高级口语、高级听力、中级阅读、高级阅读。大学二、三年级进入专业课学习阶段。体育专业的专业课主要开设足球技能训练、篮球课、肢体分析运动学、游泳课等；商务汉语专业课主要开设商务综合、商务阅读、商务礼仪、中国当代经济、国际贸易与实务、中国通史等；汉语国际教育专业课设置主要有汉语语言要素、跨文化交际、中国文化与传播、第二语言习得研究、国外汉语教学课堂案例等。大学四年级进入针对相关专业的实习阶段。

（3）中国文化课程与文化体验相结合。汉语不仅是一种重要的交流工具，更是中国文化的重要载体。二连浩特国际学院不仅重视留学生对汉语语言知识的学习，同时注重丰富留学生的课外生活，不但开设了中国武术、剪纸、书法、舞龙狮等中国传统文化课程，每学期还根据留学生的汉语学习情况，开展汉语课外活动。如汉字书写大赛、中文歌曲大赛、诗歌朗诵大赛等丰富多彩的课外活动，丰富充实留学生的课外生活。目前二连浩特国际学院已成为留学生学习汉语和了解中国文化的重要基地。

为了让留学生走出校园，体验动态的汉语魅力，了解博大精深的中国传统文化，二连浩特国际学院每年都组织留学生参加中国文化体验活动，带领他们游览中国内地的壮丽山河、走进中国人的日常生活中，让他们亲身体验中国文化的独特魅力与中国民俗的多姿多彩。

由于二连浩特国际学院留学生数量日益增多、留学生类别日趋多样化，为体现国际化的教学风格与兼收并蓄的文化理念，学校于每年5月举行文化节活动，让来自各个国家和地区的留学生通过音乐、舞蹈等艺术形式，展现本民族不同的文化魅力与风采。

（四）加强教育交流

1. 与国内其他高校协同创新

二连浩特国际学院是内蒙古师范大学汉语国际教育硕士专业实习基地，每年9月均接收实习生到校实习。汉语国际教育硕士实习生的到来不仅为学校的留学生教育带来了新鲜的气息，更为该校在职教师带来了先进的教学理念与方法，朝气蓬勃的汉语国际教育硕士实习生与有着丰富经验的一线教师相互学习，共同探讨如何将先进的教学方法及理念与实际的教学相融合，有力地促进了学校的汉语教学工作。

留学生人数的增加、留学生类别的多样化，对教师的教学提出了更高的要求。学校注重教师专业素质的提高，每年均安排相关教师前往其他知名高校进行对外汉语师资培训及调研活动，吸收其他高校留学生汉语教学及管理工作中的先进经验，结合学校自身的实际情况，逐步摸索出适合本校发展的教学方法及管理方式。

2. 加强教育国际合作与交流，扩大教育对外开放

二连浩特市与蒙古国东戈壁省隔界相望，往来密切。二连浩特国际学院按照内蒙古师范大学与蒙古国扎门乌德第二综合学校合作协议，经常开展两校间的教师交流活动。学校曾派出一名教师赴扎门乌德第二综合学校组织开展中国语言文化教育工作，并为该校和赛音尚达第一中学提供汉语教材和其他汉语读物，近期正在落实并进一步推进扎门乌德第二综合学校孔子课堂的建设，督促协助孔子课堂各项工作的有效开展，规范其管理工作。努力以孔子课堂建设为平台，大力促进中国语言文化传播。以扎门乌德第二综合学校为中心点，将中国语言文化传播工作逐步向中戈壁、苏赫巴托尔省推进，最终扩大到蒙古国中央省。

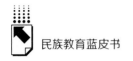

（五）加强职业技能合作培训

随着中蒙合作的进一步深化，内蒙古师范大学二连浩特国际学院在多领域与蒙古国多省份展开合作，不仅在基础教育和高等教育领域进行合作，同时加强了对蒙古国经济发展过程中紧缺的职业人才的培训。

二连浩特国际学院利用资源优势积极探索与蒙古国合作开展职业技能培训。如2014年4月，二连浩特国际学院与蒙古国中小企业扶持中心联合举办了木材加工技术培训。事后，内蒙古师范大学与乌兰巴托中小企业扶持中心签署了长期合作培训协议。2016年二连浩特国际学院承办了4次短期职业技能培训班，分别为乌兰巴托市松根海尔汗区第二届幼师培训、蒙古国巴彦洪格尔省第一届幼师培训、蒙古国巴彦洪格尔省第二届幼师培训、蒙古国中央省小学美术教师培训等，总人数达到120多人。同时内蒙古师范大学与蒙古国乌兰巴托市松根海尔汗区文化教育处、额尔登特市文化教育处、中央省文化教育处、东戈壁省文化教育处、巴彦洪格尔省文化教育处、色楞格省文化教育处、蒙古国文化教育科技部教师培训中心、乌兰巴托市松根海尔汗区政府等8个单位签订了基础教育领域的长期合作协议。其中2016年8月19日同蒙古国文化教育科技体育部师资培训中心签署了《关于蒙古文字、文学学习方面合作协议》，拟对蒙古国教师实施"传统蒙古文字培训三年计划"，共培训1500人。

预计2017年对蒙古国教师的培训仍以旧蒙古文为主要内容，拟举办10次300～500人规模的旧蒙古文培训。另外在幼师等其他基础教育领域累计计划培训150人次。2017年总培训人数将达到450～750人次。

（六）加大留学生教育投入，拓展教育经费筹集渠道

学院积极争取国家汉办、自治区政府奖学金，完善政府奖学金的使用和管理机制。充分吸引社会办学力量支持，多渠道筹措教育经费，争取更多的社会力量设立奖学金、助学金，完善奖励资助体系。同时整合各类教育经费，建立留学生教育基金会，充分发挥基金会的作用，优化教育经费投入结构和规模。

留学生教育是一个涉及多环节的系统性工程，经过老师们精诚团结、不懈努力，二连浩特国际学院的留学生教育工作已取得了突出的成绩，对内蒙古自治区加快二连浩特国家重点开发开放试验区建设起了不可替代的助推作用。

三　蒙古国留学生教育存在的问题及展望

（一）存在的问题

1. 蒙古国高层汉语学习环境较差

蒙古国的学生出国学习机会较多，目前世界上已有 16 个国家先后在蒙古国设立了公费奖学金。蒙古国高层官员的子弟及家庭条件优越、学习成绩好的学生多选择到欧洲、美洲、日本等地学习，家庭条件稍差的来到中国学习，其中成绩较好的多选择到中国内地大学留学，成绩较差的多选择来内蒙古学习。

鉴于现状，我们应该充分利用内蒙古蒙古族对蒙古国在语言和文化上的交往优势，积极加强与蒙古国在政治、经济、文化和科技等诸多方面的交流与合作，在蒙古国高层领导中宣传中国的文明与友好，宣传中国经济发展对世界的重要贡献。

2. 教育体系不同，教育内容衔接不紧密，影响教学质量

蒙古国中小学语言和数理教育内容较浅，而中国的汉语教育起点较高，专业设置、课程体系以及教学方式与蒙古国存在一定差别，导致很多蒙古国留学生到中国后学习困难，学习成绩较差。建议建立专门研究适合蒙古国学生特点的教育培养方案。另外，加大在蒙古国办学力度，设置专门的教育体系，为蒙古国学生来华留学奠定基础。

3. 加强学生管理，保证教学质量

内蒙古地方高校对留学生的教育及管理方式还处于不断完善阶段，对留学生教育管理方式与国际衔接不严密，教学进度略显缓慢，教学质量也有待提高。

面对新时期的挑战和机遇，内蒙古地方高校必须更新观念，做出科学的顶层设计，紧跟国内外高等学校的发展节奏，围绕区域经济建设，提出自身的发展思路，明确发展目标，建设特色学科专业，全面提高学校的教育教学质量、学术水平和综合实力，这样才能不断提高国际影响力，吸引更多的优质国际生源。

（二）留学生教育工作展望

今后，留学生教育要围绕国家"一带一路"和自治区向北开放打造"中俄蒙经济走廊"的总体部署，加大力度联系、开发留学生生源，参加政府间合作项目，以开发项目为主干，灵活招生为辅助，扩大留学生的招生规模，提高留学生的培养质量和层次。

积极争取孔子学院项目落户内蒙古师范大学。依托学校已有的国际合作关系布局开发出更多校际合作项目。加大对蒙古国开设中文课程的大学和中学的招生宣传力度，力争蒙古国的来华留学生数量有大幅度增长。发挥内蒙古师范大学对外汉语、经济、旅游、地理、艺术等专业的优势，探索与国外院校相关专业进行学分互认、联合培养的合作模式，吸引更多留学生来华学习；组建毕业留学生校友会，通过校友会扩大宣传，促进留学生人数的增加。同时，学校必须注重加强内涵建设，不断提高教育质量和办学效益，优化留学生培养方案，拓展办学专业，提高办学质量和办学层次，规范培养程序，加强师资队伍建设。

总之，随着中蒙关系的进一步发展，对蒙古国留学生教育发展迅速，留学生规模空前扩大，对于促进当前我国高等教育对外开放和建设世界一流大学正发挥着日益重要的作用。二连浩特国际学院应根据国家教育总体发展规划和形势发展的实际需求适度扩大规模，在生源渠道、办学方式和管理机制等诸方面加快创新，更好地面对挑战、把握机遇。

附　　录

Appendix

B.26
内蒙古自治区民族教育工作大事记
（1947~2016）

杨惠良　七十三　闫艳　王风雷　刘额尔敦吐　张昆　金良　高娃[*]

1947 年

1947 年 5 月，内蒙古自治政府在乌兰浩特成立。乌兰夫当选为政府主席，哈丰阿为副主席。高布泽博任文化教育部部长。自治区行政区划为 1 市、1 县、5 盟、34 旗。蒙古族人口为 83.2 万。少数民族小学 377 所，在校少数民族学生 22596 人；少数民族中学 4 所，在校少数民族学生 524 人。

6 月，内蒙古自治区蒙古语文各科教材编写组成立，属文教部下设机构，称蒙文小学课本编译处。这是自治区成立最早的教材建设机构。

 ＊ 杨惠良，内蒙古自治区教育厅民族教育处处长；七十三，内蒙古师范大学教育科学学院院长，教授，博士生导师；闫艳，博士，内蒙古师范大学文学院副院长，教授；王风雷，内蒙古师范大学教育科学学院教授；刘额尔敦吐，博士，内蒙古民族大学教育科学学院教授；张昆，博士，内蒙古师范大学经济学院教师；金良，内蒙古师范大学教师；高娃，内蒙古师范大学教师。

1948 年

1948 年 11 月，内蒙古临时参议会与自治政府召开联席会议，调整政府组织机构，决定有关人事任命。副主席哈丰阿兼任教育部部长。

1949 年

1949 年 4 月，内蒙古自治政府发出《关于国民教育问题的指示》，指出："国民教育应当根据新民主主义的教育方针，培养新社会的公民。"4 月 4 日，自治政府派代表接管了北平原国民党国立蒙藏学校，黄静涛任代理校长，继续招收蒙古族、藏族学生。

5 月，东北行政委员会根据中共中央、中共中央东北局决定，命令将原属热河省的昭乌达盟、原属辽宁省的哲里木盟划归内蒙古自治区。

6 月，华北人民政府命令，绥远区改为绥远省。

7 月，中共伊东、伊西工委合并成伊克昭盟盟委。

9 月 19 日，国民党绥远省政府主席兼保安司令、西北军政长官公署中将副长官董其武宣布起义，绥远省和平解放。至此，内蒙古的区划基本形成。

是年，内蒙古少数民族小学达 757 所（含教学点），在校少数民族学生 4.9 万人；少数民族中学 10 所，在校少数民族学生 905 人。

1951 年

1951 年 1 月 11 日，《内蒙古日报》发表了题为《纠正轻视蒙文教育，努力发展民族语文》的社论。

1 月 24 日，自治区人民政府主席乌兰夫、副主席哈丰阿签发了第五号文学字第 12 号通知。指出某些地区和某些干部不知道通过民族语言来进行新民主主义教育的重要意义，而发生了如同《内蒙古日报》和《周报》所指出的那样存在着比较严重的轻视蒙文教育的错误现象，这是应该引起严重注意的。

1952 年

1952 年 5 月 5 日，内蒙古师范学院成立，这是中华人民共和国成立后党和国家在少数民族地区建立的最早一所高等师范院校。

《内蒙古教育》（蒙古文版）创刊。

11 月 17 日，内蒙古畜牧兽医学院成立。

1953 年

1953 年初，《内蒙古自治区民族教育五年计划纲要（1953～1957 年)》正式颁行。强调在"一五"期间，适当加快牧区小学的发展速度，提出"全面规划，加强领导"的方针；在蒙古族以外的其他少数民族散杂居地区，建立回族、满族、朝鲜族、达斡尔族、鄂温克族、鄂伦春族等少数民族学校；在蒙汉族杂居地区，积极稳步地贯彻"分班分校"，用本民族语言文字授课的方针。年底，自治区人民政府文教部印发了《内蒙古自治区一九五三年民族教育的基本情况》并附 4 份专题报告材料。总结了全年工作情况和经验，指出了存在的主要困难和问题，明确了工作思路和初步解决的意见。

1953 年 7 月 1 日，中共中央蒙绥分局发布《关于反对忽视民族语文倾向及进一步加强民族语文工作的指示》，对进一步加强民族语文工作提出了 6 项具体规定。

7 月 7 日，内蒙古蒙文专科学校在归绥（今呼和浩特市）成立并举行开学典礼。明确该校的任务是培养师资及翻译人才。当年招生 178 名。

8 月 17 日至 26 日，自治区人民政府文教部召开了全区第一届牧区小学教育会议并形成了会议总结报告。

11 月，归绥土默特中学（蒙古族中学）与包头市私立崇真中学（回民中学）合并，共有在校学生 584 人（其中蒙古族 428 人、回族 113 人、满族 29 人、汉族 13 人、朝鲜族 1 人）。

1954 年

1954 年 1 月 15 日，自治区人民政府印发了《为切实执行"牧区小学教育会议总结报告"的指示》（〔1953〕府文普字第 132 号）。

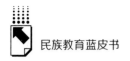

1月，绥远省第一届第三次各界人民代表会议讨论中共中央蒙绥分局关于绥远省划归内蒙古自治区的建议，通过了《绥远与内蒙古合并，撤销绥远省建制的决议》。《人民日报》发表社论《中国历史上解决民族问题的重大措施——实行区域自治的政策》。合并后，内蒙古人民政府文教部改为教育部。不久，内蒙古人民政府批准，将归绥市改为呼和浩特市。

11月22日，内蒙古自治区第一届民族教育会议隆重召开。自治区人民政府副主席兼教育部部长哈丰阿作了题为《内蒙古民族教育的方针和任务》的报告。会议通过了《中小学蒙汉学生分校分班原则的决定》等三个草案。教育部、国家民委派员出席并讲话。

1955 年

1955年5月3日，自治区人民政府教育部以〔1955〕教初字第38号文致函呼伦贝尔盟人民政府，就《关于达斡尔族集聚区小学学习蒙文的初步意见》征求意见。

6月21日，自治区人民政府印发了《为颁发〈内蒙古民族教育的方针和任务〉的报告通知》（〔1955〕蒙教办字第15号），提出"优先、重点"发展民族教育的方针。要求各地、各部门分别依照工作职责，拟定具体实施办法，逐步贯彻执行。

7月28日，自治区教育厅发布《关于执行蒙族中小学、四年制初级师范学校各年级授课时数与蒙汉文教学要求的指示》（〔1955〕教中字第214号）。

9月1日，内蒙古自治区人民委员会颁发《关于推行新蒙文的决定》。

9月1日，内蒙古自治区第一所医学院开学。

1956 年

1956年2月20日至23日，自治区教育厅召开了全区牧区小学教育汇报会。参加会议的有呼、昭、锡、察、乌、伊等6个盟的管理牧区小学教育的专职干部。了解第一届牧区教育会议以后牧区小学教育的情况和研究1956

年牧区小学教育工作计划。

10 月 22 日，内蒙古第一所回民中学——呼和浩特回民中学正式成立。

1957 年

1957 年 4 月 7 日，《内蒙古日报》报道：自治区成立 10 年来，教育事业迅速发展。现有高等学校 3 所，中等学校 105 所，小学比解放初增加了 5.5 倍。其中蒙古族中学 14 所，蒙古族中小学生 12 万人，牧区 70% 以上的学龄儿童入了学。全区在各级各类学校任教的蒙古族教师 4700 多名。其中大学讲师、助教 64 名。历史上从没有本民族教师的鄂伦春族也有了自己的教师。

10 月 14 日，内蒙古大学在呼和浩特市建成开学。内蒙古自治区主席、内蒙古大学首任校长乌兰夫，高等教育部副部长周建人在开学典礼上讲话。这所大学设有蒙古语言文学等 7 个系。在建校过程中，根据周恩来总理的指示，北京大学、南开大学、复旦大学支援教师 130 多人，支援图书资料和仪器设备价值 20 多万元。

12 月 18 日，内蒙古第一所正规的专门培养艺术人才的学校——内蒙古艺术学校建成开学。该校设音乐、舞蹈、戏剧三个专业，培养各民族中级艺术人才。

1958 年

1958 年 3 月 19 日，内蒙古自治区人民委员会第 31 次会议讨论通过了《关于停止新蒙文，继续大力学习与使用旧蒙文的决定》。

8 月 24 日，内蒙古中蒙医学院成立。该院后划归内蒙古医学院中蒙医系。

1959 年

1959 年 10 月 2 日，内蒙古畜牧业机械化学校在锡盟锡林浩特市成立开学。

1960 年

1960 年 4 月 4 日，内蒙古教育出版社成立。该社专门编辑出版蒙、汉文教材和教育图书，隶属于内蒙古教育厅领导。

1960 年，内蒙古师范学院教育系建立，招收了学前教育专科生。

1962 年

1962 年 1 月 10 日，内蒙古自治区召开民族语文、民族教育工作会议。会议总结了自治区成立 15 年来民族语文和民族教育工作的经验，提出从实际出发，发展民族语文、民族教育的 8 项具体措施。强调民族教育是自治区学校教育的重要方面，也是发展民族语文的主要阵地。

9 月 24 日，自治区教育厅以〔1962〕教普字第 104 号文件《转发〈内蒙古教育学院第五期民族中学班学员对民族中小学教育提出的问题和建议纪要〉的通知》形式，将当时受"左"的影响带给民族教育工作的问题集中反映出来，主要包括教育事业发展、教学计划、授课用语、蒙汉语文教学、外语的开设、学制年限、教材、教师、领导、政治思想教育等方面，供有关方面和上级领导参考。

10 月 30 日，内蒙古自治区教育厅以〔1962〕教办字第 19 号文件向教育部呈送《关于少数民族教育工作的汇报》。该汇报十分翔实地阐述了自治区各民族人口情况、地理和经济特点、语言文字和各类教育从 1946 年至1961 年的发展情况，并阐明了发展民族教育事业的体会、存在的问题及今后改进的措施和意见。

1963 年

1963 年 5 月 7 日，自治区教育厅印发了《关于发送"教育厅工作组对区内少数民族地区蒙族散居区中小学教育工作的调查报告"的通知》（〔1963〕教普字第 38 号），要求各地对《莫力达瓦达斡尔、鄂伦春、鄂温克自治旗民族教育的调查报告》《乌兰浩特第三中学（朝鲜中学）的调查报告》《乌、昭盟十一个蒙族散居旗县中小学教育工作的调查报告》进行认真讨论研究，对存在的问题，采取有效措施，妥善解决。

10月22日，内蒙古自治区教育厅下发了《关于从1964年起蒙古族中学和高等学校招生考试加试蒙古语文的通知》。

1964 年

1964年8月20日，内蒙古林学院培养出我国第一批治沙专业包括蒙古、汉、满等民族的28名大学毕业生。

12月8日，内蒙古师范学院编译出一批蒙古文高等学校教材，包括语文、历史、数学等26种64册。

12月，内蒙古自治区人民委员会发出通知，决定在全区民族学校试行《全日制蒙古族及其他少数民族中小学暂行工作补充条例（草案）》（简称民族教育30条）。

1965 年

1965年6月30日，内蒙古自治区教育厅以〔1965〕教普字第79号文件向中央教育部呈送《关于我区民族教育基本情况和问题的汇报》。

8月1日至15日，内蒙古牧读小学现场会在克什克腾旗召开。

1966 年

1966年3月29日，经国务院批准，成立内蒙古文教委员会，撤销原内蒙古人委直属的文教办公室、教育厅、文化局、卫生厅、计划生育办公室。

1969 年

1969年7月5日，中共中央批准将呼、哲、昭三盟及巴盟管辖的阿拉善左、右旗及额济纳旗分别划到黑龙江、吉林、辽宁、宁夏、甘肃等省、区管辖。

1971 年

1971年8月15日至9月8日，内蒙古自治区教育工作会议在呼和浩特

市举行。区划变更后的各盟市、旗县、大厂矿主管教育工作的负责人、高校负责人参加了会议。会议传达了全国教育工作会议精神，开展了对所谓"修正主义教育路线"的批判，交流了教育革命的经验，研究了当前教育革命的主要问题。

1973 年

1973 年 7 月 6 日，国务院科教组委托内蒙古召开的黑龙江、吉林、辽宁、宁夏、甘肃、青海、新疆、内蒙古八省区中小学教材工作座谈会在呼和浩特市举行。会上，决定成立八省区中小学蒙古文教材协作组。其任务是：制定有关学科的教学大纲，协作编译修订一套十年制中小学蒙古文教材，商请有关部门解决出版、印刷、发行等问题，以保证蒙古文教材及时供应。

11 月 16 日，内蒙古自治区革委会在乌盟达茂旗召开了全区民族教育会议。会议是根据中央 1969 年 5 月 22 日批示"内蒙古挖'内人党'犯了扩大的错误"的精神召开的。会议对"挖肃"运动中民族教育受到的破坏进行了揭露。会议号召大力发展民族教育，迅速普及牧区小学教育。

1974 年

1974 年 8 月 16 日，内蒙古高等院校首届工农兵学员毕业。内蒙古大学等 4 所大专院校的 10 个专业 572 名学员毕业回到工作岗位。

1975 年

1975 年，八省区蒙古语文工作协作小组（以下简称八协小组），是根据《国务院关于内蒙古自治区蒙古语文工作问题报告的批复》（国发〔1974〕3号）文件精神，于 1975 年在呼和浩特召开的蒙古语文工作协作会议上协商成立的省区之间议事协调机构，并经国务院《关于八省、自治区蒙古语文工作协作会议情况报告的批复》（国发〔1977〕138 号）正式批准。八协小组由内蒙古、新疆、青海、甘肃、河北、辽宁、吉林、黑龙江和北京地区蒙古语文工作协作小组组成。其职责是认真贯彻党的民族政策和民族语文政策，执行有关法律法规，根据各协作省区广大蒙古族群众学习使用和繁荣发展蒙古语文的实际需要，以蒙古语文授课为主的民族教育，民族文化艺术，蒙古语文新闻出版，蒙古语广播电视，蒙古语文科研学术，民族古籍和蒙医蒙药等领域内开展协作活动；组织召开组长会议和成员会议，总结和交流经验、互通信息，制定工作规划，决定协作小组重大事项。

1976 年

1976 年 10 月 13 日至 20 日，八省区蒙古文教材协作会议在吉林省长春市举行。参加会议的有八省区教育局负责同志、八省区蒙语办代表，有关编辑、出版、印刷、发行部门的同志。会议回顾和总结了几年来蒙古文教材协作工作，提出了新形势下教材协作的任务，并根据国务院〔1975〕49 号文件精神商定了协作机构领导成员的组成，办公室设在内蒙古教育出版社。

1977 年

1977 年 7 月 22 日，新华社报道，内蒙古自治区成立 30 年来，培养出蒙古族大、中专毕业生达 11500 多名，其中有 2620 多名蒙古族中等师范毕业生和 1980 多名高等师范毕业生。全区蒙古族和其他少数民族在校小学生比解放初增长了 32 倍，中学生增长了 197 倍。

7 月，内蒙古自治区教育厅在锡林郭勒盟召开了全区牧区普及小学五年教育学习参观检查评比会议。会后印发了《纪要》，回顾了 1976 年以来普及小学五年教育的情况，总结了基本经验，提出了 1980 年前实现普及小学教育的任务。

1978 年

1978 年 1 月 20 日，内蒙古自治区革委会蒙古语文办公室在呼和浩特市召开了蒙古语文科学讨论会，讨论了中国蒙古语方言划分、基础方言和标准音的选定问题。

1 月 23 日，八省区蒙古语文专业协作会议在吉林省哲里木盟科左中旗

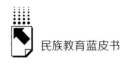

保康镇召开。会议讨论统一了一批名词术语和有关企、事业名称的译法，同时采用由 18 个符号组成蒙古文标点符号。

7 月 13 日，八省区蒙古语文工作协作小组会议在青海省西宁市召开。会议研究安排了今后蒙古文教材的翻译任务。

8 月 26 日，协作小组（扩大）会议在呼和浩特市举行。会议通过了《八省区 1978～1985 年蒙古语文工作协作规划要点（草案）》。

9 月 11 日，内蒙古自治区召开全区教育工作会议，讨论全面落实全国教育会议精神和今后 8 年的发展计划，研究发展民族教育事业和办好重点学校等问题。

10 月 11 日，中共内蒙古自治区委员会以党发〔1978〕103 号文件转发了自治区党委副书记王铎同志在全区教育工作会议上的报告（摘要）。《报告》第四部分主要讲了加快发展民族教育的问题。强调"民族教育是自治区教育工作的重要组成部分，也是民族工作的重要内容。民族教育的发展程度，是反映自治区教育水平高低的重要标志"。"提高少数民族科学文化水平，培养民族干部队伍是落实民族政策，实现'四化'进程的重要一环。"

12 月，经自治区政府批准，自治区教育厅下设了民族教育处。盟市教育行政部门也分别下设了民族教育科。至此，自治区教育厅民族教育处与教育部民族教育司对口，成为专司全区民族教育工作的办事机构。

1979 年

1979 年 5 月 30 日，中共中央、国务院批准，1969 年划归东北三省和甘肃、宁夏的呼盟、哲盟、昭盟和阿拉善左、右旗、额济纳旗重新划回内蒙古自治区。

12 月，自治区教育厅召开了全区民族学校教学工作会议，着重分析了民族学校教学质量低的原因，并提出了加强领导，提高教学质量的意见。会议还研究了蒙古族中小学的教学计划、贯彻落实"民族教育 30 条"、教材编辑和供应、提高师资质量和办好民族重点学校、成立"民族教育研究会"等问题。

1980 年

1980 年 1 月，自治区教育厅颁发了《全日制蒙古族中小学教学计划》。该计划分为四种不同类型，即设外语、不设外语、蒙古语授课、汉语授课加授蒙古语文。

4 月 6 日，自治区教育厅决定在内蒙古师大附中恢复面向全区招收牧区蒙古语授课生。

7 月，自治区人民政府决定成立内蒙古高等学校蒙文教材编译委员会。主任委员由特古斯担任。委员会下设若干学科委员会。

12 月 15 日，自治区人民政府批转了教育厅《关于办好首批重点中学的报告》。《报告》阐明了办好重点中学的 7 条措施，并附重点中学名单，共 34 所，其中有民族重点中学 16 所。

12 月，自治区文办、教育厅向自治区人民政府上报了《关于加强和改善鄂伦春、鄂温克、莫力达瓦达斡尔族自治旗民族教育工作的报告》。要求在三个自治旗各新建一所民族中学；在鄂伦春中学实行大集中办学，学生衣、食、住由国家包起来；恢复和增加鄂温克、达斡尔族小学生助学金；积极培养鄂伦春、鄂温克、达斡尔族教师；实行两种语言教学津贴；开办学前班；恢复中小学冬季取暖费；补充教学设备；加强领导等问题。

1981 年

1981 年 1 月 3 日，自治区人民政府批转了教育厅《关于办好首批重点小学的报告》。《报告》提出了办好重点小学的 8 项措施。全区共 104 所重点小学，其中有民族重点小学 34 所。

5 月 31 日，自治区第五届人民代表大会常务委员会通过了《关于自治区教育工作的决议》。1985 年前，民族教育采取"积极恢复、稳步发展"的方针；"优先、重点"安排民族教育事业；牧区办学逐步做到"集中为主，公办为主，寄宿为主和全日制为主"；在学校设置上实行"分班、分校"；在教学上坚持"首先学好民族语文""以民族语文授课为主""建立适合民

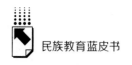

族特点和地区特点的民族教育体系”等原则。

6月12日，自治区教育厅、民委发出《关于给中央民族学院附中选送学生的通知》。

8月内蒙古师范学院教育系恢复重建，招收了首届学校教育专业本科生32名，其中蒙古族学生有16名，扎巴担任系主任。

1982 年

1982年3月10日，自治区教育厅下发了《关于在蒙古族师范学校和蒙古族幼儿园推广实施蒙古族标准音教学的通知》。

4月，自治区党委召开了第七次书记办公会议，集中研究了自治区大中专院校招生问题并印发会议纪要。经自治区党委十八次常委会议讨论决定，今后“继续执行内蒙古党委和政府1980年规定，在区内高等院校招生中，对蒙古族及其他少数民族新生录取比例仍以占招生总数的20%以上、25%以下为宜”。

1984 年

1984年5月5日，八省区民族教育协作会在呼和浩特市召开。这次会议的特点是：扩大了协作范围，把蒙古语言文字的协作扩展到文化、教育领域；教育的协作已不仅是教材的协作，扩展到培养蒙古族人才。

8月内蒙古师范大学教育系招收第一届学前教育专业本科生30人，其中蒙古族学生有9名。

10月25日至30日，内蒙古自治区少数民族教育研究会成立大会暨首届年会在呼和浩特市举行，通过了研究会章程、组织机构及成员名单、科研规划，并印发了《纪要》。

1985 年

1985年12月19日，自治区教育厅与八协办联合召开了八省区民族教育专业协作会议。

1986 年

1986 年 3 月 21 日，自治区教育厅向有关盟市、旗县教育部门及各朝鲜族小学下发了《关于调整全日制六年制朝鲜族小学教学计划的通知》。

12 月 15 日，自治区教育厅向国家教委上报了《关于申请将内蒙古自治区高等院校蒙古学列为国家社会科学重点学科的报告》并得到批准，推进了蒙古学的研究工作。

1987 年

1987 年 4 月 27 日，经国家教委批准，内蒙古蒙医学院在哲里木盟通辽市正式成立。

5 月 16 日，自治区人民政府以内政办函〔1987〕26 号文件发出《对在部分中专招收蒙古语授课学生问题的批复》。

1988 年

1988 年 6 月，自治区教育厅在赤峰市阿鲁科尔沁旗召开了首次全区民族职业技术教育经验交流现场会。

1990 年

1990 年 10 月 27 日，经自治区人民政府批准，自治区教育厅召开全区民族教育表彰会。共表彰 49 个先进集体，204 名先进工作者。

1992 年

1992 年 6 月，自治区教育厅下发了《关于组织力量进行民族教育科学研究工作的通知》（内教民字〔1992〕5 号），对全区民族教育科学研究工作起到了极大的推动作用。

8 月，自治区教育厅以内教民字〔1992〕9 号文件发出《关于内蒙古师大附中试办高中蒙语授课英语班请示的批复》。

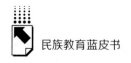
1993 年

1993 年 4 月，呼和浩特市蒙古族学校女子足球队代表国家参加了在以色列举行的世界青少年女子足球锦标赛，夺取了冠军。

1994 年

1994 年春夏之交，自治区教育厅、民委组织力量分三片对全区 12 个盟市、44 个旗县、95 个苏木（乡镇）的少数民族基础教育的现状以及存在的问题进行了一次全面调查。

1996 年

1996 年 7 月，自治区教育厅以内教民发〔1996〕5 号文件向哲里木盟教育局、赤峰市教育局发出《关于哲盟蒙中和赤峰蒙中开办英语实验班请示的批复》。明确规定，实验班原则上可参照内蒙古师大附中实验班的模式去办。

9 月，经国家教委同意，内蒙古自治区教育厅批准，成立了内蒙古民族教育研究中心，"中心"设在内蒙古师范大学。内蒙古师范大学礼聘自治区政府副主席宝音德力格尔为"中心"名誉主任，时任校党委书记呼格吉勒图为"中心"主任，曹世明校长、能乃扎布副校长、陈中永副校长为副主任（内师党发〔1996〕15 号文件）。

1997 年

1997 年 2 月 13 日，自治区教育厅以内教民发〔1997〕3 号文件发出《关于在哲盟科左中旗保康蒙中开办"三语"教学理科实验班的批复》。

12 月，内蒙古自治区大中专蒙古文教材编审委员会办公室正式成立。

12 月，自治区教育厅发文开展全区民族教育优秀论文及科研成果评奖活动。这次活动由内蒙古民族教育研究中心具体承办。评奖结果在《内蒙古日报》公布。

1998 年

1998 年 4 月，中共内蒙古自治区党委办公厅专门下发文件，同意编纂出版《蒙古学百科全书》。

4 月 3 日，自治区教育厅以内教民发〔1998〕3 号文件发出《关于乌兰浩特二中开办高中蒙语授课理科英语实验班的批复》。

11 月 16 日，自治区教育厅以内教民发〔1998〕13 号文件发出《关于哲盟科左后旗甘旗卡一中和兴安盟科右前旗一中开办英语实验班的批复》。

1999 年

1999 年 8 月 14 日，自治区物价局、教委、财政厅联合印发《关于调整我区普通高中收费标准的通知》（内价费发〔1999〕70 号）。

2000 年

2000 年 4 月 19 日，自治区发展计划委员会、教委、财政厅联合印发《关于调整我区普通高等学校招生并轨收费标准的通知》（内计费发〔2000〕373 号）。

7 月 6 日，自治区教育厅印发了《关于全区蒙语授课"五四"学制小学、初级中学和普通高中课程教学计划的调整意见（试行）》（内教民发〔2000〕7 号）。

8 月 27 日至 29 日，自治区人民政府在兴安盟乌兰浩特市召开了全区民族教育现场工作会议。

2000 年，全国大中专院校蒙古文教材审定委员会办公室成立。

2000 年，成立了国家人文社会科学重点研究基地内蒙古大学蒙古学研究中心。

2002 年

2002 年 4 月 12 日至 13 日，自治区教育厅在呼和浩特市召开了全区民族基础教育研讨会。

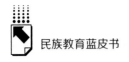

6 月 25 日，自治区人民政府办公厅以内政办发〔2002〕24 号文件印发了《转发"自治区编办等三部门关于全日制普通中小学机构编制管理办法"的通知》。

12 月 12 日，自治区教育厅印发了《关于蒙语授课中小学启动新课程实验的通知》（内教民函〔2002〕11 号），决定全区蒙古语授课小学、初中从 2003 年秋季开始全面启动新课程改革实验工作。

2003 年

2003 年 6 月 20 日，自治区教育厅印发了《关于蒙语授课基础教育新课程自治区级培训的通知》（内教师函〔2003〕3 号），决定由内蒙古师范大学和内蒙古民族大学承办。

7 月 10 日，自治区教育厅印发了《关于举办蒙语授课英语教师培训班的通知》（内教民函〔2003〕4 号），决定由内蒙古师范大学和内蒙古民族大学承办。

9 月 3 日，自治区教育厅印发了《关于开展第三届全区民族教育科研成果评选活动的通知》（内教民函〔2003〕3 号）。

9 月 17 日至 20 日，八省区蒙古语文协作小组办公室、自治区教育厅在通辽市联合组织召开了"八省区蒙古族高中办学经验交流暨协作会议"。这次会议的主要内容和收获是：①学校交流了办学经验；②修订了八省区蒙古族高中校长联谊会章程；③组织进行了八省区首届"八骏杯"大赛颁奖。④召开了 2003 年度内蒙古自治区民族教育业务工作会议。

11 月 25 日，自治区教育厅印发《关于赤峰市阿旗天山二中招收"三语"实验班事宜的批复》（内教民函〔2003〕6 号），同意该校 2002 年招收的蒙语授课高中"三语"实验班，按照"三语"实验班政策规定，参加 2005 年全国高考。

12 月 30 日，自治区教育厅、民委联合上报了《关于国家部属高校和内地高校为内蒙古增加民族预科生招生计划的申请》（内教发〔2003〕52 号）。

2004 年

2004 年 1 月，内蒙古民族教育网站设计完成并正式开通。

4 月 9 日至 26 日，自治区教育厅委托内蒙古师范大学继续教育学院举办全区民族中学校长提高培训班。

4 月 12 日至 15 日，自治区教育厅在呼和浩特市召开"全区基础教育课程改革经验交流暨教材展示会议"。

6 月 20 日至 24 日，首届八省区蒙古语授课小学蒙古语、汉语、数学学科中青年教师创新课教学观摩评选活动在锡林浩特市举行。

7 月 28 日至 8 月 2 日，全国少数民族文字教材编辑开发培训班在锡林浩特市举办。培训班由北京师范大学多元文化教育研究中心主办，内蒙古教育出版社协办

9 月 12 日至 16 日，首届八省区蒙古语授课中学蒙古语、汉语、数学学科中青年教师创新课教学观摩评选活动在赤峰市阿鲁科尔沁旗举行。

11 月 10 日，自治区教育厅以内教育函〔2004〕7 号文印发《全日制义务教育阶段蒙古语文课程标准（实验稿）》。

12 月 8 日至 22 日，自治区教育厅委托内蒙古师范大学田家炳教育书院举办第一期全区民族小学校长培训班。

12 月 17 日至 19 日，第八届全区蒙古语授课高中生"明安图杯"理科竞赛和"尹湛纳希杯"文科竞赛在赤峰市举行。

2005 年

2005 年 1 月 14 日，自治区教育厅以内教发〔2005〕1 号文印发《关于命名海拉尔一中等学校为内蒙古自治区示范性普通高级中学的通知》。

4 月 15 日，自治区教育厅以内教民字〔2005〕1 号文印发《内蒙古自治区少数民族汉语水平等级考试办法（试行）》。

5 月 27 日，中央民族工作会议暨国务院第四次全国民族团结进步表彰大会在首都北京人民大会堂隆重召开。

6 月 20 日至 25 日，第二届八省区蒙古语授课小学中青年教师创新课教

学观摩评选活动在兴安盟乌兰浩特市举行。

6月28日，呼伦贝尔市海拉尔呼伦小学举行建校100周年庆典活动。

7月12日至16日，庆祝八省区蒙古语文协作30周年暨协作小组第十三次成员会议在新疆乌鲁木齐市召开。

9月12日，自治区教育厅以内教财字〔2005〕67号文印发《内蒙古自治区农村牧区寄宿制学校管理暂行办法》。

9月21日，自治区党委、政府召开全区民族工作会议。会后，于10月18日以内党发〔2005〕20号文印发了《内蒙古党委、政府关于进一步加强民族工作加快自治区经济社会发展的决定》。

9月25日至27日，八省区蒙古族中学校长协作会第十八届年会在辽宁省阜新蒙古族自治县召开。

10月12日，自治区人大常委以内常发〔2005〕67号文印发《关于民族教育法律法规执行检查情况的报告》，此《报告》经9月26日自治区十届人大常委会第十八次会议审议通过。2005年5月中旬起，按照自治区人大常委会《关于开展民族教育法律法规检查的通知》（内常发〔2005〕8号）要求，自治区人大常委会组成了执法检查组，分四个阶段对全区10个盟市的民族教育法律法规执行情况进行了抽查。9月26日自治区人大常委会第十八次会议对全区民族教育法律法规执法检查报告进行了审议。

10月26日至11月4日，自治区教育厅委托内蒙古师范大学继续教育学院举办第二期全区蒙古族中学校长提高培训班。共47名蒙古族中学校长参加了培训。

11月2日，自治区教育厅以内教民函〔2005〕5号文印发《关于通辽市蒙古族中学和呼伦贝尔市海拉尔一中申办蒙古语授课"三语"实验班的批复》。

2006年

2006年1月15日，内蒙古自治区第十届人民代表大会第四次会议在呼和浩特市隆重召开。自治区政府主席杨晶在《政府工作报告》中提出了

"坚持把教育摆在优先发展的战略地位。进一步调整优化教育布局，合理分配教育资源，推动城乡教育均衡发展，为全体社会成员提供平等的受教育机会。在全面普及九年义务教育的基础上，有条件的地区要普及高中阶段教育。提升高等教育办学质量，大力发展职业教育，改善民族教育办学条件，支持民办教育健康有序发展，积极推进素质教育。"并且明确提出启动"民族教育发展工程"。

1月17日，自治区教育厅以内教民函〔2006〕1号文件印发了《关于兴安盟科右前旗一中申办蒙古语授课"三语"实验班的批复》。同意该校在举办"三语"文科实验班并取得了较好成绩的基础上，举办"三语"理科实验班。

4月10日，自治区教育厅以内教民字〔2006〕5号文件印发了《关于对通辽市科左中旗蒙古族中学等三所学校申办蒙古语授课"三语"实验班事宜的批复》。

4月22日，自治区教育厅以内教民函〔2006〕6号文件向教育部民族教育司专报了《关于贯彻落实教育部两个〈通知〉情况的报告》。就贯彻落实中央民族工作会议和《中共中央国务院关于进一步加强民族工作加快少数民族和民族地区经济社会发展的决定》（中发〔2005〕10号）文件精神及《国务院实施〈中华人民共和国民族区域自治法〉若干规定》情况进行专题汇报。

5月15日，自治区人大常委会举行第二十二次会议，听取自治区人民政府关于民族教育法律法规执法检查整改情况的报告。自治区教育厅副厅长满达同志受连辑副主席委托到会作了汇报。

5月25日，第二届全区民族中学"学校杯"搏克比赛在内蒙古民族高等专科学校举行。

6月6日，自治区教育厅以内教民字〔2006〕8号文件印发了《关于巴彦呼舒一中和音德尔二中开办"三语"实验班的批复》。

6月19日，自治区教育厅以内教民函〔2006〕10号文件向教育部民族教育司上报了《关于报送民族预科教育和少数民族高层次骨干人才培养

"十一五"需求计划的函》。

6月19日至21日，八省区蒙古族学校汉语教材研讨会在兴安盟乌兰浩特市召开。会议由内蒙古中小学蒙汉文教材研究会主办。该研究会是经自治区民政厅批准于2005年11月18日正式成立的。主管部门为内蒙古自治区教育厅。

7月3日，自治区教育厅以内教民函〔2006〕12号文件印发了《内蒙古自治区扶持人口较少民族发展教育规划（2006~2010）》。

7月6日，自治区教育厅以内教民函〔2006〕14号文件印发了《关于海拉尔一中开办"三语"文科实验班的批复》。

7月14日，自治区人大常委会以内人常发〔2006〕34号文件印发了《自治区人大常委会对自治区人民政府关于民族教育法律法规执法检查整改情况报告的审议意见》。

7月17日，自治区教育厅以内教民函〔2006〕13号文件印发了《关于巴彦淖尔市蒙中开办"三语"文科实验班的批复》。

7月26日，自治区教育厅以内教民函〔2006〕15号文件向区内各有关高等学校印发了《关于做好少数民族预科教育工作有关事项的通知》。

8月9日，自治区教育厅以内教民函〔2006〕16号文件印发了《关于锡盟蒙古族中学和锡林浩特市蒙古族中学开办"三语"文理科实验班的批复》。

9月4日至5日，八省区蒙古族中学校长协作会第19届年会在二连浩特市召开。来自八省区的蒙古族中学校长及区内部分教研室主任共90多人参加了会议。

9月9日至11日，八省区蒙古族幼儿园园长协作会暨学前教育研讨会在鄂尔多斯市东胜区召开。自此，八省区蒙古族幼儿园教育协作关系正式建立。

9月12日至15日，八省区第二届蒙古语授课中学中青年教师创新课观摩活动在辽宁省阜新蒙古族自治县举行。

10月27日，自治区教育厅在呼和浩特市召开内蒙古自治区民族教育立法研讨会。自治区人大、政府法制办、自治区民委领导和部分盟市教育局长、分管旗长、民族中小学和幼儿园校（园）长、高等学校校长、科研出版部门及有关专家学者共 40 多人参加。

12 月 16 日至 17 日，全区第九届蒙古语授课高中生"尹湛纳希杯"文科竞赛和"明安图杯"理科竞赛在兴安盟乌兰浩特市举行。

2007 年

2007 年 2 月 5 日，内蒙古自治区人民政府印发《关于表彰奖励全区学习使用蒙古语文先进集体和先进个人的通报》（内政字〔2007〕27 号）。

3 月 30 日，自治区教育厅会同自治区财政厅以内财教〔2007〕173 号文件上报了《关于 2007 年少数民族和特殊教育中央专款补助资金的报告》。

4 月 3 日，自治区教育厅以内教民函〔2007〕2 号文件印发了《关于二连浩特市蒙古族学校开办"三语"实验班的批复》。

4 月 28 日，自治区教育厅印发了《关于开展全区第四届民族教育科研成果评选活动的通知》（内教民函〔2007〕3 号）。

5 月 16 日，自治区教育厅以内教基函〔2007〕9 号文件印发了《关于〈内蒙古自治区九年义务教育实验评价手册〉（蒙古文）列入〈内蒙古自治区 2007 年秋季教育课程标准实验教学用书目录〉的通知》。

5 月 22 日，自治区教育厅以内教民函〔2007〕4 号文件印发了《关于兴安盟乌兰浩特市朝鲜族中学变更教科书事宜的批复》。

5 月 24 日，自治区人民政府办公厅以内政办发〔2007〕63 号文件印发了《内蒙古自治区民族教育发展工程实施方案》，要求全区各地结合实际认真贯彻执行。

5 月 25 日，第三届全区民族中学"学校杯"搏克比赛在内蒙古民族高等专科学校举行。

5 月 28 日，自治区教育厅以内教民函〔2007〕6 号文件印发了《关于库伦旗第一中学开办蒙古语授课文理科"三语"实验班的批复》。

5 月 28 日，自治区教育厅以内教民函〔2007〕7 号文件印发了《关于

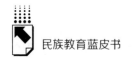
成立全区蒙古文教育资源建设领导小组的通知》。

6月15日至17日，自治区教育厅在锡林浩特市承办了教育部2007年少数民族高层次骨干人才研究生招生工作总结会议。

8月30日，自治区教育厅以内教民函〔2007〕14号文件向教育部基础教育资源中心上报了《关于报送"蒙古文版本教育资源建设计划书"的函》，对国家下达的投资400万元开发建设蒙古文版本教育资源项目作出了具体规划。

9月14日至16日，第二届八省区蒙古族幼儿园园长协作会暨学前教育研讨会在通辽市召开。

9月24日至29日，八省区第三届蒙古语授课小学中青年教师创新课观摩活动在青海省海西蒙古族藏族自治州德令哈市举行。这项活动是由内蒙古自治区教育厅和八协小组办公室主办，由内蒙古自治区教研室负责组织。

10月10日，自治区教育厅以内教民函〔2007〕15号文件印发了《关于呼和浩特市蒙古族学校开办蒙古语授课"三语"文科实验班的批复》。

10月26日，自治区人民政府以内政发〔2007〕103号文件印发了《内蒙古自治区人民政府关于进一步加强民族教育工作的意见》，《意见》共24条，是自治区民族教育今后一个时期改革与发展的重要的指导性文件。

11月16日，自治区人民政府办公厅以内政办发〔2007〕271号文件印发了《内蒙古自治区人民政府办公厅关于印发自治区蒙古语授课（加授蒙古语文）和朝鲜语授课考生高考科目及记分办法的通知》。

11月22日，自治区教育厅以内教民函〔2007〕16号文件印发了《内蒙古自治区实施中国少数民族汉语水平等级考试办法》。

12月5日至14日，自治区教育厅组织专家，在呼和浩特市为青海省海西蒙古族藏族自治州蒙古语授课初中、高中教师举办了蒙古语文、数学、物理、化学等学科知识培训。

根据全区2007年"双语"教师培训计划安排，自治区教育厅积极筹措并且列出专项经费，由厅民族教育处负责，委托兴安盟、通辽市、赤峰市、锡林郭勒盟教育局组织开展了中小学"双语"骨干教师免费培训活动。

根据全区 2007 年少数民族文字教材审查工作安排，在教育部民族教育司和自治区教育厅的领导下，全国蒙古文教材审查委员会和全国大中专院校蒙古文教材审定委员会圆满完成了各项审查任务。

2008 年

2008 年 3 月 27 日至 29 日，自治区教育厅组织专家和一线教师，在呼和浩特市研究制定了《蒙古语授课高级中学语文课程标准（实验稿）》和《蒙古族中小学蒙古语文课程标准（实验稿）》。

3 月 27 日至 30 日，自治区教育厅在呼和浩特市举办了全区民族汉考（三级）指导教师培训班，全区民族语言授课高级中学从事汉语教学骨干教师参加了培训。

4 月 15 日，自治区教育厅以内教民函〔2008〕1 号文件印发了《关于兴安盟乌兰浩特二中等两所学校申办"三语"实验班事宜的批复》。

7 月 24 日，自治区教育厅以内教办函〔2008〕6 号文件印发了《关于出版使用〈中小学达斡尔语汉译教科书〉的批复》。

7 月 25 日，自治区教育厅以内教民函〔2008〕7 号文件印发了《关于赤峰市巴林右旗大板一中开办"三语"实验班事宜的批复》。

9 月 19 日，自治区教育厅与自治区音乐家协会在呼和浩特市举行《草原童声》蒙汉文版少儿歌曲专辑首发暨捐赠仪式。

9 月 19 日至 21 日，自治区教育厅与八协办配合在吉林省前郭尔罗斯蒙古族自治县举办了八省区蒙古族中学校长协作第二十一届年会。

10 月份，自治区教育厅组织并安排了内蒙古教育出版社、人民教育出版社、北京教育出版社、中科院计算技术研究所、容川科技（北京）有限公司合作开发的蒙汉文教学资源库试点工作，我区义务教育阶段 22 所民族学校被确定为基于"人教教学资源网"蒙汉教学资源库试点学校。

2008 年 11 月 5 日至 12 日，自治区教育厅在呼和浩特市召开了全区民族教育业务工作暨民族教育理论培训会议。

2008 年"乌兰夫蒙古语言文字奖"由乌兰夫基金会和自治区民委于

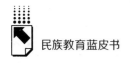

2008 年联合设立，用于奖励在学习、使用、研究和发展蒙古语言文字工作中做出突出贡献的先进集体和先进个人，每两年奖励一次。

12 月 8 日至 12 日，在吉林省前郭尔罗斯蒙古族自治县举办了八省区第三届蒙古语授课中学中青年教师创新课观摩展示活动，这项活动是由内蒙古自治区教育厅和八协小组办公室主办，由内蒙古自治区教研室负责组织。

12 月 16 日，内蒙古中小学蒙汉文教材研究会第一届理事会代表大会在呼和浩特市召开。

12 月 20 日至 22 日，在呼和浩特市举办了第十届全区蒙古语授课高中生"尹湛纳希杯"和"明安图杯"文理科竞赛。

根据全区 2008 年少数民族文字教材审查工作安排，在教育部民族教育司和自治区教育厅的领导下，全国蒙古文教材审查委员会和全国大中专院校蒙古文教材审定委员会圆满完成了各项审查任务。

根据教育部基础教育资源中心批准的《蒙古文版本教育资源建设计划书》内容，2008 年自治区教育厅组织相关部门及专家和教师编写制作完成了学科教学资源 11 种、通用专题教育资源 22 种、蒙古族特色教育资源 9 种，共 42 种，经过 7 次审查会议获得通过。

根据全区 2008 年"双语"教师培训计划安排，自治区教育厅积极筹措并且列出专项经费，由厅民族教育处负责，委托 12 个盟市和地方教育行政部门举办了蒙古语授课中小学各学科骨干教师免费培训班。

2009 年

2009 年 2 月 13 日至 14 日，自治区教育厅在呼和浩特市组织召开了全区蒙古语授课高中 2009 年秋季新课程各学科实验教材模块选用研讨会议。会议之后，于 3 月 9 日以内教办函〔2009〕28 号文件印发了《全区蒙古语授课高中新课程教材选用会议纪要》。

5 月 25 日，第五届全区民族中学"学校杯"搏克比赛在内蒙古民族高等专科学校举行。

6 月 2 日至 9 日，自治区教育厅委托内蒙古师范大学举办了全区蒙古语授课小学校长第三期提高培训班。

7月9日至16日，自治区教育厅在内蒙古师范大学举办了全区蒙古语授课初级中学校长第三期提高培训班，全区各盟市蒙古语授课初级中学校长或副校长共50人参加了培训。

8月18日，自治区教育厅以内教办〔2009〕8号文件印发了《关于转发〈内蒙古自治区人民政府办公厅转发国务院办公厅检查国办发〔2008〕33号文件贯彻落实情况的通知〉的通知》，并安排了专项检查。

8月24日至26日，八省区第三届蒙古族幼儿园园长协作暨蒙古语言学前教育研讨会在呼伦贝尔市举行。

9月18日至20日，自治区教育厅组织专家和一线教师，在呼和浩特市召开了蒙古语文应用水平等级考试项目研发课题组第一次会议。

11月，扎巴主编《蒙古学百科全书》（教育，汉文版），由内蒙古人民出版社正式出版。这是国家"九五""十五"重点图书计划项目，是蒙古族教育史上最宏大的教育类工具书。

11月10日，自治区教育厅以内教办函〔2009〕143号文件印发了《转发关于播发少数民族语言教育资源的通知》。

11月18日至20日，自治区教育厅组织专家和一线教师，在呼和浩特市召开了蒙古语文应用水平等级考试项目研发课题组第二次会议。

11月27日至29日，自治区教育厅在呼和浩特市组织召开了第七届全国蒙古文教材审查委员会换届会议，教育部民族教育司派员及委员会组成人员参加了会议。

11月29日至30日，自治区教育厅在呼和浩特市组织召开了第二次全区蒙古语授课高中2009年秋季新课程各学科实验教材模块选用研讨会议。

12月8日，自治区教育厅以内教办函〔2009〕153号文件印发了《关于举办蒙古语授课高中教师培训班的通知》。

6月，按照自治区教育厅关于"全国蒙古文教材审查委员会办公室、全国大中专院校蒙古文教材审定委员会办公室与内蒙古自治区大中专院校蒙古文教材编审委员会办公室合署办公，其日常工作和蒙古文教材建设工作，由内蒙古自治区大中专院校蒙古文教材编审委员会办公室负责组织实施"的决定要求，编审办承担了中小学蒙古文教材的审查工作，并认真履行全国蒙古文教材审查委员会办公室的工作职责。

2009 年，共审查中小学教材和教辅用书 162 种，编审高等院校统编蒙古文教材 45 种，审查修订教材 22 种。完成了教育部委托制定的《蒙古族中小学语文课程标准》和《蒙古族中小学蒙古语文课程标准》实验期间的调研论证、师资培训、教材编写的各项前期工作任务。

2010 年

2010 年 1 月 18 日，自治区教育厅以内教办函〔2010〕11 号文件印发了全区蒙古文教育资源建设领导小组办公室第三次会议形成的《会议纪要》。明确了蒙古文教育资源第二阶段开发建设项目的具体分工和工作任务。

3 月 19 日，自治区教育厅以内教民函〔2010〕3 号文件印发了《关于推荐全国蒙古文教材审查人才信息系统（专家库）专家人选的通知》。

3 月 18 日至 20 日，自治区教育厅在呼和浩特市召开了《蒙古语文应用水平等级考试》项目研发课题组第三次会议。

3 月 26 日，自治区教育厅以内教民字〔2010〕4 号文件印发了《内蒙古自治区实施少数民族高层次骨干人才计划暂行办法》。

4 月 19 日至 29 日，根据教育部教民司函〔2010〕22 号文件《关于对少数民族双语教学情况进行调研的通知》及其《调研提纲》要求，自治区教育厅组成调研组，对全区民族学校双语教学情况进行调研并报送了《内蒙古自治区双语教学工作情况报告》。

5 月 10 日，根据教育部、国家民委《关于开展民族教育事业发展调研的通知》以及《补充通知》要求，自治区教育厅以内教办函〔2010〕53 号文件印发了《关于协助做好民族教育事业发展调研工作的紧急通知》并成立了领导机构，派出 5 个调研小组分赴各盟市、高校开展调研。

5 月 11 日，自治区教育厅以内教民字〔2010〕5 号文件印发了《关于发布蒙古族中小学〈语文课程标准〉和〈蒙古语文课程标准〉的通知》。

5月31日，自治区教育厅以内教办函〔2010〕64号文件报送了《内蒙古自治区民族教育事业发展情况调研报告》和《内蒙古自治区边境旗市民族教育事业发展情况调研报告》。

7月8日至10日，自治区教育厅协助中国少数民族教育协会在呼和浩特市举办了"全国民族地区学前教育研讨会暨幼儿园园长论坛"。

7月13日至15日，"八省区第四届蒙古族幼儿园园长协作暨蒙古语授课学前教育研讨会"在阿拉善盟巴彦浩特镇举行。

8月9日至11日，"八省区蒙古族中学校长协作第22届年会"在赤峰市召开。赤峰市蒙古族中学承办了本届年会。

8月18日至20日，全区第五届蒙古族中学"学校杯"搏克比赛在呼伦贝尔市的海拉尔区举行。

9月16日，自治区教育厅以内教政法函〔2010〕10号文件印发了关于开展《内蒙古自治区实施〈中华人民共和国义务教育法〉办法（修订草案）》和《内蒙古自治区民族教育条例（草案）》立法调研的通知。

9月中下旬，自治区民族教育科研优秀成果评选奖励专业委员会组织专家在呼和浩特市开展了"全区第五届民族教育科研优秀成果"评选活动。

11月7日至22日，八省区蒙古族幼儿园协作会主办的"首届八省区蒙古族幼儿园蒙古语授课教师五项技能网络电视大赛"在鄂尔多斯市东胜区举行。

11月18日至12月3日，自治区人民政府教育督导团办公室组成东、中、西部三个评估验收组，按照内政教督〔2010〕6号《关于对盟市级人民政府实施民族教育发展工程情况进行督导评估验收的通知》和内政教督〔2010〕14号《关于对盟市级人民政府实施民族教育发展工程评估验收和中等职业教育工作督导评估的通知》要求，分别对12个盟市组织实施民族教育发展工程情况进行了督导评估验收。

11月23日至27日，自治区教育厅民族教育处和自治区教研室在赤峰市翁牛特旗联合组织召开了"全区蒙古语授课中小学基础教育课程改革经验交流会"。

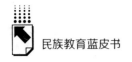

12 月 24 日至 26 日，第 11 届全区蒙古语授课高中生"尹湛纳希杯"文科和"明安图杯"理科竞赛活动在兴安盟科右前旗蒙古族中学举行。

2010 年，全国蒙古文教材审查委员会和全国大中专蒙古文教材审定委员会组织审查了中小学蒙古文教材和教辅用书 54 种，约 9560 千字；编译审定和修订大中专蒙古文教材 43 种，约 10920 千字。

2010 年，自治区教育厅投入 150 万元，由自治区和盟市两级共培训蒙古语授课中小学各学科教师 2500 多人，中小学校长 150 多人。

2011 年

2011 年 1 月 21 日，自治区人民政府在呼和浩特市召开"全区民族教育工作座谈会"。会后，自治区政府办公厅在《内部情况通报》第 25 期全文刊载了连辑副主席的讲话。

1 月 23 日至 24 日，自治区党委、政府在呼和浩特市召开"全区教育工作会议"。自治区党委书记胡春华、自治区政府主席巴特尔在会上发表重要讲话。会前，自治区党委、政府以内党发〔2011〕2 号文件印发了《内蒙古自治区中长期教育改革和发展规划纲要（2010～2020 年）》；自治区人民政府以内政发〔2011〕10 号文件印发了《内蒙古自治区中长期教育改革和发展规划纲要（2010～2020 年）配套文件》，以内政发〔2011〕11 号文件印发了《内蒙古自治区教育事业"十二五"发展规划》。自治区将实施《民族教育人才培养模式改革》和《自治区民族教育发展水平提升工程》。

2 月 16 日，自治区人民政府办公厅以内政办发〔2011〕23 号文转发自治区财政厅、教育厅《关于中等职业学校学生和高中阶段蒙古语（朝鲜语）授课学生家庭经济困难学生实施"两免"政策的意见》。

2 月 21 日，自治区教育厅向教育部报送了《关于全国大中专院校蒙古文教材审定委员会换届的请示》（内教民字〔2011〕1 号），教育部办公厅于 3 月 15 日以教民厅函〔2011〕8 号文批复同意换届并同意第三届全国大中专院校蒙古文教材审定委员会组织人员名单。之后于 8 月 3 日在呼和浩特市召开了换届会议。

2月25日，自治区教育厅以内教民函〔2011〕3号文函复呼和浩特市教育局，同意原呼和浩特市兴安路民族小学更名为"呼和浩特市民族实验学校"。

3月14日，自治区人民政府教育督导团以内政教督〔2011〕1号文向自治区人民政府报送了《关于对盟市级人民政府实施民族教育发展工程评估验收有关情况的报告》；以内政教督〔2011〕2号文向各盟行政公署、市人民政府印发了《关于民族教育发展工程评估验收有关情况的通报》。

4月2日，自治区教育厅以内教民字〔2011〕6号文件印发了《内蒙古自治区民族中小学校管理暂行办法》。这是加强全区民族中小学管理工作，规范教育教学行为的重要指导性文件。

4月18日至20日，自治区教育厅在呼和浩特市召开"2011年度全区民族教育业务工作暨民族教育政策理论培训会议"。

6月27日至30日，自治区教育厅与鄂尔多斯市教育局在鄂尔多斯市东胜区承办了教育部民族教育司召开的"全国2011年少数民族高层次骨干人才研究生工作总结暨2012年工作部署会议"和"对口支援新疆工作座谈会"。

7月11日至12日，"八省区第五届蒙古族幼儿园园长协作暨蒙古语学前教育研讨会"在锡林浩特市召开。

8月18日至20日，"八省区蒙古族中学校长协作第23届年会"在兴安盟科右前旗召开。

8月18日至20日，第6届蒙古族学校高中生"学校杯"博克比赛在包头市举行。

教师节前夕，自治区教育厅开展了"全区民族中小学优秀教师和民族教育先进工作者"评选表彰活动。

8月19日，自治区教育厅、自治区汉语言文字工作委员会共同以内教语字〔2011〕8号文件印发了《关于举办首届全区民族学校蒙汉两种语言文字诵读经典/书写经典大赛复决赛的通知》。全区各级各类民族学校近万名师生参加了此次活动。

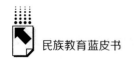

12月1日，经自治区人民政府批准，自治区教育厅以内教办发〔2011〕115 号文件印发了《内蒙古自治区双语教学高考学生考试科目及记分办法》。这是实施普通高中新课程计划之后明确双语教育学生高考科目及记分办法的法规性文件。

12月8日至9日，自治区教育厅与八省区蒙古语文协作办公室共同召开了"八省区民族教育协作专业会议"，形成了《八省区民族教育协作专业会议纪要》。

2011 年，在教育部民族教育司和自治区教育厅的领导下，全国蒙古文教材审查委员会和全国大中专蒙古文教材审定委员会组织审查了中小学蒙古文教材和教辅用书 218 种，约 1891 万字；审查中小学蒙古文版本教学资源 15GB；审定编译和修订的大中专蒙古文教材 51 种，约 1020 万字。

2011 年，国家投入 480 万元，自治区投入 100 多万元，组织开展了自治区级和盟市级双语教育学校师资培训工作，全区共免费培训民族中学校长 200 人，民族小学校长 200 人，民族幼儿园园长 200 人，自治区级双语教学各学科中小学教师 2360 人，盟市级双语教学各学科中小学教师 1600 多人，共计达 4560 多人。

2011 年，经自治区有关部门审定，《内蒙古自治区民族教育条例》继续列为 2012 年立法调研项目。

2012 年

2012 年 2 月 13 日，自治区人民政府办公厅以内政办发〔2012〕19 号文下发通知，将《内蒙古自治区民族教育人才培养模式改革实施方案（2011~2020 年)》和《内蒙古自治区民族教育发展水平提升工程实施方案（2011~2015 年)》印发全区贯彻执行。标志着我区列为国家教育体制改革试点项目之一的"民族教育人才培养模式改革"和列为全区教育重点发展工程之一的"民族教育发展水平提升工程"已正式实施。

2 月 15 日，为研究内蒙古自治区少数民族汉语水平等级考试改革事宜，教育部民族教育司、学生司、考试中心特邀自治区教育厅、教育招生考试中心相关人员召开座谈会，听取意见、建议并展开了讨论。会后，教育部民族教育司针对自治区教育厅《关于调整内蒙古自治区民族汉考三级考试的请示》（内教办发〔2012〕12 号，3 月 1 日发），发送了《关于对内蒙古自治区调整民族汉考三级考试的复函》（教民司函〔2012〕8 号，3 月 7 日发）；中国少数民族汉语水平等级考试委员会办公室针对自治区教育招生考试中心的相关请示也作出了答复。

5 月 8 日，自治区政协召开"全区蒙古语授课教育状况和使用蒙古语授课毕业生就业情况座谈会"。自治区教育厅、人力资源和社会保障厅、民委等单位，内蒙古大学、内蒙古师范大学、呼和浩特民族学院等高校负责人参加了座谈讨论。

6 月 13 日至 16 日，自治区教育厅在呼和浩特市召开"2012 年度全区民族教育业务工作暨民族教育政策理论培训会议"。

"2012 年少数民族高层次骨干人才计划"招生工作于 6 月底圆满结束。全区报考硕士研究生的 1899 人，录取 517 人（计划为 420 人）；报考博士研究生的 539 人，录取 84 人。报考人数和录取率及录取人数均处全国前列。

7 月 10 日至 11 日，"全区第六届蒙古族中学'学校杯'搏克锦标赛"在锡盟西乌旗举行。

7 月 12 日至 15 日，自治区教育厅会同八协办在赤峰市举办了"八省区第六届蒙古族幼儿园园长协作暨培训会议"。会议由赤峰市教育局、赤峰市直属机关蒙古族幼儿园、八省区蒙古语学前教育研究会共同承办。

7 月 19 日至 21 日，"中国少数民族教育学会双语教育专业委员会成立大会暨首届少数民族双语教育教学研讨会"在呼和浩特市举办。作为该专业委员会驻会单位的内蒙古师范大学承办了会议。来自全国各省、自治区、直辖市教育和民族工作部门以及高校代表 180 多人参加了会议和研讨活动。

8 月 13 日至 15 日，自治区教育厅在锡盟东乌旗召开"全区牧区职业教育、民族职业教育工作座谈会"。

八省区第四届"八骏杯"大学、中专、中学生蒙古文文学作品大赛于 2012 年 9 月底截止。期间共有 187 所学校的近 5 万名学生参加预赛，3772

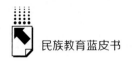

名学生作品参加了复赛。这项活动由八协办、自治区民委、教育厅、文联共同主办。

10月15日至19日，自治区教育厅会同八协办在包头市达茂旗举办了"八省区第四届蒙古语授课小学中青年教师创新课教学观摩展示评选暨业务培训活动"。这项活动由自治区教研室、达茂旗民委、教育局共同承办。

11月20日，自治区财政厅、教育厅以内财教〔2012〕1877号文印发通知，决定自2012年秋季学期开学始，提高义务教育阶段双语授课寄宿生生活费补助标准，同时对双语授课普通高中寄宿生实行生活费补助。

11月27日，自治区教育厅印发了《关于实施〈内蒙古自治区双语教学高考学生考试科目及记分办法〉的几点意见》（内教民字〔2012〕8号）。进一步明确了2013年起执行《内蒙古自治区双语教学高考学生考试科目及记分办法》（内教办法〔2011〕115号）的政策和意见。

12月28日至30日，自治区教育厅在锡林郭勒盟锡林浩特市举办了"全区第十二届蒙古语授课高中生'尹湛纳希杯'文科竞赛和'明安图杯'理科竞赛"

"2013年少数民族高层次骨干人才计划"研究生报名审查工作于12月底圆满结束。报考硕士研究生人数为2733人，报考博士研究生人数为687人。

2012年，在教育部民族教育司和自治区教育厅的领导支持下，全国蒙古文教材审查委员会办公室组织审查了蒙古语授课中小学教材、教辅用书、教学课件196种；全国大中专院校蒙古文教材审定委员会办公室组织审定编译和修订的大中专蒙古文教材55种。共投入经费280万元。

2012年，自治区教育厅组织开展了自治区级民族中小学校（园）长提高和双语教育学校各学科骨干教师免费培训工作。全年共分三期培训校（园）长600多人次，分12期培训各学科骨干教师2800多人次。共投入经费560万元。

2013 年

2013年1月15日，自治区人民政府以内政发〔2013〕4号文印发了

《关于进一步做好普通高等学校毕业生就业工作的意见》。其中第 19 条明确了促进蒙古语授课毕业生就业的一系列优惠政策措施。

2 月 27 日，自治区人民政府以内政发〔2013〕25 号文印发了《关于进一步加强高等学校专业结构调整的意见》，提出加快蒙汉语兼通的应用型、技能型少数民族专门人才的培养。其中在具体措施的第 4 条中明确了相应的优惠措施和办法。

4 月 23 日，自治区教育厅、自治区民族事务委员会、自治区汉语言文字工作委员会、内蒙古通俗文艺研究会以内教语函〔2013〕3 号文联合印发了《关于开展第二届全区民族学校师生蒙汉两种语言文字诵读/书写中华经典比赛活动的通知》。

7 月 12 日，八省区蒙古语文工作协作小组办公室、自治区教育厅、自治区民族事务委员会、自治区文化厅、自治区广播电影电视局以协办发〔2013〕3 号文联合印发了《关于举办八省区首届蒙古民族民间少儿舞蹈大赛的通知》。

7 月 18 日至 20 日，"八省区蒙古族中学教育协会第 25 届年会"在呼伦贝尔市海拉尔区举行。

8 月 18 日至 21 日，"八省区第七届蒙古族幼儿园园长协作会议"在辽宁省阜新市举行。

8 月 20 日，自治区教育厅以内教民函〔2013〕14 号文向教育部基础教育资源中心报送了《关于蒙古文版本教育资源（第二阶段）建设工作完成情况的报告》。至此，全面完成了教育部委托的蒙古文版本教育资源的开发建设任务。

8 月 8 日至 13 日，自治区教育厅为迎接全区学前教育现场会的召开，特别为通辽市新建成的 80 所蒙古语授课幼儿园举办了 240 人参加的园长、保教主任培训班。

9 月 25 日至 28 日，自治区教育厅在呼和浩特市召开了"2013 年度全区民族教育业务工作暨民族教育政策理论培训会议"，总结交流、研究部署了全区民族教育工作。

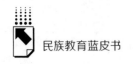

12 月 12 日，自治区教育厅以内教民函〔2013〕23 号文下发了《关于做好"内蒙古基础教育资源网（蒙古文版）"教学应用工作的通知》，对全区蒙古语授课中小学广泛应用蒙古文教学资源提出了具体要求。

内蒙古自治区"少数民族高层次骨干人才计划"2013 年研究生招生工作于 7 月底顺利完成，共录取硕士研究生 729 人，博士研究生 109 人。

2013 年，全国蒙古文教材审查委员会办公室和全国大中专蒙古文教材审定委员会办公室共组织审查了蒙古语授课中小学教材、教辅用书、教学课件 128 种；审定及编译修订大中专蒙古文教材 57 种。

2013 年，自治区教育厅组织开展了全区民族中小学校（园）长和蒙汉双语教学各学科骨干教师自治区级免费培训。

2014 年

2014 年 1 月 19 日，自治区第十二届人民代表大会第二次主席团第四次会议上，在关于审议自治区人大常委会工作报告情况的汇报中提出"抓紧制定加强民族教育等方面的法规"。

2 月 12 日，自治区教育厅组织召开了第三次《内蒙古自治区民族教育条例（草案）》立法研讨会。会后形成了《内蒙古自治区民族教育条例（草案）》第 10 稿，继续面向全区征求意见。

2 月 24 日，2014 年度全区教育工作电视电话会议在呼和浩特市召开，总结 2013 年工作情况，部署 2014 年重点工作。提出民族教育工作的主要任务是：一是坚持"优先重点"发展方针，深入实施"民族教育发展水平提升工程"并组织专项督导检查；二是推进"民族教育人才培养模式改革试点"，全面加强双语教育；三是积极协调推进《内蒙古自治区民族教育条例（草案）》立法进程。

5 月 16 日，自治区教育厅以内教民字〔2014〕3 号文印发了《内蒙古自治区少数民族高层次骨干人才计划管理办法》。

6 月 18 日至 20 日，"八省区蒙古族中学教育协会第 26 届年会"在锡林浩特市锡林郭勒盟蒙古中学举行。

6月25日，自治区教育厅以内教民函〔2014〕10号文印发了《关于成立内蒙古自治区蒙古文教材建设领导小组的通知》。

8月10日至15日，自治区教育厅组织进行了"第二届全区民族学校师生蒙汉两种语言文字诵读/书写中华经典比赛"作品评审工作。

8月12日至15日，"八省区第八届蒙古族幼儿园园长协作会议"在甘肃省肃北蒙古族自治县举行。

9月12日，自治区教育厅以内教民函〔2014〕18号文印发了《关于开展全区第六届民族教育科研优秀成果评选活动的通知》。

9月29日，自治区教育厅以内教民函〔2014〕20号文印发了《关于启用"全区民族中小学教育管理与教学质量评估体系"网络工作平台的通知》。

10月13日至15日，八省区蒙古语文协作小组在黑龙江省哈尔滨市召开了协作小组第16次成员会议。

12月，由八省区蒙古语文工作协作小组办公室、自治区民委、自治区教育厅、自治区文联举办的八省区第五届"八骏杯"大学、中专、中学生蒙古文文学作品大赛评审工作于12月中旬完成。

12月27日至29日，全区第十三届蒙古语授课高中生"尹湛纳希杯"文科竞赛和"明安图杯"理科竞赛在呼伦贝尔市海拉尔一中举行。

"2014年少数民族高层次骨干人才计划"研究生招生及定向协议签订工作顺利完成，共录取硕士421人，博士93人。"2015年少数民族高层次骨干人才计划"研究生网上报名审核工作结束。审核通过报考硕士人数1670多人，博士610多人。

2014年，全国蒙古文教材审查委员会办公室和全国大中专蒙古文教材审定委员会办公室组织完成了蒙汉双语教学教材的审查、编译工作。全年共组织审查了蒙古语授课中小学、幼儿园教材、教辅用书、教学资源178种；审查及编译修订大中专蒙古文教材70种。

2014年，自治区教育厅加大力度组织开展了全区民族中小学校、幼儿园校（园）长和蒙汉双语教学各学科骨干教师自治区级免费培训。

12 月 31 日，内蒙古自治区党委、自治区人民政府以内党发〔2014〕28
号文印发了《关于加强和改进新形势下民族工作的实施意见》，在优先重点
发展民族教育方面提出了一系列优惠政策措施。

2015 年

2015 年 4 月 16 日，自治区教育厅以内民教函〔2015〕4 号印发了《关
于公布"全区第六届民族教育优秀科研成果"评奖结果的通知》。

5 月 29 日，自治区教育厅以内教民函 8 号文件印发了《关于做好内蒙
古师范大学附属中学蒙古语授课高中班招生工作的通知》，实行考生自愿、
提前批次报名、盟市择优选拔、招生主管部门审核录取的办法。

6 月 10 日，内蒙古自治区蒙古文教材建设领导小组在呼和浩特市召开
了第一次领导小组工作会议，蒙古文教材建设领导小组成员单位、内蒙古教
育出版社、有关专家参加了会议。

7 月 5 日至 9 日，"八省区蒙古族小学校长首届年会"和"八省区蒙古
族中学校长第 27 届年会"在赤峰市阿鲁科尔沁旗召开。

7 月 23 日，自治区教育厅以内教民函〔2015〕13 号文件印发了《关于
开展全区中小学蒙古文教材通审修订工作的通知》，决定自 2015 年 8 月起，
利用 1~2 年的时间，对全区现行中小学蒙古文主要学科教材进行通审修订。

8 月 24 日至 26 日，自治区教育厅在呼和浩特市组织进行了"第三届全
区民族学校师生蒙汉两种语言文字诵读/书写中华经典比赛"活动。

9 月 2 日，自治区人民政府召开"全区传达学习全国民族教育和足球改
革发展工作会议暨2015 年足球改革发展工作电视电话会议"，对学习贯彻全
国民族教育工作会议精神进行了部署。

9 月 9 日至 16 日，自治区教育厅、全国大中专蒙古文教材编译审查委
员会办公室组织相关人员赴青海省、甘肃省开展了中小学、大中专蒙古文教
材编译审查及使用情况调研。

9 月 23 日至 26 日，"八省区第九届蒙古族幼儿园园长协作会议"在吉
林省前郭尔罗斯蒙古族自治县召开。

11 月 17 日，《内蒙古自治区民族教育条例（草案）》经自治区十二届人大常委会第十九次会议一审通过，现继续征求意见建议。

12 月 2 日至 3 日，为贯彻落实《国务院关于加快发展民族教育的决定》和第六次全国民族教育工作会议精神，自治区人民政府在锡林浩特市召开全区民族教育工作会议。会上印发了《内蒙古自治区人民政府办公厅转发关于进一步做好高等学校蒙古语授课学生培养和创业就业工作的实施意见》（内政办发〔2015〕128 号）。

12 月 10 日，乌兰夫基金会、自治区民族事务委员会召开表彰大会，对在全区学习、使用、研究和发展蒙古语言文字方面作出突出贡献的内蒙古教育厅民族教育处等 5 个集体和元丹等 10 名个人给予表彰奖励。

12 月 30 日，为纪念八省区蒙古语文协作小组成立 40 周年，八协小组办公室在呼和浩特市组织召开了"八协工作座谈会"。会议就以蒙古语授课为主的民族教育以及其他领域的协作情况进行了交流。

"2015 年少数民族高层次骨干人才计划"研究生招生及定向协议签订工作顺利完成，共录取硕士 452 人，博士 109 人。"2016 年少数民族高层次骨干人才计划"研究生网上报名审核工作结束。审核通过报考硕士人数 1600 多人，博士 510 多人。

2015 年，自治区教育厅积极争取国家部属高校和内地重点高校为我区增加少数民族预科招生计划，由 2014 年的 2298 人，增加到 2015 年 2623 人，增加 325 人。

2015 年，全国蒙古文教材审查委员会办公室和全国大中专蒙古文教材审定委员会办公室组织完成了蒙汉双语教学教材的审查、编译工作。

2015 年，自治区教育厅加大力度组织开展了全区民族中小学校、幼儿园校（园）长和蒙汉双语教学各学科骨干教师自治区级免费培训。

2016 年

2016 年 2 月 6 日，自治区人民政府以内政发〔2016〕23 号文件印发了《关于加快发展民族教育的意见》。提出了深入推进民族教育综合改革、全

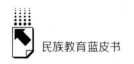

面提升民族教育办学水平、认真落实民族教育优惠政策、切实加强对民族教育的组织领导等 24 项政策措施。

2 月 29 日，自治区人民政府办公厅以内政办字〔2016〕36 号文印发了《内蒙古自治区成立 70 周年庆祝活动筹备工作领导小组献礼工程推进组工作方案》。共确定 20 个献礼项目。其中"民族学校和民族语言授课学校标准化建设工程"项目，安排 40 所民族中小学校，总建筑面积 17.9 万平方米，总投资 5.0278 亿元，要求 2017 年 7 月底前竣工使用。

6 月 7 日，自治区人民政府督查室印发了《关于对改善民族中小学办学条件有关情况进行专项督查的通知》（〔2016〕25 号），组成了由自治区人民政府督查室、教育厅、发改委、财政厅、民委等部门参加的联合督查组，于 6 月 13 日至 18 日，分别赴兴安盟、通辽市、赤峰市开展重点督查，形成了《关于兴安盟、通辽市、赤峰市改善民族中小学办学条件工作情况的督查报告》（《督查专报》第 22 期）。

6 月 26 日至 30 日，"八省区蒙古族小学校长第二届年会"在锡林郭勒盟锡林浩特市召开，同时举办了"内蒙古自治区蒙古语授课小学校长培训暨教学研讨会议"，正式启动实施"蒙汉双语授课义务教育阶段学校理科教学质量提升计划"。

8 月 19 日至 22 日，"八省区蒙古族中学教育协会第 28 届年会"在阿拉善盟阿拉善左旗召开，同时举办了"内蒙古自治区蒙古语授课中学校长培训暨教学研讨会议"。

9 月 29 日，内蒙古自治区人大常委会以内人常发〔2016〕74 号文印发了《关于实施〈内蒙古自治区民族教育条例〉的通知》，并发布内蒙古自治区第十二届人民代表大会常务委员会第二十四号公告，决定《内蒙古自治区民族教育条例》自 2016 年 11 月 1 日起施行。

10 月 26 日至 30 日，"八省区第 10 届蒙古族幼儿园园长协作会议"在呼和浩特市召开。

11 月 25 日，自治区教育厅以内教发〔2016〕78 号文件印发了《内蒙古自治区双语教学高考学生考试科目及记分办法》。

12月2日，自治区教育督导委员会办公室以内教督字〔2016〕20号文件印发了《关于开展全区民族教育发展水平提升工程评估验收工作的通知》，随文下发了《内蒙古自治区民族教育发展水平提升工程评估验收指标体系》。

12月28日至30日，全区第14届蒙古语授课高中生"尹湛纳希杯"文科竞赛和"明安图杯"理科竞赛在乌兰察布市举行。

"2016年少数民族高层次骨干人才计划"研究生招生及定向协议书签订工作顺利完成，共录取硕士429人，博士77人。

全国蒙古文教材审查委员会办公室和全国大中专蒙古文教材审定委员会办公室组织完成了蒙汉双语教学中小学幼儿园教材、教辅用书、教学资源1120种；审定及编译修订大中专蒙古文教材83种。完成了现行491种各学科中小学蒙古文教材教辅的通审修订工作。

自治区教育厅进一步加大工作力度，组织开展了全区民族中小学、幼儿园校（园）长和蒙汉双语教学各学科骨干教师自治区级、盟市级免费培训，共分41批，培训人数达9700多人次，投入资金2300多万元。

B.27
致　谢

　　《民族教育蓝皮书·内蒙古卷》的撰写，是在中国社会科学院学部委员郝时远研究员的提议下于2015年发起的，内蒙古师范大学校长云国宏教授亲自部署并建议将其列为学校2016年重大学术项目予以资助。郝时远先生始终关心本蓝皮书的编撰工作，百忙当中对初稿进行了审定并提出了宝贵的修改意见。中央民族大学教育学院苏德毕力格教授在提纲编写过程中提出了建设性的建议，并承担了部分撰写内容。内蒙古师范大学、锡林郭勒职业学院、呼和浩特民族学院、呼伦贝尔学院、内蒙古师范大学鸿德学院、内蒙古大学等高校（学院）的领导和专家学者直接参加了蓝皮书的调研、撰写工作，锡林郭勒职业学院还召开了关于民族职业技术教育的专门研讨会。

　　内蒙古自治区教育厅民族教育处杨惠良处长撰写了总报告，还为课题组提供了大量文献资料。呼伦贝尔市阿荣旗旗委书记栾天猛同志高度重视民族教育工作，由旗教育局总结了全旗民族教育工作的经验。呼和浩特市蒙古族幼儿园、通辽市科左后旗实验小学、兴安盟察尔森中学、内蒙古师范大学附属中学为相关调研工作提供了大力支持。

　　内蒙古师范大学科研处在经费管理和课题管理上做了不少具体、细致的工作。

　　社会科学文献出版社为这本蓝皮书的出版做了大量的工作，尤其是刘荣副编审和单远举等编辑，一遍又一遍地斟酌文字、核对数据，为本书的编辑出版付出了辛勤劳动。

　　谨向以上单位的领导、专家学者、工作人员致以诚挚的谢意！

内蒙古民族教育研究中心

内蒙古师范大学民族学人类学高等研究院

2017年7月

Abstract

In February 2016, *Opinions on Speeding up the Development of Ethnic Education* was issued by the People's Government of Inner Mongolia, proposing 27 policies and measures to promote ethnic education in the new era. In September, *Regulations on Ethnic Education of the Inner Mongolia Autonomous Region* was examined and approved by the Standing Committee of the 12th Inner Mongolia People's Congress, which decided it could be implemented from 1 November. This constituted great event in the development of ethnic education in the Inner Mongolia Autonomous Region. With the implementation of the *Opinions* and the *Regulations* above, ethnic education in Inner Mongolia will definitely have an even faster, better development.

The year 2017 is the 70th anniversary of the founding of the Inner Mongolia Autonomous Region. As the first Blue Book on ethnic education for the Inner Mongolia Autonomous Region, this book attempts to study and summarise ethnic education in the Inner Mongolia Autonomous Region, reexamining and reflecting on its past development and the successful experience of ethnic education over the past 70 years in Inner Mongolia. It also analyses the problems in ethnic education, and draws up a new blueprint for ethnic educational development. It is hoped that this book can provide some useful background reference materials for workers of ethnic education as well as researchers and policy-makers, and promote new development of ethnic education and ethnic educational research.

The main contents of this Blue Book are made up of seven parts, namely, General Report, Sub Reports, Special Reports, Education of "Three Ethnic Minorities", Education with Special Features, Case Studies, and Appendix. As ethnic education in the Inner Mongolia Autonomous Region has continued over a relatively long period of time, the General Report explores the process of development, on the one hand, respecting its long inheritance, and on the one

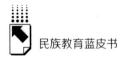

hand, following its development, showing the significance of practical exploration and political guidance. Specifically, the General Report identifies four main stages of ethnic education from 1947, when the Inner Mongolia Autonomous Region was established to the present time of 2016, and summarises four major achievements in ethnic education. It also examines four basic experiences underlying these achievements, which were continually adhered to. These are, firstly, integrating development with reform and innovation; secondly, integrating practical reality with new situations; thirdly, coordinating development between ethnic education and general education; and fourthly, emphasising both scientific planning and sophisticated implementation. Two suggestions on policies are proposed from the perspectives of the State and the Autonomous Region, respectively. The Sub Reports, consisting of 6 articles, present the basic development of ethnic education of Inner Mongolia Autonomous Region through multiple perspectives, including ethnic preschool education in Inner Mongolia; the staff development of primary and secondary school teachers using Mongolian as a medium of instruction in Inner Mongolia; ethnic vocational education in Inner Mongolia; Non-Government ethnic education in Inner Mongolia; bilingual education in Inner Mongolia; and ethnic preparatory education in Inner Mongolian universities. The Special Reports are committed to an in-depth examination and research on the current employment of ethnic minority university graduates and related policy formulation in Inner Mongolia; training of high-level ethnic minority talent in Inner Mongolia and suggestions for its development; developing research in Mongolian studies and training of talent; opinions and ideas for the construction of a Think Tank for ethnic education research in Inner Mongolia; and following scientific and correct views on ethnic education. Education of "Three Ethnic Minorities" analyses the ethnic education of Daur, Evenki, and Eroqen in the Inner Mongolia Autonomous Region. Based on the history, current status and prospects, Education with Special Features offers a comprehensive examination of the achievements, experience, problems and expectations of ethnic fine arts, music and dance, and physical education in Inner Mongolia. In Case Studies, representative ethnic kindergarten, primary school, middle school, vocational college and school for students from overseas are investigated via experiment and cases to illustrate the achievements of ethnic education in Inner Mongolia. In the Appendix, a Chronicle provides a list of important events in ethnic education in the Inner Mongolia Autonomous Region from 1949 to 2016.

This Blue Book believes that ethnic education is the effective approach with Chinese characteristics in dealing with ethnic issues as well as one of the most important undertakings in the minority regions inhabited by ethnic groups, in particular the autonomous governments of various levels. It is also a vital component of the modern educational system in our unified and multi-national country. Ethnic education appears at the intersection between ethnic education and the ethnic unity and progress of our country. As a Model Autonomous Region for ethnic unity and progress, economic and social development, the Inner Mongolia Autonomous Region best represents the vigorous development of ethnic education. Based on the ethnic theories and policies of the Party, and with the consistent effort of all ethnic education workers over the past 70 years, ethnic education in the Inner Mongolia Autonomous Region has made tremendous progress, and has made a vital contribution to healthy development of Inner Mongolia.

Translated by Wu Haiyan

Contents

I   General Report

Abstract: After nearly 70 years of innovation and development, great
achievements have been made and much valuable experience has been accumulated.
From the experience gleaned we have learned the following: to promote the sound
and rapid development of ethnic education, we need to maintain equal emphasis on
scientific planning and targeted implementation, make our actions flexible so as to be
applicable in current and future situations, coordinate development between ethnic
and general education, and integrate inheritance and development with reform and
innovation. In the future, we will focus on solving the prominent problems in order
to drive the development of ethnic education in a problem-oriented and precise way
at both the national and regional levels.

Keywords: Inner Mongolia; Ethnic Education; Educational Regulations;
Educational Legislation

Ⅱ   Sub Reports

Abstract: In the past seven decades since the founding of the Inner Mongolia Autonomous Region, ethnic preschool education has undergone drastic changes in terms of quantity, scale, quality and achievements. 70 years ago, minority preschool education was non-existent. Over the past 70 years, mobile kindergartens have become permanent, and kindergartens initially for children of all ethnic groups in Inner Mongolia have changed into the ones solely for children of ethnic minorities. However, problems still exist in the process of development due to non-specialised kindergarten teachers and a shortage of minority teachers, tight budgets and unbalanced distribution of teaching facilities, lack of standards in teaching content and the need for teaching resources in Mongolian, and a lag in educational methods and lack of effective games. The following measures should be taken to tackle the problems: firstly, devising appropriate plans, following preferential policies and promoting steady advancement; secondly, strengthening administration, enhancing functions and improving mechanisms and systems; thirdly, following the objective law, enriching teaching resources and highlighting unique features; fourthly, updating, raising the level of, and improving the quality of educational methods.

Keywords: Inner Mongolia; Ethnic Preschool Education; Basic Education

Abstract: The Party committee and the government of the Inner Mongolia Autonomous Region have attached great importance to the development of primary

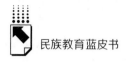

and secondary school teachers with Mongolian as medium of instruction (MOI) and taken various effective measures. However, due to its uniqueness and complicatedness, there still remain some problems, both historical and current, which were brought about by various causes, including both objective and subjective conditions as well as reasons concerning policies and cultures. There is no specialised planning for it. Confronted with all the challenges and opportunities in the new era, taking the actual situation of Inner Mongolia into consideration, to tackle some prominent problems concerning primary and secondary school teachers using Mongolian as MOI, Inner Mongolia should implement specialised plans and implement more systematic measures.

Keywords: Inner Mongolia; Primary and Secondary Schools; Mongolian as MOI; The Development of Teachers

B. 4   The Current State and Suggestions for the Development of Ethnic Vocational Education in Inner Mongolia   / 058

Abstract: Since the Inner Mongolia Autonomous Region was founded 70 years ago, the ethnic vocational education in Inner Mongolia has been growing out of nothing, expanding through ups and downs, developing step by step through reforms and consequently making significant achievements. At present, the position of ethnic vocational education has improved substantially in the whole ethnic education system, and the role of it has become increasingly prominent as well in building a harmonious society, developing ethnic economy and constructing a strong region of human resources. However, there still exist some problems in the development of the ethnic vocational education in the Inner Mongolia Autonomous Region, such as the unremarkable ethnic characteristics, incompletely exercised function, weak basic capacity, poor school-running conditions, and low quality of faculties and so on. In the future, the support and protection of ethnic characteristic education will be strengthened to promote the sound development of vocational education in ethnic areas. The specialised training will be intensified to improve the comprehensive quality of faculties. The overall planning will be reinforced to ensure the balanced development of vocational education.

Keywords: Inner Mongolia; Ethnic Vocational Education; Ethnic Characteristics; Specialised Training; Balance of Education

B. 5   The Current State of Privately-Run Ethnic Education in Inner Mongolia and Suggestions for Its Development   / 082

Abstract: In the more than 30 years since reform and opening up, privately-run ethnic education in the Inner Mongolia Autonomous Region has developed from non-existent to present, from less to more, from weak to strong, and from single-level to multi-level, and has made gratifying achievements. But there are still problems regarding the survival and development of privately-run ethnic schools. So, to soundly develop privately-run ethnic education in Inner Mongolia in the future. Firstly, the government should make more efforts to clarify duties, improve working mechanisms, and coordinate its development. Secondly, it must formulate documents and implement supporting policies. Thirdly, it must strive to make policy breakthroughs and enhance the development of teaching faculties in privately-run schools.

Keywords: Inner Mongolia; Privately-Run Ethnic Education; Privately-Run Ethnic Schools; *Law on the Promotion of Privately-Run Education*

B. 6   The Current State, Problems, and Suggestions for Developing Bilingual Education in Inner Mongolia   / 094

Abstract: Bilingual education in Inner Mongolia has made tremendous strides and accumulated much valuable experience after years of development. However, there are some difficulties and problems regarding people's perception of bilingual education, school funding, Mongolian as the instructional language, the

teaching faculty, the ethnic language environment, the inheritance of languages and culture of "three ethnic minorities" with small population, and the development of teaching resources. Thus in the future, the guidelines and principles of bilingual education should be further clarified, and feasible measures to cope with the problems mentioned above should be implemented so as to promote the sustainable and healthy development of bilingual education.

Keywords: Inner Mongolia; Bilingual Education; Teaching in Mongolian; Ethnic Education

Abstract: 38 colleges and universities in Inner Mongolia have enrolled minority preparatory students for some popular majors since 2002, which made some explorations and practice concerning student management, specialty layout, curriculum and instruction, and staff support, making sure that the preparatory students can turn into regular undergraduates, finish schooling smoothly and manage to get employed. However, problems in ten aspects still exist, concerning student management, specialized investment, staff and textbook development, etc. which need to be addressed.

Keywords: Inner Mongolia; Ethnic Minority Groups; Preparatory Education; Ethnic Higher Education

III   Special Reports

Abstract: According to statistics from University Graduate Employment Quality Report (2014, 2015) issued by the Inner Mongolia University Graduate

Employment Guidance Centre and data provided by universities, the employment rate of ethnic minority graduates in 2015 was relatively high. However, when compared with the employment rate of Han Chinese graduates or other ethnic minority graduates, the employment rate of Mongolian graduates was low, mostly due to social and personal factors. Regarding this situation, the government of Inner Mongolia has issued some employment policies and provided some suggestions to drive employment for Mongolian graduates.

Keywords: Inner Mongolia; Universities and Colleges; Ethnic Minority Graduates; Mongolian Graduates; Employment Problems

B. 9 The Programme for Training Inner Mongolian Ethnic Minorities to a High Professional Level and Suggestions on Its Development / 160

Abstract: During the 12th Five-Year Plan (2011–2015), the Inner Mongolia Autonomous Region stepped up efforts to train highly professional ethnic minority graduates. Outstanding outcomes have been achieved in training ethnic minority postgraduates and doctoral students and ethnic minority teachers in colleges and universities. Nevertheless, many problems still exist in the process. Therefore, the training of highly professional ethnic minority graduates should be improved via the following measures: we should improve disciplines, boost the quality of postgraduate education and drive the development of supervisors. We also need to intensify the overall reforms to postgraduate education and develop a standard for managing postgraduate teaching. The number of ethnic minority teachers should be increased in colleges and universities and their quality improved. Young ethnic minority teachers need further training.

Keywords: Inner Mongolia; Ethnic Minority; Highly Professional Graduates; Training of Graduates; Teacher Training

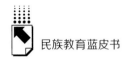
B. 10　Fostering Ethnic Education via Developing Research

　　　in Mongolian Studies and Professional Development　／192

　　Abstract：Mongolian Studies in Inner Mongolia can be traced back to 1952. Currently dedicated Mongolian Studies institutes that conduct teaching and research can be found in over 10 universities and research institutes within Inner Mongolia. Among them, Inner Mongolia Normal University, Inner Mongolia University, and Mongolian Language Research Institute are the key organisations. The main research fields cover Mongolian language, Mongolian history, Mongolian language and literature, grassland culture, and Mongolian language corpus development. The Mongolian Studies in Inner Mongolia has formed its own unique characteristics and shown great impact.

　　Keywords：Inner Mongolia; Mongolian Studies; Teaching and Research; Mongolian Language Corpus

B. 11　Opinions on and Measures for the Construction of a Think Tank

　　　for Ethnic Education Research in Inner Mongolia　／205

　　Abstract：Founding a think tank dedicated to ethnic education research in Inner Mongolia is an important component of the "Belt and Road Initiative" and think tank development for the "China-Mongolia-Russia Economic Corridor". It can promote social and economic development, thus providing strong intellectual support for ethnic education in Inner Mongolia. In this light, some measures are suggested. A cooperative and creative system should be developed for founding a think tank for research into ethnic education in Inner Mongolia. The goals of the think tank and its contents for construction should be clearly outlined, and the think tank should also use big data to provide technical support.

　　Keywords：Inner Mongolia; A Think Tank Dedicated to Ethnic Education Research; System Development for the Think Tank; Big Data

B. 12　Adhering to an Empirical and Valid View of Ethnic Education

Abstract: Establishing an empirical and valid view of ethnic education is a key to driving the continuous development of ethnic education. Therefore, it is a prerequisite for accurately grasping the substance, guiding ideology, and principles to be followed in this regard. The following are to be done in order to cultivate an empirical and valid view of ethnic education. Firstly, traditional education concepts for different ethnic groups should be served as a foundation, and the substance reinterpreted according to immediate circumstances. Secondly, achievements from abroad should be critically absorbed to meet the needs of different ethnic groups in China. Thirdly, educational needs of all ethnic groups should be satisfied based on the practice of education in ethnic areas of China. Fourthly, the view of ethnic education should be jointly driven from four levels: society, school, family, and individuals. Fifthly, the realisation of the "empirical and valid view of ethnic education" should be achieved in accordance with the Constitution, rules and laws, policy formulation, and protection of human rights.

Keywords: Ethnic View of Education; Cultural View; Social Standard; Individual Standard

Ⅳ　Education of "Three Ethnic Minorities"

B. 13　A Report on the Development of Daur Ethnic Education　／ 232

Abstract: The education of the Daur ethnic group has made great progress after years of development, and striking improvements have been made both in the number of schools and in the quality of education. However, bound by geographical, historical and economic restrictions, there are still many problems in developing education of this group, including the large gaps between the grassroots ethnic

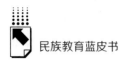

schools in pastoral areas and the urban ethnic schools, the weakness in teachers' ability of passing on ethnic culture, the slow development of ethnic education in remote areas, the lack of specialised evaluation systems for ethnic culture curricula, and the lagging educational concepts held by some minority people. All the above problems need urgent solutions. Supports by government policy and regulations are needed so as to raise people's awareness of imparting ethnic culture, to explore a suitable education model for ethnic areas and to optimise the allocation of educational resources in ethnic regions.

Keywords: Daur; Ethnic Culture; Culture Inheritance; Education Model

B. 14   A Report on the Development of Evenki Ethnic Education

/ 240

Abstract: After decades of development, the education of the Evenki ethnic group has formed a complete system from pre-school to secondary education and from general to occupational education. Schools in this area focus on imparting and developing ethnic culture and give support by way of policies, teachers, and courses to guarantee the building of ethnic schools. However, problems remain such as teacher shortages, the insufficient policy guidance, problems in using ethnic language and the poor prospects for imparting culture. It is necessary to support teacher supply with effective policy and understand the unique needs of running ethnic schools, and in this way implement the bilingual teaching model for Mongolian and Evenki.

Keywords: Evenki; Ethnic Education; Bilingual Characteristics

B. 15   A Report on the Development of Oroqen Ethnic Education

Abstract: Ethnic education of the Oroqen people enjoys a distinctive school system from elementary to secondary education, and ethnic education of this group has made great progress in all respects. However, due to the natural and historical restrictions, there are many problems in Oroqen ethnic education, such as the inequitable allocation of teachers, lack of ethnic culture teachers, difficulties in imparting ethnic culture, lack of family education and unsatisfactory education due to poverty. Government policy support is needed in terms of improving the ethnic Oroqen teacher training, encouraging teachers to work in the remote hunting-field areas, and formulating special supportive policies for Oroqen. In addition, social support should be actively sought.

Keywords: Oroqen; Ethnic Education; Policy Support

V   Education with Special Features

B. 16   The History, Current State, and Prospects for Inner Mongolian
        Ethnic Fine Arts Education

Abstract: Over its 70-year development, ethnic fine arts education in the Inner Mongolia Autonomous Region, in primary and secondary schools and colleges and universities, has shown distinctive ethnic features while modernising. Remarkable achievements have been made with respect to the teaching faculty, the structure, and textbooks for ethnic fine arts. However, more efforts should be spared in the future to optimise the curriculum of ethnic fine arts as a discipline, improve the content of relevant textbooks, and upgrade the general quality of the whole teaching faculty.

Keywords: Inner Mongolia; Ethnic Fine Arts Education; The Teaching Faculty and Textbooks

Abstract: Rooted in the fertile land of traditional ethnic culture, Inner Mongolian ethnic music and dance education enjoys a long history and has made tremendous achievements. Traditional ethnic music and dances aim to improve the educational function of ethnic music education and art education to enhance teachers' and students' cultural identities and to cultivate their ethnic music qualities. By perfecting the ethnic music education theory, enriching school-based ethnic music courses, and improving soft and hardware construction, it is hoped that ethnic music education in Inner Mongolia could be developed vigorously.

Keywords: Inner Mongolia; Ethnic Music Education; Ethnic Dance Education; Culture Identity

Abstract: Ethnic physical education in Inner Mongolia started from a low level at the beginning period of its development. After a period of recovery, adjustment, improvement, and reform, it has now been developing rapidly. At present, ethnic sports in higher education in Inner Mongolia has developed to a certain level, and ethnic sports projects have seen reform and development across the board. However, there are still problems to be solved. Ethnic physical education lacks distinct ethnic features, and its foundation is weak. Students are not trained to adapt to a variety of situations and teachers are not of high quality. Ethnic physical education is not widely popular and thus not well-known and appealing, and there is a lack of standardisation in ethnic sports. Therefore, it's necessary to provide more policy support for the development of ethnic physical education.

Keywords: Inner Mongolia; Ethnic Sports; Physical Education; People-Oriented

VI Case Studies

Abstract: As a vital part of ethnic early childhood education, Mongolian kindergartens have made special contributions to the prosperity of the regional preschool education. Taking Hohhot Mongolian Kindergarten for example, it represents good educational backdrop with distinctive Mongolian culture features. The study reviews the development and management concept of the kindergarten which stresses both scale and quality. It also figures out its developmental mode which is based on the inheritance of ethnic culture, aiming to lead the development of ethnic kindergartens.

Keywords: Inner Mongolia; Ethnic Early Childhood Education; Mongolian Kindergartens; Cultural Inheritance

Abstract: Gifted with the favourable natural endowment of Horqin grassland culture, Horqin Left Back Banner Mongolian Experimental Primary School has been developed into an ethnic school with Mongolian characteristics after years of

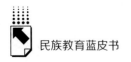

inquiry and development. The school strives to build classes characterised by ethnic culture as the starting point for developing the school, to implement immersive ethnic cultural education as the stimulus of its growth, and to establish alliance schools to expanding its influence, in order to build a multi-layered and multi-dimensional school structure with distinctive traits.

Keywords: Inner Mongolia; Ethnic Culture; Ethnic Primary School

B. 21   An Investigative Report on Ethnic Middle Schools in Inner Mongolia

   —*A Case Study of Horqin Right Wing Front Banner*

   Cha'ersen Middle School in Hinggan League   / 344

Abstract: Highlighting on the views of building the school on cultures and features, Cha'ersen Middle School in Horqin Right Wing Front Banner was founded based on its outstanding teaching teams and the achievements made over the years. The school strives to further explore its profound ethnic culture and to update its model of education. Guided chiefly by pedagogy, the school strongly advocates the development of ethnic education. Focused on development, the school aims to become a platform for the cultivation of ethnic students and strives to reinvigorate the ethnic characteristics of the school.

Keywords: Inner Mongolia; Ethnic Middle Schools; Cha'ersen Middle School

B. 22   A Report on the Development of Xilingol Vocational College

                                                              / 354

Abstract: As one of the model vocational colleges in the Inner Mongolia Autonomous Region, Xilingol Vocational College always gives full play to its advantages, highlights ethnic regional characteristics, continuously expands the school-running scale and steadily improves the educational quality. As a result, outstanding achievements have been made in local economic construction and social undertakings development. Meanwhile, the popularity and social influence of the College has improved unprecedentedly. This paper assesses the comprehensive school-running quality of Xilingol Vocational College in the form of a research report. In addition to analysing the current status and the major problems in the development of the College, the paper also summarises the typical experience during the course of running school, and furthermore puts forward the strategies for future development and outlook for the College.

Keywords: Inner Mongolia; Ethnic Vocational Education; School-Running Strategies

B. 23　An Investigative Report on the Development of Ethnic
　　　Education in Arun Banner　　　　　　　　　　　　　　/ 375

Abstract: There are 6 schools in Arun Banner, an ethnic township in Hulunbeir, which has formed complete conditions for basic education including pre-school education. In recent years, remarkable progress has been made in the aspects of the teaching facilities of the schools, teachers' team building, the education of national unity and bilingual teaching. However, there are still some problems in capital investment, teacher training, teaching staff, educational concepts and ethnic culture. We should start with the change of ideas, solve the existing problems, and continuously improve the quality of ethnic education.

Keywords: Inner Mongolia; Arun Banner; Ethnic Education; Compulsory Education

B. 24　An Investigative Report on Trilingual Teaching at the Affiliated

Secondary School of Inner Mongolia Normal University　／389

Abstract： Based on bilingual teaching, trilingual teaching for students with
Mongolian as the medium of instruction (MOI) in the Affiliated Secondary School of
Inner Mongolia Normal University has been in place for more than 20 years. It is now
considered a mature teaching system and mode of management. The school highlights
environmental education, focuses on the students' capacity for improvement, constantly
improves the teachers' abilities, and combines information technology to explore new
modes of teaching. But there is still room to improve in terms of more opportunities to
learn Mongolian language, improving students' overall abilities and securing teaching
resources. Better defined goals are needed to maintain the high level of ethnic education.

Keywords： Affiliated Secondary School of Inner Mongolia Normal University;
Mongolian as MOI; Trilingual Teaching

B. 25　An Investigative Report on the Education of Students

in Inner Mongolia from Mongolia Republic

—*A Case Study of Erenhot International College of IMNU*　／403

Abstract： International students studying in Inner Mongolia are mainly from
Mongolia. Inner Mongolia Normal University is one of the most popular schools in
recruiting all kinds of international students at all levels. With a focus on the
education of international students, Erenhot International College has done a lot of
work in terms of infrastructure, campus culture, teaching faculties, professional
development, cooperation and exchanges, and collaborative innovation. However,
the issue of how to constantly improve the quality of teaching still needs continuous
attention.

Keywords： Education of International Students; Mongolia Republic; Erenhot
International College

VII   Appendix

权威报告·热点资讯·特色资源

皮书数据库
ANNUAL REPORT(YEARBOOK) DATABASE

当代中国与世界发展高端智库平台

所获荣誉

- 2016年，入选"国家'十三五'电子出版物出版规划骨干工程"
- 2015年，荣获"搜索中国正能量 点赞2015""创新中国科技创新奖"
- 2013年，荣获"中国出版政府奖·网络出版物奖"提名奖
- 连续多年荣获中国数字出版博览会"数字出版·优秀品牌"奖

成为会员

通过网址www.pishu.com.cn或使用手机扫描二维码进入皮书数据库网站，进行手机号码验证或邮箱验证即可成为皮书数据库会员（建议通过手机号码快速验证注册）。

会员福利

- 使用手机号码首次注册会员可直接获得100元体验金，不需充值即可购买和查看数据库内容（仅限使用手机号码快速注册）。
- 已注册用户购书后可免费获赠100元皮书数据库充值卡。刮开充值卡涂层获取充值密码，登录并进入"会员中心"—"在线充值"—"充值卡充值"，充值成功后即可购买和查看数据库内容。

社会科学文献出版社 皮书系列
SOCIAL SCIENCES ACADEMIC PRESS (CHINA)

卡号：335116882692
密码：

数据库服务热线：400-008-6695
数据库服务QQ：2475522410
数据库服务邮箱：database@ssap.cn
图书销售热线：010-59367070/7028
图书服务QQ：1265056568
图书服务邮箱：duzhe@ssap.cn

S 子库介绍
ub-Database Introduction

中国经济发展数据库

涵盖宏观经济、农业经济、工业经济、产业经济、财政金融、交通旅游、商业贸易、劳动经济、企业经济、房地产经济、城市经济、区域经济等领域，为用户实时了解经济运行态势、把握经济发展规律、洞察经济形势、做出经济决策提供参考和依据。

中国社会发展数据库

全面整合国内外有关中国社会发展的统计数据、深度分析报告、专家解读和热点资讯构建而成的专业学术数据库。涉及宗教、社会、人口、政治、外交、法律、文化、教育、体育、文学艺术、医药卫生、资源环境等多个领域。

中国行业发展数据库

以中国国民经济行业分类为依据，跟踪分析国民经济各行业市场运行状况和政策导向，提供行业发展最前沿的资讯，为用户投资、从业及各种经济决策提供理论基础和实践指导。内容涵盖农业，能源与矿产业，交通运输业，制造业，金融业，房地产业，租赁和商务服务业，科学研究，环境和公共设施管理，居民服务业，教育，卫生和社会保障，文化、体育和娱乐业等100余个行业。

中国区域发展数据库

对特定区域内的经济、社会、文化、法治、资源环境等领域的现状与发展情况进行分析和预测。涵盖中部、西部、东北、西北等地区，长三角、珠三角、黄三角、京津冀、环渤海、合肥经济圈、长株潭城市群、关中—天水经济区、海峡经济区等区域经济体和城市圈，北京、上海、浙江、河南、陕西等34个省份及中国台湾地区。

中国文化传媒数据库

包括文化事业、文化产业、宗教、群众文化、图书馆事业、博物馆事业、档案事业、语言文字、文学、历史地理、新闻传播、广播电视、出版事业、艺术、电影、娱乐等多个子库。

世界经济与国际关系数据库

以皮书系列中涉及世界经济与国际关系的研究成果为基础，全面整合国内外有关世界经济与国际关系的统计数据、深度分析报告、专家解读和热点资讯构建而成的专业学术数据库。包括世界经济、国际政治、世界文化与科技、全球性问题、国际组织与国际法、区域研究等多个子库。

法 律 声 明